suhrkamp taschenbuch 4885

In diesem Buch treten Wolf Singer, einer der weltweit führenden Hirnforscher und streitbarer Bezweifler der Willensfreiheit, und Matthieu Ricard, Molekularbiologe, buddhistischer Mönch und Bestsellerautor, in einen Dialog über Kernfragen unserer Existenz – über Glück, Selbstkontrolle und die Macht von Gefühlen.

Die Neugier und Offenheit der beiden Gesprächspartner ermöglicht es, dass ihre auf den ersten Blick gegensätzlichen Positionen gänzlich unerwartete Verbindungen sichtbar machen. Wissenschaftlich fundiert und auf der Basis jahrzehntelanger Erfahrungen denken sie gemeinsam darüber nach, was wir tun können, um gute und glückliche Menschen zu werden.

Wolf Singer, geboren 1943, ist emeritierter Direktor am Max-Planck-Institut für Hirnforschung in Frankfurt am Main und derzeit am dortigen Ernst Strüngmann Institute for Neuroscience tätig. Für sein Werk wurde er vielfach ausgezeichnet.

Matthieu Ricard, geboren 1946, war als Molekularbiologe am Institut Pasteur in Paris tätig, bevor er buddhistischer Mönch wurde. Seit 40 Jahren lebt er im Himalaya und ist Autor mehrerer internationaler Bestseller, u. a. von *Glück* (2009), *Meditation* (2011) und *Weisheit* (2013).

Zuletzt ist von den beiden Autoren bei Suhrkamp erschienen: *Hirnforschung und Meditation. Ein Dialog* (eu 4).

Wolf Singer, Matthieu Ricard

Jenseits des Selbst

Dialoge zwischen einem Hirnforscher und einem buddhistischen Mönch

Aus dem Englischen von Friederike Moldenhauer, Susanne Warmuth und Wolf Singer

Suhrkamp

Klimaneutral
Druckprodukt
ClimatePartner.com/14438-2110-1001

3. Auflage 2024

Erste Auflage 2018
suhrkamp taschenbuch 4885

Umschlaggestaltung: Rothfos & Gabler, Hamburg
Umschlagfoto: © Allary Éditions
Druck und Bindung: CPI books GmbH, Leck
Printed in Germany
ISBN 978-3-518-46885-2

www.suhrkamp.de

Inhalt

Prolog

Wolf Singer Matthieu, lass mich zur Eröffnung dieser Dialoge kurz die Umstände unserer Treffen schildern. Wir beide lernten uns 2005 in London anlässlich eines Dialogs über Bewusstsein kennen. Noch im selben Jahr sahen wir uns dann in Washington, D. C., wieder, wo wir im Rahmen einer Konferenz des Mind and Life Institute[1] die neuronalen Grundlagen der Meditation diskutierten. Danach trafen wir uns häufiger in verschiedenen Teilen der Welt, 2007 auch einmal in der Residenz des Dalai Lama in Dharamsala in Indien.[2] Im Laufe dieser Treffen diskutierten wir ein breites Spektrum an Fragen, von der Astrophysik bis hin zu ethischen Problemen. Dabei versuchten wir, die westliche und östliche – oder, besser gesagt, die wissenschaftliche und die kontemplative – Sicht auf die Beschaffenheit des Selbst und die Natur des Bewusstseins miteinander zu vergleichen: einerseits jene, die man aus der Ich- oder Erste-Person-Perspektive durch Introspektion und geistige Übungen gewinnt, und andererseits jene, die man aus der unpersönlichen Perspektive, also der Dritte-Person-Person-Perspektive wissenschaftlicher Ansätze ableiten kann.

Meiner Auffassung nach besteht zumindest in der westlichen Welt eine bemerkenswerte Diskrepanz zwischen unseren Intuitionen darüber, wie das Selbst beschaffen ist, und der wissenschaftlichen Sicht darauf, wie unser Gehirn organisiert ist. Bis vor kurzem verteidigten die meisten abendländischen Philosophien auf der Grundlage von Introspektion und logischer Schlussfolgerungen einen ontologischen Dualismus, die Dichotomie von Geist und Materie. Das ist nicht immer so gewesen. Schon die Stoiker – und später, im Gefolge der Aufklärung, auch zahlreiche andere wissenschaftliche und philosophische Schulen – haben eher monistische, naturalistische Standpunkte vertreten. Jedoch wurden dualistische Ansätze zu Beginn des 20. Jahrhunderts in der Tradition idealistischer philosophischer Schulen wieder aufgenommen, und zurzeit sind Philosophen und Naturwissenschaftler wieder sehr damit befasst, die Beziehungen zwischen ihren Positionen zu diskutieren. Wie du noch ausführen wirst, schlägt der Buddhismus einen nichtdualistischen Ansatz vor, der auf dem Konzept des »Fehlens einer intrinsischen Existenz« beruht und sowohl auf äußere Phänomene als auch auf das Bewusstsein angewandt wird. Die Folgen dieser Diskussionen werden aller Wahrscheinlichkeit nach weitreichend sein: Zum einen werden sie eine Veränderung unseres Selbstverständnisses nach sich ziehen, zum anderen wird es praktische Konsequenzen hinsichtlich unserer Vorstellungen von Willensfreiheit, Verantwortung und Ethik geben.

Wir kommen später auf einige dieser Aspekte zu sprechen. Doch zunächst konzentrieren wir uns vor dem Hintergrund unserer gemeinsamen Expertise und Erfahrung auf die Beziehungen zwischen Hirnforschung und mentalen Praktiken. Wir möchten untersuchen, welche Antworten die Neurowissenschaften auf die Frage geben können, inwiefern unterschiedliche Bewusstseinszustände, die sich durch geistige Übung und Meditation erlangen lassen, mit neuronalen Prozessen zusammenhängen.

Matthieu Ricard Ich bin hocherfreut, dass unsere Freundschaft und unser gemeinsames Interesse zu diesen Gesprächen geführt haben. Und ich möchte gleich zu Beginn betonen, dass sich ein Dialog zwischen westlicher Wissenschaft und Buddhismus durchaus von typischen Dialogen zwischen Wissenschaft und Religion unterscheidet. Solche Dialoge hat es schon zuhauf gegeben, und meist ist beiden Seiten nicht ganz wohl dabei zumute. Doch der Buddhismus ist keine Religion im herkömmlichen westlichen Sinn des Wortes. Er basiert weder auf der Vorstellung eines Schöpfers noch auf Gottvertrauen. Vielmehr könnte man ihn als »Wissenschaft vom Geist« bezeichnen und als einen Weg der Transformation von Täuschung in Weisheit, von Leid in Freiheit. Wie die Naturwissenschaften, untersucht auch der Buddhismus den Geist auf empirische Weise, und das schon seit über 2500 Jahren. Er betont dabei die Erfahrungen aus der Erste-Person-Perspektive, die von erfahrenen Meditierenden durch Introspektion gewonnen werden.

Hunderte von Büchern und Artikeln beschäftigen sich mit Erkenntnistheorie, Meditation, der Auffassung vom Selbst, der Bedeutung von Emotionen, der Existenz des freien Willens und dem Wesen des Bewusstseins. Wir möchten an dieser Stelle keinen Überblick über die zahlreichen bereits existierenden Standpunkte und Argumente geben. Wahrscheinlich sind einige der Ansichten, die wir hier präsentieren, schon hinlänglich diskutiert, vielleicht sogar bereits widerlegt worden. Wir wollen hier, in einem intimen und lebendigen Gespräch, zwei Perspektiven einander gegenüberzustellen, die auf reichen empirischen und philosophischen Traditionen sowie auf lebenslanger persönlicher Erfahrung beruhen – auf buddhistischer Philosophie und kontemplativer Übung auf der einen Seite, auf den Neurowissenschaften und westlicher Erkenntnistheorie auf der anderen. Wir hoffen, dass dieses Gespräch uns dabei helfen wird, unser eigenes Verständnis zu vertiefen, und wir laden auch unsere Leserinnen und Leser dazu ein, von dieser jahrelangen ernsthaften Beschäftigung mit einigen der wichtigsten Lebensfragen zu profitieren.

Wir sind uns darüber im Klaren, dass wir die zahlreichen zusätzlichen Fragen, die uns während unserer Begegnungen durch den Kopf gingen, nicht genau und erschöpfend genug behandelt haben. Ebenso ist uns bewusst, dass wir uns immer wieder von Themen, die uns am Herzen liegen, haben mitreißen lassen, was manchmal zu abrupten Richtungswechseln unserer Debatte oder zu Wiederholungen geführt hat. Wir haben davon abgesehen, diese Textabschnitte gründlich zu redigieren, um die Authentizität unseres Austausches zu erhalten, und möchten uns für das, was möglicherweise als Nachlässigkeit erscheint, entschuldigen. Hoffentlich ist es uns gelungen, einige der Einsichten zu vermitteln, zu denen wir in unseren Diskussionen gelangt sind. Wir verstehen unseren Dialog als einen kleinen Beitrag zu dem umfassenden Projekt der Erforschung des menschlichen Geistes. Und das dabei offenkundig gewordene Ausmaß unserer Unwissenheit lehrt uns Demut.

1 Meditation und Gehirn[1]

Die Lernfähigkeit des Menschen ist der anderer Tiere weit überlegen. Können wir unsere geistigen Fertigkeiten ebenso durch Training weiterentwickeln wie unsere physischen? Kann geistige Übung uns achtsamer, altruistischer und gelassener machen? Diese Fragen werden seit 20 Jahren von Neurowissenschaftlern und Psychologen in Zusammenarbeit mit Menschen, die meditieren, erforscht. Können wir lernen, mit jenen Gefühle, die uns beunruhigen, auf eine optimale Weise umzugehen? Welche funktionellen und strukturellen Transformationen werden durch die verschiedenen Arten der Meditation im Gehirn bewirkt? Wie lange dauert es, bis sich solche Transformationen bei Menschen, die gerade erst mit dem Meditieren begonnen haben, beobachten lassen?

Eine Wissenschaft des Geistes

MR Auch wenn die buddhistische Literatur viele Abhandlungen zu »traditionellen Wissenschaften« kennt, strebte der tibetische Buddhismus nicht im selben Maß wie die westlichen Zivilisationen nach einer Vermehrung des Wissens über die Welt mithilfe der Naturwissenschaften. Dafür hat er sich 25 Jahrhunderte lang sehr intensiv mit der Erforschung des Geistes beschäftigt und auf empirischem Weg eine Vielzahl an Erkenntnissen gewonnen. Im Lauf der Jahrhunderte haben unzählige Menschen ihr ganzes Leben dieser kontemplativen Wissenschaft gewidmet. Die moderne westliche Psychologie dagegen begann erst mit William James vor wenig mehr als 100 Jahren. Dazu fällt mir eine Bemerkung von Stephen Kosslyn ein. Im Jahr 2003 fand die Mind-and-Life-Konferenz am MIT (Massachusetts Institute of Technology) statt, und Kosslyn, der damals Dekan des Fachbereichs Psychologie in Harvard war, leitete seinen Vortrag mit den Worten ein: »Voller Demut und Bescheidenheit stehe ich vor der reinen Datenmenge, die die kontemplativen Wissenschaften in die moderne Psychologie einbringen.« Es genügt nicht, angestrengt darüber nachzudenken, wie der Geist funktionieren könnte, und dann komplexe Theorien aufzustellen, wie es beispielsweise Freud getan hat. Solche intellektuellen Abenteuer können 2000 Jahre direkter Erforschung der Arbeitsweise des Geistes anhand ergründender Introspektion nicht ersetzen, durchgeführt von erfahrenen Praktikern, die bereits zu Stabilität und Klarheit gelangt sind. Selbst die ausgefeilteste Theorie eines brillanten Denkers kann, wenn sie nicht auf empirischer Evidenz beruht, nicht mit den gesammelten Erfahrungen von Hunderten von Personen verglichen werden, von denen jede Dutzende Jahre damit zugebracht hat, die subtilsten Aspekte des Geistes durch direkte Erfahrung auszuloten und so – mit diesem empirischen Ansatz und mit dem Instrument des geübten Geistes – einen Weg gefunden hat, Gefühle, Stimmungen und Wesenszüge allmählich zu transformieren und die am tiefsten verwurzelten Neigungen zu beseitigen, die einer optimalen Lebenseinstellung im Wege stehen. Wenn wir das erreichen, indem wir die fundamentalen menschlichen Charakteristika stärken – Liebe und Güte, innere Freiheit, innerer Frieden und innere Stärke –, können wir unsere Lebensqualität durchgängig verbessern.

WS Mir erscheint das als eine recht kühne Behauptung. Kannst du sie weiter begründen? Warum sollte, was uns die Natur mitgegeben hat, a priori schlecht sein und spezieller mentaler Übungen bedürfen, um eliminiert zu werden, und warum sollte dieser Ansatz konventioneller Erziehung oder, wenn es im Lauf des Lebens tatsächlich zu schweren Konflikten kommt, der Psychotherapie in ihren verschiedenen Ausformungen, also auch der Psychoanalyse, überlegen sein?

MR Was die Natur uns mitgegeben hat, ist nicht nur negativ, ganz im Gegenteil! Aber es handelt sich dabei lediglich um einen Ausgangspunkt. Die meisten unserer angeborenen Fähigkeiten bleiben ungenutzt, bis wir aktiv werden, etwa indem wir sie zu einem bestimmten Zweck trainieren. Wir alle wissen, dass unser Geist uns sowohl bester Freund als auch schlimmster Feind sein kann. Der Natur haben wir einen Geist zu verdanken, der das Potenzial in sich trägt, viel Gutes zu tun, uns und anderen aber auch viel unnötiges Leid zuzufügen. Wenn wir ehrlich sind, dann sind da Licht und Schatten, wir haben gute Seiten, aber auch Mängel. Ist das alles, was wir sein können? Oder lässt sich unsere Lebensweise noch optimieren? Das sind Fragen, die zu stellen sich lohnt, insbesondere wenn man davon ausgeht, dass eine Veränderung sowohl wünschenswert als auch möglich ist.

Es gibt nur sehr wenige Menschen, die ehrlich davon überzeugt sind, dass ihre Lebensweise und die Art, wie sie die Welt wahrnehmen, schon das Optimum darstellen. Einige Menschen halten ihre individuellen Schwächen und widerstreitenden Gefühle für einen wertvollen und eigenständigen Teil ihrer »Persönlichkeit«, der zum guten Leben dazu gehört. Ihnen zufolge ist es das, was sie einzigartig macht, und sie glauben, sich so akzeptieren zu müssen. Aber ist das nicht ein bisschen simpel, die Idee, man könne die eigene Lebensqualität verbessern, so einfach aufzugeben? Man müsste dazu doch nur ein wenig nachdenken und sich ein bisschen anstrengen.

Häufig machen wir uns viele Sorgen und sind dann oft wütend, ängstlich oder mit unangenehmen Gedanken beschäftigt. Wir würden unsere Emotionen gern so weit unter Kontrolle kriegen, dass wir uns von den Zuständen befreien könnten, die unsere Gedanken durcheinanderbringen und unseren Geist vernebeln. Weil wir nicht wissen, wie wir diese Probleme meistern sollen, ist es natürlich leichter, eine Haltung anzunehmen, in der das alles »normal« ist, weil es der »menschlichen Natur« entspricht. Alles, was wir in der Natur vorfinden, ist »natürlich«, aber das bedeutet nicht zwangsläufig, dass es positiv ist. Beispielsweise sind Krankheiten etwas absolut Natürliches, das jeden betrifft. Aber hindert uns das daran, nach Heilmitteln zu suchen?

Niemand wacht morgens auf und denkt sich: »Ich wünschte, ich könnte den ganzen Tag leiden, und, wenn möglich, auch mein ganzes Leben lang.« Jede Handlung, mit der wir uns beschäftigten, ist darauf ausgerichtet, für uns selbst oder andere etwas Nützliches oder Befriedigendes zu erreichen oder zumindest unser Leid zu lindern. Wären wir überzeugt, unser Tun resultierte in nichts als Elend, dann würden wir gar nichts mehr unternehmen und verzweifeln.

Wir finden gar nichts dabei, jahrelang gehen, lesen oder schreiben lernen zu müssen oder mühevoll eine berufliche Qualifikation zu erwerben. Um in Form zu kommen und zu bleiben, trainieren wir stundenlang im Fitnessstudio. Manchmal investieren wir wahnsinnig viel körperliche Energie, um auf einem Ergometer in die Pedale zu treten und doch nie von der Stelle zu kommen. Um an solchen Dingen dranzubleiben, ist zumindest ein gewisses Maß an Interesse oder Begeisterung nötig. Die Energie dazu stammt aus der Überzeugung, dass sich diese Anstrengungen auf lange Sicht auszahlen werden. Den Geist zu trainieren folgt derselben Logik. Wie sollte er sich allein aufgrund eines frommen Wunsches verändern? Wenn man Skilaufen lernen will, reichen einige Minuten im Jahr auf der Piste ja auch nicht aus.

Wir verbringen viel Zeit damit, unsere äußeren Lebensumstände zu verbessern. Doch am Ende ist es immer der Geist, der diese Welt wahrnimmt und diese Erfahrung in Wohlbefinden oder Leiden übersetzt. Indem wir die Art und Weise, wie wir wahrnehmen, verändern, transformieren wir unsere Lebensqualität. Es ist diese Art der Veränderung, die durch mentale Übung, also Meditation, herbeigeführt wird.

Leider unterschätzen wir unsere Fähigkeit zur Veränderung extrem, das ist wirklich außerordentlich tragisch. Unsere Charaktereigenschaften bleiben dieselben, solange wir nichts dagegen unternehmen und solange wir unsere Angewohnheiten und Denkmuster dulden und immer weiter verstärken, Gedanke für Gedanke. Die Wahrheit ist aber, dass der Zustand, den wir als »normal« bezeichnen, nur den Ausgangspunkt bezeichnet und nicht das Ziel, das wir uns selbst setzen sollten. Unser Leben kann so viel besser sein! Schritt für Schritt ist es möglich, eine *optimale* Lebensweise zu erreichen.

Uns ist auch die Fähigkeit gegeben, unser Veränderungspotenzial zu erkennen, unabhängig davon, was wir jetzt sind und was wir getan haben. Diese Überzeugung ist eine sehr mächtige Quelle der Inspiration, aus der wir die Kraft schöpfen können, innere Veränderungen in Gang zu bringen. Dies ist nicht immer leicht, aber schon das Vertrauen auf die Möglichkeit an sich setzt so viel Energien für den Transformationsprozess frei, dass allein dies schon heilende Wirkung hat.

Die moderne konventionelle Erziehung konzentriert sich nicht auf die Veränderung der Persönlichkeit und die Kultivierung der grundlegenden menschlichen Qualitäten wie »mindfulness«, also Achtsamkeit, und »loving kindness«, also liebende Güte. Wie wir später sehen werden, weisen die kontemplativen buddhistischen Techniken Gemeinsamkeiten mit kognitiven Therapieverfahren auf. Dies gilt besonders für solche, die Achtsamkeit als Grundlage für die Lösung mentaler Konflikte ansehen. Was die Psychoanalyse angeht, so scheint sie gerade das »Wiederkäuen« zu befördern und in einem endlosen Prozess die Details und Feinheiten jener Wolken geistiger Irrungen und Selbstbezogenheit zu thematisieren, die den elementarsten Aspekt des Geists verdunkeln, nämlich den Zustand »reinen Gewahrseins«.

WS Das »Wiederkäuen« wäre also genau das Gegenteil von Meditation.

MR Das völlige Gegenteil. Wie wir wissen, ist das ständige Wiederkäuen auch eines der wichtigsten Symptome einer Depression.

WS Es ist für unser Gespräch sicherlich bereichernd, diese unterschiedlichen Sichtweisen auf die Heilung des Geistes zu betrachten. Hier besteht also ein bemerkenswerter Kontrast zwischen den Kulturen. Ich denke, dass Meditation oft missverstanden wird. Ich habe nur wenig Erfahrung damit, aber mir ist sehr klar geworden, dass es sich dabei nicht um eine Nabelschau handelt. Ganz im Gegenteil.

MR Wenn man sich vor Augen hält, was beim Wiederkäuen geschieht, wird sofort deutlich, wie schädlich es ist. Wir müssen uns von den mentalen Kettenreaktionen freimachen, die durch die Grübelei ins Unendliche fortgesetzt werden. Wir müssen lernen, die Gedanken kommen und gehen zu lassen, statt ihnen zu gestatten, immer wieder von uns Besitz zu ergreifen. Wir müssen lernen, in der Frische des Augenblicks zu verweilen – das Vergangene ist vorbei, die Zukunft noch nicht erschlossen, und wenn man in reiner Achtsamkeit und Freiheit verharrt, dann kommen die störenden Gedanken, aber sie gehen auch wieder, ohne Spuren zu hinterlassen.

WS In einer deiner früheren Ausführungen hast du die Überzeugung geäußert, dass jedes menschliche Wesen in seiner Seele ein »nugget of gold« trägt, ein Goldkorn, einen reinen Kern, dessen positive Eigenschaften aber von einer Fülle negativer Züge und Emotionen verdeckt und überschattet werden, die unsere Wahrnehmungen verfälschen und Hauptursache für das Leiden in der Welt sind. Mir erscheint dies als eine zu optimistische und überdies ungeprüfte Hypothese. Es erinnert an Rousseaus Träume und steht im Widerspruch zu dem, was uns Fälle wie Kaspar Hauser lehren. Wir sind, was uns die biologische Evolution über die Gene und die kulturelle Evolution über Erziehung aufgeprägt hat. Wo ist da das Goldkorn?

MR Das Stück Gold bleibt tief im Erz, im Fels, im Schlamm verborgen. Es büßt seine Reinheit nicht ein, aber sein Wert bleibt unerkannt. Ebenso braucht unser menschliches Potenzial die richtigen Bedingungen, um sich voll verwirklichen zu können.

Achtsamkeit und mentale Konstrukte

MR Dieser Vorstellung liegt keine naiv-optimistische Einschätzung der menschlichen Natur zugrunde, sondern Nachdenken und introspektive Erfahrung. Die erste Überlegung ist, dass es einen gemeinsamen Nenner für alle Gedanken, alle Emotionen, alle Gefühle und alle mentalen Vorgänge gibt: die Erkenntnisfähigkeit. Buddhisten bezeichnen das auch als die »Lichtnatur des Geistes«, weil sie durch unsere Wahrnehmungen gleichsam ein Licht auf die äußere Welt wirft und unsere innere Welt durch die Erinnerung an die Vergangenheit, die Vorstellung von der Zukunft und das Gewahrsein der Gegenwart erhellt. Sie ist licht im Vergleich zu einem unbelebten Objekt, das kognitiv gesehen stockfinster wäre.

Oder nehmen wir ein anderes Licht-Bild: Wenn du mit einer Fackel ein schönes, lächelndes Gesicht oder eine wutverzerrte Fratze, einen Berg von Juwelen oder einen Müllhaufen beleuchtest, dann wird das Licht selbst davon nicht schön, hässlich, wertvoll oder schmutzig. Ein weiteres Beispiel: Das Besondere an einem Spiegel ist, dass er alle Arten von Bildern reflektiert, aber keines gehört zu dem Spiegel, durchdringt ihn oder bleibt in ihm. Denn wenn das der Fall wäre, würden sich alle diese Bilder überlagern und der Spiegel würde nutzlos. In ähnlicher Weise sorgt die erwähnte Basiseigenschaft des Geistes dafür, dass alle mentalen Konstrukte – Liebe und Wut, Wonne und Eifersucht, Freud und Leid – entstehen können, ohne dass er selbst dadurch verändert wird. Mentale Phänomene gehören nicht wirklich zum Wesen des Bewusstseins. Sie treten einfach nur innerhalb des »Bewusstheitsraums«, im Rahmen verschiedener Bewusstseinszustände in Erscheinung und werden von dieser Grundbewusstheit ermöglicht. Folglich lässt sich diese Qualität als *grundlegende Erkenntnis, reine Bewusstheit* oder als *Naturzustand des Geistes* bezeichnen.

WS Was du sagst, hat für mich zwei Implikationen. Eine ist, dass du Stabilität beziehungsweise Objektivität einen Wert an sich zuschreibst, sie als Validierungskriterium verstehst. Die zweite ist, dass du offenbar zwischen Bewusstsein und seinen Inhalten eine deutliche Trennung vornimmst. Du nimmst an, es gebe im Gehirn eine Plattform der reinen Bewusstheit, welche die Eigenschaften eines idealen Spiegels hat, der selbst keinerlei Verzerrungen der Inhalte bewirkt und diese lediglich reflektiert, ohne davon beeinflusst zu werden. Für mich klingt das so, als nähmest du eine klassische dualistische Position ein, als gingest du von einer Dichotomie aus zwischen dem unbefleckten Geist oder Beobachter auf der einen Seite und den Inhalten, die in dieser reinen Bewusstheit aufscheinen, auf der anderen. Aktuellen Forschungsergebnissen über die Organisation des Gehirns zufolge besteht keine klare Trennung zwischen sensorischen und exekutiven Funktionen. Sie interpretieren Bewusstsein als eine auf den integralen Funktionen des Gehirns basierende Eigenschaft. Daher finde ich die Unterscheidung zwischen einem makellosen Spiegel und reflektierten Objekten schwierig. Ich kann mir kein von allen Inhalten entleertes Bewusstsein vorstellen. Wenn es leer ist, würde es nicht existieren, es wäre schlicht nicht definiert.

MR Es handelt sich dabei nicht um Dualität, nicht um zwei getrennte Ebenen des Bewusstseins, sondern mehr um die verschiedenen Aspekte von Bewusstsein: eine Basiseigenschaft, die immer da ist, das reine Gewahrsein, und die geistigen Konstrukte, die sich darin entfalten und ständig verändern. Statt von Dualität würden wir eher von Kontinuität sprechen. Das Bewusstsein ist auf allen seinen Ebenen ein dynamischer Strom aus Momenten reiner Bewusstheit mit oder ohne Inhalt. Hinter der Trennwand aus Gedanken liegt immer und zu jeder Zeit ein reines Bewusstsein, das nicht von Inhalten getrübt ist.

WS Dies würde dann zumindest zwei deutlich unterschiedene Entitäten erfordern, einen leeren Raum, wie auch immer er definiert sein mag, der als Gefäß dient, und dann dessen Inhalte, die, wie sehr sie auch kontaminiert sein mögen durch Affekte und Illusionen, das Gefäß selbst nicht beflecken.

MR Statt von separaten Entitäten würden wir eher von fundamentalen und spezifischen Aspekten sprechen. Das reine Bewusstsein ist nicht auf etwas festgelegt, ähnlich wie das Reflexionsvermögen des Spiegels. Vergleiche sind hilfreich, hinken aber natürlich immer. Hier ein weiterer: Die reine Bewusstheit könnte mit Töpfererde verglichen werden und die geistigen Konstrukte mit den verschiedenen Formen, in die diese gebracht werden kann. Gleichgültig, welche Form der Ton annimmt, er bleibt selbst im Wesentlichen unverändert.

WS Erfordert die Kultivierung eines solchen unbefleckten inneren Auges, eines idealen Spiegels, der von Affekten und Emotionen nicht berührt werden kann, nicht eine Dissoziation der Persönlichkeit? Wäre da nicht auf der einen Seite der unberührbare Betrachter, dessen Blick weder durch Emotionen, Affekte und Fehlwahrnehmungen getrübt werden kann, und auf der anderen der abgespaltene, fehlbare Teil des Ichs, der in Konflikte gerät und Situationen falsch einschätzt, weil er sich leidenschaftlich verliebt oder große Enttäuschungen erfahren hat? Ist es das Ziel mentaler Praktiken, eine solche Dissoziation des Ichs herbeizuführen? Was ist deine Erfahrung? Und siehst du in der Beförderung dieser Dissoziation – falls Meditation dieses Ziel hat – nicht ein gefährliches Experiment?

MR Es besteht überhaupt keine Dissoziation. Ganz im Gegenteil: Wir sprechen gerade von *nichtdualer selbsterleuchtender Bewusstheit.* Die Persönlichkeit ist nicht gespalten. Dem Geist wohnt die Fähigkeit inne, sich selbst zu beobachten. Eine Flamme braucht keine zweite Flamme, um sich selbst zu beleuchten. Ihr eigenes Licht reicht dafür aus.

Was ich sagen will: Man kann seine Gedanken betrachten, starke Emotionen eingeschlossen, wenn man mit dem Aspekt der reinen Achtsamkeit arbeitet, der nicht mit den Gedankeninhalten verknüpft ist. Gedanken sind Manifestationen der reinen Bewusstheit – wie die Wellen, die sich aus dem Ozean erheben und dann wieder in ihm auflösen. Der Ozean und die Wellen sind nicht wirklich verschieden. Normalerweise sind wir so mit den Gedankeninhalten beschäftigt, dass wir den grundlegenden Aspekt des Bewusstseins, die reine Bewusstheit, nicht bemerken, weil wir uns so sehr mit unseren Gedanken identifizieren. Das ist der Grund, weshalb wir uns leicht täuschen lassen und infolgedessen unter einer falschen Interpretation der Realität leiden. Beim buddhistischen Weg geht es um nichts anderes als um verschiedene Methoden, wie man mit solchen Täuschungen fertig wird. Nehmen wir die Erfahrung überschäumender Wut als Beispiel. Wir werden dann eins mit der Wut. Die Wut erfüllt unser ganzes Denken und Fühlen und überträgt ihre Verdrehung der Wirklichkeit auf Menschen und Ereignisse. Wenn wir von der Wut überwältigt werden, können wir uns nicht von ihr lösen. Und wir bewegen uns in einem quälenden Teufelskreis, da die Wut jedes Mal wieder neu entfacht wird, wenn wir die Person sehen, die uns geärgert hat, oder auch wenn wir nur an sie denken.

Obwohl Wut alles andere als ein schöner Geisteszustand ist, halten wir sie am Leben, gerade so, als ob wir immer wieder Feuerholz nachlegen. Manchmal werden wir fast süchtig nach der Ursache unseres Leidens. Doch wenn wir uns von der Wut lösen und sie leidenschaftslos mit reiner Achtsamkeit betrachten, dann erkennen wir, dass es sich eigentlich nur um einen Wust aus Gedanken handelt. Wut trägt keine Waffen, sie brennt nicht wie Feuer, und sie zerschmettert auch nicht wie ein Fels: Sie ist nichts weiter als ein Produkt unseres Geistes.

WS Folgt daraus nicht, dass positive Emotionen ebenso schädliche Auswirkungen haben, weil auch sie zu Fehlwahrnehmungen Anlass geben und folglich Leiden bewirken?

MR Nicht unbedingt. Es hängt alles von ihren Folgen ab, ob sie die Wahrnehmung verzerren und Ursachen von Leid werden. Wenn der Geist von altruistischer Liebe und dem starken Willen, den anderen vom Leiden zu befreien, erfüllt ist, dann stimmt sein Weltbild, denn er erkennt die Bande zwischen allen fühlenden Wesen, ihren Wunsch, Leid zu meiden und Glück zu erfahren. Wenn zudem altruistische Liebe frei ist von Bevorzugung, Besitzenwollen und Klammern, dann hat sie keine negativen Folgen. Anstatt Weisheit zu verschleiern, wird sie sich als der natürliche Ausdruck von Weisheit manifestieren.

Aber lass mich auf den Ärger zurückkommen. Statt zuzulassen, dass wir selbst zu Wut werden, sollten wir verstehen, dass wir nicht »Wut sind«.

Anschließend betrachten wir die Wut selbst und richten unsere Aufmerksamkeit ganz allein auf sie. Was passiert? Wenn wir aufhören, Holz ins Feuer zu legen, und nichts weiter tun als zusehen, dann wird das Feuer schon bald verlöschen.

WS Und so erginge es auch allen anderen Emotionen, der Liebe, der Empathie, der Trauer. Geht es dir um ein klares, von allen emotionalen Färbungen befreites Bewusstsein? Ich bezweifle sehr, dass solche emotionslosen Menschen überleben könnten, es sei denn, sie hätten das Privileg, in einer sehr geschützten Umgebung zu existieren.

MR Es geht nicht darum, keine Emotionen zu haben, sondern sich nicht von ihnen versklaven zu lassen. In den westlichen Sprachen stammt das Wort *Emotion* aus dem Lateinischen *emovere* – aufwühlen, in Bewegung setzen. Eine Emotion regt den Geist an, aber die Frage ist, wie sie das tut. Der Geist kann durch das Leid eines anderen angeregt werden, mit dem Ziel, es zu lindern – also in einem positiven Sinn. Darüber hinaus ist es nicht sinnvoll, aufsteigende Gedanken und Emotionen ausblenden zu wollen, denn sie überschwemmen den Geist sowieso. Wichtig ist nur, wie es dann weitergeht. Sobald negative Emotionen aufsteigen, ist der Ärger da. Findet man aber in dem Moment, in dem sie hochzukochen beginnen, einen Weg, sie aufzulösen, ist man mit ihnen kompetent umgegangen.

Indem wir es nicht zu einem Wutausbruch kommen lassen, bleiben auch all die negativen Folgen aus, die ein solcher Ausbruch mit sich bringt, wie etwa die Verletzung anderer, die Zerstörung des eigenen inneren Friedens oder die Verstärkung der Neigung, immer öfter und immer leichter wütend zu werden. Hätten wir die Wut einfach unterdrückt, sozusagen einen Deckel auf den Topf gelegt, ohne sie selbst anzurühren, dann würde irgendwo in einer dunklen Ecke unseres Geistes eine Zeitbombe weiterticken. Nein, das Feuer verlöschen zu lassen, war ein intelligenter Weg, mit der Wut umzugehen. Wenn wir diese Strategie beibehalten, wird die Wut immer seltener und immer schwächer auftreten. Die schlechte Gewohnheit, bei jeder Gelegenheit in Rage zu geraten, wird allmählich beseitigt, und unsere Wesenszüge werden transformiert.

WS Was es zu lernen gilt, ist, scharf zwischen Ursache und Wirkung zu trennen, eine distanziertere Haltung gegenüber den eigenen Emotionen einzunehmen und die verschiedenen Konnotationen der Gefühle besser zu unterscheiden.

MR Anfangs ist es schwierig, sofort zu handeln, wenn sich Wut aufbaut. Aber wenn man sich erst einmal an diese Herangehensweise gewöhnt hat, wird sie ganz selbstverständlich. Wir merken es gleich, wenn es anfängt, in uns zu brodeln, und greifen ein, bevor die Wut übermächtig wird. Angenommen, du weißt, dass jemand ein Taschendieb ist. Du wirst diese Person erkennen, selbst wenn sie sich in einer 20- oder 30-köpfigen Menschenmenge bewegt. Und du wirst sie fest im Auge behalten, damit sie nicht an deine Geldbörse kommt.

WS Das Ziel ist also, das Auflösungsvermögen des inneren Auges zu erhöhen, seine Empfindlichkeit für die Signale aus dem emotionalen Untergrund zu vergrößern, um dem Ansturm von Emotionen begegnen zu können, bevor er bedrohlich oder überwältigend wird.

MR Ja, je mehr man mit der Arbeitsweise des Geistes vertraut wird und je besser es gelingt, die Achtsamkeit auf den gegenwärtigen Moment zu richten, desto seltener wird sich eine negative Emotion von einem Funken zu einem verheerenden Waldbrand entwickeln, der außer Kontrolle gerät und dann dein Glück und das von anderen zerstört. Anfangs muss man sich wirklich bewusst darum bemühen, später wird dieses Verhalten ganz natürlich.

WS Das ähnelt einer wissenschaftlichen Untersuchung, nur dass die analytischen Bemühungen auf die innere anstatt auf die äußere Welt gerichtet werden. Auch die Wissenschaften gewinnen ihre Erkenntnisse dadurch, dass sie die Empfindlichkeit und das Auflösungsvermögen ihrer Instrumente erhöhen und komplexe Phänomene in immer kleinere Komponenten zerlegen.

MR In den buddhistischen Lehrtexten heißt es, es gibt keine schwierige Aufgabe, die sich nicht in kleine einfache Aufgaben unterteilen lässt.

WS Dein Forschungsobjekt ist also der mentale Apparat selbst, und dein Analyseinstrument ist die Introspektion. Dies ist ein interessanter selbstreferentieller Ansatz, der sich von der westlichen Herangehensweise an die Wissenschaft vom Geist unterscheidet, weil er die Erste-Person-Perspektive betont und dabei Subjekt und Objekt der Forschung vermengt. Auch der westliche Ansatz nutzt natürlich die Erste-Person-Perspektive für die Definition der zu erforschenden mentalen Phänomene, aber zur Erforschung dieser Phänomene zieht er sich dann auf die Dritte-Person-Perspektive zurück. Ich bin gespannt, ob die Ergebnisse kontemplativer, analytischer Introspektion mit denen übereinstimmen, welche die kognitiven Neurowissenschaften zutage fördern. Haben doch beide Ansätze verwandte Ziele: Beide versuchen, einen differenzierten und realistischen Blick auf das Wesen kognitiver Prozesse zu erlangen. Möglicherweise reicht da unser westlicher Ansatz, wie wir die Introspektion als Forschungsinstrument nutzen, nicht aus. Die Konzepte über die Organisation unserer Gehirne, die nur auf Intuition und Introspektion basieren, stehen oft in eklatantem Widerspruch zu Konzepten, die sich der naturwissenschaftlichen Erforschung von Hirnfunktionen verdanken – es ist dieser Konflikt übrigens einer der Gründe, die zu mitunter recht heftigen Auseinandersetzungen zwischen Hirnforschern und Vertretern der Geisteswissenschaften geführt haben. Woher nimmst du die Gewissheit, dass die introspektiven Techniken, die du zur Erforschung mentaler Phänomene anwendest, verlässlich sind? Wenn das Kriterium lediglich der Konsens zwischen jenen ist, die sich als Experten verstehen, dann stellt sich doch das besondere Problem, dass hier ausschließlich subjektive mentale Zustände als Vergleichsgrundlage herangezogen werden können. Es gibt nichts, was eine außenstehende Person begutachten und als valide beurteilen könnte. Der Beobachter ist auf die verbalen Äußerungen eines Befragten über subjektive Zustände angewiesen.

Allmähliche und dauerhafte Veränderungen

MR Nimm die Mathematik oder die Physik als Beispiel. Zunächst musst du dich auch hier auf die Behauptungen der Wissenschaftler verlassen. Aber du könntest dich in dem Fach ausbilden lassen und die Behauptung dann selbst überprüfen. In den kontemplativen Wissenschaften ist es dasselbe. Du musst nur erst dein geistiges Teleskop verfeinern und die Beobachtungstechniken über viele Jahre hinweg verbessern, um dann selbst bestätigen zu können, was die kontemplativen Forscher entdeckt und worauf sie sich geeinigt haben. Nimm das Phänomen reinen, inhaltsleeren Bewusstseins, mit dem du Schwierigkeiten hast. Das ist etwas, was alle Meditierenden erfahren haben, es ist nicht nur eine buddhistische Theorie. Und jeder, der die Mühe auf sich nimmt, seinen Geist zu stabilisieren und zu klären, wird in der Lage sein, diese Erfahrung zu machen.

Was die Überprüfung intersubjektiver Erfahrungen angeht: Sowohl die Experten als auch die Texte, die sich mit den unterschiedlichen Erfahrungen beschäftigen, die ein Meditierender machen kann, sind ziemlich präzise. Wenn ein Schüler seinem Meister seine Geisteszustände beschreibt, tut er das nicht mit vagen, poetischen Begriffen. Der Meister wird ihm sehr detaillierte Fragen stellen, die der Schüler beantwortet, und dabei ist klar, dass sie über etwas sprechen, das genau definiert ist und über dessen Bedeutung sie sich einig sind.

Was am Ende wirklich zählt, ist die allmähliche Veränderung eines Menschen. Wenn wir im Laufe von Monaten oder Jahren feststellen, dass wir weniger ungeduldig, weniger reizbar, weniger zwischen Hoffnungen und Ängsten hin- und hergerissen werden, wenn wir merken, dass wir uns gar nicht mehr vorstellen können, jemandem bewusst Schaden zuzufügen, dann haben wir das mentale Rüstzeug, um mit den Höhen und Tiefen des Lebens fertig zu werden. Wie heißt es in den Lehrtexten? »Es ist einfach, ein guter Meditierender zu sein, während man mit vollem Bauch in der Sonne sitzt. Wahrhaft bewähren müssen sich Meditierende aber unter schwierigen Umständen.« Erst in einer solchen Situation kannst du wirklich ermessen, wie stark sich deine Lebenseinstellung verändert hat. Wenn dich jemand kritisiert oder beleidigt und du es schaffst, nicht in die Luft zu gehen, sondern innerlich ruhig zu bleiben, so als ob du nur einem leisen Echo lauschen würdest, dann hast du tatsächlich ein gewisses emotionales Gleichgewicht erreicht und bist weniger verletzlich geworden.

Aus einer Studie geht hervor, dass meditierende Versuchspersonen, wie jeder andere, der nicht zerstreut ist, zwischen angenehmen und unangenehmen Reizen unterscheiden können, dass sie aber offenbar emotional weniger stark reagieren als Kontrollpersonen. Sie können sich weiterhin voll auf etwas konzentrieren, ohne sich von ihren emotionalen Reaktionen hinreißen zu lassen.[2] Normale Versuchspersonen nehmen bei Aufmerksamkeitstests, wenn sie zum Beispiel eine kognitiv anspruchsvolle Aufgabe lösen müssen, störende Reize entweder nicht wahr und reagieren nicht, oder sie nehmen sie wahr und reagieren dann sehr heftig.

WS Ich sehe den Nutzen dieser Haltung bezüglich negativer Emotionen durchaus. Aber negative Emotionen haben auch außerordentlich wichtige Funktionen für das Überleben des Organismus. Sie sind vermutlich kein sinnloses Nebenprodukt der biologischen Evolution, sondern blieben erhalten, weil sie dem Überleben dienen. Sie schützen uns und helfen uns, aversive oder gefährliche Situationen zu meiden. Bis jetzt haben wir nur darüber gesprochen, dass es darum geht, die Wahrnehmung der Welt vor Verzerrungen durch negative Emotionen zu schützen und gleichzeitig die positiven, wie Empathie, Liebe, Sorgsamkeit, Achtsamkeit und Gewissenhaftigkeit, zu stärken. Aus Gründen der Symmetrie sollte man annehmen, dass positive Emotionen den unverstellten Blick auf die Welt ebenso stark verzerren können wie die negativen und bei dem Versuch, ein klares Bewusstsein zu kultivieren, ebenfalls in den Hintergrund treten.

MR Wenn Liebe und Empathie durch Besitzenwollen kontaminiert sind und zu einer verzerrten Wahrnehmung der Wirklichkeit führen, dann sind sie aus buddhistischer Sicht nicht »positiv«, weil sie Leid erzeugen werden. Umgekehrt hat die altruistische Liebe positive Auswirkungen auf alle Beteiligten, auf die Nutznießer ebenso wie auf denjenigen, von dem sie ausging. Empörung angesichts von Ungerechtigkeit kann engagiertes Handeln auslösen, das zum Ziel hat, die Ungerechtigkeit auszugleichen. Solche Empörung ist dann im Gegensatz zu böswilligen unkontrollierten Wutausbrüchen konstruktiv, wenn sie weder mit Hass gemischt ist noch die Realität verzerrt. Das Ergebnis ist weniger Leiden und mehr Wohlbefinden für alle. Ob eine Emotion positiver oder negativer Natur ist, sollte aufgrund ihrer – altruistischen oder egoistischen – Motivation sowie ihrer Konsequenzen – Wohlbefinden oder Leiden – beurteilt werden.

WS Wie sollen wir uns einen Prozess vorstellen, der einzig und allein vom Gehirn selbst initiiert wird? Es geht darum, eine Veränderung im Gehirn herbeizuführen, indem man möglichst viele schädliche Einflüsse von außen ausschaltet. Man muss eine ganze Weile im eigenen Gehirn herumspazieren, um bestimmte Gefühle hervorzurufen. Dazu bedarf es wohl einer gewissen Dissoziation, einer Trennung zweier Ebenen: Auf der einen Ebene ist ein Agens nötig, das dann auf einer anderen Ebene für eine Veränderung sorgt. Man muss die eigenen Emotionen beobachten und gleichzeitig die Sinne wachhalten, um diese Emotionen überhaupt haben zu können – ich glaube, man kann nur auf sie einwirken, wenn man sie aktiviert –, und schließlich muss man noch lernen, sie auseinanderzuhalten. Wie geht das? Welche Hilfsmittel gibt es?

Anregungen von innen und von außen

MR Das Gehirn ist ganz offensichtlich in der Lage, sich selbst zu kennen und zu trainieren. Das machen Menschen ständig, nur nennen sie es nicht Meditation. Aus freien Stücken lernen sie Dinge auswendig, sie verbessern ihre geistigen Fertigkeiten, indem sie Schach spielen und im Kopf Probleme lösen. Meditation ist einfach eine systematischere Möglichkeit, genau dies zu tun, und zwar mit Weisheit – das heißt, mit dem Verständnis des Zusammenspiels von Glück und Leid. Dazu muss man beharrlich sein, man muss wie bereits erwähnt immer wieder trainieren. Bei der Meditation geht es allerdings nicht um die Ausbildung einer physischen Fertigkeit, sondern um *innere* Bereicherung. Soviel ich weiß, entwickeln sich die Gehirnfunktionen durch den Kontakt mit der Außenwelt. Bei einem blind geborenen Menschen werden sich die visuellen Areale nicht entwickeln, sie werden sogar von den auditorischen Regionen übernommen, die für einen Blinden viel nützlicher sind.[3] Ende der 1990er-Jahre stellte man fest, dass Ratten, die in einer einfachen Pappschachtel gehalten werden, weniger neuronale Verbindungen haben. Setzt man sie jedoch in eine Art Rattenvergnügungspark mit Laufrädern, Röhren und einigen netten Artgenossen, dann weist ihr Gehirn binnen eines Monats viele neue funktionelle Verbindungen auf.[4] Kurz danach wurde auch bewiesen, dass diese Neuroplastizität bei Menschen lebenslang besteht.[5] Doch die meiste Zeit sind wir mit der Welt »halbpassiv« beschäftigt. Du wirst mit einer Situation konfrontiert und reagierst darauf; dadurch wächst deine Erfahrung. Das wäre ein weitestgehend externes Reizangebot, eine »Anregung von *außen*«.

Bei Meditation und Geistestraining verändert sich die äußere Umgebung unter Umständen nur minimal. Im Extremfall hältst du dich in einer schlichten Klause auf, in der sich nichts verändert. Du hast jeden Tag dasselbe vor Augen. Dann sind die »Anregungen von außen« gleich Null. Aber die »Anregung von innen« ist maximal. Du trainierst deinen Geist den ganzen Tag und fast ohne Ablenkung. Eine solche Anregung ist nicht passiv, sondern absichtsvoll und methodisch zielgerichtet.

Wenn du acht oder zwölf Stunden am Tag darauf verwendest, bestimmte Geisteszustände zu kultivieren, die du kultivieren willst und die du zu kultivieren gelernt hast, dann sollte das auch zu einer Umprogrammierung des Gehirns führen. Doch das geschieht hier nicht auf zufällige Art und Weise, sondern aufgrund von Methoden, die in über 2000 Jahren kontemplativer Wissenschaft verfeinert wurden.

WS Du machst also dein Gehirn zum Objekt eines hochdifferenzierten kognitiven Prozesses, der nach innen anstatt auf die äußere Welt gerichtet ist. Dabei kommen offenbar dieselben kognitiven Mechanismen ins Spiel, die das Gehirn anwendet, wenn es sensorische Signale aus der äußeren Umwelt zu kohärenten Wahrnehmungen verarbeitet. Du misst bestimmten Zuständen einen Wert bei und versuchst, sie häufiger hervorzurufen, was wahrscheinlich mit einer veränderten Effizienz der Synapsen einhergeht. Vergleichbares passiert, wenn Interaktionen mit der Umwelt Lernprozesse hervorrufen.[6]

Vielleicht sollten wir uns kurz vor Augen halten, wie sich das menschliche Gehirn an seine Umwelt anpasst, denn dieser Entwicklungsprozess lässt sich auch als eine Modifikation beziehungsweise Umprogrammierung von Gehirnfunktionen beschreiben. Die Entwicklung des Gehirns wird von einer massiven Neubildung von neuronalen Verbindungen bestimmt, wobei die neuen Verknüpfungen nach funktionalen Kriterien entweder stabilisiert oder wieder entfernt werden. Dabei spielen Erfahrungen und Interaktionen mit der Umwelt als Validierungskriterien eine wichtige Rolle.[7]

Diese Entwicklungsphase dauert beim Menschen etwa bis zum 20. Lebensjahr. In den frühen Phasen werden sensorische und motorische Funktionen optimiert, später vollzieht sich dieser Auf- und Umbauprozess vorwiegend in Strukturen, die soziale Fähigkeiten verwalten. Nachdem dieser Entwicklungsprozess zum Abschluss gekommen ist, können Verschaltungen im Gehirn nur noch in sehr begrenztem Umfang verändert werden.

MR In begrenztem Umfang?

WS Ja. Bestehende Synapsenverbindungen können in ihrer Effizienz immer noch verändert werden, aber es kommt nicht mehr zur Knüpfung neuer Langstreckenverbindungen. Es entstehen zwar in bestimmten Regionen des Gehirns, wie dem Hippocampus und dem Riechkolben, auch noch nach der Geburt und selbst im Erwachsenenalter neue Nervenzellen, die sich in bestehende Schaltkreise integrieren können. Aber diese Neubildung von Nervenzellen und Verbindungen ist auf einige wenige Strukturen beschränkt. Soweit wir wissen, spielt sie unter normalen Bedingungen in der Großhirnrinde, welche die höheren kognitiven Funktionen realisiert, die uns hier interessieren, kaum eine Rolle.[8]

MR Einer Studie zufolge besteht bei Personen, die schon sehr lange meditieren, eine höhere strukturelle Verbindungsfähigkeit der unterschiedlichen Hirnareale als bei der Kontrollgruppe.[9] Das heißt, das Gehirn muss eine andere Möglichkeit der Veränderung zulassen.

WS Es steht außer Frage, dass ein Lernprozess auch Verhaltensdispositionen, selbst bei Erwachsenen, verändern kann. Es gibt reichlich Beispiele, wie bei Resozialisierungsprogrammen durch bestimmte Übungen kleine, aber entscheidende Verhaltensänderungen erreicht werden können. Ebenso ist belegt, dass recht dramatische und plötzliche Veränderungen in der Kognition, in emotionalen Zuständen und Bewältigungsstrategien auftreten. Auch hier sorgen dieselben Mechanismen, auf denen Lernen beruht, nämlich die Modifikation der Effizienz der synaptischen Verbindungen, zu einer Veränderung der funktionellen Architektur der Netzwerke und damit zu Verhaltensänderungen. Der Grund dafür liegt darin, dass in einem hochgradig komplexen System mit nichtlinearer Dynamik wie dem Gehirn auch kleine Veränderungen der Effizienz von Verknüpfungen zu einem Phasenübergang beitragen können, der radikale Modifikationen der Systemeigenschaften nach sich zieht.
Beispiele sind die dramatischen Verhaltensänderungen, die nach traumatischen oder kathartischen Erfahrungen auftreten können. Auch manche Psychosen werden womöglich durch solche tiefgreifenden Zustandsänderungen ausgelöst. Vermutlich bewirkt die Meditation aber keine Phasenübergänge dieser Art, sondern nur sehr langsame, graduelle Veränderungen der neuronalen Verschaltung.[10]

MR Man könnte auch den Aktivitätsfluss der Neuronen verändern, also gleichsam die Verkehrsdichte auf der Straße deutlich erhöhen.

WS Stimmt. Mit Lernen und Übung verändert sich auch bei Erwachsenen der Fluss der Aktivität. Nach dem 20. Lebensjahr ist die Hardware der anatomischen Verbindungen zwar wie gesagt weitestgehend festgelegt, dennoch ist es möglich, Aktivitäten flexibel einmal von A nach B oder von A nach C zu leiten, indem sie mit bestimmten Signaturen versehen werden, die einen Austausch von Information nur zwischen ausgewählten Neuronen erlauben. Auf diese Weise wird verhindert, dass Signale auf diffuse Weise zu allen mit dem jeweiligen Sender in Verbindung stehenden Strukturen gesandt werden, anstatt nur ausgewählte Zielbereiche zu erreichen. Wie stark die Verbindungen zwischen bestimmten Zentren sind, wird entweder durch die veränderte Effizienz der verbindenden Synapsen bestimmt oder durch dynamisch gebahnte virtuelle »Straßen«. Es findet dasselbe Prinzip Anwendung, das wir nutzen, wenn wir im Radio einen bestimmten Sender auswählen. Der Empfänger wird auf dieselbe Oszillationsfrequenz eingestellt wie der Sender.[11] Im Gehirn sind Milliarden von Sendern gleichzeitig aktiv, und ihre Botschaften müssen hochselektiv zu ganz bestimmten Zielstrukturen gelangen, und dabei müssen die jeweiligen Routen sehr schnell und bedarfsabhängig geändert werden. Nur so ist es möglich, vom einen Augenblick auf den anderen neue funktionelle Netzwerke zu konfigurieren. Diese Wechsel zwischen verschiedenen Programmen erfolgen viel schneller als die lernbedingten Änderungen der Effizienz bestehender anatomischer Verbindungen. Die Übungsphase bei der Meditation setzt wahrscheinlich auf die langsamen, lernrelevanten Modifikationen der Effizienz von Synapsen, während die Netzwerkkonfigurationen in einem bestimmten meditativen Zustand, den einige Fortgeschrittene erreichen, vermutlich auf eher dynamischen Bahnungen basieren.

MR Du könntest also beispielsweise die Hass-Straße nach und nach verengen und die Straßen des Mitgefühls weit öffnen. Die Studie mit den erfahrenen Meditierenden deutet an, dass sie die Fähigkeit haben, eindrucksvolle, saubere und wohldefinierte Zustände zu erzeugen. Diese Fähigkeit muss an bestimmte Muster im Gehirn gekoppelt sein. Mentales Training ermöglicht es, solche Zustände willentlich zu erzeugen und ihre Intensität zu modulieren, sogar wenn Störungen, wie positive oder negative emotionale Reize, hinzutreten. Auf diese Weise erwirbt man die Fähigkeit, alle Erschütterungen abzupuffern und die Kontrolle über eine emotionale Situation zu behalten, was zu innerer Stärke und Frieden führt.

WS Das heißt also, dass Meditierende ihre kognitiven Kontrollmechanismen einsetzen, um die verschiedenen emotionalen Zustände in den Fokus der Aufmerksamkeit zu nehmen, sie klar unterscheiden zu lernen und die Kontrollsysteme, die sich vermutlich im Frontalhirn befinden, so weit zu trainieren, dass es möglich wird, die Aktivität der Subsysteme, die für die verschiedenen Emotionen zuständig sind, selektiv zu verstärken oder abzuschwächen.

MR Sicher, man kann sein Wissen über die diversen Aspekte mentaler Prozesse an sich verfeinern.

WS Klar. Sobald wir uns ihrer bewusst werden, können wir uns mit ihnen vertraut machen, sie mit Aufmerksamkeit belegen, sie unterscheiden lernen, Kategoriengrenzen ziehen, genauso, wie wir bei der Wahrnehmung von Objekten der äußeren Welt vorgehen.

MR Du kannst auch erkennen, welche geistigen Prozesse zu Leid führen und welche zum Wohlbefinden beitragen, welche die mentale Verwirrung erhöhen und welche das klare Gewahrsein befördern.

WS Ein Analogon zu diesem Verfeinerungsprozess könnte die lernbedingte Differenzierung der Objektwahrnehmung sein. Wer nur wenig Erfahrung mit Hunderassen hat, wird nur erkennen können, dass es sich bei dem bellenden Vierbeiner um einen Hund handelt. Durch Erfahrung und Übung verfeinern sich dann die Unterscheidungskriterien, bis man schließlich in der Lage ist, verschiedene Hunderassen zu unterscheiden, auch wenn sie sich sehr ähnlich sind. Vielleicht gelingt durch mentales Training dasselbe für die Unterscheidung emotionaler Zustände. Im naiven Zustand, und ich würde vermuten, dass dies bei Kleinkindern der Fall ist, gelingt nur die Unterscheidung zwischen guten und schlechten Gefühlen. Durch Übung und Erfahrung schärft sich dann das Differenzierungsvermögen, bis mehr und mehr Nuancen erkennbar werden. Die Klassifizierung von geistigen Zuständen sollte dann ebenfalls feiner ausfallen. Wenn Menschen aus Kulturkreisen, die mentales Training als wichtige Wissensquelle nutzen, solche Unterscheidungen tatsächlich besser vornehmen können als Untrainierte, sollten Kulturen mit kontemplativer Erfahrung ein reicheres Vokabular für mentale Zustände entwickelt haben als Kulturen, die sich mehr für Phänomene in der Außenwelt interessieren.

MR Die buddhistische Taxonomie beschreibt 58 zentrale mentale Ereignisse mit verschiedenen Unterklassen. Es ist also richtig, dass es einem gelingt, immer subtilere Nuancen zu unterscheiden, je intensiver man geistige Vorgänge analysiert. Eine frisch gestrichene Wand sieht aus der Entfernung sehr homogen aus. Wenn du sie aber aus der Nähe betrachtest, erkennst du eine Menge Unebenheiten: Die Oberfläche ist nicht so glatt, wie es schien, sie hat Buckel und Löcher. Auch die Farbverteilung ist nicht gleichmäßig: Auf dem weißen Grund tauchen schwarze oder gelbe Flecken auf. Das Gleiche stellen wir fest, wenn wir unsere Emotionen näher betrachten, wir entdecken viele Nuancen. Wut zum Beispiel. Sie wird oft von dem Wunsch begleitet, jemandem zu schaden. Manchmal handelt es sich aber auch um die berechtigte Entrüstung über eine Ungerechtigkeit. Wut kann auch schlicht eine Reaktion sein, um schnell ein Hindernis aus dem Weg zu räumen, das uns davon abhält, etwas zu bekommen, was uns wichtig ist, oder um etwas zu beseitigen, das uns bedroht. Oder sie ist ein Zeichen für leichte Reizbarkeit.

Doch Wut enthält auch die Aspekte Klarheit, Fokussierung und Tatkraft, die an und für sich nicht schädlich sind. Ähnlich gibt es auch in der Lust ein Element des Glücks, das sich von Liebe unterscheidet. Stolz, ein Element des Selbstvertrauens, kann stark ausgeprägt sein, ohne in Arroganz abzugleiten. Neid ist eine Triebfeder, die nicht mit der ungesunden Unzufriedenheit verwechselt werden darf, die sie mit sich bringt.

Gelingt es einem also, zu erkennen, dass diese Aspekte an sich nicht negativ sind, und den Geist bei ihnen verweilen zu lassen, ohne ins Negative abzudriften, dann fechten einen diese Emotionen nicht an. Sicherlich ist das nicht einfach, aber mit Erfahrung kann diese Fertigkeit immer weiter kultiviert werden.

MR Wenn man seine geistigen Fähigkeiten regelmäßig pflegt, muss man sich nach einiger Zeit gar nicht mehr groß anstrengen. Du kannst mit geistigen Störenfrieden umgehen wie die Adler, die ich von meiner Klause im Himalaja aus beobachte. Die Krähen attackieren sie oft, obwohl sie viel kleiner sind. Sie stürzen sich von oben auf die Adler und versuchen, sie mit dem Schnabel zu treffen. Die Adler jedoch werden keineswegs nervös oder starten irgendwelche akrobatischen Ausweichmanöver, sie legen lediglich im letzten Moment ihre Flügel an, lassen die Krähe vorbeischießen und breiten die Flügel wieder aus. Die ganze Aktion erfordert nur minimalen Aufwand und verursacht fast keine Störung. Wenn man genügend Erfahrung hat, funktioniert der Umgang mit plötzlich hochkochenden Emotionen ganz ähnlich. Mit klarer Achtsamkeit siehst du die Gedanken kommen, dann lässt du sie passieren, ohne sie anzurühren, ohne sie zu blockieren oder zu verstärken, ohne weitere emotionale Wellen zu verursachen.

WS Dies erinnert mich an Strategien, die wir wählen, wenn wir in große Schwierigkeiten geraten, die schnelle Lösungen erfordern, wie zum Beispiel eine komplizierte Situation im Straßenverkehr. Wir greifen sofort auf ein großes Repertoire von Verhaltensreaktionen zurück, die wir erlernt und eingeübt haben, und wir wählen eine aus, ohne dass wir viel darüber nachdenken. Ohne vorherige Übung wäre dies nicht möglich. Würdest du sagen, dass jemand, der keine Erfahrung mit mentalem Training hat, sich so verhält wie jemand, der nicht durch die Fahrschule für die Bewältigung emotionaler Konflikte gegangen ist? Wäre dies eine passende Analogie?

MR Ja, komplexe Situationen werden durch Training und mühelose Bewusstheit sehr viel einfacher. Wenn du reiten lernst, zum Beispiel, hast du am Anfang ständig Angst herunterzufallen, und jede Bewegung des Pferdes, vor allem wenn es in den Galopp fällt, versetzt dich in Alarmbereitschaft. Doch erfahrene Reiter, ich denke etwa an die Reiter Osttibets, reiten nicht nur, ohne sich Sorgen zu machen oder überhaupt groß nachzudenken, sie können dabei auch noch allerlei akrobatische Übungen absolvieren, zum Beispiel Pfeile auf ein Ziel schießen oder etwas vom Boden aufheben, während sie im vollen Galopp dahinrasen. Und das tun sie mit großer Leichtigkeit und einem Lächeln auf den Lippen.

Eine Studie, die mit Meditierenden durchgeführt wurde, offenbarte, dass sie die Fähigkeit besitzen, die Aufmerksamkeit ohne Ermüdungserscheinungen auf hohem Niveau aufrechtzuerhalten. Bei einem Aufmerksamkeitstest, dem *continuous performance task*, verspannten sie sich nicht und sie ließen sich auch keinen einzigen Moment ablenken – und das nach 45 Minuten![12] Als ich es selbst versuchte, habe ich festgestellt, dass ich in den ersten paar Minuten etwas Mühe aufwenden musste. Doch sobald ich einen bestimmten Zustand, einen »Aufmerksamkeitsflow« erreicht hatte, wurde es leichter.

WS Dies ähnelt einer allgemeinen Strategie, die das Gehirn verfolgt, wenn es neue Fertigkeiten erwirbt. Zunächst erfordert die Ausübung der zu erlernenden Fertigkeit eine bewusste Kontrolle der Aktionen. Die Aufgabe wird in eine Reihe von Untersegmenten aufgeteilt, die dann der Reihe nach ausgeführt werden. Dies erfordert ein hohes Maß an Aufmerksamkeit, ist zeitraubend und anstrengend. Später, wenn die Fertigkeit eingeübt worden ist, kann sie nahezu automatisch ausgeführt werden. Sehr oft beteiligen sich an der Ausführung bereits gelernter Fertigkeiten andere Hirnstrukturen als jene, die für ihre Einübung zuständig waren. Einmal eingeübt, können erlernte Fertigkeiten schnell, mühelos und ohne kognitive Kontrolle ausgeführt werden. Viele von ihnen laufen dann unbewusst ab. In schwierigen Situationen sind es oft gerade diese automatisierten Fertigkeiten, die uns retten, weil wir sie sehr schnell aufrufen und einsetzen können. Diese meist unbewussten Abläufe können überdies weit mehr Variablen gleichzeitig verarbeiten als die bewussten, weil sie mehr als letztere die Option der Parallelverarbeitung nutzen. Bewusste Verarbeitung erfolgt vorwiegend seriell – Inhalte werden der Reihe nach abgearbeitet – und erfordert daher mehr Zeit. Die Frage ist, ob dieselben Lernstrategien für das Einüben emotionaler Haltungen eingesetzt werden können, ob Meditierende zunächst aufmerksamkeitsabhängige Mechanismen einsetzen, um zwischen verschiedenen Emotionen besser zu unterscheiden, um sich mit ihnen vertraut zu machen, die Kontrolle dann aber mit der Zeit automatisierten Reaktionsweisen übertragen, die ihnen später im Falle von Konflikten zu Hilfe kommen.

MR Es klingt, als würdest du den Meditationsprozess beschreiben. In den Lehrreden heißt es: Wenn jemand damit beginnt, über Mitgefühl zu meditieren – also den innigen Wunsch, fühlende Wesen mögen von Leid und den Ursachen des Leids frei sein –, dann ist das zunächst eine theoretische, künstliche Form des Mitgefühls. Erst wenn man das Mitgefühl wieder und wieder in sich erzeugt hat, wird es zur zweiten Natur. Sobald es Bestandteil deines Bewusstseinsstroms geworden ist, musst du es nicht mehr jedes Mal wieder neu erzeugen und aufrechterhalten. Wir nennen das »Meditieren ohne Meditation«: Du bist nie aktiv mit Meditieren »beschäftigt«, aber du hörst auch nie mit der Meditation auf. Du hältst dich einfach ohne Ablenkung in diesem heilsamen, mitfühlenden Geisteszustand auf.

WS Es wäre wirklich sehr interessant, mit neurobiologischen Verfahren zu untersuchen, ob es auch bei meditativen Übungen zu einem Funktionswandel zwischen verschiedenen Hirnstrukturen kommt, so wie dieser beim Lernen zu beobachten ist. Mithilfe der funktionellen Kernspintomografie lässt sich nachweisen, dass gut eingeübte Fertigkeiten, sobald sie automatisiert sind, von anderen Hirnstrukturen verwaltet werden als jenen, die zu Beginn des Trainings involviert waren.

MR Eine Studie von Julie Brefczynski und Antoine Lutz scheint genau das nahezulegen. Die beiden haben herausgefunden, dass einigermaßen erfahrene Meditierende Gehirnbereiche, die mit Aufmerksamkeit zu tun haben, sehr viel stärker aktivieren können als Neulinge. Bei sehr erfahrenen Meditierenden ist die Aktivierung jedoch geringer, obwohl ihre Aufmerksamkeit konstant hoch bleibt. Brefczynski und Lutz haben sich die Gehirnaktivität von Novizen, von relativ erfahrenen und von sehr erfahrenen Meditierenden angesehen. Dabei beobachteten sie verschiedene

Aktivitätsmuster, abhängig von der jeweiligen Erfahrung. Relativ erfahrene Meditierende (mit durchschnittlich 19 000 Stunden Übung) zeigten mehr Aktivität in den Gehirnregionen, die für die Steuerung der Aufmerksamkeit zuständig sind, als Anfänger. Allerdings trat bei den sehr erfahrenen Meditierenden (mit durchschnittlich 44 000 Stunden Übung) paradoxerweise geringere Aktivität auf. Diese Fortgeschrittenen haben scheinbar ein Niveau erreicht, auf dem sie sich mit weniger Anstrengung konzentrieren können – ein Effekt, der an die Fertigkeiten von Musikern und Sportlern erinnert, die sich bei minimaler Anstrengung und Kontrolle vom »Flow« ihrer Aktivität tragen lassen.[13] Diese Beobachtung stimmt mit anderen Studien überein, die belegen, dass, wenn jemand eine Fertigkeit gemeistert hat, die betreffenden Gehirnstrukturen weniger Aktivität zeigen als beim Erlernen derselben.

WS Dies passt zu dem Befund, dass die zuständigen Hirnstrukturen weniger aktiv werden, sobald eine gewisse Fertigkeit erworben wurde. Es wird dann offenbar ein ökonomischerer neuronaler Code eingesetzt. Will man ein echter Experte im Meditieren werden, ist es scheinbar also nötig, so viel zu üben wie ein Weltklasse-Geiger oder -Pianist. Um 44 000 Stunden zu schaffen, muss man 30 Jahre lang täglich vier Stunden meditieren. Erstaunlich!

Bezug zur Welt

MR Durch meditative Praxis gelingt es zu erkennen, ob Gedanken und Emotionen negativ sind oder nicht, der Realität entsprechen oder auf einer vollkommen verzerrten Wahrnehmung der Realität basieren.

WS Worin genau unterscheiden sich die beiden Zustände? Du betrachtest die affektiven Zustände als versklavend, als einengend, als die Kognition verzerrend – kurzum als grundsätzlich negative Zustände, die den Blick auf die Wirklichkeit verstellen. Ich verstehe vollkommen, dass deine Strategie wirksam ist, solange die

Quelle des Konflikts ausschließlich in der eigenen »Pathologie« liegt, aber die meisten Konflikte entstehen durch die Interaktion mit der Welt, und diese Interaktion ist grundsätzlich nicht frei von Konflikten. Gehst du nicht vielleicht davon aus, dass die Welt im Grunde vollkommen und gut ist und dass ein klares Bewusstsein ausreicht, um das zu erkennen?

MR Man kann das auf zwei verschiedene Weisen sehen. Die erste Option ist, die Fehler und Unvollkommenheit der Welt zu erkennen, deren Bewohner meist von mentalen Verwirrungen, vernebelnden Emotionen und Leid besessen sind. Die andere besteht darin, zu erkennen, dass jedes fühlende Wesen das Potenzial hat, solche Affekte loszuwerden und Weisheit, Mitgefühl und dergleichen zu kultivieren.

Negative Geisteszustände beginnen mit Selbstbezogenheit, wobei die Kluft zwischen mir und den anderen immer größer wird. Menschen halten sich dann für äußerst wichtig und klopfen sich ständig selbst auf die Schulter, andere interessieren sie dagegen herzlich wenig, möglicherweise haben sie Angst vor anderen oder hegen Ressentiments; oder sie klammern sich an andere oder an Äußerlichkeiten in dem hoffnungslosen Versuch, ihr selbstsüchtiges Glück zu finden, was natürlich nicht funktioniert. Solche Zustände gehen mit einem hohen Maß an Realitätsverzerrung einher. Die äußere Welt wird zementiert und die Dinge werden mit guten und schlechten, erwünschten und unerwünschten Eigenschaften belegt, ohne zu verstehen, dass es sich dabei größtenteils um Projektionen unseres Geistes handelt.

Nimm auf der anderen Seite einen Akt überströmender Liebe, reiner, uneigennütziger Hochherzigkeit, zum Beispiel wenn du ein Kind glücklich machst, wenn du einem Menschen in Not hilfst, womöglich ein Leben rettest, ohne Bedingungen zu stellen, vielleicht sogar wenn niemand erfährt, was du getan hast – solches Tun wärmt das Herz und erzeugt ein Gefühl tiefer Befriedigung und Erfüllung.

WS Was mich dabei fasziniert, ist der Umstand, dass du die Entwicklung eines autonomen Ichs so stark betonst. Nicht eines Ichs im Sinne eines selbstsüchtigen possessiven Egos, aber es scheint doch, als ginge es darum, ein starkes Ich zu entwickeln, das in sich ruht, nicht affizierbar ist, sich selbst genügt.

MR Ich würde es nicht die Stärke des Egos nennen, das Ego macht immer Ärger, sondern ein Gefühl tiefen Vertrauens, das daher rührt, dass man die inneren Mechanismen von Glück und Leid besser kennt, dass man weiß, wie man mit Emotionen umgeht, und daher immer über die inneren Ressourcen verfügt, um mit allem fertig zu werden.[14]

Wann kann man mit dem Meditieren beginnen?

WS Ich entnehme deiner Beschreibung, dass die Meditation ein hohes Maß an kognitiver Kontrolle erfordert. Nun ist es aber so, dass diese Funktion erst spät in der Entwicklung von Menschenkindern ausreift. Kognitive Kontrolle wird vorwiegend vom präfrontalen Kortex verwaltet, und diese Struktur erlangt erst in der späten Adoleszenz ihre volle Funktionstüchtigkeit. Bedeutet dies dann, dass Meditation nur von Erwachsenen praktiziert werden kann? Und wenn nicht, wäre es dann nicht wünschenswert, mit meditativen Praktiken so früh wie möglich zu beginnen, um die hohe Plastizität des jungen Gehirns auszunutzen und die Meditation damit zu einem integralen Bestandteil frühkindlicher Erziehung zu machen? Wir wissen doch, dass das Erwerben anderer Fähigkeiten, wie zum Beispiel die Beherrschung eines Musikinstrumentes oder das Erlernen einer zweiten Sprache, in frühen Lebensphasen viel leichter fällt. Mich würde interessieren, ob eine Technik, die so viel kognitive Kontrolle erfordert wie die Meditation, überhaupt von Kindern erlernt werden kann.

MR Natürlich verläuft unsere emotionale Entwicklung in Stadien, aber ich glaube, dass es durchaus möglich ist, schon früh mit einem gewissen Training zu beginnen. In unserem Kloster beispielsweise unterweisen wir Kinder und junge Novizen (zwischen 8 und 14 Jahren) nicht in Meditation. Aber sie nehmen an langen Zeremonien im Tempel teil, die einer Gruppenmeditation ähneln und während deren eine sehr beruhigende Atmosphäre von innerer Stille und emotionaler Ruhe herrscht. Auf diese Weise bekommen die Kinder einen Vorgeschmack darauf, ganz ohne theoretische Konzepte. Ich bin sicher, dass es hilfreich ist, eine Umgebung zu schaffen, die den Geist besänftigt und beruhigt, statt die Emotionen immer wieder anzuheizen, wie es im Westen mit Lärm, Gewalt im Fernsehen, Videospielen und ähnlichem oft der Fall ist.

Mal abgesehen davon lernen kleine Kinder auch in einer buddhistischen Umgebung durch Nachahmung. Sie beobachten, wie ihre Eltern und Lehrer nach den Prinzipien der Gewaltfreiheit mit Menschen, Tieren und der Umwelt umgehen. Die Bedeutung der Übertragung von Emotionen, ich würde sogar sagen der Übertragung einer Lebenseinstellung, lässt sich gar nicht hoch genug einschätzen. Die eigenen inneren Qualitäten üben einen immensen Einfluss auf diejenigen aus, die uns nahestehen. Mit am wichtigsten ist, Kindern dabei zu helfen, die eigenen Emotionen und die anderer zu erkennen. Man muss ihnen zeigen, wie man mit Gefühlsausbrüchen umgehen kann.

WS Genau das ist eines der Ziele jedes Erziehungssystems. Es geht um die Fähigkeit, die eigenen Emotionen zu kontrollieren, und offenbar existieren eine Menge verschiedener Instrumente, dies zu erreichen: Zuckerbrot und Peitsche, Vorbilder, spielerische Erziehung oder Geschichten erzählen. In jeder Kultur spielt die Tugend der Gefühlskontrolle eine wichtige Rolle, und um dieses Ziel zu erreichen, sind zahlreiche Strategien entwickelt worden.

MR Sicher bedarf es eines reifen Gehirns, um dauerhaft Stabilität in der emotionalen Kontrolle zu erreichen. Aber es scheint möglich zu sein, mit diesem Prozess bereits in jungen Jahren zu beginnen. Kinder finden durchaus Wege zu Ausgeglichenheit und innerem Frieden, nachdem sie schwere seelische Belastungen erlebt haben. Die Existenz von Bewältigungsprozessen belegt diese Möglichkeit. Einer meiner Lehrer, Yongey Mingyur Rinpoche, hat ein Buch mit dem Titel *The Joy of Living* (Die Freude am Leben) geschrieben. Als Kind war er extrem ängstlich und litt oft unter Panikattacken. Damals lebte er nahe der tibetischen Grenze in den Bergen Nepals. Er stammt aus einer liebevollen Familie und hatte kein traumatisches Erlebnis gehabt, dennoch wurde er immer wieder von diesen Ausbrüchen innerer Furcht überwältigt. Sowohl sein Vater als auch sein Großvater waren hervorragende Meditierende. Als er etwa sechs Jahre alt war, ging er regelmäßig in eine nahe gelegene Höhle, setzte sich dort hin und meditierte ein bis zwei Stunden ganz allein und auf seine eigene Art und Weise. Er verspürte endlich Frieden und Linderung, so als ob jemand das Feuer gelöscht hätte, und er liebte diese kontemplativen Momente. Aber seine Ängstlichkeit verschwand nicht ganz; sie kam immer wieder zurück. Schon im Alter von 13 Jahren verspürte er den starken Wunsch, an einer kontemplativen Klausur teilzunehmen, und schloss sich einer der im tibetischen Buddhismus häufig praktizierten dreijährigen Klausuren an. Zunächst ging es ihm sogar schlechter, doch eines Tages beschloss er, all die Unterweisungen, die er von seinem Vater erhalten hatte, darauf zu verwenden, in die tiefsten Tiefen des Geistes und seines Problems vorzudringen. Er meditierte drei Tage lang ununterbrochen, ohne sein Zimmer zu verlassen. Danach war er seine Ängste für immer los. Wenn du diesen unglaublich netten und offenen Menschen heute siehst, strahlt er Wohlbefinden und innere Ruhe, gepaart mit Humor und Herzenswärme, aus, und er unterrichtet die Natur des Geistes mit absoluter Klarheit. Man mag es kaum glauben, dass er überhaupt je so etwas wie Angst verspürt hat. Er ist ein lebendes Beispiel für das, was die Schulung des Geistes zu bewirken vermag. Außerdem zeigt es, dass man damit schon in jungen Jahren beginnen kann.[15]

Mentale Verzerrungen

WS Im Deutschen gibt es den Ausdruck »Komm zu dir«, was so viel bedeutet wie: Löse die Fesseln, die dich an etwas binden, die an dir zerren, die bewirken, dass du tust, was andere wollen, die dich glauben machen, was andere glauben, die dich zu Wohlverhalten bringen, nur weil andere dies verlangen. Wenn du in dieses Netz der Abhängigkeiten gerätst, sagen wir »Du verlierst dich«. Wir im Westen haben also dieselben Wahrnehmungen und Diagnosen, und es versteht sich von selbst, dass eine behütende Umgebung wohltuend oder sogar unerlässlich ist für die Entwicklung von Tugenden, solange die kognitiven Kontrollmechanismen nicht hinreichend entwickelt sind, um den jungen Menschen zu schützen.

MR Nach einem Wutanfall sagen wir auch »Ich war außer mir« oder »Ich war nicht mehr ich selbst«.

WS Wir sagen »Ich war außer mir« und versuchen dann, uns aufs Neue zu sammeln, und dies erfordert Rückzug und Ruhe. Mit einiger Übung kann jeder Bewältigungsstrategien entwickeln, die er einsetzen kann, wenn er die Bedrohung spürt, in solche dissoziierte Zustände zu geraten.

MR Das wäre das Ergebnis langer Übung: Heftige Gefühlsregungen erscheinen zwar noch am Rand der Bildfläche, aber sie dringen nicht mehr in den Geist ein, sondern verklingen wie ein leises Flüstern.

WS Das klingt wunderbar. Denn normalerweise braucht es seine Zeit, bis wir in einen ausgeglichenen Zustand zurückfinden, nicht zuletzt, weil die Stresshormone nur langsam zurückgehen.

MR Nein, es muss nicht lang dauern. Wenn du die überkochende Milch vom Feuer nimmst, fällt sie sofort zusammen. Und wenn du eine Emotion durch deinen Geist gleiten lässt, ohne ihr Nahrung zu geben, dann kann und wird sie nicht dableiben.

Aufmerksamkeit und kognitive Kontrolle

WS Wir sprachen über die Möglichkeit, mentales Training als Werkzeug zu benutzen, als ein Instrument, um das Auflösungsvermögen des inneren Auges, seine Unbestechlichkeit zu erhöhen, um die Fähigkeit zu erlangen, mithilfe von Introspektion die kognitiven Funktionen des Gehirns auszuloten, eine bessere

Unterscheidung verschiedener emotionaler Zustände zu ermöglichen, und das in ebenderselben Weise, wie sich die Wahrnehmung der äußeren Welt verfeinern lässt. Durch Übung lernen die »Nasen«, die Experten in der Parfumherstellung, Duftmischungen zu unterscheiden, die für die meisten von uns alle gleich riechen. Es könnte sein, dass das mentale Training in derselben Weise das Bewusstsein für die eigenen kognitiven Prozesse schärft. Dazu ist ein hohes Maß an kognitiver Kontrolle nötig, denn die Aufmerksamkeit muss in diesem Fall – im Gegensatz zu den Gerüchen – auf die Gehirnprozesse selbst gerichtet werden.

Es gibt inzwischen belastbare neurobiologische Hinweise darauf, dass sich das Gehirn während der Meditation in einem Zustand großer Wachheit und konzentrierter Aufmerksamkeit befindet.[16] Ich spiele auf die Pionierarbeiten von Richard Davidson und Antoine Lutz an, die bei dir und anderen buddhistischen Meditierenden elektroenzephalografische Ableitungen vorgenommen haben, während ihr meditiert habt.[17] Ich habe diese Daten zum ersten Mal auf einer Konferenz in Paris gesehen, die zum Gedenken an Francisco Varela, einen guten Freund von uns beiden, abgehalten wurde und die neurobiologischen Grundlagen des Bewusstseins zum Thema hatte. Ich war in hohem Maße überrascht, als ich sah, dass die Amplitude oszillatorischer Hirnaktivität während eurer Meditation in einem Frequenzbereich zwischen 40 und 60 Hertz, dem sogenannten Gamma-Frequenzband, dramatisch zunahm. Wir hatten diese Oszillationen vor etwa 25 Jahren in der Sehrinde entdeckt und vermuteten, dass die zugrunde liegende Synchronisation der Hirnaktivität eine wichtige Rolle bei kognitiven Prozessen spielen könnte. Inzwischen sind zahlreiche Studien durchgeführt worden, um die möglichen Funktionen dieser Oszillationen und der damit verbundenen Synchronizität zu identifizieren.

Dabei hat sich herausgestellt, dass eine von vielen Funktionen dieser zeitlichen Strukturierung neuronaler Aktivität mit der Steuerung von Aufmerksamkeitsprozessen zusammenhängt. Eine ganze Reihe von Arbeitsgruppen hat inzwischen Hinweise darauf gefunden, dass das Fokussieren von Aufmerksamkeit mit einer Zunahme von Gamma-Oszillationen und neuronaler Synchronizität einhergeht.[18] Wenn die Aufmerksamkeit auf ein bestimmtes Teilsystem des Gehirns gelegt wird, um es für die Verarbeitung erwarteter Signale vorzubereiten, findet sich eine Zunahme synchroner Gamma-Oszillationen in diesem System. Richtet sich die Aufmerksamkeit auf ein visuelles Objekt, nimmt die Amplitude synchroner Beta- und Gamma-Oszillationen in Hirnbereichen zu, die sich mit der Verarbeitung visueller Informationen befassen, insbesondere in der Hirnrinde.

Steht jedoch zu erwarten, dass es in Kürze darum gehen wird, auditorische Signale wahrzunehmen und diese mit einer motorischen Reaktion zu beantworten, dann sorgen aufmerksamkeitsabhängige Mechanismen dafür, dass die Verarbeitungszentren im Gehirn, die mit dieser Aufgabe befasst sein werden, antizipatorisch synchron zu oszillieren beginnen. In diesem Fall treten die Oszillationen in der Hörrinde, in Assoziationsarealen und in den motorischen Rindenbereichen des Frontalhirns auf und werden untereinander synchronisiert. Wir vermuten, dass dieses Einschwingen in synchrone Oszillationen die Kommunikation zwischen diesen Arealen selektiv verbessert und für die notwendige Koordination zwischen sensorischen und exekutiven Strukturen sorgt.[19]

Die neuronalen Antworten auf erwartete Reize werden verstärkt und besser synchronisiert als Antworten auf Reize, denen keine Aufmerksamkeit geschenkt wird. Diese aufmerksamkeitsabhängige Bahnung neuronaler Antworten ist notwendige Voraussetzung für schnelle Informationsverarbeitung und für die sichere Übertragung der Verarbeitungsergebnisse innerhalb der Netzwerke der Hirnrinde.[20]

Die enge Beziehung zwischen synchroner oszillatorischer Aktivität, Aufmerksamkeit und bewusster Wahrnehmung offenbart sich auch bei dem Phänomen des binokularen Wettstreits. Wenn den beiden Augen zwei Muster dargeboten werden, die nicht zu einem Bild fusioniert werden können, wird jeweils immer nur eines der beiden Muster wahrgenommen, entweder das Muster, das dem rechten Auge dargeboten wird, oder das Muster, welches das linke Auge sieht. Wenn zum Beispiel dem rechten Auge ein vertikales und dem linken ein horizontales Gitter gezeigt wird, nimmt man nicht die Überlagerung der beiden Gitter wahr, was dann wie ein Schachbrettmuster aussähe, sondern man sieht entweder das vertikale oder das horizontale Gitter, und diese beiden Wahrnehmungen alternieren nach einem ganz bestimmten, vom Gehirn festgelegten Rhythmus. Die Frage ist nun, wie diese Auswahl und der Wechsel zwischen den Wahrnehmungsinhalten auf neuronaler Ebene realisiert ist.

Hier interessiert vor allem die Beobachtung, dass dieser Wechsel in der Wahrnehmung auf frühen Stufen der visuellen Informationsverarbeitung, also zum Beispiel in der primären Sehrinde, mit einer Veränderung der Synchronisation neuronaler Antworten auf die jeweiligen Muster einhergeht. Das jeweils wahrgenommene Muster bewirkt oszillierende Antworten im Bereich von 40 Hertz, die wesentlich besser synchronisiert sind als die Antworten auf das jeweils nicht wahrgenommene Muster.[21] Beide Augen »sehen« immerfort jeweils dieselben Muster, aber das beobachtende Subjekt nimmt entweder nur das vertikale oder das horizontale Gitter wahr. Diese Experimente legen die Schlussfolgerung nahe, dass Sinnessignale die Ebene der bewussten Verarbeitung bevorzugt dann erreichen, wenn sie gut synchronisiert sind.

MR Warum passiert dieses Umschalten, ohne dass wir es kontrollieren können?

WS Wenn die Signale aus den beiden Augen nicht in Deckung gebracht werden können – was für alle Signale von Objekten der Fall ist, die weit vor oder hinter dem gerade betrachteten Objekt liegen –, dann werden die Signale von jeweils einem unterdrückt, um Doppelbilder zu vermeiden. Wir führen diese Unterdrückung ständig durch, ohne uns dessen gewahr zu sein, und bemerken das Phänomen der interokularen Suppression beziehungsweise des binokularen Wettstreits erst unter experimentellen Bedingungen. Weil dieses Phänomen auf Entscheidungsmechanismen beruht, die festlegen, welche sensorischen Signale

Zugang zum Bewusstsein erhalten, wird es häufig benutzt, um jene Merkmale der neuronalen Aktivität zu identifizieren, die bewirken, dass Signale die Ebene der bewussten Verarbeitung erreichen. In diesem Zusammenhang ist es bemerkenswert, dass erfahrene Meditierende in der Lage sind, die Umschaltrate im binokularen Wettstreit bewusst zu senken.[22] Das habe ich selbst erlebt, als ich nach einigen Tagen der Zen-Meditation auf eine weiße Wand starrte. Aus den Veränderungen am Rande meines Gesichtsfeldes konnte ich schließen, dass die von meinen beiden Augen an mein Gehirn übermittelten Signale bemerkenswert langsam abwechselnd unterdrückt wurden – einige Sekunden lang war das rechte Auge blind, dann wieder das linke und so ging es minutenlang bis sich wegen meiner Analyse dieser Beobachtungen die Tiefe der Meditation veränderte und das Phänomen verschwand.

MR Dieselbe Erfahrung habe ich bei Brent Field im Labor von Anne Treisman in Princeton gemacht. Es gelang mir, das automatische Umschalten zwischen rechtem und linkem Bild zu verlangsamen, so dass ich für bis zu 30 Sekunden oder gar eine Minute nur ein Bild wahrnahm.

WS Anscheinend wurde der Zugang zu bewusster Verarbeitung durch eine abwechselnde und jeweils lange andauernde Verstärkung der Synchronizität oszillatorischer Signale für die Signale aus jeweils einem Auge begünstigt. Das kann zwei Gründe haben. Synchrone Aktivität wird in Nervennetzen effektiver weitergeleitet und kann deshalb die Schwelle zum Bewusstsein leichter überschreiten. Es kann aber auch sein, dass es besonders kohärenter Zustände bedarf, damit bewusste Verarbeitung möglich wird.[23] Wir sollten auf diese Frage zurückkommen.

MR Das ist doch dasselbe wie mit den »Mooney faces« in Francisco Varelas Experiment?

WS Ja, es weist in der Tat eine gewisse Ähnlichkeit mit Franciscos Experimenten auf. Francisco fand in seinen Untersuchungen eine Zunahme synchroner Gamma-Oszillationen, das sind Schwingungen im 40-Hertz-Bereich, über bestimmten Hirnrindenarealen, wenn die Versuchspersonen in der Lage waren, ein menschliches Gesicht in Piktogrammen zu entdecken, die aus Schwarz-Weiß-Kontrasten bestanden. Sahen die Probanden kein Gesicht, sondern nur uninterpretierbare Konturen, hatten die Gamma-Oszillationen wesentlich kleinere Amplituden und waren weniger gut synchronisiert.[24]

Dies war jetzt ein etwas langer, aber notwendiger Ausflug in die Neurobiologie, doch wie du gleich sehen wirst, weisen diese Befunde enge Bezüge zu den neuronalen Korrelaten der Meditation auf, die Richard Davidson in deinem Gehirn fand, während du meditiert hast.

MR Nicht nur in meinem, sondern auch in denen von ein paar anderen Meditierenden…

WS …glücklicherweise auch bei denen, weil es in der Wissenschaft ja auf Wiederholbarkeit ankommt. Was er also fand, war eine überraschende Zunahme hochkohärenter oszillatorischer Aktivität im Gamma-Frequenzbereich zwischen 40 und 60 Hertz.

Das Interessanteste war dabei aber, dass diese Zunahme synchroner Gamma-Oszillationen vorwiegend über zentralen und frontalen Hirnregionen zu beobachten war und nicht, wie es der Fall ist, wenn man die Aufmerksamkeit auf Objekte in der äußeren Welt lenkt, über sensorischen Arealen der Hirnrinde. Dies legt nahe, dass du deine Aufmerksamkeitsmechanismen eingesetzt hast, um Aufmerksamkeit auf Prozesse in höheren Hirnrindenarealen zu fokussieren, Arealen, die bereits abstrakte Konzepte und Symbole verarbeiten können und vielleicht auch benötigt werden, um sich Gefühle und Emotionen bewusst zu machen. Wegen des begrenzten räumlichen Auflösungsvermögens der elektroenzephalografischen Verfahren ist es schwierig, genau festzulegen, aus welchen Arealen die bei dir gemessene Aktivität kam, aber es waren mit Sicherheit andere als die primären Sinnesareale. Leider verfälschen bei solchen Messungen Artefakte, die von nichtneuronalen Prozessen, etwa Muskelkontraktionen oder Augenbewegungen, hervorgerufen werden, die Ergebnisse. Hoffentlich wurden diese potenziellen Störfaktoren bei euren Experimenten berücksichtigt.

Man kann die Ergebnisse nun so interpretieren, als hättest du willentlich deine internen Repräsentationen aktiviert, dann deine Aufmerksamkeit auf sie gelenkt, um mit ihnen zu arbeiten, ganz so, als handele es sich um externe Informationen. Du wendest deine kognitiven Fähigkeiten auf innere Ereignisse an.

MR Oder du hast ein Meta-Bewusstsein von einem Zustand, den du weiterentwickeln möchtest – Mitgefühl zum Beispiel –, und erhältst diesen Zustand von Moment zu Moment aufrecht –

WS – du hältst deine Aufmerksamkeit auf bestimmte interne Zustände gerichtet, wobei es sich bei diesen um Emotionen handeln kann oder um Vorstellungsinhalte. Im Grunde wäre dies dieselbe Strategie wie jene, die wir anwenden, wenn wir uns auf einen Ausschnitt der äußeren Welt oder eine bestimmte Tätigkeit konzentrieren wollen – außer dass die meisten von uns mit dieser Strategie, die Aufmerksamkeit auf innere Zustände zu fokussieren, viel weniger vertraut sind.

MR Das entspricht der Definition von Meditation, nämlich einen bestimmten Geisteszustand zu pflegen, ohne sich ablenken zu lassen. Im asiatischen Sprachraum gibt es zwei Wörter, die normalerweise mit »Meditation« übersetzt werden: das Sanskritwort *bhavana* bedeutet »kultivieren«, das tibetische Wort *gom* entspricht »sich mit etwas vertraut machen, das neue Qualitäten und Einsichten birgt« sowie eine »neue Art zu sein«. Daher lässt sich Meditation nicht auf die üblichen Klischees wie etwa »den Geist leeren« oder »sich entspannen« reduzieren.

WS Und wie immer, wenn wir die Aufmerksamkeit auf bestimmte Inhalte richten, lernen wir. Sobald man aufmerksam ein Objekt betrachtet und bewusst wahrnimmt, lernt man etwas über dieses Objekt. Die Folge sind Veränderungen in den synaptischen Verbindungen zwischen Neuronen, und das nächste Mal, wenn dieses Objekt ins Blickfeld gerät, erscheint es vertrauter. Es wird leichter und schneller erkannt und kann länger im Bewusstsein gehalten werden. Man kann sich daran erinnern, die Erinnerung beliebig oft wachrufen – aber all dies ist nur möglich, wenn das jeweilige Objekt mit Aufmerksamkeit belegt wird. Trifft es also zu, dass man beim Meditieren versucht, interne Repräsentationen in den Fokus der Aufmerksamkeit zu nehmen und so lange wie möglich im Bewusstsein zu halten, wobei es sich dabei um Emotionen oder einen bestimmten Zustand, den man bewahren möchte, handeln kann?

MR Man könnte die Erfahrung von Güte aufrechterhalten und kultivieren. Altruistische Gedanken zum Beispiel hat jeder von Zeit zu Zeit, aber sie halten sich normalerweise nicht dauerhaft, sondern werden schnell von einem anderen Geisteszustand ersetzt. Da wir die altruistische Liebe nicht systematisch fördern, können sich diese kurzfristigen Anflüge nicht gut im Geist festsetzen, es kommt nicht zu tiefgreifenden Veränderungen des Verhaltens oder der inneren Einstellung. Wir alle haben freundliche und großzügige Gedanken oder das Gefühl von innerem Frieden. Doch jene Gedanken sind flüchtig und werden bald von anderen abgelöst, darunter auch Wut und Eifersucht. Um Altruismus und Mitgefühl zu einem Teil unserer selbst zu machen, müssen wir sie über längere Zeiträume kultivieren. Wir müssen uns mit ihnen vertraut machen, sie nähren, schützen und in uns wachsen lassen, bis sie langsam in unserem Geist Wurzeln schlagen.

Nach der buddhistischen Vorstellung geht es nicht nur darum, einen machtvollen Geisteszustand voller Mitgefühl und liebender Güte zu erzeugen, sondern auch darum, ihn über längere Zeit aufrechtzuerhalten. Hier hast du, wie bei jeder anderen Form des Trainings, die Elemente Wiederholung und Ausdauer. Das Besondere ist nur, dass die Fähigkeiten, die du entwickelst, fundamentale menschliche Qualitäten wie Güte, Freundlichkeit, emotionales Gleichgewicht etc. sind.

WS Das ist richtig. Meditation ist demnach ein sehr aktiver Prozess, der ein hohes Maß an Aufmerksamkeit erfordert. Indem du deinen inneren Zuständen Aufmerksamkeit schenkst, machst du dich mit ihnen vertraut, du lernst sie kennen, und dies erleichtert es dann, sie nach Belieben aufzusuchen.

Das muss mit dauerhaften Veränderungen auf neuronaler Ebene einhergehen. Jede Hirnaktivität, die unter der Kontrolle von Aufmerksamkeit erfolgt, wird erinnert. Es kommt zu Veränderungen in der synaptischen Übertragung, bestimmte Synapsen werden verstärkt, andere abgeschwächt. Dies wiederum führt zu Veränderungen der Dynamik der interagierenden Zellpopulationen und damit zu veränderten Funktionen. Es ist also aus neurobiologischer Sicht durchaus plausibel, durch meditatives Training neue mentale Zustände zu erzeugen und zu lernen, diese auch später willentlich herbeizuführen. Ich finde es bemerkenswert, dass diese Möglichkeit überhaupt entdeckt wurde. Was war die ursprüngliche Motivation, die Aufmerksamkeit von der äußeren Welt abzuziehen, sie auf interne Zustände zu lenken, diese einem komplexen kognitiven Analyseprozess zu unterziehen und schließlich ein hohes Maß an Kontrolle über sie zu erlangen? Warum haben die östlichen Kulturen sich so viel mehr der Erforschung der Innenwelt gewidmet als der Analyse der Außenwelt?

MR Ich denke mal, es liegt daran, dass diese mentalen Zustände eine so entscheidende Rolle für unser Glück beziehungsweise Leid spielen. Das geht doch jeden an. Was mich noch mehr überrascht, ist, wie wenig Aufmerksamkeit im Westen auf die inneren Ursachen des Wohlergehens gelegt wurde und wie sehr die Menschen die Fähigkeiten des Geistes unterschätzen, die Wahrnehmung zu beeinflussen.

WS Ein besonders faszinierender Aspekt ist für mich dabei die Tatsache, dass Meditation offenbar zu Veränderungen in der Funktionsweise des Gehirns führt, die den Meditationsprozess selbst überdauern. Inzwischen ist in mehreren unabhängigen Studien der Nachweis erbracht worden, dass das Volumen der Hirnrinde in bestimmten Arealen der Großhirnrinde bei Menschen mit sehr großer Meditationserfahrung zunimmt.[25] Auch Forschungen im Labor meiner Tochter Tania haben ergeben, dass es im Gehirn von Meditationsanfängern zu strukturellen Veränderungen kam. Die Teilnehmer der Studie übten sich neun Monate lang in drei Arten der Meditation: jeweils drei Monate Achtsamkeit, Perspektivenübernahme und Mitgefühl. Jede hatte Änderungen in spezifischen Arealen der Hirnrinde zur Folge. Vergleichbare Volumenänderungen wurden auch nach dem Erlernen motorischer Fertigkeiten oder intensiver sensorischer Reizung gefunden. Sie gehen auf eine Vermehrung des Neuropils zurück, das heißt der Zwischenräume zwischen den Nerven- und Gliazellen, die von neuronalen Verbindungen und Synapsen ausgefüllt werden. Dies weist darauf hin, dass intensive Meditation offenbar in der Lage ist, die Zahl der Synapsen zu vermehren und diese auch zu vergrößern, und somit ähnliche strukturelle Veränderungen zu bewirken wie andere Formen des Trainings und Lernens.[26]

Aufmerksamkeit

WS In dieselbe Richtung weist auch eine andere gut kontrollierte Studie. Sie legt nahe, dass Meditation zu langfristigen Veränderungen jener Mechanismen führen kann, welche die Aufmerksamkeit kontrollieren. Es scheint, als ob das hohe Maß an Konzentration, das für die Aufrechterhaltung meditativer Zustände notwendig ist, jene Strukturen verändert, die mit der Steuerung von Aufmerksamkeit befasst sind.

Lass mich diesen Befund kurz erklären. Im Labor von Anne Treisman, einer Expertin der Erforschung von Aufmerksamkeitsprozessen, wurde bei Mönchen mit großer Meditationserfahrung ein Phänomen untersucht, das man *attentional blink* nennt,[27] wörtlich übersetzt etwa »Aufmerksamkeitsblinzeln«. Zeigt man einer Versuchsperson eine Sequenz von Reizen (Wörter oder Bilder) in schneller Folge und trennt diese voneinander durch maskierende Reize, dann kann man die Reizparameter so justieren, dass die Versuchspersonen nur einen Teil der dargebotenen Reize bewusst wahrnehmen. Es zeigt sich dann, dass jedes Mal, wenn ein Reiz wahrgenommen wurde, der nächste und vielleicht auch der übernächste übersehen wird, weil das Gehirn noch mit der Verarbeitung des eben bewusst wahrgenommenen Reizes befasst ist und keine Aufmerksamkeitsressourcen verfügbar sind, um den je nächsten Reiz zu verarbeiten. Solange die Aufmerksamkeit an die Verarbeitung des bewusst wahrgenommenen Reizes gebunden ist, steht sie für die Verarbeitung des jeweils nächsten Bildes nicht zur Verfügung. Heleen Slagter und Antoine Lutz konnten nachweisen, dass der *attentional blink* nach dreimonatigem intensivem Meditationstraining für »offene Präsenz« deutlich reduziert war.[28]

MR Das heißt also, wenn dir in sehr schneller Folge Bilder, Buchstaben oder Wörter gezeigt werden und du eines davon eindeutig identifizierst, dann beschäftigt dieser Prozess dein Gehirn so sehr, dass du von den Bildern, die direkt danach kommen, eines oder mehrere nicht sehen kannst.

WS Das Zeitintervall, während dessen man blind für neue Reize ist, bewegt sich im Bereich von fünfzig bis einigen hundert Millisekunden und ist von der Komplexität des gerade verarbeiteten Reizes sowie dem Alter der Versuchsperson abhängig. Der überraschende Befund war nun, dass Menschen mit großer Meditationserfahrung ungewöhnlich kurze *Blink*-Intervalle hatten. Trotz hoher Darbietungsfrequenz waren sie in der Lage, jeden Reiz bewusst wahrzunehmen. Und das galt sogar für die älteren Teilnehmer, obwohl die *Blink*-Intervalle mit dem Alter gewöhnlich länger werden, da sich die Aufmerksamkeitsmechanismen verlangsamen.

MR Ja, ich weiß von einem nicht publizierten Fall eines 65-jährigen Meditierenden, der überhaupt keinen *attentional blink* aufwies.

WS Dies ist auch durch unsere eigenen Untersuchungen bestätigt worden. Der *attentional blink* war bei Menschen mit langjähriger Meditationserfahrung so kurz wie bei jungen Versuchsteilnehmern aus der Kontrollgruppe.[29] Ich halte das für einen deutlichen Hinweis darauf, dass Meditation Aufmerksamkeitsmechanismen nachhaltig verändern kann. Ein weiterer bemerkenswerter Befund wurde in einer Studie von Richard Davidson vorgestellt. Auch an dieser Studie hast du teilgenommen. Sie zeigt eine ungewöhnlich starke Korrelation zwischen der Amplitude von aufmerksamkeitsabhängigen, hochsynchronen Gamma-Oszillationen über zentralen Hirnrindenarealen und dem subjektiven Urteil meditierender Probanden über die jeweilige Tiefe und Klarheit des meditativen Zustandes.[30] Solche Korrelationen zwischen biophysikalischen Maßen und subjektiver Empfindung sind besonders wertvoll. Wenn sie, wie in diesem Fall, statistisch hochsignifikant sind, wird es wahrscheinlich, dass es sich um kausale Beziehungen handelt und nicht nur um zufällige Übereinstimmungen. Soweit ich das Feld überblicke, sind dies die robustesten und überzeugendsten Hinweise darauf, dass Meditation mit spezifischen Hirnzuständen einhergeht und dauerhafte Modifikationen von Hirnfunktionen bewirkt.

MR Aus einer introspektiven Perspektive betrachtet, wird die Aufmerksamkeit normalerweise von dem Objekt gebunden, das sie auf sich gezogen hat, dort haftet sie dann und muss sich erst wieder von dem Objekt lösen. In einem Augenblick denkt man: »Oh, ich habe einen Tiger gesehen« oder »Das Wort habe ich gesehen«. Dann dauert es eine Weile, bis man sich wieder davon gelöst hat. Doch in einem Zustand der offenen Präsenz, die sich am besten dazu eignet, den *attentional blink* zu reduzieren, ist man einfach Zeuge dieses inneren Bildes, ohne sich weiter mit ihm zu beschäftigen. Daher besteht auch keine Notwendigkeit, sich wieder von ihm zu lösen. Wenn eine Zwanzigstelsekunde später das nächste Bild aufleuchtet, ist man ganz da und bereit, es wahrzunehmen.

WS Der Meditationsprozess hat also zwei Effekte: Erstens lernt man, an den eigenen Wahrnehmungsprozessen zu arbeiten, und danach entwickelt man sich zum Experten darin, seine Aufmerksamkeit willentlich zu lenken. Die Frage ist dabei, wie eingehend diese Meditierenden die jeweiligen Bilder verarbeiten. Vielleicht lenken sie auf jedes Bild weniger Aufmerksamkeit und können daher die rasch aufeinander folgenden Bilder besser wahrnehmen. Könnte es sein, dass sie einfach weniger gründlich wahrnehmen und daher dem Verlauf schneller als naive Versuchspersonen folgen können? Vielleicht ist ihre Analyse oberflächlicher und daher sind sie weniger lange refraktär? Gehen Meditierende im Allgemeinen mit den Phänomenen der äußeren Welt anders, möglicherweise ein wenig oberflächlicher, um? Vielleicht streifen sie die Phänomene nur und verarbeiten sie weniger gründlich?

MR Meiner Meinung nach geht es eher darum, wie sehr man sich an Wahrnehmungen und anderen äußeren Phänomenen festhält.

WS Sich also weniger an sie bindet?

MR Genau. Der Buddhismus sagt, es ist sehr befreiend, wenn man sich nicht ständig mit Prozessen des Bindens und Lösens beschäftigen muss. Du hast von einer Schärfung des inneren Auges gesprochen, mit der die Menschen ihre Wahrnehmung erweitern. Aus kontemplativer Sicht entspricht die Konzentration der Introspektion auf Wahrnehmung und mentale Prozesse der Verbesserung von Qualität und Auflösungsvermögen des »Geistesteleskops«; das ist besser, als ohnmächtig und blind in den Automatismen von Wahrnehmungsvorgängen gefangen zu sein. Dadurch kann man solche Prozesse in Echtzeit ablaufen sehen und wird nicht von ihnen genarrt.

Wie es scheint, hinterlassen die unterschiedlichen Meditationsformen, die bereits untersucht wurden, unterschiedliche Spuren im Gehirn. Alle rufen wohl Gamma-Wellen hervor, wenn auch in unterschiedlichem Ausmaß, aber sie aktivieren sehr verschiedene Hirnbereiche.

WS Dies ist in der Tat zu erwarten. Wenn man seine Aufmerksamkeit bestimmten Zuständen widmet, etwa Mitgefühl trainiert oder Achtsamkeit übt oder das Bewusstsein von Inhalten zu befreien sucht, geschieht das vermutlich unter Beteiligung unterschiedlicher Gehirnregionen, und dies sollte zu unterschiedlichen Aktivierungsmustern führen. Vermutlich wird man immer die für Aufmerksamkeitsprozesse typischen Muster finden, weil Meditation der Konzentration bedarf, aber die inhaltsbezogenen Aktivitäten werden natürlich davon abhängen, ob die Aufmerksamkeit auf visuelle, emotionale oder soziale Inhalte gelenkt wird. Zu erwarten sind also zusätzliche inhaltsspezifische Aktivitäten in den entsprechenden Hirnregionen. Gemeinsam wäre dann den verschiedenen Meditationspraktiken lediglich immer ein hohes Maß an kognitiver Kontrolle, was recht überraschend ist.

MR Nach der Mind-and-Life-Konferenz im Jahr 2000 habe ich Paul Ekman in seinem Labor in San Francisco besucht. Er ist der weltweit führende Experte für Mimik. Er machte einen Test mit uns, in dem er uns Gesichter mit einem neutralen Ausdruck zeigte. Dann blitzte für eine Dreißigstelsekunde je ein Bild desselben Gesichts mit einer der sechs Gefühlsregungen auf, die allen Menschen gemeinsam sind: Freude, Trauer, Wut, Überraschung, Angst, Abscheu. Du konntest sehen, dass sich etwas veränderte, aber es ging blitzschnell. Wenn man die Einzelbilder langsam durchlaufen ließe, wäre das Emotionsbild ganz klar und eindeutig zu erkennen – ein breites Lächeln, vor Schreck geweitete Augen usw. Wenn es aber nur für den Bruchteil einer Sekunde gezeigt wird, siehst du nicht mehr als ein leichtes Blinzeln in dem Gesicht, das sofort wieder den neutralen Ausdruck annimmt. Ohne Training ist die kurz aufblitzende Gefühlsregung daher nur sehr schwer zu identifizieren. Diese Mikroausdrücke, *microexpressions*, wie Paul sie nennt, treten im Alltag ständig auf; sie sind unwillkürlich und zeigen unsere Gefühle völlig unzensiert. Allerdings sind wir nicht sehr gut darin, sie zu lesen.

WS So ist es.

MR Es stellte sich heraus, dass es Menschen gibt, die diese Mikroausdrücke natürlicherweise ziemlich gut erkennen können, und dass man dieses Erkennen trainieren kann. In unserem Fall waren es zwei erfahrene Meditierende, die den Test machten. Ich selbst hatte nicht das Gefühl, dabei gut abgeschnitten zu haben, und dachte, diese Fähigkeit könne eigentlich nicht viel mit Meditation zu tun haben. Aber es zeigte sich, dass wir die Mikroausdrücke wesentlich besser erkannt und höhere Punktzahlen erreicht hatten als Tausende von anderen Testpersonen.[31]

Nach Pauls Meinung könnte die Fähigkeit, Mikroausdrücke zu identifizieren, mit einer höheren Geschwindigkeit von Wahrnehmungsprozessen zusammenhängen, die allgemein das Erkennen schnell aufeinander folgender Reize vereinfacht, oder mit einer besseren Vorstellung von den Emotionen anderer Menschen, die deren Interpretation erleichtert. Ganz allgemein stellt die Gabe, flüchtige Gesichtsausdrücke zu erkennen, eine ungewöhnliche Befähigung zur Empathie dar. Menschen, die diese subtilen Gefühlsäußerungen besser erkennen, sind offener für neue Erfahrungen und allgemein stärker an Dingen interessiert. Außerdem sind sie gewissenhaft, verlässlich und gründlich.

WS Das könnte alles mit der Reduktion des *attentional blink* zusammenhängen und einfach die Folge der Fähigkeit sein, kurze Ereignisse wahrzunehmen. Aber es könnte natürlich auch bedeuten, dass meditationserfahrene Menschen wie du Emotionen differenzierter wahrnehmen.

Achtsames Verweilen im gegenwärtigen Augenblick

MR Zur Aufmerksamkeit: Wenn du deinen Geist abschweifen lässt, und plötzlich wechselt der Gesichtsausdruck deines Gegenübers, dann springt deine Aufmerksamkeit wieder zu ihm zurück, aber es ist zu spät. Der flüchtige Ausdruck ist weg. Wenn du deine Aufmerksamkeit aber im Hier und Jetzt verweilen lässt, in einem Allzeit-bereit-Zustand, dann bist du da, wenn etwas geschieht. Es bedarf keiner plötzlichen Veränderung, um dich in den gegenwärtigen Moment zurückzuholen. Es könnte sich also um ein reines Aufmerksamkeitsphänomen handeln oder um eine erhöhte Sensibilität und Offenheit für die Gefühle anderer, vielleicht ist es aber auch eine Kombination aus beidem. Soll ich jetzt zu den anderen Themen übergehen, die du angesprochen hast?

WS Ja, bitte.

MR Du hast davon gesprochen, die Aufmerksamkeit nach innen zu richten. Tatsächlich ist unsere Aufmerksamkeit dauernd nach draußen gerichtet. Unsere Aufmerksamkeit ist meistens der äußeren Welt zugewandt, den Formen, Farben, Klängen, Geschmäcken, Gerüchen, Oberflächen usw.

WS Was für das Überleben äußerst wichtig ist!

MR Selbstverständlich, keine Frage. Wenn du eine Straße überqueren willst, musst du mitbekommen, was um dich herum vorgeht. Einer der großen tibetischen Meister veranschaulichte dies mit seiner Hand, indem er seine Handfläche, die zunächst nach außen zeigte, nach innen drehte und sagte: »Lasst uns nun nach innen schauen und unsere Aufmerksamkeit den Vorgängen in unserem Geist und der Natur des Bewusstseins an sich schenken.« Das ist einer der wesentlichen Punkte bei der Meditation. Manche Menschen finden das etwas befremdlich. Sie halten es für ungesund, den mentalen Prozessen so viel Aufmerksamkeit zu schenken, und denken, wir sollten uns lieber mit der echten Welt beschäftigen. Anderen flößt das Unterfangen sogar Angst ein.

WS Hier muss ich dich unterbrechen. Vorhin sagtest du, dass die Beschäftigung mit sich selbst unproduktives Grübeln und Wiederkäuen sei, und damit wäre es gerade das Gegenteil dessen, was mit Meditation erreicht werden soll. Kannst du näher erklären, wie sich die beiden voneinander unterscheiden?

MR Meditation ist etwas völlig anderes als Grübeln. Beim Grübeln hört das Geplapper in deinem Kopf nicht auf, es lässt vergangene Ereignisse in deinem Geist auftauchen und den Ärger darüber erneut hochkochen; es lässt dich endlos über die Zukunft rätseln, nährt Ängste und Hoffnungen und sorgt dafür, dass du stets zerstreut durch die Gegenwart läufst. Es führt dazu, dass du immer unruhiger wirst und dich nur noch mit dir selbst und mit deinen Hirngespinsten beschäftigst. Du achtest nicht auf den gegenwärtigen Augenblick, sondern bist ganz von deinen Gedanken in Anspruch genommen, in einem nichtendenwollenden Teufelskreis, in dem du dein Ego und deine Selbstbezogenheit bedienst. Du verlierst dich in der inneren Zerstreuung, so wie du dich auch durch immer neue äußere Reize permanent zerstreuen könntest. Das ist das exakte Gegenteil von Aufmerksamkeit. Die Aufmerksamkeit nach innen richten bedeutet reines Gewahrsein und Verweilen in der Frische des gegenwärtigen Augenblicks, ohne Ablenkung, mühelos, ohne irgendwelche Hirngespinste zu unterhalten.

In Berkeley, an der University of California, haben wir mit Paul Ekman und Robert Levenson noch andere Experimente gemacht, die meiner Meinung nach ganz gut zu diesem Konzept des reinen Gewahrseins passen. Dabei ging es um den Schreckreflex, der auftritt, wenn jemand zum Beispiel überraschend mit einem lauten Geräusch konfrontiert wird. Es ruft einen ausgeprägten überraschten Gesichtsausdruck hervor, oft ein heftiges Zusammenzucken des Körpers und eine messbare physiologische Reaktion (Puls, Blutdruck, Hauttemperatur etc.). Wie alle Reflexe spiegelt der Schreckreflex Hirnaktivitäten wider, die normalerweise außerhalb der willkürlichen Steuerung liegen. Je heftiger Menschen reagieren, desto stärker sind oft die negativen Gefühle wie Angst oder Abscheu, die sie empfinden.

In unserem Fall hatten die Wissenschaftler die Grenzen des Erträglichen für das Hörvermögen gewählt, eine laute Explosion wie ein Gewehrschuss oder ein Feuerwerkskörper, der neben dem Ohr gezündet wird. Manche Menschen sind besser in der Lage als andere, die Schreckreaktion im Zaum zu halten, aber im Lauf der Forschungen hatte sich gezeigt, dass von den paar hundert Menschen, die getestet worden waren, niemand das Verziehen des Gesichtes und das Zusammenzucken des Körpers verhindern konnte. Einige Leute fielen fast vom Stuhl und zeigten ein paar Sekunden später einen erleichterten oder amüsierten Gesichtsausdruck. Doch als wir den Versuch aus der Präsenz- oder Achtsamkeitsmeditation heraus machten, löste sich die Schreckreaktion buchstäblich in nichts auf.[32]

WS Obwohl du nicht wusstest, was geschehen würde?

MR Bei einigen Versuchen konnte man sehen, wie auf einem Bildschirm von zehn auf eins heruntergezählt wurde, bevor es knallte, bei anderen wusste man nur, dass es innerhalb von fünf Minuten passieren würde. Die Meditierenden wurden entweder gebeten, einfach nur dazusitzen oder sich in einen bestimmten Meditationszustand zu begeben. In der Präsenz- oder Achtsamkeitsmeditation kam mir das Explosionsgeräusch weicher und weniger durchdringend vor. Achtsamkeit ist ein Zustand von klarer Bewusstheit, in dem der Geist weit ist wie das Firmament. Der Geist ist nicht auf etwas ausgerichtet, und doch ist er extrem klar und präsent, lebendig und transparent. Normalerweise ist er in diesem Zustand frei von umherschweifenden Gedanken, aber sie werden nicht absichtlich blockiert oder am Auftauchen gehindert. Gedanken lösen sich in nichts auf, noch während sie entstehen. Wenn es dir gelingt, in diesem Zustand zu verweilen, dann macht dir der Knall der Explosion viel weniger aus. Tatsächlich kann er die Klarheit des achtsamen Zustands sogar noch verstärken.

WS Wenn die Aufmerksamkeit also nicht auf einen bestimmten Inhalt fokussiert ist –

MR – der Geist aber auch nicht abgelenkt wird.

WS Es wird lediglich das Fenster der Aufmerksamkeit weit geöffnet –

MR – ja, aber ohne irgendein Bemühen. Es gibt kein mentales Geplapper und keine besondere Konzentration auf Aufmerksamkeit, nur das Verweilen im reinen Gewahrsein, ohne darauf fokussiert zu sein. Ich kann es nicht besser beschreiben: Es ist etwas Leuchtendes, Klares und Stabiles, ohne dass man danach verlangt. In diesem Geisteszustand ruft die Explosion fast keine Reaktion im Gesicht hervor und überhaupt keine Pulsveränderung.

Als wir das Experiment bei zwei anderen Gelegenheiten wiederholten, habe ich versucht, mich in einen grüblerischen Zustand zu versetzen und bildhafte Vorstellungen zu beschwören, indem ich mich beispielsweise lebhaft an eine bestimmte Begebenheit aus meinem Leben erinnerte. Ich wurde völlig von meinen Gedanken vereinnahmt.

WS Und du nennst das *internal chatter*, inneres Geplapper?

MR Man kann es als inneres Geplapper oder als mentales Fabulieren bezeichnen. Als die Explosion stattfand, befand ich mich in diesem sehr abgelenkten Zustand, und ich zuckte heftig zusammen. Meiner Meinung nach brachte mich der Knall schlagartig zurück in die Realität des gegenwärtigen Augenblicks, von dem ich, versunken in meine Gedanken, so weit entfernt gewesen war. Doch wenn du im Zustand reinen Gewahrseins bleibst, befindest du dich immer in der Frische des Augenblicks. Dann ist die Explosion lediglich einer von diesen Augenblicken. Du musst nirgendwohin zurückgebracht werden, du bist bereits da.

Wenn unter normalen Umständen irgendein überraschendes Ereignis eintritt, während du mit den Gedanken gerade woanders bist, dann muss die Aufmerksamkeit sofort dahin gelenkt werden, das kann überlebenswichtig sein. Möglicherweise musst du die Beine in die Hand nehmen und laufen, so schnell du kannst. In einer solchen Situation wird die Schreckreaktion umso stärker sein, je weiter dein Geist abgeschweift war.

WS Die Schreckreaktion wäre demnach das Ergebnis einer Verlagerung von Aufmerksamkeit von konkreten, erinnerten oder im Augenblick erfahrenen Ereignissen auf einen neuen unerwarteten Reiz.

MR Ja, oder noch besser gesagt: von irgendwoher auf den gegenwärtigen Moment.

WS In einem Zustand reiner Bewusstheit wärst du also vollkommen in der Gegenwart, die Aufmerksamkeit wäre da, aber nicht gerichtet –

MR – und doch steht sie voll und ganz zur Verfügung.

WS Die Blende der Aufmerksamkeit ist also weit geöffnet, das Gehirn auf alles vorbereitet, die Kognition an kein bestimmtes Ereignis gebunden. Die Schreckreaktion würde demnach ausbleiben, weil die Aufmerksamkeit von keinem bestimmten Inhalt abgelöst werden muss.

Gewahrsein und Ablenkung

MR Wenn wir die Aufmerksamkeit pflegen und fördern, sollten wir uns klarmachen, dass es sich dabei um ein hocheffizientes Werkzeug handelt, das man am besten für etwas verwendet, das zur Befreiung von Leid beiträgt. Man kann die mühelose Aufmerksamkeit auch benutzen, um einfach im Naturzustand des Geistes zu ruhen, im reinen Gewahrsein, das von innerem Frieden erfüllt ist und das dich die Höhen und Tiefen des Lebens besser ertragen lässt. Was immer auch geschieht, man leidet weniger unter emotionalen Turbulenzen und erfreut sich einer höheren inneren Stabilität. Es bringt eine Menge Vorteile, die reine Achtsamkeit auf den gegenwärtigen Augenblick zu erhalten, ohne den Geist mit allerlei Hirngespinsten volllaufen zu lassen. Wenn der Geist dauernd abgelenkt wird – das kann sogar der Fall sein, wenn es den Anschein hat, man meditiere –, dann trägt es ihn antriebslos durch die ganze Welt, gerade so wie ein Luftballon vom Wind hin- und hergeweht wird. Deshalb sind die erhöhte Auflösung für das »innere Teleskop« und die anhaltende Aufmerksamkeit unverzichtbare Werkzeuge für die Kultivierung all der menschlichen Qualitäten, die mithilfe der Meditation entwickelt werden können. Befreiung vom Leid wird so am Ende zu einer Fertigkeit.

WS Mich fasziniert, wie detailliert du diesen Prozess analysieren kannst. Der Umstand, dass dieses meditative Verfahren der Kontrolle durch Aufmerksamkeit und der häufigen Wiederholung bedarf, legt nahe, dass es sich dabei um das Einüben von Fertigkeiten handelt, also um einen Prozess, der sich mehr auf das prozedurale als auf das deklarative Gedächtnis stützt. Wir verfügen über zwei grundsätzlich verschiedene Systeme für die Langzeitspeicherung von Informationen. Das eine ist darauf spezialisiert, Erinnerungen an Ereignisse zu speichern, die nur einmal erfahren wurden. Man beißt in eine saftige Frucht mit hartem Kern, es schmerzt, man ist überrascht, erinnert dieses Ereignis für den Rest des Lebens und beißt in Zukunft behutsamer zu. Dies ist eine Leistung des sogenannten deklarativen oder episodischen Gedächtnisses. Die Inhalte dieses Gedächtnisses können in aller Regel verbal mitgeteilt werden, wir sind uns ihrer bewusst, und wir speichern nicht nur die Information über das Ereignis selbst, sondern auch über den Kontext ab, wie zum Beispiel den genauen Zeitpunkt in unserer Biografie.

Diese Art der Informationsspeicherung unterscheidet sich deutlich von jener, die benötigt wird, um Fertigkeiten zu erwerben wie zum Beispiel Klavierspielen, Skilaufen oder Segeln. Hier muss man üben, und zwar auf die richtige Art und Weise. Am Anfang erfordert das Einüben von Fertigkeiten konzentrierte Aufmerksamkeit und bewusste Rekapitulation. Komplexe Vorgänge müssen in einzelne Schritte zerlegt werden, und man braucht einen Lehrer, der einem erklärt, wie es geht. Natürlich kann man es auch mit Versuch und Irrtum probieren, aber das ist nicht besonders effizient –

MR – deshalb ist es wichtig, einen guten Lehrer zu haben, wenn man sich mit Meditation befasst.

WS Klare Instruktionen sind hilfreich, sie beschleunigen den Lernprozess, aber üben muss man halt trotzdem selber. Die neuronalen Schaltkreise, die für das Erlernen von Fertigkeiten benötigt werden, können nicht vom einen zum andern Moment verändert werden. Sie müssen Schritt für Schritt über einen langen Zeitraum hinweg auf die neue Fertigkeit eingestimmt werden. Erst wenn ein gewisses Maß an Erfahrung erworben wurde, bedarf das Üben immer weniger der Kontrolle durch Aufmerksamkeit und Bewusstsein, und schließlich kann die neue Fertigkeit automatisch und unbewusst erbracht werden. Geübte Fahrer können ihr Auto durch einen bekannten Teil ihrer Stadt manövrieren, ohne dabei viel Aufmerksamkeit zu investieren. Die Aufmerksamkeit kann einer anspruchsvollen Unterhaltung gewidmet werden, und dennoch führt der erfahrene Chauffeur eine Fülle von äußerst anspruchsvollen kognitiven und exekutiven Aktionen durch, deren er sich meist nicht bewusst ist.

MR Für das Meditieren gilt dasselbe: Am Anfang kommt es einem theoretisch und gekünstelt vor, doch mit der Zeit empfindet man es als leicht und natürlich.

WS Wie ich vorhin schon angedeutet habe, erfolgt während des Einübens von Fertigkeiten eine Verlagerung der Funktionen von kortikalen zu subkortikalen Systemen. Zu Beginn, wenn bewusste Kontrolle und fokussierte Aufmerksamkeit benötigt werden, sind vor allem neokortikale Strukturen beteiligt, insbesondere die frontalen und parietalen Hirnrindenbereiche. Aber sobald ein gewisses Maß an Fähigkeit erreicht worden ist und die erlernte Fertigkeit automatischer abläuft, nimmt die Aktivität in den kortikalen Kontrollsystemen ab, und andere Strukturen übernehmen. Im Fall motorischer Fertigkeiten sind dies, einmal abgesehen von der motorischen Hirnrinde, die immer benötigt wird, das Kleinhirn, die in der Tiefe des Gehirns liegenden Basalganglien und motorische Zentren im Mittelhirn und Hirnstamm.

MR In den Unterweisungen für die Meditation heißt es, dass die ersten Stufen immer etwas gezwungen erscheinen und anhaltendes Bemühen erfordern. Ganz gleich, ob es dir an manchen Tagen spontan zufließt oder du dich an anderen zu Tode gelangweilt fühlst, du musst kontinuierlich üben und tagaus, tagein meditieren. Es heißt, es sei besser, viele regelmäßige kurze und wiederholende Meditationssitzungen zu absolvieren als einzelne längere in Abständen von einer oder zwei Wochen.

WS Dies ist genau die Strategie, die beim Erlernen von Fertigkeiten und für die Ausbildung des prozeduralen Gedächtnisses verfolgt werden muss. Es gibt eine umfangreiche Literatur über die Dynamik und den Zeitverlauf prozeduralen Lernens und über die zugrunde liegenden neuronalen Prozesse. Mich würde sehr interessieren, ob die für prozedurales Lernen als optimal identifizierten Strategien denen ähneln, die von erfahrenen Meditationslehrern intuitiv als die besten erkannt wurden. Gilt zum Beispiel, dass Meditationsübungen, die kurz vor dem Einschlafen praktiziert werden, besonders wirksam sind? Denn es ist bekannt, dass die Engramme des prozeduralen Gedächtnisses im Schlaf eingeschliffen und konsolidiert werden.

Kontinuierliches Training und Lernen im Schlaf

MR Man sagt, für die meisten Menschen, die nicht die Möglichkeit haben, in Klausur zu gehen oder jeden Tag länger zu meditieren, seien für kurze Meditationsübungen der frühe Morgen und die Zeit vor dem Zubettgehen am besten geeignet. Mit einer Meditation oder einer anderen spirituellen Praktik am frühen Morgen legt man die Grundstimmung für den Tag fest, und das setzt einen inneren Transformationsprozess in Gang, der einen wie ein unsichtbarer Strom durch den Tag trägt. Um ein anderes Bild zu benutzen: Der »Wohlgeruch« der Meditation bleibt haften und verleiht dem ganzen Tag eine besondere Note. Sie schafft eine andere Atmosphäre, eine andere Einstellung, eine andere Art, mit deinen Emotionen und mit den Menschen, denen du begegnest, umzugehen. Was immer auch an einem solchen Tag geschieht, du bist in einer geistigen Verfassung, die dich unterstützt. Untertags kannst du die Meditation immer wieder einmal aufnehmen, selbst für wenige Momente, um deine Erfahrung zu vertiefen.

Wenn du vor dem Einschlafen bewusst eine positive Einstellung hervorrufst, wie zum Beispiel einen Zustand voller Mitgefühl oder Nächstenliebe, dann verleiht das der ganzen Nacht eine andere Qualität. Wenn du umgekehrt aber voll Neid und Wut schlafen gehst, dann ist die ganze Nacht vergiftet. Aus diesem Grund versuchen erfahrene Praktiker bis zu dem Moment, in dem sie einschlafen, eine positive Haltung einzunehmen und einen klaren, leuchtenden Geisteszustand aufrechtzuerhalten. Dann hält der Flow die ganze Nacht an.

WS Dies fügt sich gut zu jüngsten Ergebnissen über die Bedeutung des Schlafes für Lern- und Gedächtnisprozesse. Wir wissen heute, dass die Konsolidierung von Gedächtnisinhalten den wiederholten Durchlauf einer bestimmten Sequenz von Schlafphasen erfordert – Phasen des Tiefschlafs, der durch sehr langsame Wellen im Elektroenzephalogramm gekennzeichnet ist, müssen mit Phasen des sogenannten paradoxen Schlafes abwechseln. Diese Schlafphase heißt deshalb paradox, weil sie mit schnellen Augenbewegungen, *rapid eye movements* (REM), einhergeht und durch elektrische Aktivitätsmuster des Gehirns gekennzeichnet ist, die von denen eines wachen, aufmerksamen Gehirns kaum zu unterscheiden sind. Diese Schlafphasen wechseln einander mehrfach ab und dienen dazu, gestörte Gleichgewichtszustände wiederherzustellen. Wegen seiner hohen Plastizität verändert sich das Gehirn fortwährend, wenn es mit seiner Umgebung interagiert. Während der Wachphasen bilden sich neue Gedächtnisspuren, neue Fertigkeiten werden erworben, und all das bewirkt tiefgreifende Veränderungen in Myriaden synaptischer Verbindungen. Um dennoch stabil zu bleiben, müssen die neuronalen Netzwerke ständig rekalibriert werden, und dies scheint während des Schlafes zu erfolgen. Gedächtnisspuren werden reorganisiert, Wichtiges wird von Unwichtigem getrennt, und neu erlernte Inhalte werden in ihre entsprechenden Assoziationsfelder eingebettet.[33]

Dies ist der Grund dafür, warum in den Träumen oft Ereignisse des vorangegangenen Tages aufscheinen. Das schlafende Gehirn reaktiviert diese Gedächtnisspuren, um sie zu bearbeiten, sie in bereits Erfahrenes zu integrieren und zu konsolidieren. Aktivitätsmuster, die während des Einübens von Fertigkeiten kurz vor dem Einschlafen hervorgerufen wurden, werden in den frühen Schlafphasen wiederholt, und zwar häufig auf einer kontrahierten Zeitskala, also zeitgerafft. Vielleicht liegt hier die Erklärung für die Erfahrung, dass sich die meditativen Zustände, die kurz vor dem Einschlafen erreicht werden, in den Schlaf hinein fortsetzen.[34] Das ist jedoch kein spezifisches Attribut meditativer Zustände. Viele Menschen haben die Erfahrung gemacht, dass sich die Vokabeln einer Fremdsprache am besten einprägen, wenn man die Wörter kurz vor dem Einschlafen übt. Meist steht einem das Erlernte dann am nächsten Morgen klar vor Augen, weil es im Schlaf konsolidiert wird.

MR Das, was du soeben gesagt hast, gilt auch für den Fall, wenn man eine wichtige Entscheidung treffen muss und sich noch nicht sicher ist. Der erste Gedanke, der dir am nächsten Morgen in den Sinn kommt, ist wahrscheinlich der beste, derjenige, der am wenigsten von mentalen Projektionen, Hoffnungen und Ängsten verdreht und verzerrt ist.

WS Deswegen sagen wir: »Ich muss eine Nacht darüber schlafen«, wenn wir nach der Lösung für ein Problem suchen. Häufig wissen wir dann am Morgen, wie wir es bewältigen können.

MR Was ich auch noch erwähnen möchte: Es fällt auf, dass Leute, die sich für lange Zeit zum Meditieren zurückziehen – besonders im tibetischen Buddhismus, wo eine Klausur drei Jahre dauern kann –, viel weniger Schlaf brauchen. Diese Meditierenden haben ganz verschiedene persönliche Hintergründe, manche sind Mönche oder Nonnen, manche haben die buddhistische Philosophie intensiv studiert, andere nicht, und es gibt auch viele praktizierende Laien. Und natürlich haben alle unterschiedliche Temperamente. Trotzdem beobachten wir in unserem Meditationszentrum in Nepal, dass alle nach etwa einem Jahr Übung mit vier Stunden Schlaf auskommen. Typischerweise schlafen sie von zehn Uhr nachts bis zwei oder drei Uhr morgens, und zwar ohne sich zu diesem Rhythmus zu zwingen und ohne Zeichen von Schlafmangel aufzuweisen. Am Tag fühlen sie sich frisch, sie dösen auch nicht ständig bei ihren Übungen ein.

Natürlich müssen sie während des Tages keine Unmengen an Neuigkeiten verarbeiten, sie werden keinem Stress ausgesetzt, und sie müssen nicht mit unterschiedlichsten Ereignissen und Situationen fertig werden. Trotzdem sind sie alles andere als inaktiv, der Übungsplan verlangt ihnen einiges ab, zum Beispiel intensives Aufmerksamkeitstraining, Mitgefühl, Visualisierungstechniken und andere Fertigkeiten. Wie würdest du diese auffallende physiologische Veränderung interpretieren?

WS Hierzu fällt mir eine ganze Reihe von Beobachtungen ein. Es ist bekannt, dass kleine Kinder, und das gilt auch für junge Tiere, sehr viel mehr Schlaf benötigen als Erwachsene. Das liegt daran, dass sie sehr viel mehr lernen müssen, weil für sie fast jede Erfahrung neu ist. Sie müssen also fortwährend erhebliche Veränderungen der funktionellen Architektur ihrer Gehirne bewältigen. Und das nicht nur, weil sie mehr lernen müssen als Erwachsene, sondern vermutlich auch, weil sich ihre Gehirne immer noch entwickeln, weil ständig neue Verbindungen gebildet und bestehende, wenn sie sich funktionell als schlecht angepasst erwiesen haben, wieder abgebaut werden. Diese massiven Veränderungen der Verschaltung erfordern naturgemäß eine fortwährende Rekalibrierung und deshalb auch lange Schlafphasen. Und tatsächlich besteht eine positive Korrelation zwischen der Menge des benötigten Schlafes und der Menge an Neuigkeiten, die verarbeitet werden müssen. Reichert man den Erfahrungsraum von Tieren an, und dasselbe gilt für Menschen, nimmt die Dauer des benötigten Schlafes zu, und auch die Schlafmuster ändern sich. Diese Korrelation zwischen der Menge neuer Erfahrungen oder, in anderen Worten, der Größe der Ungleichgewichte, die durch die lerninduzierten Veränderungen der funktionellen Architektur im Gehirn erzeugt wurden, und der Menge des benötigten Schlafes spricht für die Hypothese, dass Schlaf unter anderem für die Homöostase des Gehirns vonnöten ist.

Komplexe dynamische Systeme, die ein hohes Maß an Plastizität aufweisen, sind sehr empfindlich gegenüber Störungen ihres Gleichgewichts und laufen ständig Gefahr, in kritische Zustände zu geraten. Wird Menschen oder Tieren über längere Zeit

Schlaf entzogen, werden ihre Gehirne instabil. Eine Folge können epileptische Krampfanfälle sein, in denen sich überkritische Erregungszustände ausdrücken. Genau aus diesem Grund wird Schlafdeprivation manchmal zur Diagnose epileptischer Dispositionen angewandt, da sie das Auftreten dieser pathologischen Erregungsmuster begünstigt. Andere, ebenfalls dramatische Konsequenzen von Schlafentzug sind Störungen kognitiver Funktionen, die von Fehlwahrnehmungen bis zu Halluzinationen reichen können. Gedächtnisfunktionen leiden, weil die Konsolidierungsphasen fehlen. Zusätzlich geraten die Aufmerksamkeitsmechanismen in Unordnung, was die Kognition und das Lernen noch weiter beeinträchtigt.

Aber lass uns zu der Frage zurückkommen, warum Meditierende in Klausur weniger Schlaf benötigen. Ich würde zunächst vermuten: weil sie kaum mit Neuem konfrontiert werden. Sie arbeiten mit bekannten, bereits gespeicherten Inhalten und müssen deshalb weniger neuronale Schaltkreise reorganisieren. Die Hauptaufgabe des Schlafes besteht wohl in der Konsolidierung von Fertigkeiten und der Wahrung von Gleichgewichtszuständen, und dies kann vermutlich auch während der Meditation selbst erreicht werden, weil das Gehirn in Klausur nur wenigen äußeren Reizen ausgesetzt ist.

MR Das stimmt. Die Kultivierung der Fertigkeiten und ihre Konsolidierung sind in der Tat das Wichtigste bei der Meditation. In Giulio Tononis Labor in Madison, Wisconsin, wurde in Zusammenarbeit mit Antoine Lutz und Richard Davidson eine Studie mit Meditierenden durchgeführt, die zwischen 2000 und 10 000 Stunden Meditation absolviert hatten. Sie wiesen eine Zunahme von Gamma-Wellen in der Tiefschlafphase auf,[35] und die Intensität der Wellen stieg proportional zur Anzahl der Meditationsstunden an. Die Tatsache, dass solche Veränderungen bei den Versuchspersonen in Ruhephasen *und* im Schlaf anhalten, deutet auf eine dauerhafte Änderung ihres Zustands hin. Sie müssen dazu keine besondere Anstrengung, wie etwa eine Meditation, unternehmen.[36]

WS Es wäre natürlich sehr interessant, die Schlafmuster von meditierenden Personen in Klausur zu untersuchen. Die verschiedenen Schlafphasen dürften unterschiedliche Funktionen erfüllen, und man vermutet, dass die eine der Konsolidierung dient, während die andere das Gleichgewicht wiederherstellt und Gedächtnisspuren orthogonalisiert, um Überlagerungen und das Verschmelzen von Erinnerungen, die auseinandergehalten werden sollen, zu reduzieren.

MR Kannst du das näher erläutern?

WS Die Speicherung von Inhalten in neuronalen Netzen erfolgt nach assoziativen Prinzipien, nicht wie im Speicher eines Computers, wo es für jeden Inhalt eine bestimmte Adresse gibt. Das Gehirn speichert unterschiedliche Inhalte innerhalb derselben Netzwerke, und zwar durch differentielle Veränderungen der Verbindungen zwischen den einzelnen Neuronen. Das Äquivalent eines bestimmten Engramms ist ein spezifischer dynamischer Zustand des Netzwerks, ein Zustand, der durch die spezifische raumzeitliche Verteilung von aktiven und inaktiven Neuronen des Netzwerks definiert ist.

Lass es mich mit einem ganz einfachen Beispiel verdeutlichen: Nimm an, wir haben 26 miteinander verbundene Neuronen A bis Z, die nur in bestimmten Kombinationen gemeinsam aktiv werden können, weil ihre Verbindungen durch vorangegangene Lernprozesse selektiv verstärkt oder abgeschwächt wurden und hemmende Wechselwirkungen verhindern, das zu viele Kombinationen gleichzeitig aktiv werden können. Die Gedächtnisspur eines Lerninhaltes 1 würde dann in der Prädisposition des Netzwerkes bestehen, dass Neuronen A, C und D bevorzugt gleichzeitig aktiv werden, und der Inhalt 2 würde der Koaktivierung von Neuronen A, M und Z entsprechen usw. Wenn nun mehr und mehr Inhalte in diesem Netzwerk gespeichert werden sollen, tritt ein Überlagerungsproblem auf. Die neuronalen Repräsentationen unterschiedlicher Inhalte könnten dann zu ähnlich werden und miteinander verschmelzen, die Gedächtnisspuren würden unscharf werden und vieldeutig.

MR Hast du dafür ein Beispiel parat?

WS Die Grenzen zwischen Ensembles von Neuronen, die unterschiedliche Gedächtnisinhalte repräsentieren, könnten verwischen, weil sich irgendwann dieselben Synapsen, also dieselben Verbindungen, an der Kodierung unterschiedlicher Inhalte beteiligen müssten. Je mehr verschiedene Aktivierungsmuster in diesem Netzwerk gespeichert werden sollen, umso raffinierter muss die Verteilung der Gewichtungen der Interaktionen zwischen Neuronen arrangiert werden, um die Muster voneinander getrennt und unterscheidbar zu halten.

MR Kann man sich das wie zu viele Bilder in einem Spiegel vorstellen?

WS Ja, oder wenn zu viele beschriftete Overhead-Folien aufeinandergelegt werden. Die Muster, die auf den verschiedenen Folien gezeichnet sind, werden miteinander interferieren und zum Teil verschmelzen. Um die Unterscheidbarkeit der einzelnen Muster zu optimieren, müssen die Folien so gegeneinander verschoben werden, dass möglichst wenige Überlagerungen auftreten. Ich gebe dir noch ein Beispiel. Manchmal versucht man, sich an einen Namen zu erinnern, doch stattdessen kommt einem immer wieder ein anderer, ähnlicher Name in den Sinn. In diesem Fall sind die neuronalen Repräsentationen der beiden Namen nicht hinreichend getrennt oder orthogonalisiert. Die Annahme ist nun, dass eine der Funktionen des Schlafes in der Optimierung dieses Arrangements besteht, in unserem Beispiel also darin, die beiden Namen besser an ihre jeweiligen assoziativen Felder anzubinden, etwa an die unterschiedlichen Kontexte, in denen sie gespeichert wurden.

Ob die verschiedenen Schlafphasen tatsächlich unterschiedlichen Funktionen dienen, der Konsolidierung sowie der Orthogonalisierung von Gedächtnisspuren, ist noch nicht abschließend geklärt, aber die Vermutung liegt nahe, dass es sich so verhält. Es wäre deshalb sehr spannend, die Schlafmuster meditierender Menschen in Klausur zu untersuchen, um herauszufinden, welche Phasen während des reduzierten Schlafes dominieren.

MR Vielleicht liefern die Bewegungen des Körpers einen Hinweis. Es heißt, dass sich ein Mensch in einer Nacht mindestens 15 Mal umdreht. Als Seine Heiligkeit der Dalai Lama das von einem

Schlafforscher hörte, fragte er sich, ob wir uns tatsächlich so oft bewegen. Ich war ebenfalls ein bisschen überrascht. Denn schließlich gibt es Meditierende, die die ganze Nacht mit gekreuzten Beinen im Sitzen schlafen, wenn sie in langer Klausur sind. Wir würden also nicht annehmen, dass sie sich viel bewegen. Andere Meditierende schlafen traditionell auf der rechten Seite, mit der rechten Hand unter der Wange, die linke am Körper ausgestreckt.

WS Gibt es dafür einen Grund?

MR Es ist ein ziemlich komplexes Thema. Die Lehrreden sagen, dass wir, wenn wir in dieser Position schlafen, die feinen Kanäle im Körper zusammendrücken und blockieren, die die negativen Emotionen transportieren sollen. Gleichzeitig wird der Energiefluss durch die Kanäle auf der linken Körperseite erleichtert, in denen sich die positiven Emotionen bewegen. Das passt erstaunlich gut mit der Erkenntnis zusammen, dass der rechte präfrontale Kortex eine Beziehung zu negativen Emotionen aufweist, während der linke aktiviert wird, sobald man positive Gefühle empfindet. Ein anderer Grund für das Schlafen auf der rechten Seite ist, dass das Herz dann nicht zusammengedrückt wird.
Vor einigen Jahren war ich acht Monate in Klausur, da habe ich mich beobachtet. Ein- oder zweimal pro Nacht sah ich auf die kleine Uhr auf meinem Nachttisch. Sieben Monate lang versuchte ich festzustellen, wie ich lag, wenn ich aufwachte. Und jedes Mal, ob mitten in der Nacht oder kurz vor dem Aufstehen, musste ich nur die Augen öffnen, um die Uhr direkt vor mir zu sehen. Ich habe mich nie dabei ertappt, wie ich an die Decke oder nach der anderen Seite schaute. Deshalb bin ich ziemlich sicher, dass ich mich in den etwa fünf Stunden Schlaf nicht oft umgedreht habe.

WS Dies lässt vermuten, dass du weniger häufig zwischen verschiedenen Schlafphasen wechselst, denn diese Bewegungen treten vorwiegend während der Übergänge auf.

MR Wenn man von einer Traumphase in den Tiefschlaf übergeht und so fort.

WS Richtig. Obwohl wir heute davon ausgehen, dass man auch in den Tiefschlafphasen träumt. Es mag zwar sein, dass die Struktur der Träume in den verschiedenen Schlafphasen unterschiedlich ist, aber auch im Tiefschlaf treten hochfrequente Oszillationen auf, was sehr dafür spricht, dass auch in diesen Phasen Gedächtnisinhalte aktiviert werden. Diese schnellen Oszillationen reiten auf den Kämmen der langsamen Wellen, und nachdem hochfrequente Oszillationen vermutlich mit dem Auslesen von Gedächtnisinhalten zu tun haben, ist es durchaus denkbar, dass auch in Tiefschlafphasen Träume entstehen. Natürlich ist es schwierig herauszufinden, wann geträumt wird, denn wenn ein eben Erwachter einen Traumbericht liefert, bleibt unklar, ob es sich dabei um zurückliegende, erinnerte Träume handelt oder um Träume, die just in dem Augenblick stattgefunden haben, als der Proband geweckt wurde.

MR Gibt es eine Verbindung zwischen den beiden Schlaftypen und der mehr oder weniger deutlichen Erinnerung an einen Traum?

WS Auch diese Frage ist schwer zu beantworten. Soweit ich die Literatur überblicke, scheinen Traumberichte dann besonders häufig zu sein, wenn Probanden während paradoxer Schlafphasen geweckt werden, aber ich weiß nicht, wie belastbar hier die Statistik ist.

Die Frequenz der paradoxen Schlafphasen nimmt gegen Ende der Nacht zu und erreicht ihr Maximum kurz vor dem Aufwachen. Gewöhnlich werden Träume morgens besser erinnert, als wenn man mitten in der Nacht aufwacht – es sei denn, es war ein sehr dramatischer Traum, aus dem wir hochgeschreckt sind. Dies spricht dafür, dass man sich leichter an Träume erinnert, die im REM-Schlaf auftreten.

Mitgefühl und Handeln

MR Du hast über Beta- und Gamma-Wellen und ihre Funktion gesprochen, dass sie eine Art Synchronisierung herstellen, eine Resonanz zwischen unterschiedlichen Teilen des Gehirns, die dich für eine Aufgabe bereit macht. Das stimmt ziemlich gut mit der Meditationserfahrung überein. Die Mitgefühlsmeditation beispielsweise ruft ausgesprochen starke Gamma-Wellen hervor, gleichzeitig scheint es zu einer Aktivierung der exekutiven Hirnbereiche zu kommen, obwohl der Meditierende überhaupt nichts tut. Aus kontemplativer Sicht könnten wir das als die uneingeschränkte Bereitschaft interpretieren, zum Wohl anderer zu handeln, eine Eigenschaft, die natürlicherweise zu echtem Altruismus und Mitgefühl gehört. Wenn du nicht in der Blase der Selbstbezogenheit gefangen bist und nicht immer alles auf dich beziehst, dann hört dein Ich auf, sich bedroht zu fühlen. Du hast nicht mehr ständig das Gefühl, dich verteidigen zu müssen, du bist weniger ängstlich, und du machst dir nicht dauernd Sorgen um dich. Je mehr dieses Gefühl der Verunsicherung schwindet, desto mehr zerfallen die Mauern, die das Ich um sich herum errichtet hatte. Du wirst leichter zugänglich für andere, und du bist bereit, zu ihrem Wohl zu handeln. Das Mitgefühl zerreißt die Blase des Ich. Das ist unsere Interpretation. Die Zustände von Mitgefühl und reinem Gewahrsein weisen von allen meditativen Zuständen die stärksten Gamma-Wellen auf, stärker als die Einsgerichtetheit, die fokussierte Aufmerksamkeit und die Achtsamkeit zum Beispiel.

WS Ich vermute, dass bei fokussierter Aufmerksamkeit weit weniger neuronale Strukturen involviert werden als im Zustand reinen Gewahrseins, weil du dich auf eine spezifische Aufgabe konzentrierst. Im Hinblick auf die Hirnarchitektur bedeutet das: auf ein bestimmtes Subsystem. Du ziehst alle Aufmerksamkeitsressourcen zusammen, richtest sie auf dieses Subsystem und bereitest dieses damit darauf vor, sich schnell ins Spiel zu bringen.

MR Der tibetische Fachbegriff für diese Meditation bedeutet übersetzt »auf einen Punkt konzentrierte Aufmerksamkeit«.

WS Dieses sollte dann zu fokaler Gamma-Aktivität in den Arealen führen, in denen die Inhalte verarbeitet werden, auf denen die Aufmerksamkeit liegt. Sehr ausgedehnte Kohärenz würde ich entsprechend erwarten, wenn du den Zustand herstellst, den du *complete openness*, also »völlige Offenheit«, nennst – oder wie lautete der richtige Ausdruck?

MR »Open presence«, im Deutschen spricht man meist von »rechter Achtsamkeit«, »reinem Gewahrsein«, manchmal auch von »Präsenz«. Es ist sehr schwer, solche Erfahrungen in Worte zu kleiden. Aber wie sich gezeigt hat, aktiviert »vorbehaltloses Mitgefühl« die Gamma-Wellen sogar noch stärker.

In einem Experiment spielten Antoine Lutz und Richard Davidson erfahrenen Meditierenden während einer Mitgefühlsmeditation Aufnahmen entweder von einer schreienden Frau oder einem lachenden Baby vor. Dabei wurden verschiedene Hirnareale aktiviert, die mit Empathie zusammenhängen, unter anderem die Insula, ein Bereich der Großhirnrinde, der eng mit dem limbischen System verbunden ist. Diese Zone wurde beim Schreien eines Babys stärker aktiviert als bei kindlichem Lachen. Darüber hinaus wurde ein enger Zusammenhang zwischen der subjektiven Intensität der Mitgefühlsmeditation, Aktivierung der Insula und dem Herzrhythmus festgestellt.[37] Diese Aktivierung ist sogar noch auffälliger, je mehr Übungsstunden die Probanden absolviert hatten. Auch die Amygdala und der cinguläre Kortex wurden aktiviert, was auf eine erhöhte Sensibilität gegenüber dem emotionalen Befinden anderer hinweist.[38] Wie deine Tochter Tania und ihr Team ebenfalls gezeigt haben, sind die neuronalen Netzwerke für altruistisches Mitgefühl und Empathie nicht identisch. Mitgefühl und altruistische Liebe zeichnen sich durch einen warmen, liebevollen und positiven Aspekt aus, der bei »reiner« Empathie für das Leid des anderen nicht auftritt. Letzteres kann leicht zu eigenem Leid und Burn-out führen. In der Zusammenarbeit mit Tania sind wir zu der Hypothese gekommen, dass Burn-out im Prinzip eine »Empathie-Ermüdung« ist und keine Ermüdung des Mitgefühls, wie häufig behauptet wird.[39]

Barbara Fredrickson und ihre Kollegen haben darüber hinaus gezeigt, dass es sowohl positive Emotionen hervorruft als auch die Lebenszufriedenheit steigert, wenn man sechs bis acht Wochen täglich eine 30-minütige Mitgefühlsmeditation absolviert.[40] Die Untersuchungsteilnehmer berichteten von mehr Freude, Güte, Dankbarkeit, Hoffnung und Begeisterungsfähigkeit. Und je länger sie diese Übungen durchführten, desto deutlicher traten die Effekte hervor.

Mitgefühlsmeditation und neuronale Kohärenz

MR Diese Auswirkungen der Mitgefühlsmeditation müssen einem Zustand hoher neuronaler Kohärenz gleichkommen, denn der Geist ist voll von Wohlwollen und liebender Güte für alle Menschen, voll des Mitgefühls für diejenigen, die Leid erfahren. Am Anfang kann es allerdings sinnvoll sein, sich auf ein bestimmtes Objekt zu konzentrieren. Um das Gefühl von liebender Güte zu erzeugen, könntest du dir beispielsweise ein süßes Baby vorstellen, für das du nichts als Liebe empfindest. Wenn dieser Zustand klar und deutlich in deinem Geist aufscheint, lässt du ihn einfach wachsen und erhältst ihn aufrecht, bis er dein ganzes Denken und Fühlen ausfüllt. Dann versuchst du ihn zu kultivieren, damit er in seiner ganzen Weite und Fülle präsent bleibt.

WS Lass mich eine Interpretation versuchen, auch wenn sie sehr spekulativ und vielleicht falsch ist. Das Gehirn muss in der Lage sein, zwischen guten und schlechten, konsistenten und inkonsistenten Zuständen zu unterscheiden.

MR In welcher Hinsicht?

WS Das Gehirn muss wissen, ob ein bestimmter dynamischer Zustand als Ergebnis zu werten ist, als Ergebnis eines Wahrnehmungsaktes oder einer Überlegung, oder ob die jeweiligen dynamischen Muster noch zu den Rechenprozessen gehören, die schließlich das Ergebnis hervorbringen. Im Gehirn gibt es nur Neuronen, die feuern. Es ist ständig aktiv, produziert einen kontinuierlichen Strom sich fortwährend verändernder Aktivitätsmuster, verrechnet andauernd eine Vielzahl von außen eintreffender Signale und sucht nach den wahrscheinlichsten oder plausibelsten Interpretationen – und dann gibt es den magischen Moment, wo diese Suche in ein Ergebnis übergeht. Wir spüren diesen Übergang, und deshalb muss das Gehirn in der Lage sein,

Aktivitätsmuster, auf denen die Rechenvorgänge beruhen, von solchen zu unterscheiden, die das Ergebnis darstellen.

MR Was wäre zum Beispiel so ein Ergebnis?

WS Dafür gibt es viele Beispiele. Sie reichen von Lösungen für Knobeleien, Rätsel oder mathematische Probleme bis hin zu den scheinbar mühelosen Lösungen für Wahrnehmungsprobleme. Stell dir eine beliebige visuelle Szene vor, in der sich eine Vielzahl von Objekten befindet, die sich teilweise verdecken und deren Konturen sich partiell miteinander und mit denen des Hintergrunds vermengen. Ohne dass uns das bewusst wird, stellt unser visuelles System außerordentlich komplexe Berechnungen an, um die Objekte voneinander und vom Hintergrund zu trennen und sie durch Vergleich mit gespeichertem Wissen zu identifizieren. Wenn die Bedingungen sehr kompliziert sind, wenn es etwa gilt, ein getarntes Objekt zu erkennen, dann spürt man etwas von dieser Arbeit, aber auch dann kommt plötzlich der Heureka-Moment: »Jetzt hab ich's! Ich hab die Figur isoliert, erkannt, ich habe die Lösung.« In der Sprache der Neuronen ist diese Lösung nichts anderes als ein besonderes raumzeitliches Aktivierungsmuster, das vermutlich nicht sehr verschieden ist von denen, die entstehen, während das Gehirn nach einer Lösung sucht. Die Frage ist also, wie die Aktivierungsmuster, welche Lösungen repräsentieren, sich von solchen unterscheiden, die beim Suchprozess entstehen, der schließlich zur Lösung konvergiert. Es muss eine bestimmte Signatur für neuronale Zustände geben, die als Lösung gewertet werden, und diese Signatur muss unabhängig vom jeweiligen Inhalt sein. Sie muss ein verallgemeinerbares Format haben, da sie für alle möglichen Lösungen gelten muss. Zusätzlich muss diese Signatur graduierbar sein, denn wir wissen nicht nur, dass wir eine Lösung haben, sondern meist auch, wie verlässlich sie ist.

MR In welcher Hinsicht?

WS Manchen Lösungen vertrauen wir nicht hundertprozentig. Manchmal habe ich am Ende meiner Suche eine Lösung, aber –

MR – du bist nicht zufrieden.

WS Ich bin nicht zufrieden. Ich spüre, dass es keine verlässliche Lösung oder nur eine vorläufige Lösung ist, dass ich weitersuchen muss oder dass es überhaupt keine Lösung war und ich noch mal an die Arbeit gehen sollte. Im Gehirn muss es also Bewertungssysteme geben, die in der Lage sind, diese Aktivierungszustände voneinander zu unterscheiden. Andernfalls würden wir nicht wissen, wann wir eine Suche beenden und über das Ergebnis sprechen können, und wir würden nicht wissen, welche Qualität das Ergebnis hat. Das Gehirn muss seine internen Zustände evaluieren und ihnen bestimmte Werte zuschreiben können: »Dies ist ein befriedigender Zustand, dies ist ein unbefriedigender.« Diese Bewertungssysteme sind natürlich nicht nur für die Steuerung unserer kognitiven Funktionen von außerordentlicher Bedeutung, sondern auch für Lernprozesse. Denn Lernen soll ja dazu dienen, das Aufsuchen guter Zustände zu begünstigen und das Auftreten aversiver Zustände möglichst unwahrscheinlich zu machen. Die Richtung der durch Lernen verursachten Veränderungen der synaptischen Übertragung muss sich also in Abhängigkeit der Bewertung des jeweiligen Zustandes verändern. Die Verbindungen zwischen Neuronen, die einen favorisierten Zustand begünstigen, müssen verstärkt und Verbindungen, die aversive Zustände stabilisieren, abgeschwächt werden.

MR Das klingt sehr nach den Grundlagen dafür, sich Glück als Fertigkeit anzutrainieren: Zuerst muss man erkennen, welche Emotionen und geistigen Zustände stören beziehungsweise, wie wir sagen, »Gift für unser Wohlbefinden« sind, und welche das Glück befördern. Dann arbeitet man daran, die einen nach und nach zu beseitigen und die anderen zu entwickeln.

WS Lass mich auf deine Feststellung zurückkommen, dass das Training und die Erfahrung von Mitgefühl ein sehr angenehmer Zustand ist.

MR Ich würde eher sagen, ein sehr erfüllender Zustand.

WS Wie die elektroenzephalografischen Ableitungen zeigen, ist dies ein hochkohärenter Zustand, es ist ein Zustand, der mit einem hohen Maß synchroner Gamma-Oszillationen einhergeht. Und jetzt kommt meine Vermutung: Vielleicht ist Kohärenz die Signatur einer Lösung, vielleicht sind Lösungen Zustände hoher

Synchronizität, Momente, in denen weit verteilte Ensembles von Neuronen in gut synchronisierte oszillatorische Aktivität einschwingen. Die Bewertungssysteme müssten dann lediglich fähig sein, solche kohärenten Zustände zu entdecken. Hierfür würde es genügen, Stichproben der in der Großhirnrinde verteilten Aktivitätsmuster zu nehmen und deren Kohärenz zu bestimmen, oder in anderen Worten, deren Synchronizität zu bewerten. Solange die Erregungsmuster in der Hirnrinde zeitlich ungeordnet sind und schnell wechseln, würden die Bewertungssysteme kaum aktiviert, und die entsprechenden Aktivitätsmuster würden als Korrelat von Rechenoperationen gewertet, die noch nicht zu einem Ergebnis geführt haben. Sobald aber die Aktivitätsmuster hochkohärent geworden sind, würden die Bewertungssysteme ansprechen, und zwar umso stärker, je höher die Kohärenz ist, und würden signalisieren, dass ein Ergebnis erzielt wurde.

Falls zutreffen sollte, dass die Signatur eines Ergebnisses, einer Lösung, die Kohärenz eines dynamischen Zustandes ist, die kurzfristige Synchronisation einer hinreichend großen Zahl von Neuronen, die über eine hinreichende Zahl von kortikalen Arealen verteilt sind, dann würden die Evaluationssysteme aktiviert, wenn dieser Zustand genügend lange anhält, um als stabil zu gelten.

Lass mich das noch etwas weiterspinnen: Wir wissen aus Erfahrung, dass es angenehm ist, ein Ergebnis erzielt zu haben. Das »Heureka« kann ein außerordentlich befriedigendes Gefühl auslösen. Die Aktivierung der Bewertungssysteme, die Ergebnisse erkennen, scheint also mit positiven Emotionen verbunden zu sein – einer der Gründe, warum wir manchmal bereit sind, hart zu arbeiten, um Lösungen zu finden. Vielleicht haben wir hier eine Erklärung für die angenehmen Gefühle, die mit der Meditation verbunden sind. Wie die verfügbaren Daten nahelegen, sind meditative Zustände durch ein hohes Maß an neuronaler Kohärenz gekennzeichnet, durch besonders gute Synchronisationen hochfrequenter Oszillationen innerhalb eines weit ausgedehnten Netzwerkes von Hirnrindenarealen. Dies wiederum sollte eine ideale Bedingung für die Aktivierung der Bewertungssysteme sein, die global kohärente Zustände erkennen und das Finden von Lösungen mit positiven Emotionen belohnen. Vielleicht ist es das Ziel der Meditation, solche Zustände globaler Kohärenz herbeizuführen, ohne sich dabei auf bestimmte Inhalte konzentrieren zu müssen. Man erzeugt Zustände, die all die Eigenschaften eines guten und verlässlichen Ergebnisses haben, ohne sie jedoch mit konkreten Inhalten zu füllen. Wenn ich von dem Gefühl extrapoliere, das sich einstellt, wenn ich die Lösung eines konkreten Problems gefunden habe, dann stelle ich mir vor, dass mit solchen meditativen Zuständen ein Gefühl inhaltsloser Harmonie verbunden ist, das Gefühl, dass alle Konflikte gelöst sind und alles seinen Platz gefunden hat, alles in Ordnung ist.

MR Wir nennen es Erfüllung oder inneren Frieden. Das bringt mich wieder auf Seine Heiligkeit den Dalai Lama, der gerne augenzwinkernd erklärt, dass der *bodhisattva* – eine Person, die für Buddhisten in idealer Weise Altruismus und Mitgefühl verkörpert – faktisch den schlauesten Weg zum eigenen Glück gefunden hat. Der Dalai Lama sagt, dass altruistisches Denken und Handeln keine Garantie dafür ist, dass wir anderen tatsächlich Gutes tun oder ihnen eine Freude machen. Es kann passieren, dass man jemandem völlig uneigennützig helfen will und dann mit misstrauischem Blick gefragt wird: »He, was willst du überhaupt, was ist los mit dir?« Doch du kannst absolut sicher sein, dass du dir selbst hilfst, weil der Altruismus der positivste aller Geisteszustände ist. Aus diesem Grund sagt der Dalai Lama: »Der *bodhisattva* ist auf kluge Weise egoistisch.« Derjenige dagegen, der immer nur an sich selbst denkt, ist »auf dumme Weise egoistisch«, weil er sich nur das Leben selbst schwermacht.

WS Es steht außer Frage, dass das Gehirn seine eigenen Zustände bewerten kann, dass es unterscheiden kann zwischen unerwünschten und erwünschten Zuständen, diese mit Emotionen assoziiert, damit ungewünschte Zustände vermieden und gewollte aufgesucht werden können. Besteht ein innerer Konflikt, ist dies ein unerwünschter Zustand, und die damit verbundenen unangenehmen Gefühle bewirken, dass das Gehirn versucht, diesem Zustand zu entrinnen und eine Lösung zu finden. Es muss also auch charakteristische Signaturen für Aktivitätsmuster geben, die Konflikte repräsentieren. Diese Signatur sollte zudem ein generalisierbares Format haben, denn Konflikte können sehr unterschiedliche Gründe haben und auf sehr verschiedenen Verarbeitungsebenen auftreten, aber die damit verbundenen Gefühle sind ähnlich, was eine zentrale Bewertung von Konflikten nahelegt. Soweit ich weiß, gibt es jedoch noch keinen Hinweis darauf, wie die neuronale Signatur von Konflikten aussehen könnte. Es muss auf jeden Fall wieder ein besonderer dynamischer Zustand sein – vielleicht ein besonders niedriges Maß an Kohärenz.

MR Viele Menschen werden von inneren Konflikten im wahrsten Sinne des Wortes zerstört.

WS Aus Tierversuchen wissen wir, dass sich die Aktivität bestimmter Bewertungssysteme verändert, je nachdem, ob Konflikte oder Belohnungen erwartet werden. Eine der Strukturen, die mit dem Monitoring von Konflikten in Verbindung gebracht wird, ist der vordere Anteil des Gyrus cinguli, einer Hirnwindung, die in enger Verbindung mit dem limbischen System steht.[41]

MR Innere Konflikte gehen mit starkem Grübeln einher.

WS Ja, aber leider wissen wir wenig über die Aktivitätsmuster, die Konflikte und mentales Wiederkäuen begleiten. Vielleicht ist es eine Bedingung, in der sich gegenseitig ausschließende Gruppen von Neuronen um die Vorherrschaft kämpfen und Instabilität erzeugen, einen permanenten Wechsel zwischen verschiedenen metastabilen Zuständen –

MR – wir nennen das schlicht »Angst und Hoffnung« –

WS – wenn keine stabilen Zustände erreicht werden können und wenn das eigene Modell der Welt, das das Gehirn durch Lernen ständig aktualisieren muss, weiterhin mit der »Realität« nicht übereinstimmt. Falls das Gehirn tatsächlich daraufhin angelegt ist, nach stabilen kohärenten Zuständen zu streben, weil diese Ergebnisse darstellen und die Grundlage für zukünftige Aktionen abgeben, und falls ferner zutrifft, dass mit solchen konsistenten Zuständen angenehme Gefühle verbunden sind, dann könnte doch ein Ziel des mentalen Trainings lediglich darin bestehen, solche Zustände auch ohne jegliches praktische Ziel herbeizuführen. Natürlich wird es zunächst schwierig sein, solche Zustände direkt herbeizuführen, abgelöst von jedem konkreten Inhalt. Aber das ist vielleicht der Grund, warum Anfänger zunächst mit konkreten Inhalten beginnen, warum sie versuchen, ihre Aufmerksamkeit auf konkrete handlungsbezogene Emotionen wie Mitgefühl zu lenken, um positive Emotionen wie Großzügigkeit und Hilfsbereitschaft herbeizuführen, die ja alle einen hohen Belohnungswert haben.

MR Im Gegensatz zu selbstsüchtigem Verhalten.

WS Genau. Und so dienen diese Vorstellungen von konkreten Aktionen als Vehikel, um kohärente Hirnzustände herzustellen, die einen angenehmen Inhalt haben. Und dann, sobald die Fertigkeit gewachsen ist, Hirnzustände willentlich zu kontrollieren, lernt der Meditierende, diese Zustände von ihren Auslösern abzukoppeln und frei von konkreten Inhalten herzustellen.

Altruismus und Wohlbefinden

MR Also, das ist jetzt ein bisschen unfair, Mitgefühl allein als die Suche nach angenehmen Erfahrungen hinzustellen, nur weil Mitgefühl und Erfüllung so stark miteinander verwoben sind. Menschliche Qualitäten treten oft gebündelt auf. Altruismus, innerer Frieden, Kraft, Freiheit und das echte Glück wachsen zusammen wie die Teile einer nahrhaften Frucht. Egoismus, Aggression und Angst dagegen bilden ein giftiges Gewächs. Daher ist es nicht fair zu sagen, wir seien vor allem deshalb nett zu anderen, weil wir uns selbst gut fühlen wollen. Der beste Weg, wahres Mitgefühl zu entwickeln, ist der aus dem Wissen heraus, dass andere genau wie du selbst nicht leiden wollen, sondern ebenso wie du glücklich sein wollen. Folglich beginnst du, dich ernsthaft mit ihrem Glück und ihrem Leid zu beschäftigen. Anderen zu helfen ist unter Umständen gar nicht so angenehm, in dem Sinn, dass du vielleicht sogar unerfreuliche Dinge auf dich nehmen musst, um jemandem zu helfen. Aber tief in deinem Inneren verspürst du Frieden, Mut und ein Gefühl der Harmonie angesichts der gegenseitigen Verbundenheit aller Dinge und Wesen.

WS Du hast Recht. Wenn es gelingt, eigenes Wohlbefinden mit Altruismus und Mitgefühl zu verbinden, ergibt sich daraus eine Win-win-Situation. Mich bewegt aber immer noch die Frage: Was ist der Zustand, den das Gehirn selbst als einen angenehmen identifiziert? Wir wissen, dass es solche Zustände gibt, etwa wenn wir eine Lösung gefunden, einen Konflikt bewältigt oder anderen geholfen haben – es muss etwas Besonderes mit diesen Zuständen auf sich haben. Wie die elektrophysiologischen Korrelate meditativer Zustände nahelegen, handelt es sich bei diesen »guten Zuständen«, wie gesagt, offensichtlich um Zustände hoher Kohärenz. Aber ist dies überhaupt eine plausible Annahme?

MR Du weißt gewiss besser über Kohärenz Bescheid als ich, aber für mich klingt es plausibel. Um auf die inneren Konflikte zurückzukommen: Meist sind sie mit exzessivem Wiederkäuen der Vergangenheit und dem Beschwören von Zukunftsszenarien verbunden. So wird man von Angst und Hoffnung gequält.

WS Ich sehe das als einen Versuch, frühere Erfahrungen zu nutzen, um die Zukunft vorauszusagen, einen Versuch, der vermutlich nicht auf eine stabile Lösung hin konvergieren wird, weil die Zukunft im Prinzip nicht vorhersehbar ist. Vermutlich ist es diese fruchtlose Suche nach der bestmöglichen Lösung – diese Unmöglichkeit einer A-priori-Festlegung der Zukunft –, die das System frustriert und unangenehme Gefühle mit sich bringt.

Magische Augenblicke

MR »Wenn ich nur wüsste, ob es so oder anders kommt« – »Soll ich dies oder das tun?« – »Warum haben die mich so behandelt?« – »Hoffentlich reden die nicht schlecht über mich«. Solche Gedanken führen zu sehr instabilen Geisteszuständen. Und das Gefühl der Unsicherheit wird noch verstärkt, wenn man sich in der Blase der Selbstbezogenheit versteckt, um sich zu schützen.

Doch in dem engen Raum der Selbstbezogenheit schießt die Grübelei erst so richtig ins Kraut. Deshalb hat Meditation unter anderem das Ziel, die Blase der Ichhaftigkeit aufzubrechen und all diese geistigen Konstrukte im offenen Raum der Freiheit verschwinden zu lassen.

Wenn Menschen in ihrem Alltag »magische Momente« oder »Augenblicke des Glücks« erleben – bei einer nächtlichen Schneewanderung unter dem Sternenzelt oder wenn sie mit lieben Freunden am Meer oder auf einem Berg sitzen –, was geschieht da? Ganz plötzlich fällt die Last ihrer inneren Konflikte von ihnen ab. Sie fühlen sich im Einklang mit anderen, mit sich selbst, mit der Welt. Das gibt ihnen ein gutes Gefühl, und der innere Konflikt ist eine Zeitlang verschwunden. Solche magischen Momente zu erleben und auszukosten ist phantastisch, aber es ist auch erhellend zu verstehen, warum sie sich so gut angefühlt haben: wegen der Befriedung der inneren Konflikte, wegen des Gefühls der Verbundenheit mit allem, wegen der nicht in feste Einzelteile aufgespaltenen Wirklichkeit, wegen der vorübergehenden Abwesenheit von Geistesgiften wie Aggression oder Zwanghaftigkeit. Alle diese Qualitäten lassen sich kultivieren, indem man Weisheit und innere Freiheit entwickelt. Dadurch erhält man nicht nur ein paar unvergessliche Momente, sondern einen Zustand dauerhaften Wohlbefindens, den wir als das echte Glück bezeichnen können. Das ist ein höchst befriedigender Zustand, da das Gefühl der Unsicherheit allmählich einem tiefen Vertrauen weicht.

WS Vertrauen in was?

MR Das Vertrauen, dass du mit diesen deinen Fähigkeiten die Höhen und Tiefen aller Aspekte des Lebens viel besser zu meistern vermagst. Deine Gleichmut – nicht zu verwechseln mit Gleichgültigkeit – sorgt dafür, dass du nicht von jedem Lob oder Tadel, von jedem Verlust oder Gewinn hin- und hergebogen wirst wie ein Grashalm im Wind. Mit der Gewissheit des tiefen inneren Friedens erscheinen die Wellen an der Oberfläche nicht mehr so bedrohlich wie zuvor.

Kann Feedback mentales Training ersetzen?

WS Demnach gelingt es mit mentalem Training, sich mit inneren Zuständen der Stabilität vertraut zu machen und dadurch das Ich gegen fruchtlose mentale Wiederkäuerei zu schützen. Falls diese erstrebenswerten Zustände eine charakteristische elektrografische Signatur besitzen, dann sollten sie sich messen und quantifizieren lassen. In diesem Fall könnte man Biofeedback nutzen, um den Lernprozess zu beschleunigen, der erforderlich ist, um diese Zustände zu erreichen. Es könnte helfen, sich mit diesen Zuständen schneller vertraut zu machen. Ich gebe zu, dass dies einer typisch westlichen Neigung entspricht, mühsame und zeitaufwendige Prozeduren zu umgehen und Abkürzungen für den Weg zum Glück zu suchen…

MR Du kennst die Experimente, bei denen Wissenschaftler Ratten Elektroden ins Gehirn implantiert haben, die bei Stimulation Lustgefühle hervorrufen. Die Ratten können sich selbst stimulieren, indem sie auf einen Hebel drücken. Die Lustgefühle sind so intensiv, dass die Tiere schon bald alle anderen Aktivitäten einstellen, Sex und Nahrungsaufnahme eingeschlossen. Das Hervorrufen dieses Gefühls wird zu einem unstillbaren Verlangen, zu einem nicht mehr kontrollierbaren Bedürfnis. Die Ratten betätigen den Hebel, bis sie vor Erschöpfung sterben. Deshalb glaube ich, dass jeder Versuch zur Abkürzung eher zu einer Abhängigkeit führt als zu einer tiefen Veränderung der Lebenseinstellung, wie sie durch die Schulung des Geistes erreicht wird. Das Gefühl von innerem Frieden und Erfüllung entsteht sozusagen als Nebenprodukt bei der bewussten Entwicklung verschiedener menschlicher Qualitäten. Der Versuch, immer neue Lustgefühle zu erlangen, würde vermutlich zu ganz anderen Ergebnissen führen. Das Forschungsprojekt, das deine Tochter Tania[42] und Rainer Goebel[43] zum Feedback durchführten, scheint aber darauf hinzudeuten, dass erfahrene Meditierende, die ein Feedback aus den aktivierten Hirnregionen erhalten, willentlich Mitgefühl, Aufmerksamkeit, ja sogar negative Gefühle wie Ekel und starke körperliche Schmerzen modulieren können.

WS Aber in diesem Fall erzeugt man zuerst die charakteristischen Aktivierungsmuster, die mit den jeweiligen Emotionen einhergehen, und lernt nur etwas über die quantitativen Beziehungen zwischen Aktivität und Gefühlsintensität. Meine Frage war, ob du es für möglich hältst, durch Versuch und Irrtum, einfach durch Ausprobieren, die Aktivität bestimmter Hirnregionen zu erhöhen, wenn dir über Töne oder visuelle Signale zurückgespielt wird, welche Ergebnisse deine Bemühungen haben. Könntest du dich dann Schritt für Schritt mit diesen Zuständen vertraut machen, bis du sie schließlich willentlich herbeiführen kannst?

MR Ich halte das nicht für unmöglich, glaube aber nicht, dass es die beste Methode wäre, und ich sehe eigentlich nicht so recht, warum man es so machen sollte. Einfach ein Feedback für eine bestimmte Fähigkeit zu erhalten wird Anfängern wahrscheinlich nicht helfen, da alle diese Fertigkeiten – Aufmerksamkeit, Emotionskontrolle, Empathie – gleichzeitig entwickelt werden müssen, und genau das erreicht man mit den Meditationstechniken. Außerdem beruht der kontinuierliche, langfristige Gebrauch dieser Methoden, die wir »Meditation« nennen, auf Weisheit, einer Auffassung, einem Begriff, der sich auf das tiefe Verständnis für die Funktionsweise des Geistes und die Natur der Wirklichkeit (als nicht von Dauer, mit allem zusammenhängend usw.) bezieht. Feedbacktechniken dürfte der Reichtum der kontemplativen Methoden fehlen, die dazu dienen, Mitgefühl, Altruismus und ein emotionales Gleichgewicht zu entwickeln. In der therapeutischen Anwendung jedoch könnten sie sehr wertvoll sein und vielleicht Patienten, denen eine bestimmte Eigenschaft wie Aufmerksamkeit oder Empathie fehlt, dabei unterstützen, sich besser auf die zu entwickelnde Fähigkeit zu konzentrieren. Außerdem könnten sie helfen, besser zu verstehen, wie das Gehirn funktioniert.

Außerdem: Anders als die Meditation rufen bloßes Feedback oder, noch schlimmer, die direkte Stimulation wohl keine Änderungen im ethischen Verhalten hervor. Das Stimulieren von Hirnregionen erzeugt schöne Empfindungen, und der Drogenkonsum ruft Hochgefühle hervor, aber es ist sehr unwahrscheinlich, dass man davon ein mitfühlenderer und ethisch besserer Mensch wird. Möglicherweise fühlt man sich sogar abhängiger und ohnmächtiger, wenn die Wirkung der Stimulation nachlässt.

WS Manche Drogen aktivieren offenbar direkt jene Hirnstrukturen, die normalerweise aktiv werden, wenn Hirnzustände als »gute« Zustände erkannt wurden, die konfliktfreien Zustände, die Zustände, die Lösungen entsprechen, die kohärenten Zustände. Die Drogen erzeugen diese Zustände natürlich nicht, sondern beeinflussen, ja überlisten nur die nachgeschalteten bewertenden Systeme.

MR Immer neue Lustgefühle zu erzeugen, nur um sich gut zu fühlen, wäre deshalb selbst im besten Fall nur eine rudimentäre Art von Geistestraining und könnte sogar gegenteilige Effekte hervorrufen. Rudimentär, weil die Vorstellung, einen Menschen zu heilsamer, das heißt für ihn förderlicher Entfaltung zu führen, eigentlich die Kultivierung eines breiten Spektrums von Qualitäten umfasst, von Weisheit bis Mitgefühl, und darauf abzielt, echtes Glück und ein gutes Herz zu erlangen. Das kann man als Ziel des Lebens ansehen.

WS In den 1960er-Jahren wurden psychoaktive Drogen als Königsweg gepriesen, um zu einem besseren Verständnis seiner selbst zu gelangen, um Erfahrungshorizonte zu weiten und um veränderte Bewusstseinszustände herbeizuführen, die erinnert werden, wenn die Effekte der Drogen abgeklungen sind, und auf diese Weise immer wieder aufgesucht werden können.

Zur selben Zeit wurden Biofeedback-Systeme entwickelt, um auf diesem Wege zu erlernen, angenehme Zustände der Entspannung herbeizuführen. Schließt man die Augen und lässt sich fallen, ohne an irgendetwas Bestimmtes zu denken, finden sich im Elektroenzephalogramm oszillatorische Aktivitäten im Bereich von 10 Hertz, sogenannte Alpha-Wellen, die darauf hinweisen, dass ausgedehnte Bereiche der Großhirnrinde in diesem Rhythmus oszillieren, was sehr leicht zu messen ist. Wenn die Amplitude dieser Alpha-Wellen in einen Ton umgewandelt wird und die Probanden angewiesen werden, die Intensität dieses Tones zu verstärken, stellt man in der Tat fest, dass die Probanden mit einiger Übung ihre eigene Alpha-Aktivität erhöhen können – und sie berichten dann, dass sie in einen Zustand großer Entspannung geraten.

MR Interessanterweise zeigt die bereits erwähnte Studie an Meditierenden aus der tibetischen Schule des Buddhismus, dass Alpha-Wellen für eine Weile verschwinden, wenn man das mentale Geplapper plötzlich aus dem Geist verbannt. Nach dem Knall, der normalerweise die Schreckreaktion auslöst, bleibt der Geist des Meditierenden in einem kristallklaren Zustand ohne geistige Konstrukte und diskursives Denken zurück. Sollten diese Ergebnisse bestätigt werden, dann würde ein Meditierender Alpha-Wellen mit geistigem Geplapper gleichsetzen, den chaotischen kleinen Gesprächen, die unablässig im Hintergrund unseres Geistes ablaufen.

WS Mir fällt es schwer, dieser Deutung zu folgen. Alpha-Wellen werden unterdrückt, sobald man seine Aufmerksamkeit auf bestimmte Inhalte richtet. So nehmen sie in Bereichen der Hirnrinde, die sich mit dem Sehen befasst, sofort ab, wenn man die Augen öffnet und seine Aufmerksamkeit auf visuelle Signale richtet. Sie sind inkompatibel mit gesteigerter Aufmerksamkeit und scheinen eher mit der Unterdrückung der Signalverarbeitung zu korrelieren. Ihre Funktion könnte sein, mögliche Ablenkung auszublenden. Andere Indizien sprechen allerdings dafür, dass Alpha-Wellen auch als Träger für die Koordination hochfrequenter Oszillationen dienen und so eventuell eine Rolle spielen bei der aufmerksamkeitsabhängigen Bildung funktioneller Netzwerke. Ich sage voraus, dass es bei deiner Art von Meditation wenig Alpha-Aktivität gibt, weil du viel hochfrequente Gamma-Aktivität produzierst und diese gleichzeitige Alpha-Aktivität normalerweise ausschließt.

MR Noch einmal, wir sollten das naive Bild von der Meditation korrigieren, das im Westen immer noch vorherrscht, nämlich dass da jemand sitzt, seinen Geist leert und entspannt. Natürlich gibt es ein entspannendes Element, in dem Sinn, dass man innere Konflikte loswird und inneren Frieden pflegt, indem man sich selbst von Spannungen befreit. Das Leeren des Geistes geschieht in dem Sinn, dass man seinen mentalen Konstrukten oder dem linearen Denken nicht weiter nachgeht und in der klaren Frische des gegenwärtigen Augenblicks verweilt. Aber es handelt sich weder um eine »Leerstelle« noch um eine geistlose Entspannung, sondern vielmehr um einen Zustand lebhafter Bewusstheit, der viel mehr beinhaltet. Man versucht auch nicht, die aufkommenden Gedanken zu verhindern, was unmöglich ist, sondern man versucht, sie zu befreien, während sie noch im Entstehen begriffen sind.

WS Wenn du von linearem Denken sprichst, dann meinst du einen seriellen Prozess, das sequentielle Schreiten von einem Punkt zum nächsten, das typische Merkmal bewussten Verarbeitens von Inhalten.

MR Ich meine diskursives Denken, Kettenreaktionen aus Gedanken und Emotionen, die am Ende ein konstantes mentales Hintergrundrauschen ergeben.

WS Und zu Wiederkäuen in endlosen Schleifen führen.

MR Ja, dabei handelt es sich um nichtendenwollenden Gedankenwildwuchs, der sich aus Selbstbezogenheit, Hoffnungen und Ängsten speist und meistens negativ gefärbt ist.

WS Es wäre interessant, eine gründliche Studie über die elektrographischen Charakteristika dieses mentalen Durcheinanders durchzuführen. Wenn es möglich wäre, vorsätzlich zwischen diesen chaotischen und den klaren Zuständen zu wechseln, ließe sich dies vermutlich realisieren. Ich wüsste gerne, was die Signatur der seriellen Prozesse ist, die diesen Endlosschleifen zugrunde liegen. Vielleicht ist es auch die Signatur jener Zustände, die schwierigen Entscheidungen vorausgehen.

MR Bei Menschen, die sich in ihren Gedanken verlieren, läuft dieser automatische Prozess oft eine ganze Weile weiter, bis sie sich plötzlich ganz woanders wiederfinden.

WS Das kann aber auch sein Gutes haben. Wenn man liest, passiert so etwas doch gelegentlich, zumindest mir. Die Augen wandern über die Zeilen, aber die Gedanken sind ganz woanders. Das muss nicht unbedingt unangenehm sein und führt gelegentlich sogar zu einem guten Einfall. Auf einmal hat man eine neue Idee oder eine unerwartete Lösung.

MR Möglich wäre es, etwa wenn man heilsame Erinnerungen oder Situationen heraufbeschwört, dennoch ist auch das ein Abschweifen des Geistes, das Klarheit und Stabilität verhindert. Wenn du bestimmte Geisteszustände hervorrufst, dann sollte das am besten mit einer Zielsetzung geschehen, die zur inneren Entfaltung beiträgt, statt die Gedanken einfach abdriften zu lassen.

WS Instabile Zustände brauchen nicht nur nicht unangenehm zu sein, ich vermute sogar, dass sie für Kreativität unentbehrlich sind.

MR Der Psychologe Scott Barry Kaufman hat Belege dafür gefunden, dass Gehirnzustände, die der Kreativität zuträglich sind, mit fokussierter Aufmerksamkeit unvereinbar sind. Ihm zufolge entsteht Kreativität aus einer Mixtur scheinbar widersprüchlicher mentaler Zustände, die klar und wirr, weise und verrückt, beglückend und schmerzhaft oder spontan und doch jahrelangem Training geschuldet sein können.[44]

WS Ich würde gern noch einmal zum Wert aversiver Zustände des Gehirns zurückkommen. Wie ich schon erwähnte, muss es Hirnzustände geben, die als erstrebenswert gelten und mit angenehmen Gefühlen verbunden sind, ebenso wie es Zustände geben muss, die das Gehirn zu vermeiden sucht und die zu aversiven Gefühlen führen. Letztere sind sicherlich genauso wichtig wie Erstere für die Steuerung unseres Verhaltens, für die Beförderung von Lernprozessen, und nicht zuletzt sind sie es, die uns davor bewahren, in gefährliche Fallen zu tappen. Schmerz ist genauso wichtig wie Wohlbefinden. Es sind die aversiven Zustände, die uns dazu motivieren, Lösungen zu finden und Konflikte zu bewältigen. Gibt es nun nicht offensichtlich zwei komplementäre Strategien, um die aversiven Gefühle zu vermeiden, die mit konfliktreichen Hirnzuständen verbunden sind? Eine besteht darin, Medikamente einzunehmen, die jene Systeme dämpfen, welche für die aversiven Gefühle verantwortlich sind – es ist dieselbe Strategie wie die Einnahme von Schmerzmitteln. So ähnlich lässt sich aversiven Gefühlen auch durch Zerstreuung begegnen, da-

durch, dass die Aufmerksamkeit von ihnen abgelenkt wird, oder aber man lernt, sie einfach auszuhalten und nicht mehr so ernst zu nehmen. Alle diese Maßnahmen befassen sich aber nur mit den Symptomen, nicht mit den Ursachen. Die zweite Strategie besteht darin, dem Problem auf den Grund zu gehen, herauszufinden, woher es rührt, und dann zu versuchen, das Problem zu lösen. Dieses kausale Vorgehen erfordert notwendigerweise das, was du Wiederkäuen nennst, die Auseinandersetzung mit unangenehmen Gefühlen, und es mag vorübergehend sogar das Unwohlsein verstärken, birgt aber die Chance, die konfliktträchtigen Ursachen zu identifizieren und letztlich eine Lösung zu finden. Beide Strategien haben ihre Berechtigung, auch wenn die Beseitigung von Ursachen, die kausale Therapie, immer vorzuziehen ist. Ist der Konflikt aber nicht lösbar oder werden die Kosten für seine Beseitigung zu hoch oder handelt es sich um einen illusionären Konflikt, dann mögen Medikamente, Ablenkung oder Aushaltenlernen geeignetere Optionen sein, als nach unerreichbaren Lösungen zu streben. Was glaubst du, welche der beiden Strategien Meditation am nächsten kommt? Könnte es sein, dass es sich um eine Technik handelt, mit der Konflikte dadurch bewältigt werden, dass man die aversiven Gefühle vom Problem isoliert, die Gefühle durch mentales Training gemächlich auflöst, aber sich mit dem Problem selbst nicht wirklich befasst? Sollte dies der Fall sein, würde ich vermuten, dass es sich um eine Praxis handelt, die Wohlbefinden nur unter idealen Umständen sichert, hinter Klostermauern zum Beispiel.
Und dann gibt es noch diesen dritten, neutralen Zustand, der weder mit besonders positiven noch negativen Gefühlen verbunden ist. Man haftet an nichts, die Gedanken wandern, aber man ist bereit, sich jederzeit einer zielgerichteten Handlung zuzuwenden.

MR Wir nennen diesen Zustand »neutral« oder »unbestimmt«, er ist weder positiv noch negativ, aber immer noch von mentaler Verwirrung durchtränkt.

WS Jedem Menschen sind diese drei Zustände, der positive, der neutrale und der aversive, vertraut, weil unsere Gehirne so aufgebaut sind. Folglich haben wir alle Coping-Strategien entwickelt, um die aversiven Zustände zu vermeiden und so lange wie möglich in den positiven oder neutralen zu verweilen – und ich vermute, dass uns evolutionäre Mechanismen so programmiert haben, um sicherzustellen, dass wir in einer komplexen, ungewissen Welt überleben können. Nun behauptest du, dass wir durch mentales Training unsere Gehirne so umprogrammieren können, dass wir allein dadurch länger in den positiven Zuständen verweilen können, und das mit doppeltem Gewinn: Zum einen fühlen wir uns besser, und zum andern verändert sich unser Verhalten so, dass wir Konflikte bei unseren Interaktionen mit anderen verringern. Wäre dem so, wäre dies in der Tat der Schlüssel zum Paradies auf Erden, aber mir erscheint es einfach zu gut, um wahr zu sein. Es muss doch Grenzen für diesen scheinbar idealen Weg zu globalem Glück geben?

Grenzen des mentalen Trainings?

MR Unsere physischen Fähigkeiten sind offensichtlich begrenzt, etwa wie schnell wir rennen oder wie hoch wir springen können. Auch die meisten unserer geistigen Fähigkeiten scheinen begrenzt zu sein, etwa wie viele Gegenstände wir in unserem Kurzzeitgedächtnis speichern können, die Fähigkeit, uns über längere Zeit voll und ganz auf eine Aufgabe zu konzentrieren, oder die Informationsmenge, die wir parallel verarbeiten können, wenn uns viele verschiedene Reize präsentiert werden. Diese Fähigkeiten lassen sich bis zu einem Grad trainieren, den sich Untrainierte oft gar nicht vorstellen können. Aber kann es Grenzen für menschliche Eigenschaften geben, bei denen es mehr um Qualität denn um Quantität geht? Mitgefühl und liebende Güte zum Beispiel. Ich wüsste nicht, warum wir das Mitgefühl in unserem Geist nicht noch weiter mehren können sollten, um es noch klarer und noch umfassender zu machen, egal, wie viel wir davon bereits besitzen. Du kannst Mitgefühl immer noch umfassender, noch tiefer, noch intensiver empfinden. Das ist ein sehr wichtiger Punkt bei der Schulung des Geistes. Seine Heiligkeit der Dalai Lama sagt oft: Ja, für das, was wir an Informationen aufnehmen können, gibt es Grenzen, das Mitgefühl jedoch kann unendlich wachsen.

WS Das ist eine interessante Feststellung. Ich hätte gedacht, es sei umgekehrt. Mitgefühl ist ein emotionaler Zustand, seine Intensität sollte sich daher irgendwie in der zugehörigen neuronalen Aktivität niederschlagen und begrenzt sein. Beim Lernen hingegen werden die Koppelungen in extrem komplexen Netzwerken von Neuronen verändert. Die hier mögliche Kombinatorik ist praktisch unbegrenzt. Folglich ist das Vermögen des Gehirns, Informationen aufzunehmen, immens. Dies verdeutlichen die erstaunlichen Gedächtnisleistungen der sogenannten *idiots savants*. Viele dieser Menschen haben Probleme, abstrakte Bezüge konzeptuell zu fassen, und nutzen deshalb die ungeheure Speicherkapazität des Gehirns, um mit der Welt fertig zu werden. Die ungeheuer große Zahl von Neuronen in unserem Gehirn und die noch viel größere Zahl von Verbindungen zwischen Neuronen sowie deren lernbedingte Modifikation erlauben es zumindest im Prinzip, eine nahezu unendlich große Zahl unterschiedlicher Zustände zu erzeugen. Wenn ein bestimmter Zustand, in unserem Fall eine bestimmte Erinnerung, ein bestimmtes Engramm, auf dem Aktivitätsmuster beruht, das von, sagen wir, rund hundert Neuronen aufgebaut wird, dann ergeben sich zumindest rechnerisch mehr mögliche Zustände, als es Atome im uns bekannten Universum gibt.

MR Hundert Neuronen, die jeweils mit allen anderen verbunden sind?

WS Nein, die Berechnungen beruhen darauf, dass wir etwa 10^{11} Neuronen in unserem Gehirn haben. Wenn dann ein bestimmter Zustand als der Zustand von jeweils 100 Neuronen definiert ist, dann lassen sich sehr viele Ensembles von je 100 Neuronen in diesem Raum von 10^{11} Neuronen konfigurieren, und jedes davon kann wieder eine Vielzahl unterschiedlicher Zustände annehmen, und dies führt dann zu dieser unvorstellbar großen Zahl möglicher Zustände. Diese unvorstellbaren Speicherkapazitäten lassen sich jedoch aus den bereits dargestellten Gründen nicht restlos nutzen. Um als einzelne Repräsentationen wiederauffindbar zu sein, dürfen sich Engramme nicht zu stark überlagern.

MR Warum haben wir dann nicht alle so ein phantastisches Erinnerungs- und Rechenvermögen wie die autistischen Savants?

WS Tatsächlich haben wir alle diese erstaunlichen Fähigkeiten, sind uns dessen aber nicht bewusst. Nimm zum Beispiel das visuelle Gedächtnis: Man sucht einen Ort auf, den man seit 20 Jahren nicht mehr gesehen hat, und erkennt sofort, wenn ein Haus fehlt, und natürlich erinnert man sich daran, dass man schon einmal da war.

MR Oder du kommst in ein Haus, in dem du lange nicht gewesen bist, und erkennst sofort winzige Details wieder, wie die Form eines Türgriffs oder eine Teekanne, obwohl du sie ein paar Minuten vor deiner Ankunft nicht hättest beschreiben können, selbst wenn dein Leben davon abhinge.

WS Wir halten dies für selbstverständlich, weil wir alle diese Fähigkeit besitzen. Bedenkt man aber die Speicherkapazität, die notwendig ist, um alle Bilder zu speichern, die wir im Laufe eines Lebens gesehen haben, dann wird deutlich, wie gigantisch unser Speichervermögen ist – du weißt, wie viel Speicher erforderlich ist, um ein einziges Bild einer Digitalkamera abzuspeichern. Wir gehen durch die Welt und speichern fortwährend all die Bilder, die wir wahrgenommen haben. Wir erinnern diese natürlich nicht zu jeder Zeit, aber wenn die entsprechenden Assoziationen zur Verfügung stehen, können wir sie aufrufen und feststellen, dass außerordentlich viele Informationen erhalten geblieben sind. Wir verfügen also alle über erstaunliche Speicherkapazitäten, aber wir setzen sie nicht ein, denn es wäre sehr unökonomisch, diese Parforce-Methode zu nutzen, um Probleme zu lösen. Es ist viel ökonomischer, Regeln abzuleiten und diese zu erinnern oder sich nur zu merken, wo die entsprechenden Informationen zu finden sind. Auch ist es viel eleganter, komplexe Konstellationen zu konzeptualisieren und lediglich die reduzierten abstrakten Repräsentationen zu speichern. Warum eine komplexe Situation mit allen

Details abspeichern, wenn sich das Wesentliche mit einem einzigen Symbol oder einem Wort fassen lässt? Kleine Kinder können diese ökonomische Strategie noch nicht anwenden, weil ihre unreifen Gehirne noch nicht die Fähigkeit besitzen, abstrakte Beschreibungen zu erstellen und Symbole zu nutzen. Deshalb verlassen sich Kinder mehr auf die Parforce-Strategie des direkten Abspeicherns, und dies ist der Grund, warum sie Erwachsenen in Spielen wie »Memory« meist überlegen sind. Wenn aufgrund von Hirnverletzungen oder genetischen Abweichungen die Fähigkeit zur Konzeptualisierung und Verwendung von Symbolen eingeschränkt ist, dann bleibt nur die Option, wenig vorverarbeitete Information direkt abzuspeichern. Bis zu einem gewissen Grad genügt diese Strategie, um zu überleben, aber viele dieser *idiots savants* können nur in betreuter Umgebung existieren, weil sie mit der Erfassung komplexer Beziehungsgeflechte Schwierigkeiten haben.

MR Und mit Emotionen?

WS Einige von ihnen haben auch Schwierigkeiten, Emotionen zu dechiffrieren. Autistische Kinder tun sich schwer, die Mimik und die in ihr ausgedrückten Emotionen ihrer Bezugspersonen zu erkennen. Sie können deshalb aus der Mimik ihrer Bezugspersonen nicht ablesen, ob das, was sie gerade tun, falsch oder richtig ist. Dies wiederum hindert sie daran, sich an diese emotional zu binden und soziale Fertigkeiten zu entwickeln. Wenn kleine Kinder etwas tun, suchen sie immer den Blickkontakt zu ihrer Bezugsperson, um herauszufinden, ob das, was sie gerade ausführen, genehm ist oder nicht. Wenn der emotionale Ausdruck der Bezugsperson nicht dechiffrierbar ist, wird es natürlich schwierig, die notwendigen Bindungen aufzubauen. Die Kinder geraten mehr und mehr in die Isolation, und als Folge davon verkümmern ihre kognitiven Funktionen. Und dies ist vermutlich ein weiterer Grund für die scheinbar unfassliche Gedächtniskapazität autistischer Kinder. Weil sie nicht in soziale Beziehungen investieren können, verarmt ihre Umgebung, und sie lenken in der Folge ihre Aufmerksamkeit auf andere Informationsquellen, Fahrpläne, Kalender, Landkarten etc., und üben ein, was sie dort finden.

Aber ich bin kein Spezialist auf diesem Gebiet, deshalb solltest du alles, was ich gerade sagte, mit Vorsicht genießen.

MR Ich habe kürzlich von jemandem gehört, Daniel Tammet, der die Zahl Pi bis auf 22 514 Stellen hinter dem Komma genau aufsagen konnte. Er brauchte dafür mehr als fünf Stunden, aber er machte keinen einzigen Fehler. Er sagte, er habe keine Angst davor gehabt, sich an diese unglaubliche Menge von Zahlen zu erinnern, sondern nur davor, sie in der Öffentlichkeit aufsagen zu müssen. Und er sagt, dass er in Situationen, die ihm Angst einflößen, einfach an Zahlen denkt, das beruhigt ihn und gibt ihm Sicherheit.[45]

WS Diese Beispiele beleuchten eindrucksvoll, dass Gehirne zu Leistungen fähig sind, die weit über das hinausgehen, was wir uns vorstellen können – auf den ersten Blick und ohne den vorliegenden Beweis des Gegenteils wären wir wohl alle der Meinung, dass solche Leistungen unmöglich sind. Vielleicht gilt dasselbe für die Leistungen, die mit intensivem mentalem Training erzielbar sind. Ich wüsste jedoch nicht, wie sich der Umfang von Mitgefühl quantifizieren lassen sollte, weil es kaum möglich ist, Phänomene zu messen, die nur in der Erste-Person-Perspektive existieren.

Die Frage, ob es eine Obergrenze für menschliche Qualitäten wie Mitgefühl und liebende Güte gibt, lässt sich nicht so leicht beantworten. Nehmen wir für den Moment mal an, diese Emotionen schlügen sich in der Intensität neuronaler Reaktionen nieder. Im Grunde gibt es drei Möglichkeiten, die Intensität neuronaler Antworten zu erhöhen. Eine besteht darin, die Frequenz der neuronalen Aktivität, die Frequenz der Entladungen zu erhöhen. Diese Strategie wird für die Enkodierung sensorischer Reize verwendet: Je stärker die Reize, umso höher die Entladungsfrequenz der kodierenden Neuronen. Die zweite Strategie besteht darin, mehr und mehr Neuronen zu rekrutieren; je stärker die Reize, umso mehr Neuronen werden antworten, weil dann auch solche mit höheren Schwellen aktiviert werden. Und die dritte Strategie beruht schließlich darauf, die Synchronizität der Entladungen zu verbessern, weil synchrone Aktivität nachgeschaltete Neuronen effektiver erregt als zeitlich unkoordinierte Aktivität. Aus diesem Grund breitet sich erstere wesentlich leichter und schneller in neuronalen Netzwerken aus.

Offenbar kann das Gehirn alle drei Strategien gleichermaßen anwenden, wie wir in einer Studie zeigen konnten, die in *Neuron* publiziert wurde.[46] Wir haben dazu ein visuelles Phänomen namens *contrast enhancement*, Kontrastverstärkung, genutzt. Der wahrgenommene Kontrast eines Gittermusters nimmt zu, wenn dieses Muster auf einem Hintergrund gezeigt wird, der sich von dem Testgitter entweder bezüglich seiner Orientierung oder bezüglich seiner relativen Phase unterscheidet. In beiden Fällen ist die Wahrnehmung des verstärkten Kontrastes identisch, aber Ableitungen von Neuronen in der Sehrinde zeigen, dass im ersten Fall die Zunahme des wahrgenommenen Kontrastes auf einer Erhöhung der Entladungsfrequenz der Neuronen basiert, während im zweiten Fall die Entladungsfrequenz unverändert bleibt, aber die Entladungen besser synchronisiert werden. Dennoch muss es eine obere Grenze geben. Wenn alle Neuronen in der entsprechenden Struktur mit maximaler Frequenz entladen und diese Entladungen perfekt synchronisiert sind, ist keine weitere Steigerung der Wirksamkeit dieser Aktivität vorstellbar. Somit sollte es auch eine obere Grenze für die wahrgenommene Intensität des entsprechenden Gefühls geben.

MR Vielleicht sollte ich ergänzen, dass ich mich nicht nur auf den emotionalen Aspekt bezog, als ich sagte, dass man immer ein noch umfassenderes und tieferes Mitgefühl entwickeln kann. Die tieferliegenden Ursachen des Leidens zu verstehen und den Entschluss zu fassen, es zu lindern, diese Fähigkeiten entstammen auch der Weisheit und dem »kognitiven« Mitgefühl. Letzteres beruht auf dem Verständnis der grundlegenderen Ursache für Leid, die dem Buddhismus zufolge in der Ignoranz besteht. Sie verzerrt die Realität und sorgt für verschiedene mentale Täuschungen und negative Emotionen, wie Hass und unkontrollierbares Begehren. Dieser kognitive Aspekt von Mitgefühl bezieht sich also auf die zahllosen empfindenden Wesen, die aufgrund ihrer Unkenntnis leiden müssen. Ich glaube, wir müssen uns nicht darum sorgen, dass die Größe dieses kognitiven Mitleids die Kapazitäten des Gehirns übersteigt.

Meditieren und Handeln

MR Ich möchte jetzt auf eine Frage zurückkommen, die wir in einem früheren Gespräch behandelt haben. Manchmal wird Eremiten und Meditierenden vorgeworfen, sie seien gleichgültig und selbstsüchtig. Aus solchen Meinungen spricht ein tiefes Missverständnis über den buddhistischen Weg, denn wer sich aus Selbstbezogenheit lösen und aus dem Festhalten am Ich befreien konnte, macht sich mehr Gedanken über das Wohl anderer, ist weniger gleichgültig gegenüber der Welt. Meditation ist der Schlüsselprozess für die Entwicklung und Verstärkung von altruistischer Liebe und Mitgefühl. Natürlich könnte man argumentieren, noch besser wäre es, wenn der Eremit seine Klause verließe, um den Menschen zu helfen. Manche sagen auch: Was leisten solche Eremiten für die Gesellschaft? Was können sie über das Verhalten der Menschen wissen, wenn sie immer allein in ihrer Einsiedelei hocken? Auf den ersten Blick leuchten solche Argumente und Fragen ein. Aber es gibt eine einfache Erwiderung. Man braucht Zeit und Konzentration, um eine Fertigkeit zu kultivieren. In der hektischen Betriebsamkeit der normalen Welt sind wir oft zu schwach, um stark zu werden, zu schwach, um anderen und sogar uns selbst zu helfen. Wir können weder anderen noch uns selbst wirklich nützlich sein. Es fehlt an Zeit, Energie und Konzentration, um zu üben. Daher ist dieses Stadium der Entwicklung notwendig, selbst wenn es zunächst keinem anderen zu nutzen scheint.

Aber das gilt auch für die Zeit, in der ein Krankenhaus gebaut wird. In den Monaten, in denen die Strom- und Wasserleitungen verlegt werden, kann noch niemand geheilt werden. Doch sobald das Krankenhaus fertiggestellt ist, kann man hier viele Patienten behandeln. Es lohnt sich, sich die Zeit für den Bau eines solchen

Krankenhauses zu nehmen, statt zu sagen »Was soll's, wir operieren auf der Straße«. Daher rührt die Idee, Fertigkeiten in einer Umgebung zu entwickeln, die einem geistigen Training förderlich ist, bis man stark genug geworden ist, um Altruismus und Mitgefühl sogar unter solchen Umständen zu zeigen und beizubehalten, in denen es ausgesprochen schwerfällt. Ich habe in den letzten Jahren viel mit Menschen zu tun gehabt, die sich humanitär engagieren, und ich konnte wieder und wieder beobachten, dass die Hauptprobleme solcher Organisationen und Gruppen – Korruption, Egozentrik, Empathiemangel, Entmutigung – daher rühren, dass die menschlichen Qualitäten nicht genügend ausgereift sind. Es kann also nur von Nutzen sein, ein wenig Zeit auf die Entwicklung menschlicher Qualitäten zu verwenden. Man erlangt so innere Stärke, Mitgefühl und Ausgeglichenheit, *bevor* man anfängt, sich in den Dienst am Nächsten zu stürzen.

Die richtige Motivation zu entwickeln ist ein besonders kritischer Faktor für alles, was wir tun. Der berühmte tibetische Dichter und Heilige Milarepa sagte, in den zwölf Jahren, die er in Klausuren in der Wildnis zugebracht habe, sei kein Augenblick nicht anderen gewidmet gewesen. Damit meinte er, dass er sich der Entwicklung der Qualitäten gewidmet hatte, die er brauchte, um anderen wirklich Gutes tun zu können. Im buddhistischen Weg ist *bodhichitta* (das Streben nach Erleuchtung) die Hauptmotivation des Schülers: »Möge ich Erleuchtung erlangen, damit ich fähig werde, alle Lebewesen vom Leid zu befreien.« Wenn das dein wahres Bestreben ist, dann ist die Meditationspraxis die beste Investition, die du zum Wohl anderer tätigen kannst. Diese Entscheidung beruht nicht auf Gleichgültigkeit, sondern auf der vernünftigen Überlegung, dass du dich selbst vorbereiten und die nötige Stärke entwickeln musst, wenn du den Menschen nutzen willst.

WS Somit sollten die erworbenen Fertigkeiten zu einem integralen Teil der Persönlichkeit und damit des Lebens werden. Auf einer gewissen Stufe der Individualentwicklung sollte jeder Mensch über mentales Training diese wünschenswerten Fertigkeiten erwerben oder vervollkommnen, aber dann sollte er sich wohl wieder der Interaktion mit anderen stellen und nicht in seiner Einsiedelei oder in der geschützten Umgebung von Klöstern verweilen. Für Lehrer ist dies sicher der geeignete Ort, weil sie dort am besten ihre Weisheit an die Schüler weitergeben können und diese auch dort unter nahezu idealen Bedingungen ihr mentales Training vervollkommnen können. Aber die Schüler sollten sich dort wohl nur für einen begrenzten Zeitraum aufhalten und dann in die Welt hinausgehen, um das Gelernte anzuwenden und die Welt zu verbessern.

MR Man sollte sich auch klarmachen, dass es sinnlos ist, rauszugehen und sich in anderer Leute Leben einmischen zu wollen, solange in einem selbst noch Chaos herrscht. Es will gut überlegt sein, wann man reif genug ist, um anderen sinnvoll helfen zu können. Andernfalls kommt es dem Schneiden des Weizens gleich, wenn er noch grün ist. Niemand hat etwas davon.

WS Aber dies bedeutet dann, dass der Schüler, solange er sich noch nicht reif fühlt, von anderen unterstützt werden muss, die ihren Lebensunterhalt verdienen müssen und keine Gelegenheit haben, ihrer Selbstfindung in einer geschützten Umgebung nachzugehen. Es gibt ja viele Kulturen, in denen diese mentalen Praktiken nicht existieren und die es dennoch irgendwie geschafft haben, die anspruchsvolle ethische und moralische Regeln für den Umgang mit ihresgleichen und der Natur entwickelt, sich erfolgreich fortgepflanzt und die Probleme der Lebenswelt recht gut bewältigt haben. Es gibt daher ganz offensichtlich auch andere Wege, um stabile Gesellschaften aufzubauen und Menschen so zu prägen, dass sie sich mitverantwortlich und empathisch verhalten.

MR Ja, natürlich, aber irgendwann kommt der Moment, an dem man in sich hineinsehen und aufrichtig versuchen muss, ein besserer Mensch zu werden.

WS Ist es denn unmöglich, die Fähigkeit zu entwickeln, die eigenen Gefühle genau zu differenzieren, Empathie zu spüren oder ein guter Vater zu sein, wenn man auf konventionelle Weise erzogen wurde? Vor dem Hintergrund unserer bisherigen Diskussion stehen die Chancen nicht gut, all diese positiven Qualitäten zu entwickeln, wenn man nicht das Glück hat, von einem sehr erfahrenen Meditierenden unterrichtet zu werden. Mir stellt sich aber schon die Frage, ob konventionelle Erziehungsmethoden nicht vielleicht ebenso effektiv sein können, um menschliche Qualitäten zum Positiven hin zu verändern. Ein Vorteil könnte sein, dass sie nicht so viel kognitive Kontrolle erfordern wie die Meditation und deshalb schon im frühen Kindesalter wirksam werden können, wenn sich das Gehirn noch entwickelt und seine Architektur sehr formbar ist. Auch gilt es vermutlich, einen Kompromiss zu finden zwischen der Zeit, die man in die eigene Entwicklung investiert, und der Zeit, die man erübrigt, um die Bedingungen in der Welt draußen zu verbessern, indem man in ihr handelt. Ich denke, man sollte Jugendliche in der Praxis des mentalen Trainings unterweisen, so dass sie darauf ein Leben lang zurückgreifen können, um sich selbst besser zu kennen und ausgeglichener zu werden. Aber der effektivste Weg, um Gehirnfunktionen zum Besseren zu verändern, scheint mir nach wie vor die Erziehung der Kinder durch fähige Betreuer zu sein. Kinder lernen dabei am meisten von Menschen, zu denen sie enge emotionale Bindungen aufgebaut haben. Eine Möglichkeit wäre, mentales Training komplementär zu den anderen erzieherischen Maßnahmen anzubieten und es als Pflichtfach in den Lehrplan aufzunehmen.

MR Sehr talentierte Menschen können all diese Qualitäten vielleicht auch inmitten zerstreuender Aktivitäten entwickeln, aber den meisten hilft es, von Zeit zu Zeit all ihre Kräfte zusammenzunehmen und die menschlichen Qualitäten mit Hingabe zu nähren. Schon möglich, dass es jemandem, der von Natur aus ein sehr gutes Herz hat, gleich gelingt, anderen zu helfen, vielleicht sogar besser als einem Meditierenden, der mit einem mürrischen, selbstsüchtigen Geist beginnt. Doch der wesentliche Punkt ist, dass sie beide weiter an sich arbeiten sollten und dass die Kultivierung der entsprechenden Eigenschaften sehr viel dazu beiträgt. Dass Meditation nachhaltige Verhaltensänderungen bewirkt, vor allem wenn die Sitzungen über längere Intervalle verteilt sind, wurde durch ein Experiment von Paul Condon und Gaëlle Des-

bordes demonstriert. Du hattest ja auch schon auf die Pausen zwischen den Meditationssitzungen angespielt. Wir nennen sie das »Intervall nach der Meditation«. Dies ist in der Meditation ein wesentlicher Punkt, denn beide Phasen, Meditation und Postmeditation, sollten einander verstärken. In dem Experiment gab es drei verschiedene Gruppen: Eine führte eine Liebende-Güte-Meditation durch, eine zweite eine Mitgefühlsmeditation, und die Kontrollgruppe meditierte gar nicht. Nach acht Wochen wurde das altruistische Verhalten der Probanden wie folgt auf die Probe gestellt: In ein Wartezimmer, im dem alle Sitzplätze belegt sind, kommt eine Person auf Krücken und mit offensichtlichen Beschwerden. Der Proband wird zuvor mit zwei anderen Personen (die ebenso eingeweiht sind wie der »Kranke«) auf einer Bank platziert, die beide nicht das geringste Interesse an dem Gehbehinderten zeigen. (Dies soll den *bystander effect,* den »Zuschauereffekt« betonen, von dem man weiß, dass er Hilfsverhalten hemmt.) Das Verblüffende ist nun, dass diejenigen, die in den Meditationsgruppen waren, *fünfmal häufiger* aufstanden und ihren Platz anboten als die Personen aus der Kontrollgruppe.[47]
Verhalten und Haltungen nach einer Meditation scheinen also den Qualitäten zu entsprechen, die während der Meditation geübt wurden. Es ergäbe gar keinen Sinn, in einer Meditation den Zustand innerer Klarheit und Stabilität zu erreichen, wenn man ihn danach gleich wieder komplett aufgäbe. Idealerweise bringt ein Meditierender Meditation und Lebensvollzug durch Geschick und Erfahrung irgendwann in Einklang.
Wir dürfen die Möglichkeit zur Veränderung unserer geistigen Verfasstheit nicht unterschätzen. Wir tragen alle das Potenzial zur Veränderung in uns, und es wäre zu schade, wenn wir diese Option vernachlässigten. Es ist, als käme man mit leeren Händen von einer Schatzinsel zurück. Das Leben wird so kostbar, wenn wir seine kurze Spanne nutzen, um ein besserer Mensch zu werden, um unser eigenes Glück und das der anderen zu mehren. Dies bedarf der Anstrengung, aber was geht schon von allein? Lass uns diese Diskussion über die Möglichkeiten zur Veränderung, ob durch Erziehung oder Meditation, mit einem Satz der

Hoffnung und der Ermutigung beenden: »Ändere dich selbst, um die Welt zu verändern« …

WS … und die Bedeutung von Ruhephasen nicht gering schätzen. Wir sollten uns eine Pause gönnen, damit sich in unserem Gehirn das Gelernte setzen kann. Lass uns morgen weitermachen.

2
Unbewusste Prozesse und Emotionen

Was ist das Unbewusste? Wache Präsenz – das reine Gewahrsein – ist für den buddhistischen Mönch der tiefsinnigste Aspekt des Bewusstseins. Was die Psychoanalyse das Unbewusste nennt, sind aus seiner Sicht nur irgendwelche mentalen Konstrukte. Aus Sicht des Neurowissenschaftlers gibt es präzise Kriterien, mit deren Hilfe sich bewusste von unbewussten Prozessen unterscheiden lassen. Für ihn ist es wichtig, alles, was im Gehirn geschieht, zu identifizieren, da es der Vorbereitung bewusster kognitiver Prozesse dient. Im Anschluss daran geht es um Emotionen. Wie lassen sich Konflikte entschärfen? Wie unterscheidet sich die altruistische von der leidenschaftlichen Liebe? Ist Liebe das höchste Gefühl? Einigkeit besteht mit Blick auf die Wirksamkeit der kognitiven Therapie.

Über das Unbewusste

MR Lass uns nun ein wenig über die Auffassung des Unbewussten aus neurowissenschaftlicher und kontemplativer Perspektive sprechen. Wenn man über das Unbewusste spricht, geht es normalerweise um etwas tief in unserer Psyche Verborgenes, das dem normalen Bewusstsein nicht zugänglich ist. Auch im Buddhismus gibt es das Konzept gewohnheitsmäßiger Abläufe, die sich unserer bewussten Wahrnehmung entziehen. Sie sind Auslöser für verschiedene Denkmuster, die entweder spontan auftreten oder von etwas in der Außenwelt ausgelöst werden. Wir kennen das alle: Man sitzt einfach so da, denkt an nichts Bestimmtes, und plötzlich kommt einem der Gedanke an jemanden oder an ein bestimmtes Ereignis oder eine Situation – scheinbar aus dem Blauen heraus. Daraus entwickelt sich eine ganze Gedankenkette, und wenn man nicht aufpasst, kann man sich leicht in ihr verlieren.

In der Öffentlichkeit, unter Psychologen und unter Neurowissenschaftlern herrschen unterschiedliche Ansichten darüber vor, was das Unbewusste ist. Was die Psychoanalyse die Tiefen des Unbewussten nennt, stellt aus der Perspektive der kontemplativen Wissenschaften die äußeren Schichten einer Wolkendecke dar, die auf mentalen Verwirrungen basiert und zeitweilig die Erfahrung der wahren Natur des Geistes verhindert. Wie kann es etwas Unbewusstes geben, wenn man sich im Zustand des reinen Gewahrseins, frei von jeglichem mentalen Konstrukt, befindet? Wenn man in der Sonne steht, gibt es kein Dunkel. Im Buddhismus ist das sonnenklare Gewahrsein, nicht das trübe Unbewusste, der tiefste und fundamentalste Aspekt des Bewusstseins. Natürlich spreche ich hier aus der Erste-Person-Perspektive. Ein Neurowissenschaftler, der sich dieser Thematik aus der Dritte-Person-Perspektive annimmt, wird das gewiss anders sehen.

WS Ja, ich sehe das tatsächlich anders. Wie bereits erwähnt, ist in der Architektur des Gehirns ein immenses Wissen gespeichert, aber wir sind uns der meisten dieser vorgegebenen Heuristiken, Annahmen und Konzepte nicht bewusst. Diese bestimmen zwar die kognitiven Prozesse, deren Ergebnis wir bewusst wahrnehmen, doch die strukturierten Abläufe, die zu diesen Ergebnissen führen, bleiben im Unbewussten verborgen. Normalerweise haben wir keine Kenntnis von den Regeln, nach denen wir die Signale der Sinnesorgane interpretieren und unsere Wahrnehmungen konstruieren. Dies gilt auch für die Gesetzmäßigkeiten, die unserem Lernen und Handeln, unseren Entscheidungen und Assoziationen zugrunde liegen. Es gelingt uns nicht, diese impliziten Hypothesen und Regeln bewusst zu machen, selbst wenn wir versuchen, unsere Aufmerksamkeit auf sie zu richten. Ganz anders verhält es sich mit den Inhalten des deklarativen Gedächtnisses, die während ihrer Abspeicherung mit Aufmerksamkeit belegt und bewusst wahrgenommen wurden. Es gilt als gesichert, dass aufmerksamkeitsgelenkte Prozesse den Zugang zum Bewusstsein kontrollieren. Die meisten Signale unserer Sinnesorgane können bewusst wahrgenommen werden, wenn sie mit Aufmerksamkeit belegt werden. Davon ausgenommen sind etwa bestimmte Geruchsstoffe wie zum Beispiel Pheromone, die in speziellen Subsystemen des Gehirns verarbeitet werden. Zudem gibt es viele Signale aus dem Körper selbst, die keinen Zugang zum Bewusstsein haben. Das betrifft etwa Informationen über den Blutdruck, den Zuckerspiegel etc. Man kann jedoch nicht häufig genug betonen, dass auch Signale, die von der bewussten Verarbeitung ganz oder – wie nicht beachtete Sinnesreize – vorübergehend ausgeschlossen sind, einen großen Einfluss auf das Verhalten ausüben. Außerdem können diese unbewussten Signale Aufmerksamkeitsmechanismen kontrollieren und dadurch bestimmen, welche der gespeicherten Erinnerungen oder sensorischen Signale Beachtung erfahren und die Ebene der bewussten Verarbeitung erreichen.

Eine weitere Einschränkung besteht in der begrenzten Kapazität des Arbeitsspeichers für bewusste Inhalte. Es können nur wenige Inhalte gleichzeitig bewusst verarbeitet werden. Noch immer wird intensiv darüber geforscht, ob diese Beschränkung an dem Unvermögen liegt, eine große Menge von Informationen gleichzeitig miteinander zu verknüpfen, oder an der begrenzten Kapazität des Arbeitsgedächtnisses. Der Speicher für bewusste Inhalte kann nicht mehr als vier bis sieben verschiedene Einheiten gleichzeitig aufnehmen. Dies entspricht auch der Anzahl von Inhalten, die gleichzeitig im Arbeitsgedächtnis gehalten werden können. Eindrucksvoll belegt wird das durch das Phänomen der *change blindness*, der Veränderungsblindheit. Wird uns ein Bild vorgelegt und kurz darauf ein zweites, das dem ersten bis auf eine kleine Veränderung gleicht, sind wir unfähig, diese lokalen Veränderungen zu erkennen.

Im Grunde sind unsere Wahrnehmungen nicht so holistisch, wie es uns vorkommt. Wir analysieren komplexe Szenen seriell, und vieles von dem, was wir als Gesamteindruck wahrnehmen, rekonstruieren wir aus der Erinnerung, aus gespeicherten Informationen. Zahlreiche Faktoren, sowohl bewusste als auch unbewusste, bestimmen, welche Signale tatsächlich bewusst wahrgenommen werden. Entscheidend ist, welchen Informationen wir Beachtung schenken, und dies wiederum wird sowohl von externen als auch von internen Faktoren bestimmt. Starke oder neue Reize ziehen die Aufmerksamkeit automatisch auf sich, aber die Aufmerksamkeit kann auch zielgerichtet auf ausgewählte Inhalte gelenkt werden. Dabei können die steuernden Motive bewusst sein, sie können aber auch Ursachen haben, deren wir uns nicht bewusst sind. Und dann kann es natürlich vorkommen, dass selbst die aufmerksame und bewusste Suche nach einem Inhalt, der sich im deklarativen Gedächtnis befindet, nicht ausreicht, um diesen ins Bewusstsein zu heben. Wir alle kennen das, wenn uns ein Zusammenhang oder ein Name einfach nicht einfallen will und dann im Verborgenen ein unbewusster Prozess weitersucht und schließlich den gesuchten Inhalt unerwartet auf die Ebene des Bewusstseins hebt. Offenbar gelingt es uns nicht immer, zu kontrollieren, welcher Inhalt Zugang zum Bewusstsein hat.

Die Arbeitsebene, auf der bewusste Prozesse ablaufen, erlaubt es offenbar, beliebige Informationen aus den verschiedenen Teilbereichen des Gehirns zu bündeln und in einen kohärenten Strom von bewusst wahrgenommenen Inhalten zu verwandeln. Der Zugang zu dieser Arbeitsebene, oft wird sie auch die »Plattform« oder der *workspace* des Bewusstseins genannt, ist privilegiert und wird von Aufmerksamkeitsmechanismen kontrolliert. Darüber hinaus sind die Regeln, nach denen bewusste und unbewusste Prozesse ablaufen, wahrscheinlich verschieden. Erstere folgen rationalen, logischen und syntaktischen Regeln. Die Suche nach einer Lösung ist prinzipiell ein serieller Prozess, in dem Argumente und Fakten nacheinander genau untersucht und mögliche Ergebnisse kritisch hinterfragt werden. Deshalb ist dieser Prozess zeitaufwendig. Hingegen scheinen unbewusste Abläufe eher auf Parallelverarbeitung zu beruhen, wobei zahlreiche neuronale Erregungsmuster, die jeweils für eine bestimmte Lösung stehen, miteinander in Wettstreit treten. Ein Algorithmus nach dem Motto »Es kann nur einen Sieger geben« sorgt dann dafür, dass das Muster, welches dem aktuellen Kontext am besten entspricht, stabilisiert wird. Demnach sind bewusste Prozesse immer dann für die Lösung eines Problems am geeignetsten, wenn genügend Zeit zur Verfügung steht, die Menge der zu berücksichtigenden Variablen überschaubar ist und diese hinreichend exakt definiert sind, um einer rationalen Analyse unterworfen zu werden. Die unbewusste Verarbeitung kommt ins Spiel, wenn schnelle Reaktionen nötig sind oder eine Vielzahl von unbestimmten Variablen vorliegt, die gleichzeitig gegen andere Informationen abgewogen werden müssen, die vom Bewusstsein nicht bearbeitet werden können, wie beispielsweise die Masse an implizitem Wissen, vage Gefühle sowie verborgene Motive oder Antriebe.

Die Ergebnisse unbewusster Verarbeitung manifestieren sich dann entweder in dem, was wir »Bauchgefühl« nennen, oder in unmittelbaren Verhaltensreaktionen. Häufig können wir gar nicht angeben, warum wir in genau dieser Weise reagiert haben oder warum wir manche Dinge für richtig halten und andere nicht. Experimentell kann sogar nachgewiesen werden, dass die Begründungen für oder gegen eine bestimmte Reaktion nicht immer den »echten« Gründen entsprechen. Aufgrund des umfassenden heuristischen Wissens, auf das die unbewusste Verarbeitung zugreifen kann, zeigt sich manchmal, dass unbewusste Prozesse bei komplexen Problemen mit verschiedenen interdependenten Variablen zu besseren Ergebnissen führen als bewusstes Abwägen. Angesichts der großen Menge an Informationen und implizitem Wissen, zu dem das Bewusstsein keinen oder nur zeitweisen Zugang hat, und angesichts der entscheidenden Rolle, die unterbewusstes heuristisches Wissen bei der Entscheidungsfindung und Kontrolle des Verhaltens spielt, wäre es nicht ratsam, die Stimmen des Unbewussten zu ignorieren.

MR Was du gerade sagst, stimmt mit dem überein, was Daniel Kahneman in seinem Buch *Schnelles Denken, langsames Denken* schreibt.[1] Auch wenn wir uns im Großen und Ganzen für rational halten, sind unsere Entscheidungen, im ökonomischen Bereich genauso wie anderswo, sehr häufig irrational und stark beeinflusst von unserem Bauchgefühl, unseren Emotionen und der Situation, in der wir uns zum Zeitpunkt der Entscheidung befinden. Die Intuition ist ein sehr anpassungsfähiges Vermögen, das uns erlaubt, in komplexen Situationen schnell Entscheidungen zu treffen, uns aber auch dazu verführt zu glauben, wir hätten eine rationale Entscheidung getroffen, die aber eigentlich mehr Zeit und Überlegung bräuchte.

Ich verstehe, dass im Gehirn einiges los ist, das dafür sorgt, dass wir funktionieren, die Außenwelt kohärent wahrnehmen und uns erinnern können. Aber ich habe eher an den pragmatischen Aspekt gedacht, speziell mit jenen Neigungen umzugehen, die jene negativen mentalen Zustände und Emotionen entstehen lassen, unter denen wir dann leiden. Ich wollte darauf hinweisen, dass unangenehme Emotionen ebenso schnell verschwinden, wie sie gekommen sind, und kein Leid hervorbringen können, wenn man weiß, wie sich das reine Gewahrsein anfühlt, und wenn man in diesem Raum des Gewahrseins ruht. Jemandem, der darin geübt ist, kann es gleichgültig sein, was tief in seinem Unbewussten passiert. Es ist also eher eine Frage der Methode. Der Psychoanalyse zufolge muss man sich einen Weg zu diesen verborgenen Impulsen bahnen und sie identifizieren. Die Meditation des Buddhismus lehrt einen hingegen, die eigenen Gedanken von der Leine zu lassen, sobald sie entstehen.

Genießt man die Frische des gegenwärtigen Moments, ist man frei von allen Grübeleien, negativen Emotionen, Frustrationen und anderen inneren Konflikten. Lernt man, in jedem Augenblick mit den aufkommenden Gedanken umzugehen, kann man sich diese innere Freiheit bewahren. Dies ist das Ziel des Trainings.

Nebenwirkungen von Meditation

WS Wir haben es augenscheinlich mit zwei Ansätzen zu tun, welche die Vorzüge der unbewussten Signalverarbeitung sowie die Frage, wie man mit dem Unbewussten umgehen sollte, ganz unterschiedlich beurteilen. Damit sind wir bei einem wichtigen Punkt angelangt, nämlich bei den Nebenwirkungen der Meditation. Man könnte meinen, dass eine Strategie, die darin besteht, angesichts von Konflikten die Augen zu verschließen und vor Problemen davonzulaufen, anstatt sie zu lösen, suboptimal ist. Nehmen wir an, auch im Unbewussten existierten Konflikte. Wenn diese schließlich ins Bewusstsein dringen und dort das Wiederkäuen auslösen, dann mag uns dies dazu befähigen, sie zu erkennen und beizulegen. Diese Konflikte könnten beispielsweise durch eine ambivalente Eltern-Kind-Beziehung während der frühkindlichen Entwicklung oder durch widersprüchliche Erziehungsmaßnahmen hervorgerufen worden sein. Die Ursachen solcher Probleme geraten nur selten an die Oberfläche des Bewusstseins, weil sie Teil der impliziten Gedächtnisinhalte sind, die abgespeichert wurden, bevor sich das deklarative Gedächtnis entwickelt hat. Solche Konflikte gefährden sowohl die seelische wie die körperliche Gesundheit. Menschen haben im Laufe ihrer Geschichte auf ganz verschiedene Weisen versucht, mit diesen Problemen umzugehen, mit Drogen und Medikamenten, kulturellen Aktivitäten und in jüngerer Zeit mit einer Vielzahl speziell dafür entwickelter Therapien. Letztere erfordern meist, sich mit dem Problem auseinanderzusetzen, sich zu bemühen, es zu erkennen und damit vielleicht zu bewältigen. Eine andere Strategie, die in der kognitiven Therapie und der Verhaltenstherapie angewendet wird, versucht das Problem dadurch erträglich zu machen, dass man sich die konfliktträchtigen Denkmuster und eingeschliffenen Verhaltensweisen abtrainiert. Leidet man beispielsweise unter einer Phobie, wird man mit der angstauslösenden Situation konfrontiert, um zu lernen, dass sie ungefährlich ist. Nach einer Weile gewöhnt man sich an die vermeintliche Bedrohung, und das Problem ist gelöst – vielleicht.

MR Gewiss müssen wir der Sache auf den Grund gehen. Am Ende geht es doch darum, uns auf die eine oder andere Art von inneren Konflikten zu befreien, oder? Vielleicht gelingt das, indem man so weit wie möglich zurück in die Vergangenheit geht – mit oder ohne Hilfe eines Therapeuten. Man identifiziert das Problem, löst es und befreit sich so von dessen negativen Auswirkungen. Aber es gibt auch Methoden, und dazu gehören diejenigen des

Buddhismus, die dem Problem zwar nicht ausweichen, es aber anders angehen, indem sie uns von ambivalenten Gedanken in dem Moment befreien, in dem sie auftreten. Sobald du diese Methoden beherrschst, haben diese sogenannten negativen Gedanken nicht mehr die Macht, dir zuzusetzen, weil sie sich schon in dem Augenblick auflösen, in dem sie entstehen. Aber das ist noch nicht alles: Erfahrungsgemäß kannst du mit der Zeit nicht nur erfolgreich mit jedem einzelnen negativen Gedanken umgehen, sondern du neigst insgesamt auch weniger dazu, solche Gedanken überhaupt zu haben. Am Ende treten sie überhaupt nicht mehr auf. Unter den aktuellen westlichen Therapieformen haben in der Tat die kognitive Therapie und die Verhaltenstherapie ebenfalls Methoden entwickelt, um mit einer bestimmten Emotion, die einen umtreibt, vernünftig und konstruktiv umzugehen. Hier bestehen also interessante Parallelen zum buddhistischen Ansatz.

WS Welchen Beitrag könnte Meditation zur Lösung von Konflikten leisten, die der bewussten Verarbeitung nicht zugänglich sind? Ich nehme mal eine kritische Haltung ein und führe ein Alltagsbeispiel an: Stellen wir uns einen Konflikt zwischen Eheleuten vor, der bei beiden negative Gefühle und nichtendenwollendes Wiederkäuen verursacht. Zwei Ego-Blasen treten gegeneinander an – wie in *Wer hat Angst vor Virginia Woolf?*. Es gibt jede Menge Liebe und Leidenschaft zwischen ihnen, beides schwer zu kontrollieren, weil sie in den unbewussten Sphären verankert sind. Nun ziehen sich die Eheleute getrennt voneinander zurück, sie gehen in Klausur, meditieren an einem stillen Ort und hören mit dem Wiederkäuen auf. Dort geht es ihnen gut, weil sie jeweils für sich und allein an einem geschützten Ort meditieren. Aber lösen sie so ihre Konflikte? Werden beide nicht wieder zu streiten anfangen, sobald sie wieder zu Hause sind und miteinander und mit ihren Problemen konfrontiert werden?

MR Seinen Problemen ins Auge zu blicken kann ein Weg sein, den Konflikt zu befrieden, aber es ist nicht der einzige. Zum Streiten braucht es zwei Protagonisten, die sich antagonistisch gegenüberstehen. Mit einer Hand kann man nicht klatschen. Wenn eine der beiden Parteien ihren oder seinen feindseligen Geist entwaffnet, wird das erheblich dazu beitragen, den Konflikt zu entschärfen.

Paul Ekman und Robert Levenson, die unter anderem zu Konfliktlösungen forschen, haben in Berkeley ein Experiment mit uns angestellt. Ich sollte nacheinander mit zwei sehr unterschiedlichen Menschen ein kontroverses Thema diskutieren, in diesem Fall die Frage, was einen ehemaligen Biologe wie mich, der am renommierten Institut Pasteur gearbeitet hat, dazu bringt, nicht nur buddhistischer Mönch zu werden, sondern darüber hinaus auch noch an so verrückte Dinge wie etwa die Wiedergeburt zu glauben. Wir wurden mit allen möglichen Sensoren ausgestattet, die unsere Herzfrequenz, unseren Blutdruck, die Atemfrequenz und Hautleitfähigkeit, Schweißabsonderung und unsere Körperbewegungen aufzeichneten. Außerdem wurden wir auf Video aufgenommen, damit unsere Mimik später detailliert auf Mikroausdrücke hin untersucht werden konnte. Mein erster Gesprächspartner war Professor Donald Glaser, ein Nobelpreisträger in Physik, der sich dann später der Neurobiologie zuwandte – ein ausgesprochen freundlicher und aufgeschlossener Mann. Das Gespräch verlief sehr angenehm, und nach Ablauf der verabredeten zehn Minuten bedauerten wir beide, dass die Zeit schon um war. Unsere physiologischen Werte deuteten auf ein sehr ruhiges, konfliktfreies Gespräch hin. Dann kam jemand herein, der ausgewählt worden war, weil er als recht schwierig galt – was man ihm natürlich nicht gesagt hatte! Diese Person wusste, dass es darum ging, eine hitzige Debatte zu führen, und er fackelte auch nicht lange. Seine physiologischen Werte waren sofort im roten Bereich. Ich für meinen Teil bemühte mich, ruhig zu bleiben – es machte mir sogar Spaß – und möglichst freundlich vernünftige Antworten zu geben. Schon bald sanken seine Werte, und nach den zehn Minuten erklärte er den Wissenschaftlern: »Ich kann mit diesem Kerl nicht streiten. Er sagt vernünftige Sachen und lächelt die ganze Zeit.«

Was die eigenen inneren Konflikte angeht: Man erreicht nichts, wenn man die Meditation einfach als schnelle Lösung sieht, um

Emotionen oberflächlich zu besänftigen und sich an einer vorübergehenden Vertagung der Konflikte zu erfreuen. Du hast schon Recht – das sind nur kosmetische Eingriffe, die nicht zur Wurzel des Übels vordringen. Ebenso wenig funktioniert es, wenn man Probleme einfach zur Seite schiebt oder sich bemüht, starke Emotionen schlicht zu unterdrücken. Irgendwo im Hinterkopf tickt die Zeitbombe weiter.

Bei echter Meditation geht es nicht darum, einfach mal Pause zu machen oder die Augen vor einem Problem zu verschließen. Während der Meditation wendet man sich der Ursache des Problems zu. Zunächst muss man sich des destruktiven Aspekts der Zwanghaftigkeit und all der anderen negativen Geisteszustände, die du bereits erwähnt hast, bewusst werden. Destruktiv sind sie in dem Sinne, dass sie das eigene Glück und das der anderen untergraben. Um gegen sie anzutreten, bedarf es mehr als nur einer Beruhigungspille. Die kontemplative Praxis bietet da verschiedene Gegenmittel.

Ein direktes Antidot besteht in einem Geisteszustand, der genau das Gegenteil der negativen Emotion darstellt, die man überwinden möchte, so wie Hitze das Gegenteil von Kälte ist. Gunst beispielsweise ist das genaue Gegenteil von Missgunst, denn du kannst nicht ein und der derselben Person im gleichen Atemzug Gutes und Böses wünschen. Diese Art Gegenmittel neutralisiert unsere negativen Emotionen.

Nehmen wir zum Beispiel das Begehren. Es ist – da sind sich wohl alle einig – etwas ganz Natürliches und spielt eine sehr wichtige Rolle bei der Erfüllung unserer Bestrebungen. Das Begehren für sich genommen ist weder nützlich noch schädlich, alles hängt davon ab, welchen Einfluss dieses Gefühl auf uns hat. Es kann uns sowohl inspirieren als auch unser Leben vergiften. Es kann uns zu konstruktivem Verhalten animieren, aber auch erhebliches Leiden verursachen. Letzteres geschieht, wenn das Begehren mit Besitzenwollen und heftigem Verlangen einhergeht, was dazu führt, dass wir von der eigentlichen Ursache unseres Leids abhängig werden. Ist das der Fall, macht Begehren unglücklich, und es gibt keinen Grund, sich ihm weiter unterzuordnen. Hier lässt sich nun das Gegenmittel der inneren Freiheit anwenden: Du machst den Geist mit dem tröstenden und besänftigenden Zustand innerer Freiheit bekannt und erlaubst es diesem Gefühl von Freiheit, in dir Wurzeln zu schlagen und zu wachsen.

Da wir im Begehren dazu neigen, die Realität verzerrt wahrzunehmen, und den Eindruck haben, ohne das Objekt unseres Begehrens nicht mehr leben zu können, sollte man sich die Zeit nehmen, alle Aspekte des begehrten Objekts genau zu betrachten. Man wird dann erkennen, wie der Geist seine eigenen Projektionen auf dieses Objekt verschoben hat. Schließlich lässt man den Geist im Zustand reinen Gewahrseins zur Ruhe kommen, frei von Hoffnung oder Angst. Dann kann man die Frische des Augenblicks genießen, die wie Balsam für den Geist ist und das brennende Verlangen kühlt. Wenn man das wiederholt und ausdauernd übt – und genau das ist eigentlich der entscheidende Punkt –, wird sich mit der Zeit die eigene Wahrnehmung der Dinge tatsächlich verändern.

Der zweite, noch effektivere Weg, mit negativen Emotionen umzugehen, besteht darin, sich nicht länger mit ihnen zu identifizieren: Man ist nicht das Begehren, man ist nicht der Konflikt, man ist nicht die Wut. Meistens identifizieren wir uns vollkommen mit unseren Emotionen. Werden wir von Begehren, Angst oder Wut überwältigt, werden wir eins mit ihnen. Sie sind dann allgegenwärtig und lassen im Geist keinen Platz mehr für andere Zustände wie beispielsweise inneren Frieden, Geduld oder logisches Denken, die unsere Qualen lindern könnten. Das Gegenmittel besteht darin, des Begehrens oder der Wut *gewahr* zu werden, anstatt sich mit ihnen zu identifizieren. Wird dieser Teil unseres Geistes der Wut gewahr, ist er nicht mehr wütend, er ist einfach – gewahr. Mit anderen Worten: Das Gewahrsein ist von der Emotion, die es betrachtet, schlicht nicht betroffen. Diese Erkenntnis hilft einem, einen Schritt zurücktreten und zu realisieren, dass die betreffende Emotion eigentlich gar nicht besonders stabil ist. Sobald wir einen offenen Raum der inneren Freiheit schaffen, wird unser Kummer von selbst verschwinden.

So vermeiden wir zwei Extreme, die gleichermaßen ineffizient sind: unsere Emotionen zu unterdrücken, denn so büßen sie nichts von ihrer Macht ein, oder unsere Emotionen aufflammen zu lassen, und zwar auf Kosten unserer Mitmenschen und unseres inneren Friedens. Sich nicht mit seinen Emotionen zu identifizieren, ist ein ganz grundsätzliches Gegenmittel, das sich bei allen möglichen Emotionen und unter allen Umständen anwenden lässt. Am Anfang mag das keine leichte Übung sein, insbesondere in der Hitze des Gefechts, aber nach und nach, wenn man entsprechend trainiert, wird es immer leichter, die Kontrolle über den eigenen Geist zu behalten und mit den konfliktuösen Emotionen, die uns tagtäglich begegnen, umzugehen.

Liebe und Mitgefühl

WS Und wie steht es mit der Liebe, dieser übermächtigen Kraft, die Ursache für so viel Freude und Leid ist? Würde diese wunderbare Macht ebenfalls verblassen und uns als laue, leidenschaftslose Wesen zurücklassen?

MR Ganz und gar nicht. Es gibt keinen Grund, warum die konstruktiven Aspekte der Liebe – zumindest die altruistische Liebe und das, was die Psychologin Barbara Fredrickson die »positive Resonanz« zwischen Personen nennt – verschwinden sollten. Tatsächlich wird sie sogar stärker, umfassender und erfüllender, wenn der Geist die Dinge nicht mehr verzerrt wahrnimmt.

Die romantische Liebe enthält häufig eine starke Komponente von Besitzenwollen und Egoismus, die meist zu einer Quelle von Leid wird. Bei dieser Form der Liebe geht es nicht selten um Eigenliebe unter dem Deckmantel der Liebe zu jemand anderem. Um zu einer Quelle beiderseitigen Glücks zu werden, muss echte Liebe altruistisch sein, was aber keineswegs heißt, dass man davon nicht auch selbst profitiert. Altruistische Liebe ist eine Win-win-Situation, selbstsüchtige Liebe hingegen verwandelt sich sehr bald in eine Lose-lose-Situation.

WS Kann man die besitzergreifende Komponente gezielt von der Liebe trennen?

MR Ja, denn dieser Aspekt des Liebens wird sehr häufig als konfliktuös und quälend erlebt und ihn loszulassen als eine Erleichterung. Loslassen bereitet auch Freude. Besitzenwollen bedeutet: »Ich liebe dich, wenn du mich so liebst, wie *ich* es will.« Das ist eine sehr ungemütliche Situation: Wie kann man von einem Menschen verlangen, so zu sein, wie man selbst es will? Es ist unvernünftig und unfair. Altruistische Liebe und Mitgefühl hingegen kann man für jeden einzelnen und sogar für alle Menschen zugleich empfinden.

WS Wie sieht es dann mit dem Objektbezug aus?

MR Nur weil ein umfassender Altruismus universeller Natur ist, heißt das nicht, dass es sich um ein vages, abstraktes Gefühl handelt, das mit der Realität nichts mehr zu tun hat. Der Altruismus sollte spontan und pragmatisch auf alle fühlenden Wesen angewandt werden, mit denen wir auf irgendeine Weise zu tun haben. Er kann sich aber auch intensiver auf diejenigen Menschen konzentrieren, die uns nahestehen. Die Sonne scheint zwar mit derselben Kraft und Wärme auf uns alle. Aber in unserem Leben gibt es Menschen – unsere Familie und unsere Freunde –, die nun einmal näher dran sind an der Sonne unserer Sorge, unserer Liebe und unseres Mitgefühls und daher automatisch mehr Licht und Wärme abbekommen. Das bedeutet aber nicht, dass diese Sonne des Mitgefühls ihre Strahlen *ausschließlich auf sie* richtet, so dass alle anderen im Dunkeln bleiben müssen.

WS Wie unterscheidet sich das von den Träumen der Hippies in den 1960er-Jahren – Träume, die den Kontakt mit der Realität ja nicht überlebt haben? Sie basierten auf ähnlichen Prämissen: Liebe jeden, zeige allen dein Mitgefühl, dann wird jeder glücklich sein. Das hat nicht funktioniert. Die jungen Leute sind zu Hause ausgezogen, haben ihre Familie verlassen, nur um sich direkt neuen Familien anzuschließen, den Kommunen. Eine Phase des Alleinlebens gab es nicht und damit auch nicht die Möglichkeit, sich abzulösen und reifer zu werden. Aber dieser Weg galt damals als angezeigt, um den Egoismus loszuwerden, indem man

Liebe, Zuneigung, Verantwortung und materielle Güter teilte. Würden buddhistische Gesellschaften diese Idee unterschreiben?

MR Ich weiß nicht, was die Hippies wirklich vorhatten. Als ich davon sprach, mehr und mehr Menschen mit der eigenen Liebe zu beglücken, meinte ich damit natürlich nicht, so promiskuitiv wie möglich zu leben. Mir ging es um altruistische Liebe und Mitgefühl, und das ist ja schließlich etwas ganz anderes, nicht wahr? Die umfassende altruistische Liebe im Sinne des Buddhismus bedeutet jedenfalls nicht, seine eigenen Kinder zu vernachlässigen. Das Beispiel mit der Sonne ist schon treffend: Man liebt die Menschen, die einem nahestehen und für die man Verantwortung trägt, ganz und gar, und doch bleibt man offen, um diesen Altruismus auch anderen Menschen, denen man begegnet, zugutekommen zu lassen. Das hat nicht viel mit dem Verfall persönlicher Beziehungen zu tun, und ebenso wenig mit sexueller Promiskuität, die wahrscheinlich nur zu mehr Verwirrung und Besitzenwollen führt. Bedingungsloser Altruismus ist ein Zustand des Wohlwollens gegenüber allen fühlenden Wesen, ein Bewusstseinszustand, in dem der Hass keinen Platz hat.

WS Es ist ein charakteristisches Merkmal der Liebe, dass es schmerzt, wenn der oder die Geliebte abwesend ist oder sich gar von einem getrennt hat. Schönes stimmt dann manchmal besonders traurig, weil man es nicht teilen kann. Ist die Haltung, von der du sprichst, nicht in hohem Maße solipsistisch?

MR Nicht nur, wenn wir eine schöne Landschaft sehen, sollten wir uns wünschen, andere wären bei uns. Das Gleiche gilt auch, wenn wir tiefe innere Freude und Gelassenheit spüren. Womit wir wieder bei der Haltung des *bodhisattva* sind: »Möge ich mich verwandeln und Erleuchtung erlangen, damit ich alle Wesen vom Leid befreien kann.« Das ist ein viel umfassenderer und tieferer Wunsch als der, mit einem geliebten Menschen einen schönen Sonnenuntergang betrachten zu wollen.

WS Das klingt natürlich vernünftig, großherzig und reif. Aber ist es auch menschenmöglich? Der Mensch ist auf einzigartige Weise in der Lage, zu anderen enge Bindungen aufzubauen, und wenn diese zu stark belastet werden oder gar reißen, leidet er. Das scheint ein tief verwurzelter Charakterzug zu sein. Wenn ich dir so zuhöre, bekomme ich den Eindruck, als ginge es dir um ein Verfahren, das eine gewisse Art von Distanziertheit hervorbringen soll. Gewiss, Leid kann dadurch verringert, negative Emotionen, etwa Hass, Rache, Neid, Habgier, Eifersucht oder Aggression, können dadurch gedämpft werden. Aber kommen damit nicht auch all die anderen sehr starken, kostbaren und ja auch ganz wunderbaren Gefühle, die mit den Höhen und Tiefen des Lebens einhergehen, irgendwie unter die Räder? Glaubst du wirklich, dass wir unser Mitgefühl weit über unsere persönlichen Beziehungen hinaus ausdehnen können? Schließlich wurden unsere kognitiven Fähigkeiten und emotionalen Kompetenzen im Zuge der Evolution für die soziale Interaktion in Kleingruppen selektiert, deren Mitglieder sich persönlich kennen. Es gab keinen Selektionsdruck für die Entwicklung der Fähigkeit, Mitgefühl für Unbekannte zu entwickeln. So stellt sich doch die Frage: Tauschst du nicht Gleichmut gegen Intensität ein?

Die Freude inneren Friedens

MR Das glaube ich nicht. Inneren Frieden und Gleichmut zu spüren bedeutet nicht, die Dinge nicht in ihrer ganzen Tiefe und ihrem ganzen Reichtum wahrzunehmen. Auch die Qualität der eigenen Liebe, der Zuneigung und lebendigen Offenheit anderen gegenüber oder der Freude wird dadurch nicht zwangsläufig geschmälert. Tatsächlich kann man den anderen und der Welt viel präsenter begegnen, weil man in der Frische des Augenblicks lebt, anstatt sich von anderen Gedanken davontragen zu lassen. Die »Höhen und Tiefen«, von denen du sprichst, sind wie die Meeresoberfläche: manchmal aufgewühlt, manchmal spiegelglatt. Verstärkt werden die Auswirkungen dieser Höhen und Tiefen in Ufernähe, da, wo es sehr flach ist: Du surfst euphorisch auf einer Welle, aber schon im nächsten Moment stößt du auf sandigen oder felsigen Grund, und das tut weh. Auf hoher See jedoch, wo der Meeresboden viele tausend Meter unter dir liegt, spielt es keine Rolle, ob riesige Wellen toben oder das Meer glatt ist wie ein Spiegel – die Tiefe des Ozeans ist stets da. Was ich damit sagen will: Du wirst nach wie vor Freude und Leid erleben, nun aber im Kontext eines wesentlich tieferen und weiteren Geistes. Vielleicht erinnerst du dich: Forschungen in der Psychologie und den Neurowissenschaften haben ergeben, dass Zustände wie das bedingungslose Mitgefühl und die altruistische Liebe anscheinend die positivsten aller positiven Emotionen sind. Von den verschiedenen meditativen Zuständen löst die Mitgefühlsmeditation die stärkste Aktivität aus, und Forscherinnen und Forscher, die sich mit der Positiven Psychologie beschäftigen, zum Beispiel Barbara Fredrickson, sind zu dem Schluss gekommen, dass Liebe das »höchste Gefühl«[2] ist …

WS … und blind macht …

MR Mehr als alle anderen mentalen Zustände sorgt sie dafür, dass wir unseren Geist öffnen, dass wir umsichtiger agieren, mehr auf andere eingehen sowie flexibler und kreativer denken und handeln. Liebe verursacht eine »Aufwärtsspirale« konstruktiver mentaler Zustände, sie macht uns stärker, so dass wir negative Erlebnisse besser bewältigen können. Diese Zustände sind also alles andere als langweilig oder indifferent.

Harmonische Beziehungen bieten eine wunderbare Gelegenheit, das auf Gegenseitigkeit beruhende Gefühl von liebender Güte zu steigern. Aber dazu ist es nötig, sich eine innere Tiefe zu erarbeiten, damit diese Liebe mehr ist als der Zustand, hingerissen zu sein von einer Person und dem Gefühl des Verliebtseins. Dank der Evolution können wir für eine Person, die uns etwas bedeutet, Liebe empfinden. Die elterliche Liebe zum Kind und insbesondere die Mutterliebe sind hierfür ein Beispiel. Wir können dieses Vermögen jedoch als Grundlage nutzen, um den Kreis der Liebe immer weiter zu vergrößern.

Vorhin bist du auf ein spezielles Problem zu sprechen gekommen, das in Nahbeziehungen auftreten und äußerst schmerzhaft sein kann. Wer aber übersprudelt vor Liebe zu allen Lebewesen, für den wird der plötzliche Verlust eines geliebten Menschen weniger zerstörerisch sein, denn dann gibt es noch reichlich Liebe in seinem oder ihrem Herzen, die gegenüber anderen Menschen zum Ausdruck gebracht werden kann.

Wenn es zu solch einem quälenden Verlust kommt, sollte man genauer hinsehen. Rührt der Schmerz daher, dass die selbstbezogene Liebe erschüttert worden ist? Hindert er dich daran, anderen Liebe zu geben und sie von ihnen zu empfangen? In Wahrheit kann man umso besser auf eigenen Füßen stehen, und zwar auf eine liebende, nichtegoistische Weise, je größer der innere Frieden und die eigene Zufriedenheit sind.

WS Weniger leidensanfällig zu sein, ist also nicht nur Mönchen im Kloster vorbehalten?

MR Dann wäre es mit der inneren Stärke ja nicht weit her! Das Potenzial dafür steckt in jedem Menschen. Weniger verletzlich zu sein resultiert aus einem echten Verständnis davon, wie der Geist funktioniert, und aus der Kultivierung von Mitgefühl und innerer Zufriedenheit. Wir alle haben das Potenzial dazu.

WS Vielleicht sollte man den Menschen verordnen, zwei Jahre zu meditieren, bevor sie heiraten.

MR Brillante Idee! Menschen sollten eigentlich immer meditieren, gleichgültig, welchen Weg sie im Leben einschlagen. Paul Ekman sagte einmal, dass es in jeder Stadt ein »Mitgefühl-Center« geben sollte. Es gibt wirklich viele Wege, unser Potenzial auszuschöpfen, indem wir unsere grundlegenden menschlichen Qualitäten durch geistige Übung verbessern.

Einer meiner Lehrer erklärte mir, dass man furchtlos werden muss, um bedingungsloses Mitgefühl verspüren zu können. Egozentriker sind häufig auch unsichere Menschen und fühlen sich von allem Möglichen um sie herum bedroht. Kümmerst du dich hingegen hauptsächlich um andere und bist nicht von dir selbst besessen – warum solltest du dann noch Angst haben? Diese Kompetenz könnte in der Schule als Teil der säkularen Erziehung zur emotionalen Balance und seelischen Stärke unterrichtet werden. Aber dafür bräuchte man Lehrer, die sich ihrerseits mit der Funktionsweise von Emotionen auskennen.

WS Viele von uns leiden exakt unter diesem Problem. Es gibt irgendeinen inneren Konflikt, der uns belastet, und dann gehen wir zur Arbeit und lenken uns davon ab, indem wir uns auf andere, akute Probleme konzentrieren. Wir unterdrücken unsere Gefühle, und alles läuft gut, bis das Unvermeidliche passiert und die eigentlichen Probleme durch die Hintertür wieder hereinkommen. Nun müssen wir noch mehr Energie aufwenden, um sie erneut zu kaschieren und mit ihnen fertig zu werden. Würden wir hingegen von Anfang an Zeit und Mühe investieren, um das Wesen dieser Schatten zu erkennen, könnten wir diesen Teufelskreis offenkundig durchbrechen.

Den Geist beobachten, den Geist trainieren

MR Ich glaube, die Methode der kognitiven Therapie kommt dem ziemlich nahe. Das erinnert mich an ein Gespräch mit Aaron Beck, dem Begründer der kognitiven Verhaltenstherapie. Er war ganz überrascht von den Parallelen zwischen seinem und dem buddhistischen Ansatz.[3]

An erster Stelle steht bei beiden die Beseitigung der »fünf grundsätzlichen geistigen Leiden« – Besitzenwollen, Wut, Feindschaft, Arroganz, und geistige Verwirrung. Sie müssen nach und nach ersetzt werden durch Gelassenheit, Mitleid und innere Freiheit. Zweitens sah er auch Übereinstimmungen bei der Anwendung der Prozeduren und Techniken der Meditation, deren Ziel es ist, die mentalen Konstrukte aufzulösen, die zu den negativen Emotionen führen, insbesondere die unbedingte Selbstbezogenheit.

Eines der Ziele der kognitiven Therapien besteht darin, sich die mentalen Konstrukte und Übertreibungen bewusst zu machen, die wir bestimmten Ereignissen und Situationen überstülpen. Außerdem geht es wie im Buddhismus darum, die Leute davon abzubringen, ihre eigenen Wünsche und Ziele für das Wichtigste, ja manchmal für das einzig Wichtige zu halten, zum Nachteil ihrer Mitmenschen und häufiger noch ihres eigenen Wohlergehens und ihrer geistigen Gesundheit. Beck geht davon aus, dass insbesondere psychotische Störungen von einer Intensivierung der Ichbezogenheit zeugen: Die Betroffenen reden nur über sich, und es geht ihnen einzig und allein um die Befriedigung ihrer Bedürfnisse und Wünsche. Auch »normale« Menschen zeigen häufig eine Art von Selbstbezogenheit, jedoch subtiler und in geringerem Ausmaß. Sowohl die kognitive Verhaltenstherapie als auch der Buddhismus versuchen, diese Tendenzen zu mildern.

Eigentlich geht es darum, die in unserem Geist aufsteigenden Gedanken und Gefühle zu identifizieren und geschickt aufzulösen. Viele Dinge, die uns nicht loslassen, sind Überlagerungen der Realität, mentale Konstrukte, die wir eigentlich leicht dekonstruieren können. Wir müssen besser darin werden, all die Nuancen dessen zu erkennen, was wirklich in unserem Geist passiert, und auch besser darin, uns nicht länger von unseren eigenen Gedanken versklaven zu lassen. So lässt sich innere Freiheit erlangen.

Wir treiben viel Aufwand, um unsere äußeren Lebensbedingungen zu verbessern, aber am Ende ist es immer der Geist, der die Welt erlebt und diese äußeren Bedingungen entweder in Wohlbefinden oder in Leid übersetzt. Schaffen wir es, unsere Wahrnehmung der Dinge zu transformieren, verändern wir damit gleichzeitig unsere Lebensqualität. Häufig ist der normale Geist verwirrt, aufgeregt, rebellisch und zahllosen automatisch ablaufenden Gedankenmustern unterworfen. Ziel ist es nicht, den Geist herunterzufahren und ihn gewissermaßen in ein Gemüse zu verwandeln, sondern ihn stattdessen frei, klar und ausgeglichen zu machen.

WS Da stimme ich dir zu, aber ich möchte betonen, dass viele Wege zu diesem Ziel führen könnten. In verschiedenen Kulturen gibt es unterschiedliche Ansätze dazu, vom sokratischen Dialog über das Wesen der Dinge und die Conditio humana weiter zu einer Vielzahl spiritueller Praktiken, die meist zu einem religiösen System gehören, bis hin zu humanistischen Haltungen, die auf den Idealen der Aufklärung basieren, eigenständigen pädagogischen Ansätzen und schließlich auch therapeutischen Maßnahmen. Wäre es nicht der Mühe wert, die effizientesten und praktikabelsten Strategien zu identifizieren?

MR Natürlich kann man dieses Ziel auf unterschiedlichen Wegen erreichen. Allein im Buddhismus ist die Rede von 84 000 Toren zum Pfad der Befreiung. Wichtig ist, welche Methode bei dir funktioniert, welche deinen Denkweisen, Lebensumständen und Fähigkeiten entspricht. Wenn man eine verschlossene Tür öffnen möchte, braucht man den richtigen Schlüssel. Es ist sinnlos, den goldenen Schlüssel zu nehmen, wenn es der alte rostige ist, der ins Schloss passt.

WS Soweit ich sehe, besteht die effizienteste bisher gefundene Strategie darin, die Menschenrechte in modernen demokratischen Verfassungen zu verankern und den Verstoß gegen soziale Normen zu sanktionieren. Das geht Hand in Hand mit der Entwicklung politischer und wirtschaftlicher Systeme, die die Freiheit des Einzelnen schützen und so gut es geht für Gleichheit sorgen. Um eine maximale Wirkung zu erzielen, sollten diese Maßnahmen natürlich mit einer Transformation der Individuen einhergehen, die in diesem System leben. Werden die Leiden verursachenden äußeren Umstände gemildert, und sorgen die sozialen und staatlichen Strukturen dafür, dass Mitgefühl, Altruismus, Gerechtigkeit und Verantwortung Anerkennung finden und belohnt werden, steigt die Wahrscheinlichkeit, dass Menschen diese Eigenschaften an den Tag legen. Hierfür gibt es inzwischen empirische Belege. Menschen, die in korrupten Systemen leben, sind unabhängig von ihrem sozialen Status weniger bereit, sich fair und empathisch zu verhalten, als die Mitglieder von Gemeinschaften, in denen es »gerechter« zugeht. Genetische Unterschiede konnten dabei übrigens ausgeschlossen werden.

MR Individuen werden von der Gesellschaft und ihren Institutionen beeinflusst und geprägt, aber umgekehrt kann der Einzelne auch die Gesellschaft und die Institutionen weiterbringen. Diese Interaktion findet von Generation zu Generation statt, so dass sich Kultur und Individuum fortwährend gegenseitig formen. Kulturelle Evolution übt ihren Einfluss sowohl auf moralische Werte aus – bestimmte Werte sind geeigneter als andere, um von einer Person an die nächste weitergegeben zu werden – als auch auf Überzeugungen im Allgemeinen, insofern bestimmte Überzeugungen die Überlebenschancen von Menschen erhöhen. Wenn wir darauf hinwirken wollen, dass sich eine fürsorglichere und menschlichere Gesellschaft entwickelt, müssen wir berücksichtigen, wie stark sich beide – Individuum und Gesellschaft – ändern lassen. Hätte der Mensch nicht die Fähigkeit, sich selbst weiterzuentwickeln, wäre es angezeigt, sich ganz auf die Transformation der Institutionen und der Gesellschaft zu konzentrieren. Dann wäre es in der Tat Zeitverschwendung, sich mit einer individuellen Fortentwicklung zu beschäftigen. Aber die Erfahrungen von Meditierenden auf der einen Seite und die Forschungen zur Neuroplastizität und Epigenetik auf der anderen zeigen: Der Mensch *kann* sich ändern.

WS Natürlich kann er das. Sonst könnten wir uns die Versuche sparen, durch Bildung und Erziehung Charaktereigenschaften zu fördern, die individuelles Leid minimieren und friedliche Gesellschaften stabilisieren. Der Einfluss von Bildung ist ja genauso unbestritten wie der Wert der Haltungen, die man deiner Ansicht nach durch kontemplative Übungen erlangt. Man sollte einmal in Erfahrung bringen, ob aktuelle Forschungsergebnisse zeigen, dass die Meditation tatsächlich die transformativen Kräfte hat, die du ihr zuschreibst. Dann müsste gelten, dass Gesellschaften, in denen kontemplative Methoden weit verbreitet sind, friedlicher sind und ihren Mitgliedern weniger Leid zufügen als diejenigen, in denen solche Praktiken nicht oder nur selten ausgeübt werden.

3
Woher wissen wir, was wir wissen, und welche Realität nehmen wir wahr?

Haben wir einen direkten Zugang zur Wirklichkeit? Nein, sagen Neurowissenschaftler und der buddhistische Denker, jedenfalls nicht auf der Ebene unserer gewöhnlichen Wahrnehmung: Wir hören niemals auf, Sinnesdaten zu interpretieren und »unsere« Realität zu konstruieren. Was sind die Vorteile, was die Nachteile dieser Interpretation? Ist es möglich, mittels einer experimentellen und intellektuellen Untersuchung Licht auf das wahre Wesen der Dinge zu werfen? Wie erlangen wir Wissen? Gibt es eine objektive Realität unabhängig von unseren Wahrnehmungen? Die (Innen-) Perspektive der ersten Person wird unterschieden von den (Außen-)Perspektiven der zweiten und der dritten Person. Können wir unser inneres Auge durch Introspektion perfektionieren und damit unsere Realitätsverzerrungen korrigieren sowie die Ursachen von Leiden beseitigen?

WS Unsere beiden Traditionen, die kontemplative und die naturwissenschaftliche, beschäftigten sich intensiv mit faszinierenden erkenntnistheoretischen Fragen. Das sind Fragen danach, wie wir Wissen über die Welt erlangen, wie zuverlässig dieses Wissen ist und ob unsere Wahrnehmung die Realität so wiedergibt, wie sie ist, oder ob wir nur die Ergebnisse von Interpretationen wahrnehmen. Ist es überhaupt möglich, das »wahre« Wesen der Dinge, die uns umgeben, zu erkennen, oder ist uns nur deren Erscheinung zugänglich? Wir können uns auf zwei verschiedene Quellen von Erkenntnis berufen. Die grundlegende und wichtigste Quelle ist unsere subjektive Erfahrung, die auf Introspektion und der Wahrnehmung der umgebenden Welt beruht. Die zweite Quelle ist die Wissenschaft, die versucht, die Welt und uns dadurch zu verstehen, dass sie unsere Sinne durch Instrumente erweitert, aus

Beobachtungen Hypothesen ableitet, Modelle entwickelt, aus diesen Voraussagen ableitet, welche sie dann durch Experimente überprüft. Allerdings sind beide Erkenntnisquellen durch die kognitiven Fähigkeiten unseres Gehirns begrenzt, denn diese legen fest, was wir wahrnehmen, was wir uns vorstellen können und wie wir schlussfolgern. Und eben wegen dieser Beschränkungen wissen wir nicht, wo die Grenzen unserer Erkenntnisfähigkeit liegen; wir können lediglich feststellen, dass es sie aller Wahrscheinlichkeit nach gibt.

Lass mich einige Beispiele anführen, die veranschaulichen, dass dieser Schluss unausweichlich ist. Wie jedes andere Organ und der menschliche Organismus insgesamt ist auch das Gehirn das Produkt eines evolutionären Prozesses. Auch das Gehirn ist also das Produkt jenes ungerichteten evolutionären Spiels, das durch die Erzeugung von Vielfalt und Selektion Lebewesen hervorgebracht hat, die fürs Überleben und die Fortpflanzung optimiert sind. Folglich sind die Organismen an die Welt, in der sie entstanden sind, angepasst. Leben hat sich nur in einem sehr kleinen Segment der Welt, wie wir sie kennen, entwickelt – nennen wir ihn den mesoskopischen Bereich, in Abgrenzung zu subatomaren und kosmischen Dimensionen. Die kleinsten Organismen, die in der Lage sind, ihre strukturelle Integrität autonom zu erhalten und sich fortzupflanzen, bestehen aus Ansammlungen von interagierenden Molekülen, die von einer Membran umschlossen sind und nur einige wenige Mikrometer groß sind. Ein Beispiel dafür sind Bakterien. Hingegen erreichen Mehrzeller, Pflanzen und Tiere Größen, die sich in Metern bemessen lassen. All diese Lebewesen haben Sensoren entwickelt, um Signale empfangen zu können, die für das Überleben und die Fortpflanzung entscheidend sind. Entsprechend reagieren diese Sensoren nur auf einen sehr kleinen Ausschnitt der im Prinzip verfügbaren Signale. Die Algorithmen für die Auswertung der empfangenen Signale haben sich an die speziellen Bedürfnisse der jeweiligen Organismen angepasst. Deshalb sind die kognitiven Funktionen von Lebewesen hochspezifisch und auf einen sehr speziellen, engen Bereich ihrer Umgebung beschränkt. Für uns Menschen ist dies die Welt, die wir unmittelbar mit unseren fünf Sinnen erfassen können und die wir für gewöhnlich mit der »normalen Welt« gleichsetzen. Es ist auch die Welt, in der die Gesetze der klassischen Physik vorherrschen, was wahrscheinlich der Grund dafür ist, dass diese Gesetze vor denen der Quantenphysik entdeckt worden sind. An diesen Weltausschnitt wurden die Funktionen unserer Sinnessysteme und die Verarbeitungsstrategien unseres Nervensystems angepasst. Unsere Sinne definieren die Wahrnehmungskategorien, und unser Verstand liefert uns plausible und nützliche Interpretationen über die Eigenschaften der Dinge und die Gesetze, die deren Interaktionen bestimmen.

Aus diesen Überlegungen folgt, dass unsere kognitiven Systeme vermutlich nicht dafür ausgelegt sind, das wahre Wesen der wahrgenommenen Phänomene im Kantschen Sinne zu enträtseln. Immanuel Kant hat bekanntlich zwischen dem hypothetischen »Ding an sich« – der Essenz eines Objekts der Erkenntnis, die sich auf nichts weiter reduzieren lässt – und der phänomenologischen Erscheinung dieses Objekts, die unseren Sinnen zugänglich ist, unterschieden. Unsere Sinnesorgane und die neuronalen Strukturen, die deren Signale verarbeiten, haben sich entwickelt, um die Informationen zu empfangen und zu bewerten, die für das Überleben und die Reproduktion bedeutsam sind. Die Aufgabe des Gehirns ist es, aus diesen Informationen ein internes Modell der Welt zu erstellen und aus diesem Verhaltensreaktionen abzuleiten, welche die strukturelle und funktionelle Integrität des Organismus sichern. Hierbei dominieren pragmatische Heuristiken. Objektive Wahrnehmung, verstanden als Fähigkeit, das hypothetische »Ding an sich« zu erkennen, ist nie ein Selektionskriterium gewesen. Heute wissen wir, dass wir nur einen sehr kleinen Ausschnitt der physikalischen und chemischen Welt wahrnehmen können. Diese wenigen Signale nutzen wir, um unsere Wahrnehmungen zu strukturieren, und unsere naive Intuition sagt uns, dass diese Signale uns eine umfassende und kohärente Weltsicht bieten. Wir vertrauen unseren kognitiven Fähigkeiten; wir können gar nicht anders, als unsere Wahrnehmungen als getreues Abbild der Realität aufzufassen. Mit anderen Worten: Unsere primären Wahrnehmungen, ob sie auf Introspektion oder auf Sinneserfahrung beruhen, erscheinen uns als evident, als nicht hinterfragbar. Sie haben den Status von Überzeugungen.

MR Wir glauben, die Realität so zu erfahren, wie sie ist, ohne zu realisieren, wie sehr wir sie interpretieren und dabei auch verzerren. In der Tat gibt es eine Kluft zwischen der Art und Weise, wie die Dinge erscheinen, und der, wie sie sind.

WS Richtig. Es gibt zahlreiche Beispiele für die selektive Anpassung unserer Kognition an lebenswichtige Phänomene. Dazu gehört etwa unsere Unfähigkeit, ein unmittelbares Verständnis für die in der Quantenphysik postulierten Phänomene zu entwickeln. Wie es in diesem Mikrokosmos aussieht, können wir uns nur sehr schwer vorstellen. Dasselbe gilt für die Dimensionen des Universums und die extrem nichtlinearen Dynamiken komplexer Systeme. Weder unsere Sensorik noch unser Erkenntnisvermögen wurden im Laufe der Evolution daraufhin ausgelegt, diese Aspekte der Welt erfassen zu können. Das hat schlicht damit zu tun, dass diese Aspekte zu der Zeit, als unsere kognitiven Fähigkeiten entstanden, fürs Überleben irrelevant waren.

MR Beispielsweise ist es recht schwierig, sich etwas vorzustellen, das sich entweder als nicht genau lokalisierte Welle oder aber als Teilchen, das seinen festen Ort hat, zeigt – je nachdem, wie man die Sache betrachtet.

WS Außerdem fällt es uns schwer, uns Dinge in kosmologischen Größenordnungen vorzustellen. Nehmen wir die Relativitätstheorie: Die Idee, dass die Koordinaten von Raum und Zeit ineinandergreifen und relativ sind, widerspricht unserer Primärerfahrung, denn in der mesoskopischen Welt, unserer Lebenswelt, erfahren wir Raum und Zeit als unterschiedliche und voneinander getrennte Dimensionen. Allerdings ist es interessant, dass wir dennoch Dimensionen der Welt erforschen können, die sich weder durch Introspektion noch durch die Primärwahrnehmung erfassen lassen, indem wir unsere Sinnesorgane durch Instrumente – Teleskope und Mikroskope – erweitern und unsere kognitiven Leistungen mit den analytischen und induktiven Werkzeugen unserer Vernunft ergänzen. Wir ziehen Schlüsse aus diesen Modellen und leiten Vorhersagen aus ihnen ab, die dann durch Experimente validiert werden müssen. Jedoch geschieht all dies im geschlossenen System wissenschaftlichen Denkens. Und es gibt keine Garantie dafür, dass die auf diese Weise erlangten Einsichten unwiderlegbar sind.

MR Aber hier beziehst du dich nur auf ein Realitätsverständnis, das auf unseren normalen Sinneswahrnehmungen basiert. Spricht man im Buddhismus von der »Realität, wie sie ist«, bezieht man sich nicht bloß auf die Wahrnehmung, sondern auf eine logische Analyse des letztendlichen Wesens der Wirklichkeit. Fragt man sich, ob die Realität aus autonomen, unabhängig existierender Entitäten besteht und führt dann eine geeignete logische Untersuchung durch, wird man zu dem Schluss kommen, dass das, was getrennte Entitäten zu sein scheinen, vielmehr eine Reihe voneinander abhängiger Phänomene ohne autonome intrinsische Existenz ist. Doch selbst wenn man das mit dem Verstand begriffen hat, bedeutet das nicht, dass die eigenen *Sinne* die äußeren Phänomene verzerrungsfrei als das wahrnehmen, was sie sind. Tatsächlich sagt Buddha:

> Augen, Ohren und Nase liefern keine gültige Erkenntnis.
> Genauso wenig liefern die Zunge und der Körper gültige Erkenntnis.
> Wenn die Sinne gültige Erkenntnis liefern könnten,
> wem wäre der subtile Pfad dann noch von Nutzen?[1]

Der »subtile Pfad« bezieht sich hier auf die angemessene Untersuchung des ultimativen Wesens der Realität.

WS Bevor ich zu diesen tiefen, durch Kontemplation gewonnenen Einsichten Stellung nehme, würde ich gerne noch einige Bemerkungen über die Evolution unseres kognitiven Systems machen, insbesondere was den Übergang von der biologischen zur kulturellen Evolution betrifft. Unsere grundlegenden kognitiven Fähigkeiten wurden ursprünglich selektiert, um unseren Vorfahren dabei zu helfen, mit den Bedingungen einer vorsozialen Welt umzugehen. In den späten Stadien der biologischen Evolution kam es dann aller Wahrscheinlichkeit nach zu einer Koevolution unseres sozialen Umfelds und unserer Gehirne, die unser Gehirn mit bestimmten sozialen Kompetenzen ausstattete, etwa der Fähigkeit, soziale Signale wahrzunehmen, auszusenden und zu interpretieren. Diese Kompetenzen wurden später fortentwickelt und wesentlich durch die Möglichkeit zu epigenetischen Modifikationen erweitert, die im Laufe der Entwicklung des Individuums die Architektur des Gehirns durch Erfahrung und Lernen nachhaltig prägen und verändern.

MR *Epigenetik* bezieht sich auf die Tatsache, dass wir zwar einen Satz von Genen erben, aber wie diese Gene in den einzelnen Zellen übersetzt werden, wird durch Einflüsse moduliert, die auf uns im Laufe unseres Lebens einwirken. Diese können von außen kommen: Haben wir als Kind viel Zuneigung erfahren oder sind wir misshandelt worden? – aber eben auch von innen: Verspüren wir eine starke Unruhe oder ein Gefühl inneren Friedens? Einige dieser Modifikationen können sogar *in utero* ablaufen. Werden trächtige Ratten chronischem Stress ausgesetzt, zeigen ihre Jungen veränderte Stressreaktionen und reagieren sensibler auf Belastungen als die Nachkommen nichtgestresster Muttertiere. Der Grund dafür liegt in der epigenetischen Modifikation von Genen, die für die Bildung der stressregulierenden neuronalen Netzwerke zuständig sind. Aktuelle Untersuchungen belegen, dass Meditation einen signifikanten Einfluss auf die Expression einer Reihe von Genen ausübt, darunter einige, die mit der Stressregulierung in Verbindung gebracht werden.[2]

WS Ja, diese zusätzlichen Modifikationen von Gehirnfunktionen werden durch Prägungs- und Lernprozesse verursacht und dienen als wichtige Tradierungsmechanismen in der soziokulturellen Evolution. Daher ist unser Gehirn ein Produkt sowohl der biologischen als auch der sozialen Evolution und existiert sozusagen in beiden Welten. All die Realitäten, die wir als immaterielle Entitäten, als psychologische, mentale und spirituelle Phänomene bezeichnen, sind durch die kulturelle Evolution entstanden. Diese Phänomene resultieren aus den speziellen kognitiven Fähigkeiten des Menschen, die es uns erlauben, soziale Realitäten, zum Beispiel Glaubens- und Wertesysteme, zu erschaffen und das zu konzeptualisieren, was wir in uns und bei anderen beobachten – Gefühle, Emotionen, Überzeugungen und Einstellungen. Wenn all diese Phänomene sich also sozialen Interaktionen verdanken, das heißt, aus den Interaktionen kognitiver Akteure hervorgegangen sind – eine Annahme, die mir höchst plausibel erscheint –, dann hätten sie zwar einen anderen ontologischen Status als die Gehirne, die sie hervorgebracht haben, aber unsere Beurteilung ihrer »Realität« unterläge dennoch den bereits erwähnten Begrenzungen unserer Erkenntnisfähigkeit. Daher muss man die Möglichkeit in Erwägung ziehen, dass nicht nur unsere Wahrnehmungen, Motivationen und Verhaltensweisen, sondern auch unsere Art, logisch zu denken und Schlüsse zu ziehen, an die besonderen und eben auch sozialen Bedingungen der Welt, in der wir uns entwickelten, angepasst sind. Und das ist eben auch die Welt der sozialen Realitäten, wie sie die kulturelle Evolution hervorgebracht hat.

Wie erlangen wir Wissen?

MR Rufen wir uns ins Gedächtnis, dass die Epistemologie die Theorie der Erkenntnis ist, also diejenige philosophische Disziplin, welche die Methoden untersucht, die zu Wissen führen, und die gültige Erkenntnisse von bloßen Meinungen und naiven Wahrnehmungen unterscheidet.

WS Aus neurobiologischer Perspektive ist die Unterscheidung von »gültiger Erkenntnis« und »naiver Wahrnehmung« nicht unmittelbar einsichtig. Wir sehen Wahrnehmen und Erkennen immer als einen aktiven, konstruktiven Prozess an, bei dem das Gehirn sein A-priori-Wissen über die Welt nutzt, um die Signale der Sinnesorgane zu interpretieren. Das Gehirn verfügt über einen riesigen Schatz von Wissen über die Welt. Im Gegensatz zum Computer – der aus separaten Komponenten für die Speicherung von Programmen und Daten und für die Ausführung der Rechenleistung besteht – sind all diese Funktionen im Gehirn in der funktionellen Architektur der Neuronennetzwerke verankert und durch sie bestimmt. Mit »funktioneller Architektur« meine ich die Art und Weise, wie die Neuronen miteinander verbunden sind: welche Neuronen miteinander verknüpft sind, ob diese Verbindungen hemmend oder erregend sind und ob ihre Wirkung stark oder schwach ist. Lernt ein Gehirn etwas Neues, hat dies eine Veränderung seiner funktionellen Architektur zur Folge: Bestimmte Verbindungen werden verstärkt, andere geschwächt. Folglich liegt all das Wissen, über das ein Gehirn verfügt, in dieser spezifischen Ausprägung seiner funktionellen Architektur. Das Gleiche gilt für all die Programme, die zur Interpretation der Sinnessignale und zur Strukturierung von Verhalten genutzt werden. Die Suche nach den Quellen des Wissens ist daher auf die Identifikation derjenigen Faktoren reduzierbar, welche die funktionelle Architektur des Gehirns festlegen und modifizieren.

Im Wesentlichen sind dies drei Prozesse. Der erste und sicherlich nicht unwichtigste ist die Evolution, da ein erheblicher Teil der funktionellen Architektur des Gehirns von den Genen bestimmt wird. Dieses Wissen, das hauptsächlich die Bedingungen einer vorkulturellen Welt betrifft und durch evolutionäre Anpassung gewonnen wurde, liegt in den Genen gespeichert und bestimmt die grundlegenden Eigenschaften der funktionellen Architektur von Gehirnen. Dieses Wissen ist implizit – wir wissen nicht, dass wir darüber verfügen, weil wir nicht dabei waren, als es erworben wurde. Dennoch nutzen wir es, um die Signale unserer Sinnesorgane zu interpretieren. Ohne diesen riesigen Schatz an A-priori-Wissen wären wir nicht in der Lage, die Welt und die Objekte, aus denen sie besteht, wahrzunehmen, weil wir nicht wüssten, wie wir diese Signale zu interpretieren hätten. Dieses angeborene Wissen wird dann durch die umfassende epigenetische Überformung der Gehirnarchitektur ergänzt. Dieser eminent wichtige Prozess gewährleistet, dass sich das sich entwickelnde Gehirn an die tatsächlich vorgefundenen Lebensbedingungen anpasst.

Das menschliche Gehirn entwickelt viele seiner Verbindungen erst nach der Geburt, und dieser Prozess dauert ungefähr bis zum 20. Lebensjahr an, gelegentlich auch etwas darüber hinaus.

In dieser Zeitspanne werden zahlreiche neue Verknüpfungen geformt und viele bestehende entfernt; dieses Entstehen und Vergehen wird von der neuronalen Aktivität selbst geleitet. Da nach der Geburt die neuronale Aktivität wesentlich von den Interaktionen mit der Umwelt abhängt, wird die Entwicklung der Gehirnarchitektur von einer Vielzahl epigenetischer Einflüsse geprägt, die aus der natürlichen wie der sozialen Umwelt stammen.

Ein erheblicher Teil dieses während der Hirnentwicklung erworbenen Wissens ist ebenfalls implizit und bleibt unbewusst. Der Grund ist die sogenannte frühkindliche Amnesie. Bis ungefähr zum vierten Lebensjahr haben Kinder nur eine eingeschränkte Fähigkeit, sich an den Kontext zu erinnern, in dem sie bestimmte Inhalte gelernt oder erfahren haben. Das liegt daran, dass die Gehirnzentren, die für diese Speicherungsfunktionen gebraucht werden – das sogenannte *episodische*, *biografische* oder *deklarative* Gedächtnis – noch nicht ausgebildet sind. Obwohl kleine Kinder sehr effizient lernen und Inhalte mittels struktureller Modifikationen ihrer Gehirnarchitektur nachhaltig speichern können, erinnern sie sich häufig nicht an die Quelle ihres Wissens. Aufgrund des scheinbaren Fehlens der Ursache ist das so erworbene Wissen implizit, wie es auch bei evolutionär erworbenem Wissen der Fall ist, und nimmt häufig den Status einer Überzeugung an – das heißt, seine Richtigkeit wird vorausgesetzt.

Wie angeborenes Wissen werden auch diese erworbenen Kenntnisse dazu genutzt, kognitive Prozesse zu gestalten und unsere Wahrnehmung zu strukturieren. Dennoch sind wir uns dessen nicht bewusst, dass das, was wir wahrnehmen, im Prinzip das Ergebnis einer solchen wissensbasierten Interpretation ist. Das hat weitreichende Konsequenzen: Die genetische Disposition und – noch wichtiger – die epigenetische, kulturspezifische Ausgestaltung des Gehirns bedingen eine tiefgreifende individuelle Verschiedenheit. Daher ist es wenig überraschend, dass verschiedene Personen, insbesondere, wenn sie in unterschiedlichen kulturellen Umwelten aufgewachsen sind, dieselbe Realität höchstwahrscheinlich unterschiedlich wahrnehmen. Da wir die Konstruiertheit unserer Wahrnehmungen jedoch nicht bemerken, tendieren wir dazu, sie als die einzigmögliche Wahrheit zu betrachten und ihren vermeintlich objektiven Status nicht zu hinterfragen. Und aus ebendiesem Grund ist es alles andere als leicht, zwischen gültiger und naiver Erkenntnis zu unterscheiden.

MR Das ist alles richtig, doch durch logisches Schlussfolgern und rigorose Untersuchungen können wir das Treiben der mentalen Konstrukte entlarven. Das Studium der Evolution unterschiedlicher Kulturen ist eine neue Disziplin, die in den letzten 30 Jahren bemerkenswerte Fortschritte gemacht hat. Besonders dazu beigetragen haben die beiden US-amerikanischen Wissenschaftler Robert Boyd und Peter Richerson. Ihnen zufolge sind zwei Evolutionen parallel verlaufen: Die sehr langsame Evolution der Gene und die relativ schnelle Evolution der Kulturen, die dazu beigetragen hat, dass psychologische Fähigkeiten entstanden sind, welche sich niemals allein unter dem Einfluss von Genen entwickelt hätten – daher auch der Titel ihres Buches, *Not by Genes Alone* (»Nicht nur durch Gene«).[3] Boyd und Richerson verstehen die Kultur als eine Ansammlung von Ideen und Wissen, Überzeugungen und Werten, Fähigkeiten und Einstellungen, die durch Lehre, Nachahmung und all die anderen Weisen der sozialen Vermittlung von Informationen erworben werden.[4] Die Überlieferung von einer Generation zur anderen und die kulturelle Evolution sind kumulativ, da jede Generation auf dem Wissen und der technologischen Erfahrung aufbaut, die vorherige Generationen erworben haben.[5] Die meisten Menschen neigen dazu, die vorherrschenden Einstellungen, Gepflogenheiten und Überzeugungen zu übernehmen. Die Evolution der Kulturen fördert die Einrichtung sozialer Institutionen, die Verhaltensnormen definieren, deren Einhaltung belohnen und deren Übertretung bestrafen, um das harmonische Gemeinschaftsleben zu sichern. Dennoch sind diese Normen nicht festgeschrieben: Wie Kulturen entwickeln sie sich mit dem Erwerb neuen Wissens weiter.

WS Lass mich ein Beispiel anführen, wie weitreichend unser A-priori-Wissen, sprich: unsere kognitiven Schemata bestimmen, was und wie wir wahrnehmen. Die Wahrnehmung eines dynamischen Prozesses und die daraus gefolgerten Vorhersagen sind abhängig davon, ob der Beobachter davon ausgeht, dass es sich um einen Prozess mit linearer beziehungsweise nichtlinearer Dynamik handelt. Ein Musterbeispiel für eine lineare Dynamik ist eine mechanische Uhr. Jede Bewegung des Pendels sorgt über ein Räderwerk für eine präzise vorherbestimmte Bewegung der Zeiger. Handelte es sich um eine ideale Uhr ohne Reibung oder andere störende Einflüsse, könnte für einen beliebig langen Zeitraum vorausgesagt werden, wie sich die Zeiger bewegen und wo sie sich zu einem bestimmten Zeitpunkt befinden werden. Die Dynamik dieser Uhr folgt einem kontinuierlichen und komplett determinierten Bewegungsablauf. Die Funktion, die diesen Ablauf bestimmt, ist eine Kombination aus Pendelbewegungen und deren Umsetzung in die Rotation der Zeiger.

Ein Beispiel nichtlinearer Dynamik ist ein Pendel, das über einer Oberfläche schwingt, auf der drei Magnete in einem Dreieck angeordnet sind. Nehmen wir an, das Pendel kann in allen Ebenen frei schwingen. In diesem Fall ist seine Bewegung nicht nur durch die Erdanziehung und die kinetische Energie bestimmt, sondern auch durch die Anziehungskräfte der drei sich überschneidenden Magnetfelder. Sobald das Pendel in Bewegung gesetzt wird, wird es extrem komplexe Bahnen beschreiben, bevor es schließlich über einem der Magnetfelder zur Ruhe kommen wird. Allerdings ist es völlig unvorhersehbar, über welchem Magneten das sein wird. Auch wenn man das Pendel immer wieder aus exakt derselben Position in Bewegung setzt, ist es unmöglich, vorherzubestimmen, wo es jeweils stoppen wird. Auf den Bewegungsbahnen zwischen den unterschiedlichen Anziehungskräften gibt es zahlreiche Punkte, an denen das Pendel mit annähernd gleicher Wahrscheinlichkeit nach rechts oder nach links ausschlagen kann. Winzige Kräfte entscheiden, wohin es sich schließlich bewegt. Die Pendelbahn bliebe auch dann unvorhersehbar, wenn wir durch vorsichtige, regelmäßige Impulse dafür sorgen würden, dass es in Bewegung bleibt. In diesem Fall würde das Pendel um die drei Magneten rotieren. Es ließe sich zwar die durchschnittliche Wahrscheinlichkeit errechnen, mit der es sich innerhalb eines der drei Magnetfelder befinden würde, doch bliebe es unmöglich, genau vorherzusagen, wann das Pendel exakt wo sein würde. Stattete man eine Uhr mit solch einem »chaotischen« Pendel aus, würde man extrem unvorhersehbare Bewegungen der Zeiger beobachten.

Aus zwei Gründen bietet sich dem Menschen die Annahme von Linearität als bewährte Strategie an: Erstens sind viele wichtige Prozesse, die um uns herum stattfinden, mittels linearer Modelle hinreichend gut beschreibbar. Zweitens bringt es kaum evolutionäre Vorteile, Intuitionen über die Dynamik nichtlinearer Systeme, über deren Zukunft man etwas wissen will, zu entwickeln. Es wäre in den allermeisten Fällen vergebliche Mühe, da sich die Entwicklung solcher Systeme meist überhaupt nicht oder nur in sehr begrenztem Umfang prognostizieren lässt. Aus diesen Gründen gab es wahrscheinlich keinen Selektionsdruck, Heuristiken für den Umgang mit extrem nichtlinearen Prozessen zu entwickeln. Und daher haben wir nun so große Schwierigkeiten, uns nichtlineare Abläufe vorzustellen und die richtigen Schlüsse aus der Beobachtung solcher Prozesse zu ziehen. Da wir intuitiv von Linearität ausgehen, missverstehen wir die komplexen Dynamiken ökonomischer und ökologischer Systeme und halten an der Illusion fest, wir könnten deren Zukunft vorhersagen und damit kontrollieren. Am Ende sind wir dann überrascht, wenn sich die Ergebnisse unserer Eingriffe in diese Systeme radikal von unseren Erwartungen unterscheiden. Angesichts dieser evolutionären Begrenzung unserer kognitiven Fähigkeiten und Einsichten bleibt die äußerst wichtige Frage, welcher Wissensquelle wir im Fall von Widersprüchen mehr Vertrauen schenken sollen: unseren Primärwahrnehmungen, unserer Intuition, kollektiv-kulturell erworbenen Überzeugungen oder wissenschaftlichen Aussagen.

MR Auch der Buddhismus betont, dass ein korrektes Verständnis der Welt der Erscheinungen davon ausgeht, dass alle Phänomene durch unzählige voneinander abhängige Ursachen und Bedingungen entstehen, die außerhalb linearer Kausalität interagieren.

Kann es gültige Aspekte von Erkenntnis geben?

MR Wir Buddhisten sind absolut davon überzeugt, dass eine Kluft besteht zwischen dem, wie die Dinge erscheinen, und dem, wie sie sind. Die Frage ist: Können wir diese Kluft schließen und, wenn ja, wie?

Wenn man in der Wüste am Verdursten ist und eine Fata Morgana sieht, wird man auf sie zurennen in der Hoffnung, dort Wasser zu finden. Aber natürlich ist das Wasser nur ein Trugbild. Es gibt viele solcher Beispiele dafür, dass die Art, wie Dinge erscheinen, nichts mit der Realität zu tun hat. Wenn die Art, wie wir ein äußeres Phänomen wahrnehmen, dysfunktional ist, wird das im tibetischen Buddhismus eine *ungültige Erkenntnis* genannt. Ist unser Wahrnehmungsmodus funktional – nämlich dann, wenn wir etwas als Wasser wahrnehmen, was gemeinhin als Wasser bezeichnet wird, etwas, mit dem wir uns waschen und unseren Durst stillen können –, erlaubt uns dies, in der Welt zu funktionieren, und wird daher *gültige Erkenntnis* genannt. Auf einer tieferen Ebene der Analyse, die wir *ultimative Logik* nennen, wird es im Buddhismus hingegen als eine ungültige Erkenntnis aufgefasst, wenn wir Wasser als ein autonomes, wirklich existierendes Phänomen ansehen. Erkennen wir hingegen an, dass Wasser ein vorübergehendes, interdependentes Phänomen ist, das von einer Vielzahl von Ursachen und Bedingungen bestimmt wird, jedoch letztendlich über keine intrinsische Realität verfügt, dann wird dies zu einer gültigen Erkenntnis.

Der buddhistischen Wahrnehmungstheorie zufolge, die Gelehrten seit 2000 Jahren Anlass zu Debatten gibt, erfassen unsere Sinne ein Objekt im ersten Augenblick des Gewahrwerdens. Danach kommt ein rohes, unstrukturiertes mentales Bild (einer Form, eines Geräusches, eines Geschmacks, eines Geruches oder einer Berührung). In einer dritten Phase werden konzeptuelle Prozesse in Gang gesetzt: Erinnerungen und Gewohnheiten überlagern das mentale Bild in Abhängigkeit davon, wie unser Bewusstsein von vergangenen Erfahrungen geprägt wurde. Daraus können verschiedene Konzepte entstehen: Wir identifizieren dieses mentale Bild beispielsweise als eine Blume. Wir belegen es mit Urteilen und interpretieren die Blume entweder als hübsch oder hässlich. Infolgedessen entwickeln wir positive, negative oder neutrale Gefühle dafür. Die wiederum führen zu Anziehung, Ablehnung oder Gleichgültigkeit. Mittlerweile hat sich allerdings das Phänomen da draußen aber schon wieder verändert, denn es hat wie alle Dinge ein flüchtiges Wesen.

Daher nimmt das sinnliche Bewusstsein die Realität nie direkt so wahr, wie sie ist. Was wir wahrnehmen, sind Bilder bereits vergangener Stadien von Phänomenen, die letztlich frei von intrinsischen Eigenschaften sind. Mit Blick auf den Makrokosmos leuchtet uns das auch ein. Wenn wir einen Stern am Nachthimmel erblicken, dann wissen wir, dass wir eigentlich das sehen, was der Stern vor vielen Jahren gewesen ist, weil es eben viele Jahre gedauert hat, bis das Licht, das von ihm ausgeht, unsere Augen erreicht hat. Und so ist es mit allen Wahrnehmungen. Wir sehen die Phänomene nie in Echtzeit. Und wir sehen sie immer auf eine verzerrte Weise.

Darüber hinaus ist das Bild einer Blume (oder irgendeines anderen Objekts) trügerisch, weil wir eine Blume normalerweise als autonome Entität betrachten und glauben, die Attribute der Schönheit oder Hässlichkeit seien ihr inhärent. All dies folgt aus dem, was der Buddhismus *Unwissenheit* oder *Mangel an Bewusstheit* nennt. Diese Art von grundlegender Ignoranz ist kein bloßer Mangel an Informationen. Sie hat nichts damit zu tun, den Namen der Blume nicht zu kennen oder nicht zu wissen, ob sie eine Heilpflanze oder giftig ist oder wie sie wächst und sich fortpflanzt. *Unwissenheit* bezieht sich in diesem Fall auf eine verzerrte und irrige Weise, die Realität auf einer tieferen Ebene zu verstehen.

Im Wesentlichen sollten wir begreifen, dass das, was ich als »meine Welt« wahrnehme, eine Kristallisation ist, die sich bildet, wenn meine persönliche Version des menschlichen Bewusstseins und ein breites Spektrum äußerer Phänomene, die für sich genommen nicht vollständig determiniert sind und untereinander auf nichtlineare Weise interagieren, aufeinandertreffen. Wenn das geschieht, kommt es zu einer bestimmten Wahrnehmung dieser äußeren Gegebenheiten. Eine einsichtige Person versteht, dass die von uns wahrgenommene Welt durch einen relationalen Prozess definiert wird, der zwischen dem Bewusstsein des Beobachters und einer Reihe von Phänomenen stattfindet. Daher ist es irreführend, äußeren Phänomenen intrinsische Eigenschaften wie Schönheit, Hässlichkeit, Attraktivität oder Widerwärtigkeit zuzuschreiben. Diese Einsicht hat einen therapeutischen Effekt: Sie unterbricht den Mechanismus zwanghafter Anziehung und Abstoßung, der meist leidvoll endet.

Aber kehren wir zu der ursprünglichen Frage zurück. Ja, es ist möglich, eine verblendete Wahrnehmung zu überwinden und zu einem gültigen Verständnis des wahren Wesens einer Blume zu kommen, das unbeständig ist und frei von intrinsischer und autonomer Existenz sowie jeglichen intrinsischen Qualitäten. Zu dieser Erkenntnis gelangt man aber nicht via Sinneswahrnehmungen oder auf eingeschliffenen Denkwegen. Es bedarf dazu einer angemessenen analytischen Untersuchung des Wesens der phänomenalen Welt, die darin kulminiert, was der Buddhismus *unterscheidende Weisheit* nennt. Es geht um eine Einsicht, die das ultimative Wesen der Erscheinungen begreift, ohne ihnen mentale Konstrukte aufzuerlegen.

WS Darf ich nur kurz anmerken, dass dies sehr gut mit aktuellen neurowissenschaftlichen Auffassungen übereinstimmt. Ergebnisse psychophysikalischer Untersuchungen von Wahrnehmungsprozessen und den zugrunde liegenden neuronalen Vorgängen legen nahe, dass Wahrnehmung im Prinzip Rekonstruktion ist. Unser Gehirn vergleicht die spärlichen Signale, die es von unseren eklektischen Sinnesorganen erhält, mit einer breiten Wissensbasis über die Welt, die in seiner Architektur gespeichert ist, und generiert dann Wahrnehmungen, die wir für ein Abbild der Realität halten.

Bei der Wahrnehmung der äußeren Welt machen wir zunächst einen groben Abgleich zwischen den Signalen der Sinnesorgane und den wissensbasierten Hypothesen über die Welt. Normalerweise beginnt dann ein iterativer Prozess, um Annäherungen zu erhalten, die schrittweise zu einer optimalen Lösung führen – einem Zustand, der ein Minimum an ungeklärten Mehrdeutigkeiten aufweist. Wir führen eine aktive Suche nach den größten Übereinstimmungen zwischen den Signalen und den Hypothesen durch, bis wir zu Ergebnissen kommen, welche die gewünschte Klarheit aufweisen. Für diesen Prozess der aktiven Suche nach Übereinstimmung werden Aufmerksamkeitsressourcen sowie Zeit benötigt, und das Ergebnis basiert naturgemäß auf Interpretationen. Was schließlich wahrgenommen wird, ist das Ergebnis eines Vergleichsprozesses. Offenbar ist dieses Szenario vollkommen mit deinen Ansichten vereinbar! Man braucht nur das, was ich als »A-priori-Wissen« bezeichne, durch dein »Bewusstsein« zu ersetzen.

MR Dies lässt sich auf zwei verschiedene Arten formulieren, einmal aus der Perspektive der dritten Person, in den Begrifflichkeiten der Neurowissenschaften, und auf der anderen Seite aus der Perspektive der ersten Person, die auf introspektiver Erfahrung beruht. Du hast beschrieben, wie unsere Wahrnehmung der Welt von der Evolution und einem immer komplexeren Nervensystem geprägt wird. Aus der buddhistischen Perspektive würde man sagen, dass unsere Welt, zumindest die Welt, die *wir* wahrnehmen, aufs Engste mit der Art und Weise verknüpft ist, wie unser Bewusstsein funktioniert. Klar ist, dass verschiedene Bewusstseinsströme, und damit sind keineswegs nur menschliche gemeint, aufgrund ihrer individuellen Beschaffenheit und Geschichte die Welt auf sehr unterschiedliche Art und Weise wahrnehmen. Wir können uns eigentlich nicht vorstellen, wie die Welt einer Ameise oder die einer Fledermaus aussieht. Die einzige Welt, die wir kennen, resultiert aus der Beziehung zwischen unserer ganz bestimmten Art von Bewusstsein und der phänomenalen Welt, die selbst aus einer komplexen Reihe von Beziehungen zwischen zahllosen voneinander abhängigen Ereignissen, Ursachen und Bedingungen besteht.

Nehmen wir zum Beispiel das, was wir einen *Ozean* nennen. An einem schönen, ruhigen Tag hat der Ozean eine spiegelglatte Oberfläche, an einem anderen Tag tobt dort ein gewaltiger Sturm.

Wir können diese beiden unterschiedlichen Zustände zueinander in Beziehung setzen und sie immer noch *Ozean* nennen. Aber was wird die Fledermaus von dem Ultraschallecho halten, das am einen Tag von einer komplett ruhigen Oberfläche zurückkommt und am nächsten von einem aufgewühlten Meer mit riesigen Wellen? Das liegt, wie die Quantenphysik, jenseits unserer Vorstellungskraft. Aus diesem Grund sagt der Buddhismus, dass unsere phänomenologische Welt, die einzige, die wir wahrnehmen, von der individuellen Konstellation unseres Bewusstseins abhängt und von früheren Erfahrungen und Gewohnheiten geprägt ist.

WS Das ist vollkommen mit der westlichen Perspektive vereinbar. Der Philosoph Thomas Nagel macht sehr deutlich, dass wir uns nicht vorstellen können, wie es wäre, eine Fledermaus zu sein.[6] Die Qualia subjektiver Erfahrung lassen sich nicht ineinander übersetzen, ja, wir wissen nicht einmal, wie sehr sie zwischen Mitgliedern der gleichen Spezies übereinstimmen. Obwohl wir Menschen mit der Sprache über ein sehr differenziertes Kommunikationssystem verfügen und auch die Fähigkeit haben, uns die geistigen Prozesse eines menschlichen »Anderen« vorzustellen, ist es dennoch sehr schwierig – wenn nicht gar ausgeschlossen –, genau zu wissen, wie andere sich selbst und die Welt um sich herum wahrnehmen.

MR Vielleicht sind wir nicht in der Lage, die Lücke zwischen dem, wie die Dinge erscheinen, und dem, wie die Dingen wirklich sind, in jedem Fall zu überbrücken, etwa bei einer optischen Täuschung. Andere, vielleicht wichtigere Lücken lassen sich aber durchaus schließen. Im Buddhismus dient dies in erster Linie einem pragmatischen Ziel: sich vom Leiden zu befreien, denn Leid entsteht unweigerlich, wenn die eigene Wahrnehmung der Welt unzutreffend ist und nicht der Realität entspricht.

Ist kognitive Täuschung unausweichlich?

WS Darüber müssen wir genauer sprechen. Du scheinst anzunehmen, dass diese erkenntnistheoretische Kluft unter bestimmen Bedingungen überbrückt werden kann, während ich dazu neige, dies zu bestreiten, denn ich behaupte, dass Wahrnehmung immer Interpretation ist und daher sensorischen Signalen notwendigerweise Eigenschaften zuweist. In diesem Sinne sind Wahrnehmungen immer Konstrukte.

MR Richtig. Mit Blick auf die Sinneswahrnehmungen stimme ich dir vollkommen zu. Aber bei der von mir bereits erwähnten Untersuchung des ultimativen Wesens der Realität verhält es sich ein bisschen anders. Deswegen ist es so wichtig, die Wissensgebiete zu definieren, in denen es möglich oder nicht möglich ist, die Diskrepanz zwischen der Art, wie die Dinge erscheinen, und der, wie sie sind, zu überwinden. Denken wir »Das ist wirklich schön« oder »Das ist genuin wünschenswert oder widerlich«, sind wir uns nicht im Klaren darüber, dass wir diese Konzepte auf äußere Phänomene projizieren und dann meinen, sie gehörten notwendig zu diesen. Dies führt zu allen möglichen geistigen Reaktionen und Emotionen, die nichts mit der Realität zu tun haben und daher Frustrationen hervorrufen werden.

Stell dir eine Rose vor, die gerade aufgeblüht ist. Ein Dichter findet sie ausnehmend schön. Nun stell dir vor, du wärst ein kleines Insekt, das an einem der Blütenblätter nagt. Das ist so lecker! Wärst du hingegen ein Tiger, wäre diese Rose für dich ungefähr so interessant wie ein Heuballen. Stell dir vor, du wärst diese Rose auf atomarer Ebene: ein Wirbelwind aus Teilchen im nahezu leeren Raum. Ein Quantenphysiker wird dir erzählen, dass diese Partikel keine »Dinge« sind, sondern »Wahrscheinlichkeitswellen«, die aus dem Quantenvakuum aufsteigen. Was bleibt von der Rose als Rose übrig?

Der Buddhismus nennt Phänomene *Ereignisse*. Eine fundamentale Bedeutungsdimension von *samskara*, dem Sanskritwort (in seiner passiven Bedeutung) für »das, was zusammengesetzt wurde«, also für »Formationen« oder »Dinge«, ist »Ereignis« oder

»Handlung«. Auch in der Quantenmechanik ist der Begriff eines Objekts von einer Messung, also einem Ereignis, abhängig. Um noch eine weitere Parallele zu ziehen: Zu glauben, dass die Objekte unserer Wahrnehmung über intrinsische Eigenschaften und autonome Existenz verfügten, wäre gleichbedeutend damit, Partikeln, die ja miteinander verschränkt und Teil einer globalen Realität sind, lokale Eigenschaften zuzuschreiben.
Buddhistische Denker glauben, durch die richtige Methode das wahre Wesen von Phänomenen sowohl intellektuell als auch empirisch ergründen zu können. Und sie glauben, dass man sich auf diese Weise von einer verfälschten, vergegenständlichten und dualistischen Auffassung der Realität befreien kann. Diejenigen Mechanismen klar zu erkennen, durch die wir uns täuschen lassen, und eine Sichtweise einzunehmen, die der wahren Natur der Phänomene mehr entspricht, ist ein befreiender Prozess, der auf Weisheit basiert. Das heißt natürlich nicht, dass man zukünftig nicht mehr von optischen Täuschungen hinters Licht geführt wird. Aber man wird nicht länger glauben, dass Phänomene als autonome, dauerhafte Gebilde existieren.

WS Das ist interessant, denn wenn du über Täuschungen redest, dann sprichst du ihnen Qualitäten zu, emotionale Qualitäten wie eklig oder schön, attraktiv oder abstoßend. Ich dachte eher an Wahrnehmungstäuschungen, die wir objektivieren können, indem wir das Wahrgenommene mit physikalischen Messinstrumenten überprüfen. Ohne ein unabhängiges Maß gäbe es keine Möglichkeit, eine Täuschung als solche aufzudecken. Auf diese Weise geht die Wissenschaft vor, um Täuschungen zu erkennen und um herauszufinden, warum das Gehirn gelegentlich Fehlinterpretationen liefert. In den meisten Fällen, in denen Täuschungen oder Illusionen gründlich erforscht worden sind, stellte sich heraus, dass sie das Resultat einer Interpretations- oder Rekonstruktionsleistung sind, die der Wahrnehmung unveränderlicher Objekteigenschaften dient. Wir wären ohne diese Mechanismen beispielsweise nicht in der Lage, die Farbe einer Blüte unabhängig von den Lichtverhältnissen als gleichbleibend wahrzunehmen. Das Spektrum des beleuchtenden Sonnenlichts ändert sich ständig, und damit auch die spektrale Zusammensetzung des Lichtes, das von einem Objekt reflektiert wird. Ohne Interpretation erschiene uns die Farbe einer bestimmten Rose im Morgengrauen anders als in der Abenddämmerung. Unser Gehirn gleicht diesen Unterschied aus. Es errechnet zunächst die spektrale Zusammensetzung des beleuchtenden Lichts aus den *Beziehungen* zwischen den reflektierten Spektren unterschiedlicher Objekte im Gesichtsfeld, nimmt dabei das Wissen von der anzunehmenden Farbe eines Objekts in Anspruch und schließt dann aufgrund dieser Analyse auf die Farbe, die letztendlich wahrgenommen wird. Daher können, abhängig vom Kontext, physikalisch unterschiedliche Signale als ähnlich wahrgenommen werden und umgekehrt physikalisch identische Signale verschiedene Wahrnehmungen auslösen. Diese Mechanismen der Rekonstruktion können zu »Illusionen« führen, aber sie erfüllen eine enorm wichtige Funktion für das Überleben, nämlich die der Ermittlung konstanter Eigenschaften in einer sich stetig wandelnden Welt. Ein Tier, das die Farbe nutzt, um die essbaren roten Beeren von den etwas dunkleren, violetten und giftigen Früchten zu unterscheiden, kann sich nicht auf eine Analyse der »wahren« oder tatsächlichen spektralen Zusammensetzung des reflektierten Lichts verlassen. Zunächst muss es die spektrale Zusammensetzung der Lichtquelle – des Sonnenlichts – erforschen, um dann die wahrgenommene Farbe zu rekonstruieren. Die Komplexität dieser Berechnungen, die Konstanz sichern und damit essenziell für unser Überleben sind, ist unserem Bewusstsein nicht gegenwärtig. Im Prinzip basieren all diese Operationen auf der Auswertung von Beziehungen. Absolute Werte, wie sie von physikalischen Messgeräten erhoben werden, können wir kaum einschätzen, seien es die Intensitäten von Reizen, die Frequenzen von Tönen, die Wellenlängen des Lichts oder chemische Konzentrationen. Meist nehmen wir diese Variablen in Relation zu anderen wahr, das heißt als Kontraste, als Unterschiede als relative Stärken, und diese Vergleiche ziehen wir sowohl in der räumlichen als auch in der zeitlichen Dimension. Das ist eine sehr effektive Kodierungsstrategie, da sie, wie gesagt, Unterschiede betont, eine große Bandbreite von Intensitäten abdeckt und das Konstante im Verschiedenen, die invarianten Eigenschaften von Wahrnehmungsobjekten zu erkennen erlaubt. Angesichts der Vorteile dieser hervorragend angepassten Invarianzleistungen muss man sich schon fragen, ob man die daraus resultierenden gelegentlichen Fehlwahrnehmungen wirklich »Illusionen« nennen sollte.

MR Mir geht es nicht um die wahrgenommenen Eigenschaften von Objekten, sondern um die Fähigkeit, kognitive Täuschungen auszuräumen, wie den Glauben, dass die Hässlichkeit eines Objektes eine intrinsische Qualität des betrachteten Gegenstandes ist. Wie du schon sagtest: Einige Illusionen helfen uns bei der Anpassung an die Welt, aber für den Glauben an die Existenz permanenter Phänomene oder eines autonomen und einheitlichen Selbst in jeder Person gilt das nicht.

WS Nun, was ist nach deiner oder der buddhistischen Ansicht eine Illusion oder Täuschung? Du sagst, es sei immer noch möglich, zwischen Täuschung und Realität zu unterscheiden, auch in Fällen, wo es keine objektiven Messinstrumente gibt und man sich nur auf die eigene Introspektion und Wahrnehmung verlassen kann. Ich sehe nicht, wie das gehen soll.

MR Die Wahrnehmungstäuschungen, die du beschreibst, können, wie du zu Recht gesagt hast, eine nützliche Funktion in der Welt haben, aber sie üben keinen großen Einfluss auf unsere subjektive Glücks- oder Leiderfahrung aus – ganz im Gegensatz zu den von mir angeführten kognitiven Täuschungen. Diese führen dazu, dass wir uns in einer Weise verhalten, die zu Leid führt. Die Illusionen, von denen du sprichst, sind sehr nützlich und die entsprechenden Mechanismen sind ein Wunder der Natur. Diejenigen Illusionen, die ich meine, sind hingegen Übel, die uns in einem Stadium tiefer Unzufriedenheit gefangen halten. Der Geist mag weder ein zuverlässiges Messinstrument noch ein wirklichkeitsgetreues Wahrnehmungsinstrument sein, aber er ist ein wahrlich mächtiges *Analyse*instrument. Das zeigt sich beispielsweise an Einsteins Gedankenexperimenten, aber auch an den Tiefenanalysen des interdependenten, flüchtigen Wesens der Phänomene, wie sie der Buddhismus praktiziert.

WS Aber lässt sich diese Sicht wirklich auf alle kognitiven Funktionen anwenden, also auch auf die Wahrnehmung von sozialer Wirklichkeit, sozialen Beziehungen, Glaubens- und Wertesystemen? Ich bin der Meinung, dass uns die von mir erwähnten psychophysikalischen Beispiele zeigen, dass wir das konstruieren, was wir wahrnehmen, und dazu neigen, das Ergebnis als real zu erleben. Und wir tun dies vermutlich nicht nur bei visuellen oder taktilen Wahrnehmungen dinghafter Objekte, sondern auch bei sozialen, immateriellen Wirklichkeiten. Wie können wir richtig von falsch unterscheiden, wenn verschiedene Menschen dieselbe soziale Interaktion, dieselbe Vereinbarung, unterschiedlich wahrnehmen und den je eigenen Eindruck für den einzig zutreffenden halten?

MR Genau aus diesem Grund brauchen wir logisches Denken und Weisheit! Erkenne ich an, dass niemand leiden möchte, ist es nur logisch, den Schluss zu ziehen, dass es falsch ist, anderen wehzutun.

WS Sicher, aber wenn sowohl unsere Intuitionen als auch unsere Wahrnehmungen der äußeren Welt von neuronalen Prozessen abhängig sind – und ich glaube, dass kein Weg daran vorbei führt, einzusehen, dass auch das »innere Auge« eine Funktion neuronaler Aktivität ist –, dann wird das Ergebnis eines kognitiven Akts davon bestimmt, wie unser Gehirn arbeitet, das heißt letztlich von unseren Genen und postnatalen Erfahrungen. Alle Menschen verfügen über eine recht ähnliche genetische Ausstattung, und daher stimmen wir in vielen Wahrnehmungen und Interpretationen überein. Dennoch können wir sehr unterschiedliche Erfahrungen machen, insbesondere wenn wir in verschiedenen Kulturen aufwachsen. Zwei Menschen können dieselbe soziale Situation beobachten und sie vollkommen unterschiedlich auffassen. Es kann sein, dass sie zu extrem divergierenden ethischen oder moralischen Urteilen kommen und nicht in der Lage sind, den oder die andere argumentativ davon zu überzeugen, dass er beziehungsweise sie im Unrecht ist, weil für beide die jeweiligen Erfahrungen als die einzig möglichen, da von der »Realität« vorgegeben, erlebt werden.

Das Problem besteht darin, dass es im Fall der Wahrnehmung einer sozialen Realität keine »objektiven« Messinstrumente gibt. Es gibt lediglich unterschiedliche Wahrnehmungen und weder falsch noch richtig. Das hat weitreichende Konsequenzen für unsere Auffassung von Toleranz. Solche Probleme mittels Mehrheitsentscheid zu lösen, ist eindeutig unangemessen. Anzunehmen, dass die eigene Position korrekt ist, und anderen das Recht einzuräumen, bei ihrer »falschen« Wahrnehmung zu bleiben, solange sie uns damit nicht stören, ist erniedrigend und respektlos. Dennoch wird oft genau dies unter »tolerantem« Verhalten verstanden. Wir sollten stattdessen jedem und jeder zuzugestehen, dass die je eigenen Wahrnehmungen als zutreffend erlebt werden, und uns diese Haltung wechselseitig unterstellen. Aber wenn diese stillschweigende Übereinkunft gegenseitiger Anerkennung, dieses Prinzip reziproken Respekts verletzt wird, haben die Parteien das Recht, sich gegen den Behauptungsversuch des anderen zu wehren.

Wie ich deinen Aussagen entnehme, hast du ein Rezept für den Umgang mit solchen Fällen. Das wäre natürlich von größter Wichtigkeit, um Konflikte zu schlichten, die auf kulturbedingten Unterschieden der Wahrnehmung beruhen. Glaubst du, dass die mentalen Praktiken, wie sie in der buddhistischen Philosophie entwickelt wurden, in solchen Fällen kognitiven Dissenses, also bei Konflikten zwischen unterschiedlichen, aber jeweils als zutreffend erlebten Wahrnehmungen, helfen können? Lässt sich durch mentale Praxis die »richtige« Lösung – so es sie denn gibt – finden oder kann man sich zumindest der Tatsache bewusst werden, dass die Welt auf unterschiedliche Art und Weise wahrgenommen werden kann?

MR Wie du schon ganz richtig gesagt hast, muss man sich unbedingt vergegenwärtigen, dass Menschen tief verwurzelte Überzeugungen und moralische Werte haben, die man nicht einfach beiseiteschieben kann. Dies vorausgeschickt, können Wahrnehmungen, die sozial und kulturell geprägt sind, ebenso irreführend sein wie kognitive Täuschungen, und sie sind auch ähnlich aufgebaut. Manchmal nehmen wir Menschen anderer Rassen, Religionen oder sozialer Schichten als »überlegen« oder »unterlegen« wahr. Den du heute als deinen Freund betrachtest, siehst du vielleicht schon morgen als deinen Feind. Wahrscheinlich sind die meisten Werke der modernen Kunst für einen Menschen aus dem Himalaya nichtssagend. All das sind mentale Konstruktionen. Und daher rühren viele unserer menschgemachten Probleme.

Der buddhistische Herangehensweise ist nicht daran gelegen, die Meinungen anderer direkt anzugreifen, indem man ihnen eine andere, für überlegen gehaltene Ansicht aufnötigt. Vielmehr geht es darum, den Menschen zu der Einsicht zu verhelfen, dass all diese Sichtweisen irreführend sein können und dass wir sie nicht beiläufig als gegeben hinnehmen sollten. Will man beispielsweise den Glauben an die Existenz des Selbst widerlegen, bringt es nicht viel, einfach zu verkünden: »Es gibt kein Selbst.« Stattdessen würde man, nachdem man die angeblichen Merkmale des Selbst gründlich erforscht hat und zu dem Schluss gekommen ist, dass es nicht als eigenständige Entität existiert, andere einfach dazu einladen, solche Überlegungen selbst anzustellen und es herauszufinden.

Es geht also nicht darum, andere in irgendeiner Weise dazu zu zwingen, die Dinge so zu sehen, wie wir es tun, oder unsere ästhetischen oder moralischen Werturteile zu übernehmen, sondern sie dabei zu unterstützen, selbst zu einer korrekten Sicht auf das ultimative Wesen der Dinge als frei von intrinsischer Realität zu kommen.

In Wahrheit nötigen Menschen aller Kulturen der Realität ihre individuellen mentalen Konstrukte auf. Dieses Problem kann gelöst werden, wenn diese Leute die Realität durch logisches Denken erforschen und dann feststellen würden, dass sie die Realität schlicht verzerren und dass es weder den Gegenstand, den sie ansehen, noch das wahrnehmende Subjekt als unabhängige, tatsächlich existierende Entität gibt ist. Was »richtig« und »falsch« sowie moralische Urteile angeht, so führen verschiedene Formen der – buddhistisch gesprochen – Konditionierung und Täuschung zu verschiedenen ethischen Haltungen und Systemen. Zum Beispiel sind einige Menschen der Meinung, es sei ethisch vertretbar, Rache zu nehmen, ja sogar, jemanden aus Rache zu töten. Aber ist es logisch, jemanden zu töten, um zu demonstrieren, dass Töten falsch ist? Folgerichtiges Denken kann dazu beitragen, einige universelle Prinzipien herauszuarbeiten, die auf Güte und Mitgefühl basieren. Das kann uns vielleicht dabei helfen, einen Konsens über Grundwerte wie Umsicht, Offenheit und Ehrlichkeit zu erreichen.

Lass uns nicht vergessen, dass das Ziel des Buddhismus darin besteht, dem Leid ein Ende zu bereiten, indem man seine Ursachen beseitigt. Der Buddhismus schaut sich die verschiedenen Ebenen des Leidens ganz genau an. Einige Formen sind offensichtlich: Zahnschmerzen etwa, oder, viel schlimmer, ein Massaker. Aber Leiden ist auch umgeben von Veränderung und Vergänglichkeit: Leute veranstalten ein fröhliches Picknick, doch plötzlich wird ein Kind von einer Schlange gebissen; jemand verzehrt ein köstliches Mahl und zieht sich eine Lebensmittelvergiftung zu. Viele angenehme Erfahrungen werden schnell schal oder verkehren sich gar in ihr Gegenteil.

Graben wir jedoch tiefer, stoßen wir auf eine Ebene des Leids, die wir normalerweise nicht als solche erkennen, obwohl sie die Wurzel allen Übels ist: Solange der Geist unter dem Einfluss von Täuschungen steht oder von Geisteshaltungen wie Hass, Begierde oder Eifersucht, kann sich das Leid jederzeit manifestieren.

Um beim Beispiel der Vergänglichkeit zu bleiben: In jedem Augenblick verändert sich alles, denken wir nur an den Wechsel der Jahreszeiten oder an den Prozess des Alterns sowie an die vielen Momente von Unbeständigkeit, die fast unmerklich und in den kürzest möglichen Zeitabschnitten geschehen. Sobald wir begriffen haben, dass das Universum nicht aus soliden, unterscheidbaren Entitäten besteht, sondern aus einem dynamischen Fluss von Interaktionen zwischen zahllosen flüchtigen Phänomenen, hat das einschneidende Konsequenzen. Der Begriff, den wir uns von der Realität, die wir vor uns sehen, machen, gerät ins Wanken. Ein echtes Verständnis von Vergänglichkeit hilft uns, die

Lücke zwischen Erscheinungen und Realität ein Stück weit zu schließen.

Jedem seine eigene Realität

WS Was ist Realität? Ist es nicht so, dass Menschen dieselbe Sache unterschiedlich betrachten?

MR Wie kann man sich dessen sicher sein? Es lässt sich nicht beweisen, dass sich hinter diesem Schleier aus Erscheinungen eine Realität verbirgt, an und für sich existiert, unabhängig von uns und dem Rest der Welt. Hinter der Erscheinung ein Substrat zu vermuten, wirkt auf den ersten Blick rational, muss aber gewiss hinterfragt werden. Sogar noch vor dem Aufkommen der Quantenphysik sagte der Mathematiker Henri Poincaré: »[Z]weifellos ist eine Wirklichkeit, die vom Geist, der sie begreift, sie sieht oder fühlt, vollständig unabhängig ist, eine Unmöglichkeit. Wenn wirklich eine derartige äußere Welt bestände, sie wäre uns für alle Zeiten unzugänglich.«[7] Das für uns in der Welt Wahrnehmbare einfach zu messen, beweist nicht, dass das, was wir beobachten, von sich aus existiert und über intrinsische Eigenschaften verfügt. Wahrnehmungen, Erscheinungen und Messungen sind auch wieder nur Ereignisse. Wenn du mit deinen Fingern gegen die Augen presst, während du den Mond betrachtest, wirst du zwei Monde sehen. Das kannst du tausend Mal machen, ohne dass der zweite Mond dadurch realer wird, so sehr du dich auch bemühst. Aber was sagt uns das über den ersten? Ist er wirklich so real, wie er uns erscheint?

Ähnliches lässt sich auch von den Qualitäten sagen, die wir Phänomenen zuschreiben. Wenn etwas aus sich heraus, das heißt unabhängig vom Betrachter, schön sein könnte – beispielsweise ein Kunstwerk –, würde jeder es schön finden, ein New Yorker Intellektueller ebenso wie ein zurückgezogen lebender Waldbewohner, der nie mit der modernen Welt in Berührung gekommen ist.

WS Du vertrittst also einen konstruktivistischen Ansatz, und du denkst, dass jeder die Welt auf seine Art konstruiert.

MR Ja, und damit unterliegen wir alle einer Art von Täuschung, weil wir den Sichtweisen, die wir der Welt überstülpen, immer ein Körnchen Wahrheit zuschreiben. Der Buddhismus dagegen *dekonstruiert* die normalen Wahrnehmungen, indem er das, was die Leute sehen, eingehend analysiert. Sie sollen verstehen, dass sie alle die Realität auf unterschiedliche Weise verzerren.

WS »Verzerren« würde ich nicht sagen, denn wenn es keine Objektivität gibt, kann man auch nichts verzerren. Die Menschen interpretieren einfach unterschiedlich.

Gibt es »da draußen« eine objektive Realität?

MR Objektivität ist nicht bloß eine mögliche Version dessen, was Leute so wahrnehmen, sondern die unwiderlegbare Einsicht, dass *alle* Phänomene flüchtig und frei von intrinsischen Eigenschaften sind. Alle Phänomene, alle Erscheinungen, alle Wahrnehmungen! Daher wird die Verzerrung der Realität nicht in Relation zu einer wahren, aus sich selbst heraus existierenden Realität definiert. Verzerrung bedeutet, den Phänomenen überhaupt intrinsische Realität, Permanenz oder Autonomie zuzuschreiben.

Eine unverzerrte Sichtweise ist also nicht einfach nur eine Art unter vielen, wie die Dinge uns gewöhnlich erscheinen. Vielmehr kommt sie der Einsicht in den Täuschungsprozess gleich. Sie ist die Erkenntnis, dass die Welt der Phänomene ein dynamischer, interdependenter Fluss von Ereignissen ist, und das Wissen, dass das, was wir wahrnehmen, aus der Wechselbeziehung unseres Bewusstseins mit ebendiesen Phänomenen resultiert. Diese Einsicht ist richtig – in allen Situationen.

In buddhistischen Texten wird ein Glas Wasser als Beispiel angeführt und darauf hingewiesen, dass man Wasser auf viele verschiedene Weisen wahrnehmen kann: als Getränk, als etwas, mit dem man sich waschen kann, oder – wenn man ein Fisch ist –

als Lebensraum. Wasser löst bei jemandem, der unter Tollwut leidet, Panik aus, während es in den Augen eines Wissenschaftlers eine große Ansammlung von Molekülen ist. Der buddhistischen Kosmologie zufolge nehmen einige fühlende Wesen Wasser als Feuer wahr und wieder andere als köstliche Ambrosia. Aber gibt es hinter all diesen Wahrnehmungen ein wahres, aus sich selbst heraus definiertes Glas Wasser? Die buddhistische Antwort lautet nein.

Wirken verschiedene Phänomene mit unseren Sinnen und unserem Bewusstsein zusammen, kristallisiert sich in unserem Geist ein bestimmtes Objekt heraus. Vielleicht betrachten wir dieses Objekt als etwas zu trinken, oder wir erschrecken fürchterlich, falls wir unter Tollwut leiden. Aber zu keinem Zeitpunkt und an keinem Ort findet man autonome Objekte oder Subjekte, die aus sich heraus existieren. Das Wasserglas ist nie an und für sich einfach da gewesen, es verfügt nicht über eine wahre, separate Realität. Es existiert nur in einer Welt von Beziehungen. Nicht Phänomene wie ein aus sich heraus existierendes Wasser nennt der Buddhismus »Realität«, sondern die Erkenntnis, dass diese Phänomene flüchtig sind und frei von intrinsischer Realität.

WS Das passt, wie bereits erwähnt, gut zu der konstruktivistischen Position der gegenwärtigen Neurobiologie. Und dennoch: Die Welt hat nun mal bestimmte Eigenschaften, und Tiere scheinen Objekte und Eigenschaften anhand derselben Kriterien zu definieren wie wir. In unserer mesoskopischen Welt gibt es diese soliden und undurchsichtigen Gebilde genannt Felsen, hinter denen sich Tiere verstecken können, die auf abschüssigem Gelände ins Rollen kommen und so weiter. Alle Säugetiere und wohl auch die meisten anderen mit differenzierten Sinnessystemen ausgestatteten Tiere nutzen ähnliche Gestaltprinzipien, das heißt ähnliche Regeln und Hypothesen, um ihre Perzepte zu konstruieren.

MR Klar. Verschiedene Arten von Bewusstsein, die einander ähnlich genug sind – die von Menschen und einigen Tieren (Menschenaffen, Delphinen oder Elefanten) –, werden die Welt auch entsprechend ähnlich wahrnehmen. Und je stärker sich diese Bewusstseine strukturell unterscheiden, desto unterschiedlicher ist ihre Welt. Der Witz ist: Wenn du dich durch eine analytische Untersuchung zunächst von kognitiven Täuschungen befreist und die so gewonnene Erkenntnis dann in deine Weise des Weltbezugs integrierst, wirst du dich sukzessive von der zwanghaften Anziehung und Abstoßung befreien, die für gewöhnlich aus einer Täuschung resultiert. Und indem du dich auf diese Weise der Erkenntnis des wahren Wesens der Phänomene näherst, pirschst du dich auch an die Ursachen von Leid heran und beginnst zu verstehen, wie du dich von ihnen befreien kannst. Aus dieser Freiheit erwächst eine um so viel bessere Seinsweise, die deutlich weniger anfällig ist für Leid.

WS Das ist interessant und nicht leicht zu verstehen: Zunächst nimmst du eine konstruktivistische Haltung ein, und dann hinterfragst du die Gültigkeit deiner Konstruktionen und kommst zu dem Schluss, dass diese erkenntnistheoretische Wende, dieses Umschalten in deinem kognitiven Ansatz, zu einer Verminderung des Leids führt.

MR Das ist das Ziel des buddhistischen Wegs.

WS Lass mich eine andere Deutung versuchen. Ich glaube, nach dem Zeitalter der Aufklärung unterstellen heute viele Menschen, dass es weniger Leid gäbe, wenn wir herausfänden, wie die Welt funktioniert, wenn wir also ein valides Modell von ihr hätten und uns dann frei von Ideologien und Vorurteilen mit den Unbilden auseinandersetzten, die Leid nach sich ziehen. Bei dieser Strategie ist es unabdingbar, zwischen Täuschung und Irrglauben auf der einen und validen Interpretationen auf der anderen Seite zu unterscheiden.

In der Medizin versuchen wir, den ursächlichen Zusammenhang zwischen Ereignissen herauszufinden, etwa um Infektionserreger zu identifizieren und auf dieser Grundlage eine Behandlungsmethode zu entwickeln. Jedoch gibt es hier widerstreitende Konzepte: Anhänger der allopathischen Medizin würden behaupten, dass eine bestimmte Dosis eines Antibiotikums nötig ist, damit es wirkt. Im Gegensatz dazu würden Homöopathen darauf beharren, dass die Verdünnung wichtiger ist als die Droge, selbst wenn die Verdünnung so groß ist, dass die Wahrscheinlichkeit gegen

Null geht, in der Flasche, die man in der Apotheke kauft, auch nur noch ein einziges Molekül dieser Arznei zu finden. Sie behaupten, dass die Therapie dennoch anschlägt, weil das Wasser beziehungsweise die Tablette angeblich die Erinnerung an die Moleküle, die vor der Verdünnung vorhanden waren, in sich trägt.

Wir können es dabei belassen – oder aber mit wissenschaftlichen, empirischen Methoden herausfinden, welche Behandlung effektiver ist. Wir könnten eine Doppelblindstudie[8] durchführen und würden feststellen, dass Placebos ebenso effektiv sind wie die homöopathische Behandlung, während das Antibiotikum viel wirksamer ist. Wenn wir das tun, weisen wir Arzneien eine Eigenschaft zu und verifizieren durch Experimente, dass diese Eigenschaft in ursächlichem Zusammenhang mit einem Ergebnis steht und daher aller Wahrscheinlichkeit nach für die Effektivität der Behandlung relevant ist. Indem wir das Experiment wiederholen und Dosis-Wirkungs-Kurven ermitteln, stellen wir Kausalzusammenhänge fest und sorgen dafür, dass die Eigenschaften des Medikaments konstant bleiben. Wenn ich jedoch deinen Ansatz richtig verstehe, würdest du der Arznei diese invariable Eigenschaft absprechen. Oder du würdest sagen, dass es die definierte Eigenschaft nur in dem speziellen Kontext dieses Tests gibt.

MR Das trifft nicht genau, was ich meinte. Was du beschreibst, bezieht sich auf den Unterschied zwischen dem, was der Buddhismus »korrekte relative Wahrheit« und »irrige relative Wahrheit« nennt.

WS Das musst du mir erklären!

Kausalität als ein Aspekt von Wechselbeziehungen

MR Im Buddhismus bezeichnet »absolute Wahrheit« die Erkenntnis, dass Phänomene letztlich frei von intrinsischer Existenz sind. Die »relative Wahrheit« besteht darin, anzuerkennen, dass diese Phänomene nicht zufällig auftreten, sondern Kausalgesetzen folgen. Nichts läge dem Buddhismus ferner, als diese Gesetze anzufechten, vielmehr basiert er auf ihnen. Er betont sogar die Tatsache, dass sie unumgänglich sind und dass sie verstanden und berücksichtigt werden sollten, will man einen Ausweg aus dem Leid finden. Natürlich haben Phänomene relative Eigenschaften, die dazu führen, dass sie sich aufgrund von Kausalzusammenhängen auf andere Phänomene auswirken und auch deren Wirkungen unterliegen. Jedoch ist es dem Buddhismus zufolge inkorrekt zu glauben, dass Penicillin unter allen Umständen *intrinsisch* gut ist. Beispielsweise gibt es Personen, die unter einer Penicillin-Allergie leiden. Obgleich der Wirkstoff also bei der richtigen Dosierung den Menschen oft helfen kann, ist er nicht *an sich* gut, da er für jemanden, der allergisch darauf reagiert, giftig ist.

Nach der Erforschung der fundamentalen Natur der phänomenalen Welt ist der Buddhismus zu dem Schluss gekommen, dass diese Eigenschaften dem Objekt nicht inhärent sind, sondern durch bestimmte Beziehungen zwischen Phänomenen entstehen. Hitze kann nur in Relation zu Kälte definiert werden, hoch in Beziehung zu tief, das Ganze in Beziehung zu seinen Teilen, ein geistiges Konzept in Relation zu seiner Zielsetzung etc. Was für den einen eine heilsame Substanz darstellt, kann für den anderen Gift sein, oder – wie bei Herzpatienten die Digitalisglykoside – in kleinen Mengen als Medikament wirken und in großen Mengen zur Vergiftung führen. Das trifft auch auf die grundlegende Quantenebene zu, da Elementarteilchen keine lokalen Eigenschaften haben – eine Auffassung, die Einstein großes Kopfzerbrechen bereitet hat und sich dann doch als wahr herausstellte.

All das trifft umso mehr zu, wenn es um Urteile geht – schön oder hässlich, erstrebenswert oder verhasst. Dennoch vergegenständlichen wir die Welt, schreiben den Dingen, die uns umgeben, intrinsische Eigenschaften zu und reagieren entsprechend in einer unangemessenen Weise, die letztendlich Leiden hervorruft. Darum geht es mir. Eine gültige Erkenntnis sollte der in jeder Hinsicht gründlichsten Analyse standhalten. Die augenscheinlichen Eigenschaften der Phänomene tun das nicht. Es besteht ein Unterschied zwischen den augenscheinlichen, das heißt relativen, und bedingten Eigenschaften und den intrinsischen Eigenschaften, aber den ignorieren wir normalerweise. Allerdings ist diese Unterscheidung nicht bloß akademisch – sie zu ignorieren bringt uns dazu, auf eine Art und Weise zu handeln, die nicht mit der Realität übereinstimmt und daher dysfunktional ist.

WS Wenn du eine »in jeder Hinsicht gründliche Analyse« durchführst, beinhaltet das auch Experimente?

MR Unter Umständen ja. In dem Beispiel, das du anführtest, würde das Experiment darin bestehen, bei einer großen Anzahl von Testpersonen eine Doppelblindstudie zur Wirkung von Penicillin beziehungsweise eine andere über die Wirkung homöopathischer Medizin durchzuführen. Sie würden zu dem erwähnten Ergebnis führen, nämlich dass Penicillin eine aktive Substanz ist, während homöopathische Heilmittel nicht weniger, aber auch nicht mehr helfen als Placebos. Das würde man als eine korrekte relative Wahrheit ansehen, denn sie ist eine gültige Erkenntnis über die phänomenale Welt. Doch ungeachtet der Ergebnisse der Studie bleibt Penicillin *letztendlich* ein flüchtiges Phänomen, dessen Eigenschaften von den Umständen abhängen.

WS Heißt das, wir sollten uns von der wahrgenommenen Realität lösen, also auch von der sozialen Realität mit ihren ethischen und moralischen Wertesystemen? Sollten wir uns von dem Glauben verabschieden, da draußen gäbe es irgendetwas von Bestand und Zuverlässigkeit, und uns mit der Einsicht begnügen, dass »in Wirklichkeit« keinerlei unveränderliche Eigenschaften existieren, weder bei unbelebten Objekten noch bei Pflanzen, Tieren oder Menschen? Was gewinnen wir, wenn wir uns von der Idee verabschieden, dass Dinge unveränderliche Eigenschaften besitzen, die uns erlauben, sie wiederzuerkennen und zu kategorisieren, und stattdessen die Sichtweise annehmen, dass Eigenschaften lediglich Zuschreibungen sind und sich ständig kontextabhängig verändern? Keine Eigenschaften mehr zuzuschreiben ist eine mögliche Strategie, um die Falsifikation zu vermeiden, weil richtig und falsch dann keinen fundamentalen Widerspruch mehr darstellen. Jedoch sehe ich nicht, warum dieser Relativismus dabei helfen sollte, Irrglaube und Leiden zu vermeiden.

MR Was du beschreibst, würde eher dem Extrem des Nihilismus entsprechen. Der Buddhismus erkennt die Wirkung der Kausalgesetze an und akzeptiert die Idee, dass gewisse Eigenschaften oder Charakteristika einiger Phänomene auf der relativen Ebene einige Zeit währen könnten, so dass wir uns auf sie verlassen können, wenn es darum geht, im alltäglichen Leben zurechtzukommen. Beispielsweise sind Stein und Holz lange genug stabil, um daraus Häuser bauen zu können. Und doch trifft es zu, dass sie im Prinzip vergänglich sind. Dasselbe Stück Holz, in dem wir einen nützlichen Stuhl sehen, ist für eine Termite eine wichtige Nahrungsquelle. Und irgendwann wird es zu Staub zerfallen. Sogar im jetzigen Zustand besteht Holz im Grunde nicht aus »Holz«-Material, sondern aus Teilchen oder Quarks. Aus der Perspektive der Quantenphysik betrachtet, ist es das Ergebnis unfassbarer Quantenereignisse. Alles hängt immer davon ab, wie man es betrachtet. Obwohl wir ein Werkzeug aus Holz lange Zeit fachgerecht und sinnvoll benutzen können, hat es letztlich keine intrinsische Existenz. Daher steht die relative, herkömmliche Wahrheit nicht im Gegensatz zur ultimativen Wahrheit über das Wesen der Dinge. Letztere ist einfach die ultimative Natur der Ersteren.

Die Konklusion, dass Phänomene unbeständig und voneinander abhängig sind, ist das einzig mögliche Ergebnis einer sorgfältigen logischen Untersuchung. Jede gegenteilige Aussage von der Art, dass es dauerhafte oder mit intrinsischen Eigenschaften ausgestattete Gegenstände geben muss – ob sich das nun auf atomare Teilchen, auf das Konzept der Schönheit oder auf die Existenz eines Schöpfergottes bezieht –, kann einer solchen Untersuchung nicht standhalten.

Was hat das mit der Minderung von Leiden zu tun? Nun, wenn du die Erscheinungen mit der Realität verwechselst, also das tust, was buddhistische Schriften »Dinge ohne Analyse und Untersuchung fröhlich als gegeben nehmen« nennen, dann bekommst du Probleme, denn mit der Realität über Kreuz zu liegen wird unweigerlich zu der einen oder anderen Art von Störung führen. Hältst du beispielsweise hartnäckig an etwas fest, weil du davon

ausgehst, dass es lange währt, dass es wirklich dir gehört und dass es an und für sich erstrebenswert ist, gehst du nicht nur an der Realität vorbei, sondern bringst dich in eine sehr heikle Situation, denn alle deine Beziehungen zu diesem Objekt, das du besitzen willst, sind verzerrt. Daraus erwachsen Frustration und Leid, wenn sich herausstellt, dass dieses Objekt in der Tat vergänglich ist, dass es zerstört werden oder verloren gehen und dass es nie wirklich dein sein kann. Vielleicht erscheint es dir auch plötzlich nicht mehr erstrebenswert, weil sich deine Projektionen ganz einfach ins Gegenteil verkehrt haben.
Wenn du auf der anderen Seite denkst »Phänomene erscheinen als voneinander abhängige Ereignisse, bar jeder autonomen, inhärenten Merkmale und Existenz«, wirst du weniger dazu tendieren, dich auf Objekte in einer Art zu beziehen, die zu Enttäuschung und Leid führt, da dieses Verständnis mit der Realität übereinstimmt.

Die Realität konstruieren und dekonstruieren

WS Dein erkenntnistheoretischer Entwurf erinnert sehr an die Position des radikalen Konstruktivismus. Das Gehirn konstruiert auf Basis von vererbtem und erworbenem Wissen seinen Blick auf die Welt. Da verschiedene Gehirne über unterschiedliches Wissen verfügen, kommen sie möglicherweise zu unterschiedlichen Ansichten. Bis zu diesem Punkt würden Neurobiologen dem zustimmen. Wir nehmen die Welt so wahr, wie wir es tun, weil unsere Gehirne so sind, wie sie sind. Und da die genetisch vererbten und kulturell vermittelten kognitiven Schemata (Vorannahmen) recht ähnlich sind, neigen wir dazu, die Welt ähnlich wahrzunehmen. Aber du gehst noch einen Schritt weiter. Du sagst, dass ein wichtiger Grund für Leiden darin besteht, dass sich Menschen dieser Tatsachen nicht bewusst sind und weiterhin glauben, ihre Wahrnehmung spiegele die Realität wider. Sobald Wahrnehmungen differieren, wird infolgedessen angenommen, der jeweils andere sei im Unrecht, und die Versuche, ihn zu korrigieren, führen unvermeidlich zu Leid auf beiden Seiten. Gibt es also aus Sicht des Buddhismus weder richtig noch falsch, da der Konflikt ausschließlich zwischen konzeptuellen Zuschreibungen entsteht, die von vornherein nicht hätten gemacht werden sollen? Und ist es deswegen auch sinnlos, einander mit Argumenten überzeugen zu wollen?

MR Nicht ganz. Wenn diese Personen mit ihren unterschiedlichen Meinungen und Wahrnehmungen ihre jeweiligen Täuschungen dekonstruieren, dann können sie nicht anders, als über das richtige Verständnis des ultimativen Wesens der Phänomene übereinzukommen.

WS Gut, aber sie wären nicht in der Lage, ihre Wahrnehmungen zu dekonstruieren. Für sie ist das, was sie wahrnehmen, real. Jedoch würden sie auf einer Metaebene einer Meinung sein und zustimmen, dass die Objekte der wahrnehmbaren Welt, ungeachtet unserer idiosynkratischen Perspektiven, unbeständig, frei von intrinsischen Qualitäten und nur durch ihre Beziehungen untereinander definiert sind.

MR Vielleicht nehmen die Leute die Realität immer noch als, sagen wir, nichts anderes als eine optische Täuschung wahr. Aber sie werden zugleich erkennen, dass es sich um eine Illusion handelt, die nicht das wahre Wesen des betrachteten Objekts wiedergibt. Das Ziel besteht nicht darin, sich auf bestimmte Sinneswahrnehmungen zu einigen, sondern zu verstehen, dass diese Wahrnehmungen das Ergebnis der Konstruktion einer fiktionalen Realität sind. Jeder kann sich von Täuschungen bezüglich seines Realitätsverständnisses befreien.

WS Anders gesagt, sie würden also weiterhin sehen, was sie sehen, doch wären sie sich der Tatsache bewusst, dass es nicht der einzige Weg ist, es so zu sehen. Diese erkenntnistheoretische Haltung durchdringt auch den Großteil der abendländischen Philosophie und stimmt ganz und gar mit dem überein, was wir über die neurobiologischen Grundlagen der Wahrnehmung wissen.

MR Ja, das stimmt. Aber damit ist es nicht getan. Diese Personen würden darüber hinaus akzeptieren, dass ihre Art, die Welt zu sehen, »gemacht«, also fabriziert ist. Analytische Meditation und Bewusstseinstraining würden es ihnen erlauben zu erkennen, dass es ihre Angewohnheiten sind, die sie dazu veranlassen, den Objekten bestimmte Qualitäten zuzuschreiben, obgleich diese Eigenschaften keine unabänderlichen Merkmale dieser Objekte sind. Je mehr man übt, desto klarer sieht man das. Und irgendwann versteht man, dass die kognitiven Prozesse, die sich in unserem Geist abspielen, konstruiert sind. Dann wiederum kann man sich leichter vom Besitzenwollen, von Zu- und Abneigungen lösen und größere innere Freiheit erlangen.

WS Mich fasziniert der Gedanke, dass das Gehirn, indem es Einsicht kultiviert, dazu in der Lage sein soll, eine Ebene von Metakognition zu erreichen, die es ihm erlaubt, die Beschaffenheit seiner eigenen kognitiven Prozesse zu entdecken. Mit »Metakognition« meine ich den Prozess, bei dem das Gehirn seine kognitiven Fähigkeiten gewissermaßen auf sich selbst anwendet, also nicht auf Objekte in der äußeren Welt richtet, sondern um seine eigenen Tätigkeiten zu erforschen. Die Architektur des menschlichen Gehirns dürfte solche Metakognition zulassen, denn die mehrschichtige Struktur des Gehirns, sein hierarchischer Aufbau, erlaubt es ihm prinzipiell, seine kognitiven Fähigkeiten zu verwenden, um hirninterne Prozesse einer genaueren Untersuchung zu unterziehen.

MR Du kannst etwas als permanent wahrnehmen und gleichzeitig verstehen, dass es durch und durch vergänglich ist. Wenn dir das gelingt, kannst du damit aufhören, dem, was du siehst, bestimmte, unveränderliche Qualitäten zuzuschreiben – und wirst nicht auf irrige Art und Weise reagieren. Die Welt der Erscheinungen zu dekonstruieren hat etwas Befreiendes. Man ist nicht mehr in seinen eigenen Wahrnehmungen verstrickt und hört auf, die Welt der Phänomene zu vergegenständlichen. Dies hat tiefgreifende Auswirkungen auf die Art und Weise, wie man die Welt wahrnimmt, und infolgedessen auch auf die eigene Erfahrung von Glück und Leid.

Sind alle mentalen Konstruktionen demaskiert, nimmt man die Welt als einen dynamischen Fluss von Ereignissen wahr und hört auf, die Realität auf irrige Weisen einfrieren zu wollen. Das Wasser/Eis-Beispiel illustriert das sehr schön. Gefriert Wasser, bildet es feste Formen, die dir in die Hand schneiden. Du kannst dir auch die Knochen brechen, wenn du darauf fällst. Nun könnte man annehmen, dies sei das wahre Wesen des Wassers: Es hat eine bestimmte Gestalt, es ist hart etc. Es lässt sich außerdem in verschiedene Formen bringen – etwa die einer Blume oder eines Schlosses. Du kannst die Statue eines geliebten Menschen oder das Ebenbild einer Gottheit daraus modellieren. Ich habe sogar mal jemanden auf Eisinstrumenten Musik spielen hören! Doch sobald es warm wird, schmelzen all diese verschiedenen, klar definierten Formen zu genau derselben Flüssigkeit zusammen, zu demselben formlosen Wasser. Sieht man eine Blume aus Eis und hat diese Erkenntnis vor Augen, dann ist man sich vollkommen darüber im Klaren, dass ihr Wesen unbeständig ist, dass nichts Intrinsisches an ihr ist, weder in ihrer Qualität als »Blume« noch als »Schönheit«. Weder ist Wasser eine Blume, noch ist es ein Schloss oder ein Gott. Wasser ist ein dynamischer Fluss, der temporär eine scheinbar stabile Gestalt annehmen kann. Dasselbe gilt für die Realität: Wenn wir davon ablassen, sie sozusagen einzufrieren, setzen wir uns nicht mehr der Gefahr aus, sie als etwas Stabiles zu verdinglichen, das mit einem wahren, intrinsischen Wesen ausgestattet ist, und werden nicht in die Irre geführt.

WS Damit ist die Erfahrung einer sich stets wandelnden Welt gemeint, die niemals in ihren vergangenen Zustand zurückkehren wird. Aber da es genau das ist, was sie ausmacht, hat sie also doch eine sehr konkrete Eigenschaft, die sie übrigens mit dem Gehirn teilt. Auch dieses verändert sich ständig und wird niemals wieder denselben Zustand einnehmen. Diese permanente Abfolge sich nie wiederholender Zustände ist wahrscheinlich der Grund, warum wir die Zeit als gerichtet wahrnehmen.

Aber warum sagst du »wahr«? Warum sollte das sich stets verändernde Wasser wahrer sein als eine Statue von Buddha, die aus Eis oder Stein besteht? Die Differenzierung zwischen Eis, flüssigem Wasser und Dampf ist für das Verständnis der Eigenschaften von Materie ja ganz fundamental, denn sie beschreibt verschiedene Aggregatzustände derselben molekularen Bestandteile. Was bedeutet »wahr« in diesem Zusammenhang?

MR Das eine ist nicht wahrer als das andere. Weder Wasser noch Eis verfügen über eine wahre Existenz. Wahr hingegen ist, dass all diese Aspekte – Festigkeit, Flüssigkeit, Form – unbeständig sind. Wasser lässt sich in Moleküle und Elementarteilchen und diese wiederum in bloß miteinander verbundene Ereignisse, Quantenwahrscheinlichkeiten, dekonstruieren, aber nicht in »Dinge«, die für sich allein stehen können.

Zu diesem Verständnis kommst man durch eine tiefschürfende Untersuchung der Funktionsweise seines eigenen Gehirns, und sie gelingt nur, wenn der Geist klar und gefestigt genug ist, um Introspektion sowie Logik rigoros einzusetzen und so unsere naive Auffassung der Realität zu dekonstruieren.

WS Ich finde es einigermaßen überraschend, dass kontemplative Methoden zu Einsichten in das Wesen der Welt führen, die unseren Primärwahrnehmungen widersprechen.

MR Das gilt nicht nur für kontemplative Methoden! In der Physik zum Beispiel haben Einsteins Gedankenexperimente und seine visionären Einsichten dazu geführt, die Relativitätstheorie zu formulieren, die ebenfalls unserer Primärwahrnehmung widerspricht. Letzteres trifft auch und sogar noch mehr auf die Quantenphysik zu.

WS Aber im Fall der Physik waren es experimentelle Befunde, die zur Formulierung neuer, kontraintuitiver Erklärungsmodelle zwangen. Intuition und Introspektion haben sich als wenig effektiv für das Verständnis von Phänomenen erwiesen, die sich nicht direkt unseren Sinnen darbieten. Das gilt auch für die Organisation und Funktionsweise unseres eigenen Gehirns. Über dieses erkenntnistheoretische Problem werden wir früher oder später noch reden müssen. In der Wissenschaft folgen wir bestimmten Regeln oder Strategien, um zu validieren, was wir für zutreffend halten. Wir postulieren Reproduzierbarkeit, Vorhersagbarkeit, Reliabilität, Widerspruchsfreiheit. Bei der Theorienbildung spielen sogar ästhetische Kriterien wie Eleganz und Einfachheit eine Rolle – wir halten einfache Erklärungen für vertrauenswürdiger und aussagekräftiger als komplexe, verwickelte Argumente. Es leuchtet mir ein, dass man zu Erkenntnissen kommen kann, indem man die Art und Weise erforscht, wie der eigene Geist arbeitet. Aber wie können wir diesen Prozess validieren? Wie kann man anderen vermitteln, dass die durch Introspektion gewonnenen Erkenntnisse zuverlässig sind? Und was bedeutet »richtig« in diesem Kontext? Das würde mich interessieren.

Die introspektiven Werkzeuge verfeinern

MR Nehmen wir erneut das Teleskop als Beispiel. Wenn wir durch ein Teleskop nur undeutlich sehen, kann das zwei Gründe haben: Entweder ist die Linse verschmutzt oder nicht fokussiert, oder das Teleskop steht nicht stabil und wackelt. Wenn also entweder Klarheit oder Stabilität (oder beides) fehlt, kann man den beobachteten Gegenstand nicht klar erkennen.

WS Klar, beim Teleskop ist das eindeutig. Es gibt objektive Kriterien dafür, wann ein Abbild scharf und kontrastreich ist. Bei modernen Kameras werden diese Kriterien dazu genutzt, den Fokus automatisch einzustellen. Aber im Fall der Introspektion? Wie sehen da die Kriterien aus? Wie fühlt es sich an, wenn das Kognitionsinstrument richtig eingestellt ist?

MR Nun, man muss auch das »geistige Teleskop« schärfer fokussieren und für Klarheit und Stabilität sorgen.[9] Lange Zeit war die Introspektion verrufen, denn die Probanden, die an den Laboruntersuchungen teilnahmen, waren meist abgelenkt. Ablenkung sorgt für einen unbeständigen Geist. Darüber hinaus mangelt es einem ungeübten Geist an derjenigen Klarheit, die ihn deutlich erkennen lässt, was in ihm passiert. Ob zerstreut oder kognitiv getrübt – der Geist ist dann nicht imstande, eine richtige Introspektion durchzuführen.

WS Die beiden Kriterien lauten also Stabilität und Klarheit?

MR Ja. Sicherlich »fühlt« – um deinen Begriff zu verwenden – es sich anders an, wenn der Geist aufgeregt, abgelenkt und trüb ist, als wenn er stabil und kristallklar ist. Ein klarer und ruhiger Geist führt nicht nur zu innerem Frieden, sondern auch zu tieferen Einsichten in das Wesen der Realität und des Geistes an sich. Das sind keine Einbildungen, sondern genau definierte geistige Zustände, die immer und immer wieder erfahren werden können.

WS Gilt wie in der Naturwissenschaft die Reproduzierbarkeit ebenfalls als Kriterium?

MR Wann immer jemand, dessen Geist nicht ständig von einem Gedankenwirbel fortgerissen wird, einen bestimmten Geistesaspekt mittels Introspektion untersucht, kommt er gewöhnlich zu sehr ähnlichen Ergebnissen und Einsichten. Das ist bei Personen, deren Geist unruhig und abgelenkt ist, nicht der Fall.

WS In wissenschaftlicher Terminologie wäre das die Minimierung von Rauschen, die Stabilisierung des eigenen kognitiven Systems.

MR Richtig. Man muss sowohl die geistige Unklarheit als auch die Unruhe loswerden.

WS Ist das eine Fertigkeit, die dein »inneres Auge« entwickeln kann?

MR Ja – durch ständiges Training. Es gibt viele Techniken und meditative Übungen, die einem dabei helfen können, einen klaren und stabilen Geist zu erlangen. Wenn du deinen Geist derart trainierst, nimmst du mentale Phänomene nicht nur präziser wahr und verstehst sie besser. Du begreifst auch, dass die Grenze zwischen geistigen Ereignissen und äußeren Phänomenen nicht so klar ist, wie sie scheint. Es ist ein phänomenologischer Ansatz, denn der Gegenstand der Untersuchung ist die eigene Erfahrung. Doch was sollte man auch sonst erforschen können? Deine Erfahrung ist deine Welt.

WS Würdest du also dazu raten, die persönliche Einsicht, den Blick nach innen, zu stärken und Einflüssen aus der Umwelt zu widerstehen?

MR Du wirst natürlich immer noch alle äußeren und inneren Phänomene wahrnehmen – sogar noch plastischer, mit bestechender Klarheit, weil du aufgehört hast, ihnen mentale Konstruktionen aufzupfropfen. So erzielen geübte kontemplative Menschen im Unterschied zu ungeübten einen intersubjektiven Konsens. Es ist wie bei Mathematikern, ich hatte das schon erwähnt, die eine ähnliche Ausbildung genossen haben. Sie verstehen einander, weil sie zu ähnlichen Schlussfolgerungen kommen und dieselbe Sprache sprechen. Als Nichtmathematiker ist es hingegen ziemlich schwierig, auch nur zu begreifen, worüber sie reden, geschweige denn ihren Diskussionen zu folgen. Ebenso kommen geübte kontemplative Menschen zu ähnlichen Schlüssen über das Wesen des Geistes und über die Tatsache, dass Phänomene vergänglich und interdependent sind. Diese verifizierbare intersubjektive Übereinstimmung verleiht ihren Einsichten Gültigkeit.

Erfahrung aus der Perspektive der ersten, zweiten und dritten Person

WS Mathematiker können einen Stift zur Hand nehmen, eine Formel niederschreiben und dann mittels logischer Regeln einen Beweis entwickeln. Wie können du und dein Lehrer wissen – und ich gehe davon aus, dass du einen Lehrer brauchst, um dein Instrument, dein inneres Auge, dein Mikroskop richtig einzustellen –, dass du auf dem richtigen Weg bist?

MR Mithilfe dessen, was Francisco Varela, Claire Petitmengin und andere aus den Kognitionswissenschaften die Zweite-Person-Perspektive nennen. Die Zweite-Person-Perspektive geht mit einem tiefschürfenden, gut strukturierten Dialog zwischen dem Subjekt, dem Schüler oder der Versuchsperson, und einem Experten einher. Letzterer übernimmt die Führung, stellt angemessene Fragen und ermöglicht es dem Subjekt, seine oder ihre Erfahrungen minutiös zu beschreiben.

In der tibetischen Tradition beispielsweise berichtet der Meditierende seinem Lehrer hin und wieder von seinen Meditationserfahrungen. Die zweite Person ist hierbei nicht bloß ein versierter Psychologe, sondern auch ein extrem erfahrener Meditierender.

Seine in jahrelanger Übung gewonnene Erfahrung kulminiert in profunden, klaren und stabilen Einsichten in das Wesen des Geistes – wir nennen es auch spirituelle Erkenntnis oder Vollendung. Aufgrund dieser umfangreichen Erfahrung kann ein qualifizierter Lehrer erkennen, wie es um die Qualität der meditativen Praktiken seines Schülers bestellt ist und ob dieser echte Fortschritte macht oder nur Selbsttäuschungen erliegt.
Wenn du mich jetzt fragst, »Wie lässt sich die Gültigkeit solcher Beurteilungen aus der Dritte-Person-Perspektive überprüfen?«, dann lautet die Antwort: Du kannst das alles selbst nachprüfen! Es geht allerdings nicht ohne Übung. In der Wissenschaft ist es doch ähnlich. Hat man wenig Ahnung von Physik und Mathematik, wendet man sich zunächst an die Experten, weil man annimmt, ihr Wissen sei verlässlich. Warum sollte man ihnen glauben? Nun, zu Beginn vertraut man ihnen, weil sie sich einig sind, nachdem sie ihre Resultate wechselseitig sorgfältig geprüft haben. Aber das ist noch nicht alles. Man weiß ja auch, dass man das alles selbst nachprüfen könnte, würde man die Fächer gründlich studieren. Man muss diesen Experten nicht ewig blindlings vertrauen, was wirklich äußerst unbefriedigend wäre.
Meditation ist zwar keine Mathematik, aber durchaus eine »Wissenschaft des Geistes«, die mit Strenge, Beharrlichkeit und Disziplin betrieben wird.[10] Kommen folglich erfahrene Meditierende zu ähnlichen Schlussfolgerungen hinsichtlich der Arbeitsweise des Geistes, haben ihre kumulierten Erfahrungen ein vergleichbares Gewicht wie die von Mathematikexperten. Solange man sich nicht persönlich mit den Nachforschungen befasst und eigene Erfahrungen sammelt, wird es immer eine Kluft zwischen dem geben, was einem gesagt wird, und dem, was man durch eigene Erfahrung weiß. Diese Diskrepanz lässt sich aber durch Ausweitung der eigenen Expertise Schritt für Schritt überwinden.

WS Trifft dies nicht auf alle derartigen Strategien zu? Man muss sich auf bestimmte Kriterien, bestimmte Prozeduren einigen, um Wissen zu erlangen, und dann geht man an die Erforschung, um sich am Ende zusammenzusetzen und herauszufinden, ob man zu einem Konsens kommt.

MR Es scheint mir angemessen, von einer »kontemplativen Wissenschaft« zu sprechen, denn es geht nicht um vage Beschreibungen, die auf bloßen Eindrücken basieren. Man findet in der entsprechenden tibetischen Literatur ganze Abhandlungen, die unterschiedliche Vorgehensweisen für die Analyse des Geistes erläutern und eine detaillierte Systematik der verschiedenen Arten geistiger Ereignisse bieten. Darüber hinaus beschreiben sie Gedankenprozesse und wie Begriffe gebildet werden, was die Qualitäten reiner Achtsamkeit sind etc. Diese Abhandlungen lehren Meditierende auch, wie sie es vermeiden können, flüchtige Erfahrungen fälschlicherweise als echte Erkenntnisse zu deuten. All diese Phänomene werden von Leuten beschrieben, die zu tiefgründigen Einsichten in das gelangt sind, was sich in ihrem Geist abspielt. Man mag einwenden, dass sie sich alle selbst täuschen. Aber es wäre schon ein bisschen merkwürdig, davon auszugehen, dass eine Schar von außerordentlich scharfsinnigen Menschen, die ihre Fähigkeiten zur Introspektion in höchstem Maße verfeinert haben, sich zu verschiedenen historischen Zeiten und an verschiedenen Orten auf genau dieselbe Weise getäuscht haben, unbedarfte Laien mit einem unsteten und verwirrten Geist hingegen irgendwie über ein verlässlicheres Bild der Arbeitsweise des Geistes verfügen.

Daher ermunterte Buddha kontemplative Menschen dazu, emsig zu üben. Er sagte: »Ich habe euch einen Pfad gezeigt, es ist an euch, ihn zu gehen. Glaubt nicht das, was ich sage, einfach aus Respekt vor mir, sondern betrachtet die Wahrheit sehr kritisch, als würdet ihr die Reinheit eines Stück Goldes überprüfen, indem ihr es auf einem flachen Stein reibt, darauf schlagt und es schmelzt.« Wir sollten die Dinge nicht als gegeben hinnehmen, ohne sie selbst zu verifizieren.

Einige Sachverhalte sind der eigenen Erkenntnis nicht zugänglich; manche entziehen sich der direkten Erfahrung für immer. Sprechen Gläubige einer theistischen Religion beispielsweise vom »Geheimnis Gottes«, akzeptieren sie die Tatsache, dass ihre begrenzte, unvollkommene Erfahrungsfähigkeit nie ausreichen wird, das Wesen Gottes umfassend zu begreifen. Der Buddhismus sagt, dass sich zwar gewisse Aspekte der Realität unseren kognitiven Fähigkeiten, so wie sie gegenwärtig beschaffen sind, verschließen, aber er sagt auch, dass das keinesfalls für immer so bleiben muss. Was uns heute unklar ist, kann in der Zukunft mittels Untersuchung und Training vollkommen verständlich sein.

WS Das würde auch bedeuten, dass diejenigen, die diese geistigen Übungen nicht ausführen, sich nicht auf ihre Intuitionen, ihre unmittelbaren introspektiv gewonnenen Urteile verlassen sollten, weil sie ihr Instrument nicht gestimmt haben. Sie müssen alle als naiv und durch verzerrte Wahrnehmungen in die Irre geführt gelten.

MR Ja, aber sie verfügen über das nötige Potenzial, ihren Geist zu trainieren. Sie bleiben nur naiv, solange sie ihr Verstehenspotenzial nicht ausschöpfen.

WS Angesichts der Tatsache, dass die meisten von uns tatsächlich einen ungeübten Geist besitzen und nur eine kleine Minderheit den Prozess der Schärfung ihrer inneren Augen beziehungsweise Mikroskope durchlaufen hat, mutet das recht deprimierend an. Seit der Aufklärung haben wir uns im Westen auf die Wissenschaft als effiziente Wissensquelle konzentriert. Aber da wir alle naiv sind – große Denker wie Platon, Sokrates und Kant eingeschlossen –, wie können wir da unseren Ergebnissen und Schlussfolgerungen trauen? Das erinnert mich an ein merkwürdiges Rätsel, das demonstriert, wo die Einsichten von Introspektion und Wissenschaft auseinandergehen können. Denk an die zahlreichen und ganz unterschiedlichen Theorien über die Struktur unserer Gehirne, die aufgrund von Introspektion und des Studiums des Verhaltens von entsprechenden Gegenübern entwickelt wurden. Wie sich herausstellt, sind diese Theorien mit dem, was wir beobachten, wenn wir kognitive Funktionen mit den quantitativen Methoden der Psychologie untersuchen und das Gehirn wissenschaftlich erforschen, nicht vereinbar. Meines Wissens trifft dies auf alle vorwissenschaftlichen Theorien über das Gehirn zu, ganz egal, ob sie im Rahmen von östlichen oder westlichen Philosophien entstanden sind. Kommt diese Diskrepanz daher, dass unsere Intuitionen schlicht naiv, weil untrainiert sind? Wäre das der Fall, so ist zu erwarten, dass die sozusagen mental Austrainierten, die also ihren inneren Blick geschärft haben, möglicherweise zu valideren Schlussfolgerungen über die Funktionsweise ihres Gehirns gelangen. Buddhisten mit einem derart geübten Geist sollten die Funktionsweise ihres Gehirns »realistischer« erfassen, als es dem untrainierten westlichen introspektiven Verstehen möglich ist. Oder gilt im Allgemeinen, dass Introspektion und Nachdenken über das bei der Innenschau »Gesehene« keine tauglichen Instrumente sind, um zu erkennen, wie die Gehirne funktionieren, die sich da zu erforschen suchen?

MR Vielleicht sollte man es besser so formulieren: Ein Experte auf dem Gebiet der Kontemplation erfährt die Arbeit seines *Geistes* auf realistischere Weise als eine darin ungeübte Person. Die so gewonnenen Erfahrungen sind aber nicht auf spezielle Gehirnareale bezogen – man geht also nicht so vor wie ein fMRT-Gerät. Ob naiver Selbstbeobachter oder versierter Meditierender: In beiden Fällen kann man – wie du sehr wohl weißt – das Gehirn normalerweise überhaupt nicht spüren, geschweige denn wissen, was in seinen verschiedenen Arealen und Netzwerken abläuft. Gleichwohl haben in den letzten knapp 15 Jahren Vertreter der kontemplativen Wissenschaften und Gehirnforscher immer stärker zusammengearbeitet und gezeigt, dass sich die beiden Felder wechselseitig befruchten und die Perspektiven der ersten und der dritten Person zueinander in Beziehung gesetzt werden können.

Mit dem Erste-Person-Ansatz kann also selbst ein Meditierender nicht unmittelbar feststellen, welche Gehirnareale für das Mitgefühl oder die konzentrierte Aufmerksamkeit eine Rolle spielen. Allerdings ist er sich seiner kognitiven Prozesse hochgradig bewusst, weiß, wie sie ablaufen, wie sich Gedanken entwickeln, wie Gefühle aufkommen und wie man diese ausgleichen und kontrollieren kann. Der Meditierende verfügt auch über eine Erfahrung, die als *reines Gewahrsein* bekannt ist. Damit ist ein sehr klarer und luzider Bewusstseinszustand ohne mentale Konstrukte und automatisch aufkommende Gedanken gemeint. Er begreift vielleicht auch, dass es im Geist keine zentrale, autonome

Instanz namens »Selbst« gibt, was meines Erachtens mit der Sichtweise der Neurowissenschaften sehr gut übereinstimmt. Die kontemplative Neurowissenschaft, ein noch recht junges Forschungsgebiet, untersucht, wie kontemplatives Wissen und die Beherrschung des Geistes mit spezifischen Gehirnaktivitäten in Beziehung stehen und ob der Meditierende möglicherweise in der Lage ist, diese zu überwachen und willentlich zu beeinflussen. Die Erfahrungen von Meditierenden können hierbei auch genutzt werden, um Befunde zur Funktionsweise des Gehirns besser interpretieren zu können, insbesondere wenn diese Gefühle, Wohlbefinden, Depressionen und andere intensive Geisteszustände betreffen.

Ein Arzt und eine Heilmethode

MR Wenn man sagt, die meisten von uns würden in gewisser Weise Täuschungen unterliegen, so bringt man damit genau genommen keine pessimistische Haltung zum Ausdruck, denn es gibt ja einen Ausweg. Wir sitzen nicht in einer Sackgasse fest. Der Arzt, der eine Krankheit oder eine Epidemie diagnostiziert, ist kein Pessimist. Er weiß, dass ein großes Problem besteht, aber er weiß auch, dass es Ursachen hat, die identifiziert werden können. Und womöglich gibt es sogar eine Heilmethode für diese Beschwerden. In den buddhistischen Schriften wird Buddha häufig mit einem erfahrenen Arzt verglichen. Fühlende Wesen entsprechen den Kranken, seine Lehren sind das Rezept und die Umsetzung dieser Lehren ist die Behandlung. Weil der Geist über das Potenzial verfügt, sich zu verändern und sich selbst von der Täuschung zu heilen, um so die Realität wahrzunehmen, wie sie ist, gibt es keinen Grund, schwarz zu sehen.

WS Die Realität, von der du sprichst, ist also im Wesentlichen ein innerer Zustand, der frei von Täuschung und falschen Vorstellungen ist, da eine wirkliche, äußere Realität nicht existiert.

MR Es geht um die Realität, das Wesen der reinen Bewusstheit ebenso zu erkennen wie das Wesen des Leids und seiner Ursachen – der mentalen Gifte –, und die Möglichkeit, sich dieser Ursachen zu entledigen, indem man Weisheit kultiviert. Dazu gehört aber auch, die äußere Realität in angemessener Weise wahrzunehmen, nämlich als voneinander abhängige Ereignisse, frei von intrinsischer Existenz. Es geht nicht darum, detaillierte Informationen über alles Mögliche zu sammeln, indem man die Feinheiten der natürlichen phänomenalen Realität untersucht, wie es die Wissenschaften tun. Um grundlegendes Unwissen und Leiden auszuräumen, muss man das fundamentale Wesen der Phänomene verstehen. Darum geht es eher.

Nicht jedes Wissen ist gleichermaßen nützlich, um Leiden zu vermeiden. Es gab einmal einen sehr wissbegierigen Menschen, der Buddha fortwährend zahllose Fragen zu allen möglichen Themen stellte, zum Beispiel, ob das Universum endlich oder unendlich sei. Anstatt zu antworten, hüllte sich Buddha häufig in Schweigen. Bei einer dieser Gelegenheiten nahm er eine Handvoll Blätter und fragte seinen Gast: »Wo sind mehr Blätter: In meiner Hand oder im Wald?« Der Neugierige stutzte ein wenig und gab dann als Antwort: »Natürlich sind weniger Blätter in deiner Hand.« »Besteht dein Ziel darin, das Leiden zu beenden und Erleuchtung zu erlangen, ist manches Wissen so nützlich wie nötig, anderes hingegen nicht«, erwiderte Buddha. Es mag zahllose Dinge geben, die an und für sich gewiss interessant sind – die Temperatur der Sterne oder wie sich Blumen fortpflanzen, beispielsweise –, aber sie sind nicht unmittelbar relevant, wenn es darum geht, das eigene Leben von Leid zu befreien. Nicht alle Informationen haben denselben Wert. Welchen sie haben, hängt auch von dem Zweck ab, den du verfolgst.

WS Ich glaube, wir sind uns darin einig, dass sich moralische Werte nicht allein aus den Ergebnissen wissenschaftlicher Forschung ableiten lassen. Die Wissenschaft hilft uns dabei, zwischen korrekten und falschen Interpretationen des Beobachtbaren zu unterscheiden, aber sie befreit uns nicht von der Bürde, moralische Urteile zu fällen.

MR Das ist auch nachvollziehbar, denn in der Wissenschaft geht es erst einmal nicht um solche moralischen Werte. Durch die Naturwissenschaft gewonnene Erkenntnisse sind erst einmal moralisch neutral, es hängt alles davon ab, wie wir sie nutzen. Im Gegensatz dazu ist es das primäre Ziel des Buddhismus, sich vom Leiden zu befreien, und dieses Unterfangen hat offenkundig eine ethische Dimension.

WS Ist es also möglich, durch Introspektion und mentale Übungen Erkenntnisse zu gewinnen, aus denen sich Werte ableiten lassen? Ich habe den Eindruck, dass Werte aus kollektiven Erfahrungen hervorgehen und sich entweder in religiösen Geboten oder in Rechtssystemen niederschlagen. Gemeinschaften haben über Generationen hinweg durch Ausprobieren herausgefunden, welche Einstellungen und Handlungen Leiden verstärken und welche es mindern. Daraus haben sie Verhaltensregeln entwickelt und damit ihre gesammelte Erfahrung kodifiziert. Diese Regeln wurden entweder als Wille Gottes projiziert oder als Teil eines normativen Systems etabliert. Damit wurden sie verbindlich und sicherten den Gehorsam der Mitglieder der Gemeinschaft. In beiden Fällen waren Belohnung und Bestrafung häufig die Mittel der Wahl, um den Gehorsam zu sichern.

MR Du fragst, ob sich mit kontemplativen Methoden Werte gewinnen lassen. Nun, in manchen Fällen ist das möglich. Im Buddhismus, der sich auf keine göttliche Autorität beruft, besteht die Ethik aus einer Reihe von Leitlinien, abgeleitet aus empirischer Erfahrung und Weisheit, die einen davor bewahren sollen, anderen und sich selbst Leid zuzufügen. Buddha ist weder ein Prophet noch ein Gott oder ein Heiliger, sondern ein Erleuchteter. Ethik ist ja in Wahrheit die Wissenschaft von Freud und Leid, kein Regelwerk, das von einem göttlichen Wesen oder von dogmatischen Denkern proklamiert wird. Da es um die Vermeidung von Leid geht, werden mehr Weisheit und Mitgefühl sowie ein besseres Verständnis des Zusammenspiels von Freud und Leid und der Kausalgesetze diejenigen moralischen Prinzipien und Praktiken fördern, welche diesen Zweck mit höherer Wahrscheinlichkeit erfüllen.

Drei Aspekte buddhistischer Philosophie

WS Bisher haben wir uns mit drei Aspekten buddhistischer Philosophie beschäftigt – und bitte korrigiere mich, falls ich etwas missverstanden habe. Ein Aspekt ist die erkenntnistheoretische Position des Buddhismus, die ganz klar konstruktivistisch ist. Sie erklärt das meiste, was wir außerhalb unseres eigenen Geistes wahrnehmen, und bei ungeübten, naiven Menschen auch das meiste, was sie mit ihrem inneren Auge erfassen, zur Täuschung.

Der zweite Aspekt ist die Überzeugung, dass es möglich ist, das innere Auge durch Übung zu schärfen, um zu erfahren, worum es sich bei dem eigenen Geist und der Realität eigentlich handelt.

Schließlich – und das scheint der wichtigste Punkt und die Konsequenz aus den ersten beiden zu sein – drittens: Wenn das Ziel, den eigenen Geist zu reinigen, erreicht und die Wahrnehmung nicht mehr durch falsche Vorstellungen verzerrt ist, verändern sich die grundlegenden Persönlichkeitseigenschaften, und man wird zu einer besseren Person, die effektiver zur Verminderung von Leiden beitragen kann.

Folglich ist die buddhistische Philosophie zum einen eine ausgeklügelte Kognitionswissenschaft und zum anderen ein pragmatisches pädagogisches System. Anders als die westliche Erkenntnistheorie wird sie als experimentelle Disziplin betrachtet, die durch Meditation und mentales Training versucht, die Bedingungen unserer Kognition zu klären und damit die Essenz der Realität zu entdecken: Schärfe zunächst dein inneres Mikroskop und lerne dann etwas über die Welt.

Die westliche Naturwissenschaft behauptet nicht, aus ihren Beobachtungen moralische Werte ableiten oder aufgrund ihrer Befunde Verhaltensregeln formulieren zu können. Sie behauptet lediglich, dass moralische Entscheidungen in der Regel zu besseren Ergebnissen führen, wenn sie auf der Basis fundierten Wissens und rationaler Argumente getroffen anstatt von Aberglauben oder ideologischen Dogmen bestimmt werden. Zudem geht sie davon aus, dass Leiden gelindert werden können, wenn man deren Ursachen identifiziert und Mittel entwickelt, um diese zu beseitigen.

Die buddhistische Philosophie beansprucht für sich, die Kriterien experimenteller Wissenschaft anzuwenden, doch geht sie noch einen Schritt weiter: Sie verspricht, dass allein schon das Praktizieren dieser Philosophie wertvoll ist, dass sich Praktizierende zum Besseren ändern und dass allein dadurch Leiden verringert wird.

MR Das hast du sehr schön formuliert. Ja, der ganze buddhistische Ansatz hat einen ethischen Beiklang, da Wissen als Weg aus dem Leid genutzt wird. Dafür muss man die verschiedenen Handlungen, Worte und Gedanken, die Leid hervorrufen, von denen unterscheiden, die Erfüllung und Gedeihen mit sich bringen. Absolute Werte wie Gut und Böse gibt es nicht, nur das Leid oder das Glück, die unsere Gedanken, Worte und Handlungen anderen und uns selbst bescheren.

Werte haben auch etwas mit einem richtigen Verständnis von Realität zu tun. Beispielsweise würden wir sagen, dass das egoistische Verfolgen des eigenen Vorteils nicht mit der Realität übereinstimmt, weil es voraussetzt, wir könnten als eigenständige, einzelne Entitäten handeln, die sich nur um ihre eigenen Belange kümmern. Da dies jedoch nicht der Fall ist, muss ein solches Streben scheitern. Hingegen ist die wechselseitige Abhängigkeit aller Lebewesen und Phänomene voneinander die logische Basis für mehr Altruismus und Mitgefühl.[11] Gleichzeitig nach dem eigenen Glück und nach dem der anderen zu streben, hat mehr Aussicht auf Erfolg, weil es in Einklang mit der Realität steht. Selbstlose Liebe basiert auf dem Verständnis der engen Verflechtung aller Lebewesen und ihres Glücks, während Egoismus den Individualismus verschärft und die Kluft zwischen mir und den anderen immer weiter vergrößert.

WS Du sagst, dieses negative, Leid erzeugende Verhalten sei die Folge verzerrter Wahrnehmungen der Realität. In gewissem Sinne argumentierst du also – wie Rousseau –, dass die Realität im Kern gut ist. Ich bezweifle dies angesichts der Ambivalenzen, die menschliche Wesen ausmachen.

MR Die Realität ist weder gut noch schlecht, doch gibt es zutreffende und nichtzutreffende Arten, die Realität wahrzunehmen. Diese unterschiedlichen Herangehensweisen haben Konsequenzen: Ein Geist, der die Realität nicht verzerrt, wird ganz von selbst innere Freiheit und Mitgefühl erfahren, statt Gier und Hass zu spüren. Also, ja, wenn du mit dem, wie die Dinge wirklich sind, in Einklang bist, wirst du von selbst Verhaltensweisen annehmen, die dazu beitragen, Leid zu reduzieren. Geistige Verwirrung ist ein Schleier, der das wahre Wesen der Dinge verhüllt. In praktischer Hinsicht verhindert sie auch, diejenigen Verhaltensweisen zu erkennen, die es uns gestatten würden, unser Glück zu finden und Leiden zu vermeiden.

WS Wenn du in Einklang mit den wahren Bedingungen der Welt handelst oder, in meiner Sprache formuliert, wenn du ein zutreffendes Modell der Welt hast, dann wirst du selbstredend weniger Schwierigkeiten haben, weil weniger Widersprüche auftreten, weniger Konflikte.

MR Genau. Deshalb ist die Erforschung des Wesens der Wirklichkeit keine bloß intellektuelle Spielerei. Sie hat grundlegende Auswirkungen auf die Erfahrungen, die wir machen.

WS Folglich sollte jeder seine kognitiven Kompetenzen schärfen, um die Realität besser erkennen zu können aber auch die Bedingungen der Welt mit wissenschaftlichen Methoden zu erforschen trachten.

MR Erkennst du, dass die Realität interdependent und unbeständig ist, nimmst du automatisch die richtige Haltung ein und damit steigen deine Chancen, ein gedeihliches Leben zu führen. Bleibt diese Erkenntnis aus, geschieht, was Rabindranath Tagore so treffend beschrieb: »Wir lesen die Welt verkehrt und sagen, daß sie uns täuscht.«[12]

WS Ist das eigene Bild von der Welt richtig, wird man seltener mit Widersprüchen konfrontiert, trifft weniger falsche Urteile, geht besser mit den Fallstricken des Alltags um und fügt anderen weniger Leid zu. Man sollte also zusehen, ein realistisches Bild der Welt zu bekommen. Obwohl sich sowohl ihre Motive als auch ihre Strategien unterscheiden, haben doch alle Kulturen den Drang, die Welt zu erforschen und zu verstehen, glaube ich. Sicherlich ist ein Ziel dabei, Leid zu verhindern, doch gibt es auch noch andere. Diejenigen, die die Welt besser verstehen, können mehr Kontrolle über sie ausüben. Sie können über andere herrschen, sie haben privilegierten Zugang zu Ressourcen. Um es darwinistisch auszudrücken: Ein realistisches Bild von der Welt erhöht die Fitness.

Wissenschaft ist ein Weg, sich Wissen anzueignen. Ihre Ergebnisse können geteilt und Begründungen können transparent gemacht werden. Eine zweite Wissensquelle sind kollektive Erfahrungen. Häufig bleiben die Einsichten, die so gewonnen werden, unbewusst – man weiß etwas, aber woher das Wissen stammt, bleibt im Dunkeln. Dann gibt es noch die Strategie, die du erläutert hast, nämlich durch Introspektion und mentale Praktiken die eigene Situation zu erkennen. Und schließlich gibt es die evolutionäre, pragmatische Strategie, bessere Weltmodelle zu entwickeln. Der Mensch hat als kreatives Lebewesen die Möglichkeit, Modelle zu ersinnen und sie zu testen. Und wir können schließlich das Modell auswählen, das am besten für uns funktioniert. Wir können an den Modellen festhalten, die Leid vermeiden, und die fallenlassen, die es vergrößern.

MR Genau darum geht es.

WS Und man kann die Modelle optimieren –

MR – durch analytische Meditation, logische Schlussfolgerung und gültige Erkenntnis. Du kannst dieses tiefe Verständnis in die eigene Lebensweise integrieren, indem du dein inneres Verständnis immer wieder mit der äußeren Welt abgleichst und umgekehrt.

WS Das bedeutet also, dass sich das Gehirn ein Trainingsprogramm auferlegen kann, das nachhaltige Veränderungen in seiner kognitiven Struktur herbeiführt?

MR Das ist der Grund, warum ein ausschließlich theoretisches Verständnis nicht funktionieren wird. Training beinhaltet immer auch den Versuch der Perfektionierung. Wiederholungen führen zu einer langsamen Veränderung der Lebensweise, die mit der Veränderung des Gehirns zusammenhängt. Zunächst muss man ein zutreffendes Verständnis erlangen und es dann so lange kultivieren, bis es ein Teil von einem wird.

WS Mich interessiert, wie dieser Prozess angeregt wird. Wahrscheinlich braucht man einen Lehrer, der einem erklärt, dass es etwas zu entdecken gibt. Oder gibt es in unseren Gehirnen einen inneren Antrieb zur Selbsterkundung und Selbstoptimierung?

MR Der innere Antrieb entsteht aus dem tiefen Wunsch, sich selbst vom Leiden zu befreien. Diese Sehnsucht reflektiert wiederum unser Potenzial für Veränderung und Wachstum. Ein gut ausgebildeter Lehrer spielt eine entscheidende Rolle dabei. Er zeigt und erklärt uns die Mittel und Wege, diese Veränderung umzusetzen. Wie ein erfahrener Seefahrer, Handwerker oder Musiker gibt er seine Fertigkeiten an die Novizen weiter. Vielleicht möchtest du das Rad auch neu erfinden, aber es wäre schon ein bisschen dumm, nicht auf das umfassende, bereits vorhandene Wissen derer zurückzugreifen, die Meister des Fachs sind – wie Bergsteiger, die die höchsten Gipfel längst erklommen oder Matrosen, die seit 40 Jahren die Ozeane befahren. Der Wunsch, alles von Grund auf neu zu lernen, ohne auf andere zu hören, ist keine gute Idee. Generationen von Seefahrern haben das Segeln perfektioniert und die von ihnen bereisten Länder und Gewässer kartografiert. Gleichermaßen blickt die kontemplative Wissenschaft des Buddhismus auf 2500 Jahre empirischer Erfahrung mit der Erforschung des Geistes zurück, angefangen mit Buddha Shakyamuni (besser bekannt unter dem Namen Siddhartha Gautama) selbst. Es wäre töricht, sie einfach zu ignorieren.

WS Allmählich beginne ich, dich zu verstehen. Den Antrieb bildet der Wunsch, glücklich zu sein und das Leiden zu minimieren. Aber um dorthin zu gelangen, ist es nötig, das eigene innere Modell mit den »wirklichen« Bedingungen der Welt da draußen in Übereinstimmung zu bringen. Dadurch sollten wir uns in die Lage versetzen, einige falsche Annahmen und Denkweisen zu erkennen.

MR Falsche Annahmen zu beseitigen ist eines der Hauptziele des buddhistischen Pfads.

Eine Art Zusammenfassung

WS Matthieu, das war ein wunderbarer Morgen. Ich würde gerne zusammenfassen, was wir diskutiert haben. Unsere Unterhaltung drehte sich eingehend um erkenntnistheoretische Fragen, wobei wir westliche und buddhistische Erkenntnisquellen verglichen haben. Bei Letzteren geht es hauptsächlich um Introspektion, mentale Praktiken und die Beobachtung der Welt mit einem geläuterten Geist …

MR … und indem man analytisch an die Realität herangeht.

WS Für eine analytische Herangehensweise sollte man demnach zunächst das innere Auge des Geistes schärfen, um das eigene kognitive System zu läutern. Soweit ich es verstehe, hat das weitreichende Konsequenzen. Erstens soll dadurch vermieden werden, das, was man wahrnimmt, als gegeben hinzunehmen. Außerdem soll auf diese Weise erreicht werden, die Realität als etwas Flüchtiges wahrzunehmen, das über keine festgelegten, kontextunabhängigen Eigenschaften verfügt. Dies wiederum erlaubt es, zutreffendere Modelle der Realität aufzubauen, vermindert damit Widersprüche zwischen dieser und falschen Modellen und führt so zu weniger Leid.

Ein wichtiger Aspekt dabei ist, sich freizumachen, zu vermeiden, sich emotional an etwas zu klammern. Indem wir begreifen, dass Objekte keine festgelegten Qualitäten per se haben, lösen wir diese Eigenschaften von ihnen ab, schreiben sie ihnen nicht mehr länger zu. Wenn ich dich richtig verstanden habe, trifft dies auch auf die Emotionen zu, die wir mit sozialen Situationen und anderen fühlenden Wesen verbinden. Indem wir an etwas festhalten und uns binden, stülpen sich gewissermaßen verzerrende Filter über unsere Wahrnehmung, die uns daran hindern, die »wahre« Welt zu sehen. Daher sollten wir das nicht tun.

Ich denke, ich verstehe, was du meinst. Wir alle werden zu Opfern unserer Emotionen: Wird man von tiefer romantischer Liebe oder glühendem Hass überwältigt, nimmt man die Umstände zwangsläufig falsch wahr, weil man Objekten fälschlicherweise subjektiv getönte Qualitäten zuspricht. Gelingt es, sich von diesen Fehlwahrnehmungen zu lösen, verliert die Realität die Eigenschaften, die man ihr zuschreibt, und somit kann man sie leichter bewältigen.

Daher werden mentale Praktiken, Introspektion und die Schulung des Geistes genutzt, um zu mehr Objektivität zu gelangen. Darüber hinaus kann diese »Wissenschaft vom Geist« als Basis eines Moralsystems dienen. Im Westen hingegen geht man davon aus, dass sich Objektivität nur aus der Dritte-Person-Perspektive erlangen lässt, man verlässt sich auf Kriterien wie Reproduzierbarkeit von Ergebnissen, experimentelle Überprüfung von Hypothesen etc. Moralische Werte gehören nicht zu den Gegenständen wissenschaftlicher Untersuchung, zumindest nicht in den Naturwissenschaften.

MR Die Wissenschaft vom Geist kann durchaus als Basis für ein Moralsystem dienen, vorausgesetzt wir verstehen die Ethik als Wissenschaft vom Glücklichsein und Leiden, nicht als Dogma, das mit Alltagserfahrungen nichts zu tun hat.

WS Und man muss davon ausgehen, dass geistige Übung zu einem realistischen Selbst- und Weltmodell führt. Diese so erlangten Einsichten, gepaart mit den läuternden Effekten der Meditation, würden dann zu einer Haltung führen, die – wenn viele Menschen sie auf lange Sicht einnehmen – die Bedingung des Menschseins verbessern könnte.

MR Dies wäre die Folge einer Seinsweise, die frei ist von den genannten Voreingenommenheiten und mentalen Verstrickungen und sich ganz natürlich in Altruismus, Mitgefühl und der Sorge um andere äußert. Dem liegt insbesondere die Erkenntnis zugrunde, dass auch andere glücklich sein und Leiden vermeiden wollen, so wie man selbst. Diese Seinsweise wird sich spontan in Handlungen äußern, die anderen nützen.

WS Falls es allen Menschen gelingt, diese Haltung zur Maxime ihres Handelns zu machen, könnte das sogar funktionieren.

MR Es wird sicher im bestmöglichen Sinne funktionieren, wenn man das entsprechende Verständnis oder die entsprechende Perspektive, die entsprechende Motivation, das entsprechende Maß an Anstrengung und das entsprechende Verhalten an den Tag legt. Auch wenn sich viele Ereignisse und Umstände des Lebens nicht vorhersehen lassen und wir auf sie keinen Einfluss haben, können wir immer noch versuchen, unserem Weg treu zu bleiben, indem wir unseren inneren Kompass der rechten Ansicht und der rechten Motivation nutzen. So erreicht man das Ziel, sich von Leiden zu befreien, für sich selbst und für andere am besten.

WS Und wie können wir jenes Wissen nutzen, das frühere Generationen zusammengetragen haben und das in religiösen und normativen Systemen kodifiziert ist? Das Wissen darum, wie man sich verhalten muss, ein Wissen, das kein Mensch für sich allein in seiner Lebenszeit durch individuelle Erfahrung erwerben kann? Bestimmte Haltungen können für das Leben des Einzelnen sehr nützlich sein, doch gleichzeitig auf lange Sicht äußerst negative Konsequenzen für die Gesellschaft haben, von denen das Individuum nie erfährt, weil sie jenseits seiner Lebenszeit liegen. Dieses Wissen kann nur gemeinschaftlich über viele Generationen angehäuft und unmöglich durch Introspektion allein erlangt werden.

MR Auch wenn du nicht sämtliche Konsequenzen deiner Handlungen überblickst, kannst du immer deine Motivation hinterfragen: Ist sie durch und durch selbstsüchtig und selbstverliebt oder genuin altruistischer Natur? Wenn du eine altruistische Motivation kultivierst und all dein Wissen, all dein Denkvermögen und all deine Fertigkeiten einsetzt, wird das Ergebnis auf lange Sicht höchstwahrscheinlich deutlich positiver sein.

Ein richtiges Verständnis der Realität führt zu einer richtigen geistigen Einstellung und zu einem Verhalten, das diese Einstellung in jedem Moment widerspiegelt. Das Ergebnis ist wiederum eine Win-win-Situation: Man fördert das eigene Gedeihen und handelt zugleich auf eine Weise, die segensreich für andere ist. Dieses optimale Verhalten wird zunächst positive Effekte in der Familie haben, dann in der Nachbarschaft oder im näheren Umfeld und schließlich in der Gesellschaft insgesamt. Wie Gandhi schon sagte: »Wenn wir uns selbst ändern können, wird sich auch die Welt ändern. Verändert ein Mensch sein eigenes Wesen, verändert sich die Haltung der Welt ihm gegenüber. [...] Wir brauchen nicht abzuwarten, was die anderen tun.«

WS Das ist eine wunderbare und tiefgründige Einsicht, der wahrscheinlich alle spirituell gesinnten Menschen zustimmen. In einem hochgradig vernetzten sozialen System spielt es jedoch eine Rolle, wie andere auf die Transformation des Einzelnen reagieren. Solange nicht genug Individuen diesen Weg der individuellen Veränderung einschlagen, besteht die Gefahr, dass diejenigen, die an Macht und Egoismus festhalten, die Güte einer friedlichen Minderheit für ihre Interessen missbrauchen. Wir brauchen also normative Systeme, die Macht und Einfluss derjenigen, die »noch nicht« auf dem rechten Weg sind, in die Schranken weisen. Individuelle Transformation und die Regulierung sozialer Interaktionen müssen aufeinander abgestimmt sein. Hier haben wir wieder ein Beispiel dafür, dass sich zwei Strategien für ein besseres Verständnis der Welt und eine Verbesserung der *conditio humana* ausgezeichnet ergänzen: die kontemplative Wissenschaft und die Naturwissenschaft beziehungsweise die Erforschung der Welt aus der Ersten- und Dritten-Person-Perspektive. Ich hoffe, dass wir uns im Verlaufe unseres Gesprächs die Konvergenzen, die es möglicherweise zwischen den aus den kontemplativen Wissenschaften, den Geisteswissenschaften und den Naturwissenschaften gewonnenen Erkenntnissen gibt, noch ein wenig genauer ansehen können. Dieser Vergleich dürfte besonders interessant sein, weil naturwissenschaftliche Methoden mittlerweile auch dazu genutzt werden, um psychologische Phänomene zu untersuchen, die nur aus der Erste-Person-Perspektive erlebt werden, Wahrnehmungen, Gefühle und Emotionen zum Beispiel, aber auch und nicht zuletzt das Bewusstsein.

4
Das Selbst erforschen

Ist das Selbst eine Entität, die im Zentrum unseres Seins sitzt, oder eine Kommandozentrale im Gehirn? Oder ist es ein Erfahrungskontinuum, das die Geschichte einer Person widerspiegelt? Der buddhistische Mönch dekonstruiert die Vorstellung von einem einheitlichen, autonomen Selbst, während der Neurowissenschaftler bestätigt, dass unter den Gehirnregionen keine eine Führungsrolle spielt. Die Idee des Selbst als Instanz, die die Zügel in der Hand hat, ist eine bequeme Illusion, die das Leben leichter macht. Ist ein starkes »Ich« eine notwenige Voraussetzung für eine gute geistige Verfassung? Macht es uns nicht verletzlich, wenn wir den blinden Glauben an das Selbst aufgeben? Oder würde ein transparentes Ego die Seele und unsere innere Zuversicht gerade stärken?

MR Kommen wir nun zur eigentlichen Ursache für die Fehlwahrnehmung der Realität: Wir klammern uns an die Annahme, dass es ein eigenständiges unabhängiges und autonomes Selbst gibt, das den Kern unseres Wesens ausmacht, sozusagen eine Kommandozentrale unserer Erfahrung. Der buddhistischen Sichtweise zufolge ist es eine Verzerrung der Realität, ein solches Bild vom Selbst zu postulieren. Damit wird Täuschungen Vorschub geleistet und werden die verschiedensten negativen Geisteszustände ausgelöst.

WS Wie lässt sich das mit dem Bedürfnis nach einem starken Selbst in Übereinstimmung bringen?

MR Das hängt ganz davon ab, was man unter einem »starken Selbst« versteht. Es gibt einen wesentlichen Unterschied zwischen innerer Zuversicht und dem entschlossenen Verfolgen bestimmter Ziele einerseits und dem unbeirrbaren Festhalten an dem

Glauben, es gäbe eine zentrale, eigenständige Entität, welche die Essenz unseres Seins ausmacht, andererseits. Innere Stärke entsteht nicht aus einem verdinglichten Ego und extremer Egozentrik, sondern eher aus innerer Freiheit – und das ist etwas ganz anderes.

Schauen wir uns aber erst einmal an, warum wir überhaupt das Gefühl haben, wir besäßen ein autonomes Selbst. Ich spüre, dass ich existiere – in jedem Augenblick nehme ich wahr, dass mir warm oder kalt ist, dass ich Hunger habe oder satt bin. In jedem Augenblick repräsentiert das »Ich« den subjektiven, unmittelbaren Aspekt meiner Erfahrung.

Und dann ist da noch meine Lebensgeschichte, die mich als Person definiert. Sie stellt ein zeitliches Kontinuum dar, in dessen Verlauf ich meine Erfahrungen gesammelt habe. Die »Person« ist die komplexe dynamische Abfolge unseres Bewusstseinsstroms.

WS Im Prinzip also das autobiographische Gedächtnis.

MR In gewisser Weise ja, aber es geht nicht nur um das, woran wir uns tatsächlich erinnern können. Entnimmt man einem Fluss eine Wasserprobe, dann steckt darin die ganze Geschichte des Flusses von der Quelle bis zu der Stelle, an der man die Probe gezogen hat. Die Wasserqualität hängt vom Grad der Sauberkeit beziehungsweise der Verschmutzung des Bodens und der Vegetation ab, durch die der Fluss hindurchströmte.

Diese beiden Aspekte – das aktuelle »Ich« und die auf Erfahrungen beruhende Kontinuität der »Person« – ermöglichen es uns, in dieser Welt zu funktionieren. Soweit ist das unproblematisch. Allerdings fügen wir dann noch etwas hinzu: das Konzept eines autonomen Selbst.

Wir wissen, dass sich unser Körper und unser Geist permanent verändern. Wir sind keine zappeligen Kinder mehr, und wir werden allmählich alt. Obwohl wir ständig neue bereichernde Erfahrungen machen, glauben wir, in unserem Inneren gäbe es etwas, das uns schon unser Leben lang und auch jetzt gerade definiert. Wir bezeichnen es als »Ich«, »Selbst« oder »Ego«. Wir geben uns nicht damit zufrieden, ein einzigartiges Kontinuum an Erfahrungen zu sein, sondern nehmen an, es gebe letztlich einen Kern all dessen, eine eigenständige, einheitliche Entität, die unser wahres Selbst ausmacht – so etwas wie ein Boot auf dem Fluss unserer Erfahrung.

Glauben wir erst einmal an die Existenz einer solchen Selbst-Entität, mit der wir uns identifizieren, dann wollen wir sie schützen; wir befürchten, sie könnte uns abhandenkommen. Das machtvolle Bedürfnis nach einem solchen Selbst erzeugt die Idee von etwas, das »mein« ist: »mein« Körper, »mein« Name, »mein« Geist oder »meine« Freunde.

Wir können gar nicht anders, als dieses Selbst als eine eigenständige und einheitliche Entität zu verstehen. Ungeachtet der Tatsache, dass unser Körper und unser Geist im Laufe der Zeit pausenlos Veränderungen unterliegen, schreiben wir diesem Selbst unbeirrbar bestimmte Qualitäten zu, nämlich Beständigkeit, Einzigartigkeit und Autonomie. Anstatt zu wahrem Selbstvertrauen zu führen, hat dieser Glaube jedoch paradoxerweise den gegenteiligen Effekt gesteigerter Verwundbarkeit. Erstens entspricht die Annahme, von einem Ego, einem autonomen, unabhängigen und einheitlichen Gebilde im Zentrum unserer Erfahrungen, nicht den Tatsachen. Wir existieren nur dank wechselseitiger Abhängigkeiten, Beziehungen und zahlloser Kausalzusammenhänge und Bedingungen. Natürlich spielt es eine Rolle, ob wir glücklich sind, aber das können wir nur durch andere und mit ihnen zusammen werden. Darüber hinaus wird das Selbst nun zur ständigen Zielscheibe von Gewinn und Verlust, Freud und Leid oder Lob und Kritik. Wir glauben, es um jeden Preis schützen und befriedigen zu müssen. Alles, was das Selbst gefährden könnte, versuchen wir zu vermeiden, alles, was ihm gefällt und es bestärkt, zieht uns an. Diese beiden grundsätzlichen Impulse der Anziehung und Abstoßung erzeugen einen ganzen Ozean widersprüchlicher Emotionen – Wut, Verlangen, Arroganz, Eifersucht, um nur einige zu nennen – und am Ende auch Leid.

WS Du hast offenbar bereits eine ziemlich differenzierte Haltung zu deinem »Selbst«. Würde man die Leute auf der Straße fragen, »Wer verbirgt sich hinter deinem Selbst?«, würden sie wahrscheinlich einfach »Na, ich« antworten und vermutlich verwundert dreinschauen. Sie würden nicht die Position des Beobachters einnehmen, so wie du es gerade tust.

MR Ganz genau. Solange wir das »Selbst« nicht hinterfragen, nehmen wir es als gegeben an und identifizieren uns sehr stark mit ihm. Aber wenn man anfängt, danach zu suchen und es zu analysieren, erkennt man, wie schwierig es auf den Punkt zu bringen ist. Eigentlich liegt es auf der Hand, dass es viel Unruhe in unser Leben bringt, an dieser Auffassung von einem abgegrenzten Selbst festzuhalten; dennoch kümmern wir uns normalerweise kaum um diese Frage. Darum ist es so schwer, diesen Teufelskreis des Leidens zu durchbrechen.

Aber wir können den Menschen immerhin helfen, intuitiv zu erkennen, welchen Stellenwert das »Ich« in ihrem Leben hat. Dazu ein Beispiel: Wenn ich vor einer Felswand stehe und rufe: »Hey, Matthieu, was bist du doch für ein Idiot!«, und dann das Echo dieser Worte höre, lache ich darüber und bleibe ganz gelassen. Aber wenn jemand direkt neben mir steht und mir denselben Satz ins Ohr brüllt, in derselben Tonlage und mit der gleichen Intensität, dann ärgert mich das. Worin besteht der Unterschied? Im ersten Fall wurde mein Ego nicht verletzt, im zweiten schon. Das führt dazu, dass genau die gleichen Worte auf einmal aggressiv wirken.

WS Du hast dich im ersten Fall nicht aufgeregt, weil du es warst, der dich beleidigt hat. Aus dem gleichen Grund kann man sich nicht selbst kitzeln: Wir nehmen Verhalten, das wir selbst initiieren, ganz anders wahr als Handlungen, die von anderen ausgehen.

MR Da unsere Erfahrungen so sehr vom Konzept eines unabhängigen »Selbst« beeinflusst werden, sollten wir uns das ganz genau anschauen. Wie gehen wir dazu am besten vor?
Unser Körper ist nichts weiter als eine zeitweilige Ansammlung von Knochen und Fleisch. Unser Bewusstsein ist ein dynamischer Fluss sich ständig verändernder Erfahrungen. Unsere individuelle Geschichte ist nichts anderes als die Erinnerung daran, was nicht mehr ist. Unser Name, auf den wir so großen Wert legen und den wir mit unserem Ruf und sozialen Status verknüpfen, ist nichts weiter als ein paar Buchstaben, ein Etikett, das an sich keinerlei Bedeutung hat. Wenn ich meinen Namen, Matthieu, höre oder lese, schrecke ich auf und denke: »Das bin ich!« Aber zerpflücke ich ihn in die einzelnen Buchstaben, aus denen er besteht, M-A-T-T-H-I-E-U, dann identifiziere ich mich nicht länger mit ihm. Die Idee »meines Namens« ist lediglich ein mentales Konstrukt. Wir können unseren Körper, unser Sprechen und unseren Geist so lange erforschen, wie wir wollen – es wird uns niemals gelingen, den Finger auf eine bestimmte Entität zu legen, die das Selbst verkörpern könnte. Daher müssen wir schließen, dass das Selbst nichts anderes als ein Konzept darstellt, eine Konvention, eine Bezeichnung für die Kombination aus unserem Körper und unserem Bewusstseinsstrom.
Damit eine solche Untersuchung überhaupt Sinn ergibt, muss man sie konsequent bis zum Ende verfolgen. Durch eine eingehende introspektive Untersuchung kommen wir zu dem Schluss, dass das Selbst sich weder außerhalb noch innerhalb des Körpers befindet; ebenso wenig durchdringt es den Körper so, wie sich Salz beispielsweise in Wasser auflöst.
Man könnte nun denken, dass das Selbst in Verbindung mit dem Bewusstsein steht. Dieses besteht jedoch nur aus einem Strom von Erfahrungen: der vergangene Bewusstseinsmoment existiert nicht mehr (nur noch die Erinnerung daran und seine Auswirkungen auf den gegenwärtigen Augenblick), die Zukunft existiert noch nicht, obwohl wir uns in der Gegenwart vorzustellen

versuchen, wie sie wohl aussehen mag, und die Gegenwart selbst lässt sich nicht greifen. Folglich ist da gar kein wirklich existierendes Selbst, keine Seele, kein Ego, kein *atman* – dem Hinduismus zufolge das essentielle Selbst –, keine personale, autonome Entität. Es gibt nur einen Strom von Erfahrungen. Interessanterweise reduziert uns das in keiner Weise, es befreit uns nur von einem schweren Irrtum. Im Übrigen spricht aus praktischen Gründen gar nichts dagegen, ein *konventionelles Selbst* zu postulieren, ein Etikett für Körper und Geist, so wie man den einen Fluss anhand seines Namens von einem anderen unterscheiden kann. Das Selbst existiert tatsächlich, aber nur in einem konventionellen Sinn, also nicht als ein wahrlich existierendes, selbstdefiniertes und unabhängiges Gebilde. Es ist, kurz gesagt, eine praktische und bequeme Illusion, die es uns erlaubt, uns in Bezug zum Rest der Welt zu definieren.

WS Das stimmt natürlich insofern, als das Selbst auch durch Zuschreibungen der sozialen Umwelt definiert wird. Die anderen nehmen einen als intentional Handelnden wahr, als autonomen Akteur, und behandeln einen entsprechend. Sie machen dich verantwortlich für das, was du tust, und bewerten deine Handlungen. Diese Zuschreibung integrieren wir in unser Selbstmodell, weil sie unserer Selbstwahrnehmung nicht widerspricht. Wir nehmen uns als Person wahr, die sich über ihre einzigartige Biografie, ihre Handlungen, ihren unverwechselbaren Körper und ihre Abgegrenztheit von allen anderen definiert. Auch erleben wir uns als selbstbestimmt Entscheidende und Handelnde. Dies impliziert jedoch nicht, dass in uns eine unabhängige Instanz regiert, die du mit dem zu schützenden Ich gleichsetzt. Dazu passt im Übrigen auch, dass sich dem Selbst kein spezifisches Areal im Gehirn zuordnen lässt, für biografische Erinnerungen und die Körperwahrnehmungen aber schon.

MR Auch in anderer Hinsicht lässt sich zeigen, dass das Selbst nicht als abgegrenzte Entität betrachtet werden kann. Wenn ich sage »Das ist mein Körper«, wird das »Ich« sozusagen zum Eigentümer des Körpers, aber nicht zum Körper an sich. Aber wenn man geschubst wird, beschwert man sich: »Er hat mich geschubst!« Plötzlich wird das Selbst mit dem Körper identifiziert. Als Nächstes kommt: »Er hat meine Gefühle verletzt.« Jetzt ist man wieder der Besitzer der eigenen Gefühle. Schließlich stellt man fest: »Ich bin verärgert.« Und hier wird das Selbst abermals mit dem Subjekt identifiziert.

Stellen wir uns das Selbst nicht als lokalisierbare Entität vor, sondern als etwas, das sowohl meinen Körper als auch meinen Geist durchdringt. Was passiert damit, wenn ich beide Beine verliere? In meiner Vorstellung bin ich dann zwar Matthieu ohne Beine, aber immer noch Matthieu. Mein Selbstbild mag beschädigt sein, aber meine Vorstellung eines tief in mir verborgenen Selbst bleibt intakt; anders als bei meinem Körper ist nichts von ihm amputiert worden. Es ist jetzt einfach ein frustriertes Selbst oder ein deprimiertes Selbst, vielleicht ja auch ein mutiges und widerständiges Selbst geworden.

Weil wir das Selbst nicht in unserem Körper lokalisieren können, wenden wir uns dem Bewusstsein zu und stellen fest: Unsere Idee eines konstanten Selbst passt kein bisschen zu unseren bewussten Erfahrungen, die sich ja von Augenblick zu Augenblick verändern. Wo also ist hier der Ort des Selbst? Die Antwort lautet: Nirgends.

WS Es gibt Patienten mit vollständiger Amnesie, denen das episodische und biografische Gedächtnis komplett fehlt. Ein berühmtes Beispiel ist der Patient H. M., dessen Temporallappen beider Hemisphären aufgrund einer schweren Epilepsie entfernt worden waren. H. M. lebte zwar nur im Hier und Jetzt, dennoch hatte er einen Begriff vom Selbst, er erlebte sich als intentional Handelnden und als individuelle Person. Anscheinend ist für die Konstituierung des Selbst die Erfahrung, sich als Produkt der eigenen Geschichte wahrzunehmen, nicht notwendig. Brenda Miller, eine herausragende Neuropsychologin an der McGill Universität in Montreal, begleitete H. M. jahrzehntelang bis zu seinem Tod im Jahr 2008. Ihr zufolge erlebte er sich eindeutig als ein Selbst, obgleich er über kein biografisches Gedächtnis verfügte. Auch sein Arbeitsgedächtnis war sehr eingeschränkt. Selbst nach wenigen Minuten erlebte er den Kontext, in dem er sich bewegte, als neu. Allerdings konnte er sich an einige Ereignisse vor der Operation erinnern. Diese alten Erinnerungen brachte er mit »sich selbst« in Verbindung.

MR Es wäre sehr interessant gewesen, H. M. gezielt Fragen zu stellen, um herauszubekommen, was für ein Bild er von seinem Selbst hatte. Ich könnte mir vorstellen, dass wir instinktiv dazu neigen, die eigene Selbst-Entität mit der Tatsache zu verknüpfen, dass wir am Leben sind. Dazu bedarf es vielleicht nur weniger Erinnerungen an die Vergangenheit.

WS Augenscheinlich verfügte H. M. über Sinn für Humor und reagierte auf Lob und Kritik wie andere Menschen auch. Sein Gedächtnis war auf Gegebenheiten vor der Operation beschränkt, daher verstand er Fragen nicht, die sich auf etwas nach dem Eingriff bezogen, aber sein Kurzzeitgedächtnis reichte aus, um sich mit jemandem zu unterhalten.

MR Hatte er so etwas wie einen sozialen Sinn, der es ihm zum Beispiel ermöglichte, Leute nach ihrem gesellschaftlichen Rang zu unterscheiden? War ihm etwa der Unterschied zwischen einem Klinikleiter und den Reinigungskräften klar?

WS Das kann ich nicht beurteilen. H. M. war jedem gegenüber höflich, konnte sozialen Status erkennen und wusste offenbar, ob er jemanden kannte. Dennoch begrüßte er seine Bezugspersonen ab und zu erneut, obgleich er sie vor wenigen Minuten schon einmal getroffen hatte. Doch vielleicht resultierte die Vertrautheit mit Bezugspersonen auch aus der unbewussten Verarbeitung und Speicherung entsprechender Informationen.

MR Erwartete er, auf bestimmte Weise behandelt zu werden, und wurde er ärgerlich, wenn das nicht geschah?

WS Er wurde ungehalten, wenn man ihn um etwas bat, das er nicht bewerkstelligen konnte.

MR Kurz gefragt: Spürte man, ob seine unmittelbaren emotionalen Reaktionen egoistisch oder egozentrisch waren? Gab es Hinweise darauf, dass seine offensichtlich gute allgemeine Stimmungslage eher eudaimonischer als hedonistischer Natur war?

WS Diese Frage ist schwierig zu beantworten, denn H. M. wurde ausschließlich nach seiner Operation getestet, davor war seine

Gesundheit durch schwere epileptische Anfälle in Mitleidenschaft gezogen worden. Sicherlich hatte er ein »Ego« und konnte beleidigt sein oder sich geschmeichelt fühlen. Immerhin verhielt er sich in Gesellschaft anderer normal, und ein großer Teil seiner »Persönlichkeit« lässt sich als intakt bezeichnen. Er konnte sich einfach nur nicht an vergangene Ereignisse erinnern. Es ist naturgemäß schwierig zu beurteilen, in welchem Maße es ihm gelang, Sinnessignale unbewusst zu verarbeiten und zu speichern. Ich würde vermuten, dass sein prozedurales Gedächtnis unbeeinträchtigt war und dass ihm das half, ganz gut durchs Leben zu kommen.

MR Es wäre wirklich faszinierend, mehr darüber zu erfahren, was für eine Art von Selbst eine Person wie H. M. in ihrem Geist konstruiert. Die eigene Geschichte, die Wahrnehmung eines Selbstbildes, die Art und Weise, wie man sich selbst sieht, wie man von anderen gesehen werden möchte und wie man glaubt, von anderen gesehen zu werden … all das könnte bei jemandem wie H. M. drastisch verändert sein. Aber vielleicht ist das gar kein Widerspruch zu dem, was ich vorhin gesagt habe. Vielleicht entsteht das Konzept eines »Ego«, eines autonomen Selbst, auf einer ziemlich basalen Ebene einfach in Reaktion auf die äußere Welt. Die Frage wäre dann, wie stark sich bei einem Menschen wie H. M. diese Ichzentriertheit zu einem Konzept verfestigt.

Aber zurück zu unserer Analyse des Selbst. Schlussendlich können wir nur eines sagen: Ja, es gibt ein Selbst, doch es ist lediglich ein mentales Etikett für unseren Erfahrungsstrom, den Zusammenhang zwischen Körper und Bewusstsein, der aus einzelnen Teilen besteht und flüchtig ist. Das Selbst ist nichts anderes als ein Konzept, es gibt lediglich ein nominales Selbst. Warum sind wir also so davon besessen, es um jeden Preis zu schützen und ihm zu geben, wonach es verlangt?

WS Nun, natürlich willst du dich schützen – denn du möchtest im Laufe deines Lebens so wenig wie möglich verletzt werden. Aber was du schützen willst, ist nicht irgendein separates Selbst, sondern es geht um dich in deiner Gesamtheit, um dich als Person. Auch Tiere, die vermutlich kein Konzept vom Selbst haben, schützen sich und wehren sich gegen Angriffe auf ihre Integrität. Auf Bedrohung reagieren sie aggressiv, und sie zeigen, dass es ihnen gefällt, wenn man sich um sie kümmert und ihnen vermittelt, dass es nichts zu befürchten gibt.

MR Das stimmt. Gewiss ist es natürlich und wünschenswert, das eigene Leben zu schützen, Leiden zu vermeiden und echtes Glück anzustreben. Aber das meine ich nicht. Ich beziehe mich auf den dysfunktionalen Drang, das Ego zu schützen. In meinem Beispiel von vorhin, in dem es darum ging, dass man von denselben Worten zum Lachen gebracht und verärgert werden kann, ist es einzig und allein das Ego, das betroffen ist: Im ersten Fall fühlt es sich erheitert, im zweiten verletzt. Dein Leben steht hier gar nicht auf dem Spiel. Die meisten negativen Gedanken entspringen aber gerade einer solchen extremen Egozentrik. Wenn wir uns hinter unserer Egozentrik verschanzen, vertiefen wir auch die Kluft zwischen uns und der Welt.

Ich gebe dir ein anderes Beispiel: Vergleichen wir unseren Bewusstseinsstrom mit dem Rhein. Natürlich hat er eine lange Geschichte, dennoch verändert er sich auch ständig. Wir haben Heraklit schon zitiert: »Man kann nie zweimal in denselben Fluss steigen.« Es gibt also keine »Rhein-Entität«.

Aspekte des Selbst

WS Dennoch darf man diesen Fluss mit Fug und Recht den Rhein nennen, weil viele seiner Eigenschaften über die Zeit hinweg konstant bleiben, ungeachtet der stetig sich ändernden Eigenschaften des Wassers. Diese Unbeständigkeit ist ja das Charakteristische, sie ist ihrerseits eine gleichbleibende und konstituierende Eigenschaft von Flüssen.

MR Klar – und vieles unterscheidet den Rhein vom Ganges: seine Uferlandschaft, die Qualität und Quantität des Wassers, das er führt, und so weiter. Aber es gibt keine eigenständige Entität, von der wir sagen könnten, sie mache den Kern dessen aus, was der Rhein ist. »Rhein« ist einfach nur eine gängige Bezeichnung für eine Reihe sich ständig verändernder Phänomene. Das Selbst ebenso zu betrachten, ist absolut unproblematisch; es hindert uns nicht daran, in der Welt klarzukommen.

Seine Heiligkeit der Dalai Lama sprach 2003 in Paris einen ganzen Vormittag lang über den Begriff des *no-self* – also Kein-Selbst. Ich erinnere mich daran, dass ich ihm gegenüber beim Mittagessen erwähnte, dass wohl viele Zuhörer Schwierigkeiten mit diesem Gedanken hätten. Das war aus den schriftlich formulierten Fragen deutlich geworden, die im Publikum gesammelt worden waren. Dort wurde gefragt: »Wenn ich kein Selbst habe, wie kann ich dann für meine Taten verantwortlich sein?« »Wie kann man von Karma sprechen, wenn es niemanden gibt, der die Wirkungen vergangener Handlungen erfahren kann?« Und so weiter. Seine Heiligkeit erwiderte lachend: »Das ist deine Schuld. Du hast es nicht richtig übersetzt. Ich habe nie gesagt, dass es kein Selbst gibt.« Er wollte mich ein bißchen auf den Arm nehmen. Aber was er meinte und am Nachmittag noch einmal erklärte, ist die Tatsache, dass es ja wirklich ein mit unserem Körper und Geist verbundenes konventionelles, nominales Selbst gibt. An diesem Konzept gibt es nichts auszusetzen und es ist zweckdienlich, solange wir darunter keine zentrale, autonome und dauerhafte Entität verstehen, die den eigentlichen Kern unserer Existenz bildet.

WS Ich glaube, allmählich verstehe ich, was du meinst, wenn du von diesem falsch verstandenen Selbst sprichst. Deiner Meinung nach ist es eine Projektion, kein integraler Bestandteil der Person. Es ist ein geistiges Konstrukt, das gewissermaßen von der Person, von dem, was sie eigentlich ausmacht, abgetrennt wurde und daher immer wieder der Rückversicherung, der Bestätigung und anderer Anstrengungen bedarf, um es als das erscheinen zu lassen, was du willst, das es ist.

MR Ja, genau! Du erschaffst eine Entität und machst sie dann zum Herrscher deiner Welt.

WS Eine klassische Projektion also?

MR Ja, es handelt sich um eine Projektion des Geistes. Der wissenschaftliche Ansatz des Buddhismus zielt auf die Dekonstruktion dieses mentalen Konstruktes ab. Mittels logischer und empirischer Untersuchungen kommt er zu dem Schluss, dass wir nicht die imaginäre Entität sind, mit der wir uns identifizieren, sondern vielmehr ein kontinuierlicher, dynamischer Erfahrungsstrom.

WS Aber du würdest nicht so weit gehen wie Thomas Metzinger, der sich mit der Philosophie des Geistes beschäftigt und sein Buch *Being No One*,[1] also »Niemand sein«, nannte.

MR Nun, gewiss sind wir Menschen, charakterisiert durch ein Kontinuum an Erfahrungen, bezogen sowohl auf einen Körper als auch auf die äußere Welt. Allerdings verändert sich dieses Kontinuum fortwährend, und nirgendwo ist da ein einzelnes, klar abgegrenztes Gebilde, ein »Jemand«, die konkrete Essenz unseres Seins. Metzinger spricht auch vom Selbst als »fortwährendem Prozess«, von einem »phänomenalen Selbst«, das keine eigenständige Entität ist.

WS Ich würde zwischen dem Konzept des *Selbst* und dem der *Selbstbezogenheit* unterscheiden. Selbstbezogenheit hat diese überzogene, egozentrische Konnotation, die wir mit Egoismus gleichsetzen, der mit Altruismus oder Mitgefühl nicht vereinbar ist. Jedoch verfügen wir offenkundig über den Ausdruck beziehungsweise den Begriff »Selbst«, mit dem wir etwas bezeichnen, das erfahren werden kann – sei es durch Introspektion, durch Selbstwahrnehmung oder durch die Beobachtung von anderen. Die kognitiven Leistungen des Menschen und die durch sie ermöglichten differenzierten sozialen Interaktionen haben immaterielle Wirklichkeiten hervorgebracht – der Philosoph Searle spricht von sozialen Realitäten –, und zu diesen würde ich auch das Selbst beziehungsweise das Konzept des Selbst zählen. Solche verinnerlichten Konzepte beeinflussen unser Leben ebenso wie Überzeugungen und Wertesysteme oder die Vorstellung von einem freien Willen, von Autonomie oder Verantwortung. Ich kann dich als du selbst identifizieren und feststellen, ob oder dass du dich verändert hast. Ich kann beispielsweise sagen »Du bist nicht mehr du selbst!«, wenn du sehr zornig bist oder aus der

Haut fährst. Deine Identität würde ich damit aber nicht infrage stellen.

Das Selbst und die Freiheit

WS Wie du sicherlich weißt, bin ich kein Verfechter jener Vorstellung eines uneingeschränkt freien Willens, die mit einem ontologischen Dualismus einhergeht und deshalb mit neurobiologischen Erkenntnissen nicht vereinbar ist. Ich halte es diesbezüglich mit dem Pessimisten Schopenhauer, der gesagt hat, dass man nichts anderes wollen kann als das, was der eigene Wille will, und dass man seinen Willen nicht willentlich ändern kann. Wir werden später noch darüber sprechen, wie frei wir in unseren bewussten Entscheidungen sind und welche Rolle die neuronalen Bedingungen dabei spielen.

Zunächst möchte ich aber gern auf das nachhaltige Gefühl der Freiheit zu sprechen kommen, auf das Gefühl, keinen Zwängen zu unterliegen und mit sich selbst im Reinen zu sein. Es stellt sich ein, wenn die unbewussten Wünsche und Bedürfnisse mit den Imperativen übereinstimmen, die sich aus einer rationalen Analyse der Realität ergeben haben. Dieser Zustand ist sehr angenehm, weil man nicht durch innere Konflikte, Besitzenwollen oder durch Zwänge eingeschränkt wird, die vom eigenen Selbst oder von außen auferlegt werden. Zwänge von außen können die Bandbreite der persönlichen Möglichkeiten immens einschränken und sind sie nicht vorhanden, mag man sich vielleicht frei fühlen. Doch echte Freiheit wird nur dann empfunden, wenn die unterschiedlichen Antriebe, Bedürfnisse und inneren Zwänge miteinander in Einklang stehen. Solche Zustände sind dann frei von Konflikten, die durch die Intervention des intentionalen »Ichs«, durch eine bewusste Veränderung der Bedingungen, gelöst werden müssten. Wir sind zwar darauf programmiert, immerzu Neues zu suchen, aber gleichzeitig sind wir sehr auf Stabilität bedacht. Häufig sind wir mit sich widersprechenden Bedürfnissen konfrontiert. Diese müssen gelöst werden, um den Geist gewissermaßen ins Gleichgewicht zu bringen und das Gefühl der Freiheit zu erzeugen.

MR Im Prinzip basieren diese inneren Konflikte auf den beiden fundamentalen Impulsen: *Anziehung* durch das, was wir für angenehm halten, und *Abstoßung* durch dessen Gegenteil.

WS Richtig. Wenn es gelingt, diese beiden Impulse zu versöhnen, wenn es keinen Konflikt zwischen unseren inneren Bedürfnissen und den Aufgaben gibt, die uns die Vernunft auferlegt, dann fühlen wir uns frei und stimmig. In solchen Fällen mag unser Gewahrsein des Selbst verblassen, weil es keine einschränkenden Grenzen gibt. Sobald diese jedoch vorhanden sind, tritt das Selbst als ein Akteur in Erscheinung, dessen Freiheit verteidigt werden muss.

MR Innere Konflikte entstehen unnötigerweise auch durch ein übersteigertes Gefühl von der eigenen Wichtigkeit, das ständig gefüttert werden will. Wenn du dich nicht mehr veranlasst siehst, dein Selbst zu verteidigen, weil du dessen illusorischen Charakter durchschaut hast, bist du viel weniger anfällig für Hoffnungen, Ängste und innere Konflikte. Wahre Freiheit besteht darin, frei vom Diktat des Selbst zu sein und nicht mehr jedem überspannten Gedanken folgen zu wollen, der einem in den Sinn kommt.

Schwaches Selbst, starker Geist

WS Viele Probleme entstehen aber offenbar auch dadurch, dass man ein schwaches Selbst hat, das zu sehr von anderen abhängt, um sich zu definieren. Nur dann entsteht ein Teufelskreis aus der Suche nach Anerkennung und der Unerfüllbarkeit dieses Strebens.

MR Das kann durchaus verschiedene Gründe haben. Einige Menschen haben das quälende Gefühl, sie hätten keinerlei Vorzüge, seien nicht liebenswert und nicht dazu bestimmt, glücklich zu werden. Normalerweise liegen die Wurzeln dieser Gefühle in der Kindheit, in der Geringschätzung oder dem dauernden Kritisiertwerden durch Eltern oder Verwandte. Dazu kommen Schuldgefühle: Die Betroffenen sehen die Verantwortung für die ihnen zugeschriebenen Defizite ausschließlich bei sich selbst. Umstellt von diesen negativen Gedanken, machen sie sich ständig Vorwürfe und fühlen sich von anderen Menschen abgeschnitten. Wir müssen solchen Menschen helfen, ihre Verzweiflung zu überwinden und Selbstvertrauen zu gewinnen. Das ist möglich, wenn wir ihnen helfen, ein liebevolleres Verhältnis zu sich selbst aufzubauen und mit ihrem Leiden barmherziger umzugehen, anstatt ständig gnadenlos über sich selbst zu richten. Wenn das gelingt, sind sie auch in der Lage, bessere Beziehungen zu ihren Mitmenschen aufzubauen. Forscher und Therapeuten wie Paul Gilbert und Kristin Neff haben gezeigt, wie gewinnbringend es ist, Mitgefühl mit der eigenen Person zu entwickeln.[2]

In vielen anderen Fällen ist das, was gemeinhin als »schwaches Selbstbewusstsein« bezeichnet wird, eher ein unsicheres, launisches Selbst, das auf einem, man könnte sagen, Geist in Unordnung basiert, der nie zufrieden ist und immer etwas findet, über das er sich beschweren kann. Die Ursache dafür ist häufig exzessives Nachgrübeln über sich selbst, bei dem sich die Gedanken ständig nur um »ich, ich, ich« drehen und noch die kleinste Irritation als riesiges Problem wahrgenommen wird. Das illusorische Selbst vergewissert sich seiner Existenz, indem es entweder viel zu fordernd ist oder sich selbst als Opfer darstellt. Wer nicht andauernd um sein Image besorgt ist oder nach Selbstvergewisserung giert, der ist tatsächlich viel selbstbewusster, ohne ein Narziss oder ein Opfer zu sein. Ein Mensch mit einem klaren Selbst lässt sich nicht so leicht aus der Ruhe bringen – weder von positiven oder negativen Umständen noch von Lob oder Kritik und auch nicht von irgendwelchen Gedanken oder Äußerungen, sein Image betreffend.

WS Wie steht es nun aber mit dem starken Ego? Ist es deiner Meinung nach gleichzusetzen mit Selbstbezogenheit auf hohem Niveau?

MR Ich würde solch ein Ego nicht stark, sondern aufgeblasen nennen. Das Einzige, was hier stark ist, ist das Besitzenwollen. Ein sogenanntes starkes Ego ist in Wirklichkeit verletzlicher, denn in seiner ichbezogenen Welt wird alles entweder zu einer Bedrohung oder zu einem Objekt der Begierde.

Außerdem: Je stärker dein Ego, desto größer die Zielscheibe, die es für äußere und innere Störungen abgibt. Ein Lob beschäftigt dich dann ebenso intensiv wie ein Tadel, denn es lässt dein Ego noch größer werden – und damit auch die Sorge, deinen guten Ruf wieder zu verlieren. Wenn der Wunsch nach Selbstbestätigung nicht mehr besteht, dann verschwindet auch die Zielscheibe, und man findet innere Ruhe.

WS Was du beschreibst, ist meiner Meinung nach das Ego eines Narzissten, das normalerweise mit einem geringen Selbstvertrauen und damit mit einem, wie ich es nennen würde, schwachen oder nicht gefestigten Ich einhergeht. Solche Menschen brauchen ständig die Bestätigung von außen, und das macht sie, wie du schon sagtest, sehr verletzlich. Vielleicht haben wir es hier mit einem terminologischen Problem zu tun?

MR Studien haben allerdings gezeigt, dass narzisstische Persönlichkeiten wirklich ein starkes Selbstwertgefühl haben und nicht nur versuchen, ihr eigentlich geringes Selbstwertgefühl zu kompensieren.[3] Das Ego des Narzissten hat nur ein vordergründiges Selbstvertrauen, das sich auf instabile Attribute wie Macht, Erfolg, Schönheit und Ruhm sowie auf das Bild verlässt, das wir anderen von uns vermitteln wollen. Das Gefühl der Sicherheit, das daraus resultiert, ist natürlich sehr fragil. Ändern sich die Umstände und wird die Kluft zwischen Selbstbild und Realität infolgedessen zu groß, ist das Ego irritiert oder deprimiert, es erstarrt oder gerät ins Wanken. Nachdem das Selbstbewusstsein in sich zusammengebrochen ist, bleibt nichts als Frustration und Leiden. Der Sturz des Narziss ist ein tiefer.

WS Gut, aber meistens würden wir doch sagen: Je stärker das Selbst, desto unabhängiger und autonomer sind wir. Und je mehr man mit sich im Reinen ist, desto weniger wird man durch falsche Vorstellungen getäuscht, desto weniger wird man unter

Egozentrik leiden und desto eher kann man anderen gegenüber Empathie, Großzügigkeit und Liebe entwickeln.

MR Ich denke, man muss hier zwischen einem starken Selbst und einem starken Geist unterscheiden. Ein starkes *Selbst* geht mit einer übertriebenen Selbstbezogenheit und der Wahrnehmung einher, das Selbst sei eine eigenständige Entität. Im Gegensatz dazu zeichnet sich ein starker *Geist* durch Resilienz, Freiheit und Weisheit aus und kann auf die unterschiedlichsten Lebenssituationen angemessen reagieren. Er ist daher offen für andere Menschen und lässt sich nicht durch Wut, Begierde, Neid oder andere negative Zustände beeinflussen. All diese Qualitäten basieren letztlich auf einem reduzierten Egoismus. Daher können wir sagen, dass der Geist paradoxerweise nur stark sein kann, wenn er nicht der Egozentrik anheimfällt. Kurz gesagt: Ideal wäre ein schwaches Selbst mit einem starken Geist.

Ebenso sollte man eine gesunde Form von Autonomie oder Eigenständigkeit, die auf innerer Freiheit basiert, nicht mit dem Versuch verwechseln, sich an einem verdinglichten Selbst festzuhalten, das sich gerade als Ursache von Verletzlichkeit, chronischer Unzufriedenheit und zu hohen Anforderungen an andere und an die Welt erweist. Noch einmal: Wenn du mit »Unabhängigkeit« die Fähigkeit meinst, auf eigenen Füßen zu stehen und über die inneren Ressourcen zu verfügen, mit den Höhen und Tiefen des Lebens fertig zu werden, dann trifft das zu. Diese Unabhängigkeit bedarf jedoch keiner unabhängigen Entität namens »Selbst«. Genau das Gegenteil trifft zu: Nur wenn wir verstehen, dass eine fundamentale wechselseitige Abhängigkeit zwischen uns und anderen, zwischen uns und der Welt besteht, können wir die logische Basis entwickeln, auf der altruistische Liebe und Mitgefühl gedeihen können.

Man darf Egozentrik nicht mit Selbstbewusstsein verwechseln. Beispielsweise ist der Dalai Lama extrem selbstbewusst, weil er durch eigene Erfahrung weiß, dass es kein »Ego« gibt, das man verteidigen oder stärken müsste. Daher lacht er ebenso über diejenigen, die behaupten, er sei ein »lebender Gott«, wie über seine »chinesischen Brüder und Schwestern«, die behaupten, er sei ein

»Teufel«. Je klarer man begreift, dass das Selbst eigentlich nur eine Konvention ist, desto weniger verletzlich ist man und desto größer ist die Freiheit, die man wird erlangen können.

WS Wo es keine Projektion des Selbst gibt, kann kein Selbst angegriffen werden, da stimme ich dir zu. Aber mir scheint, dass ich dich dennoch beleidigen oder angreifen könnte – und du würdest immer noch beleidigt sein und dich verteidigen.

MR Die beste Verteidigung besteht für mich darin, überhaupt nicht angreifbar zu sein. Das soll nicht heißen, dass ich abgestumpft oder dämlich bin, sondern dass weder deine Worte noch deine Taten auf mich Einfluss ausüben. Jemand mag sein Schwert sehr zornig durch die Luft schwingen, aber der Luft wird das nichts anhaben. Ein anderer mag Staub oder farbiges Puder in die Luft werfen, aber es wird ihm einfach zurück auf den Kopf fallen. Wenn dein Ego kein leichtes Ziel für Beleidigungen oder Lob ist, wirst du dich nicht aufregen, sondern einfach nur lachen wie der Dalai Lama – oder wie ein alter Mann, der Kindern beim Spielen zuschaut: Er sieht alles klar vor sich, doch im Gegensatz zu den Kindern regt er sich nicht auf, wenn eine Seite gewinnt oder verliert. Diese Weite des Geistes, diese Freiheit, ist ein Zeichen für die innere Vollendung, die man durch Meditation erlangt.

Wem es gelingt, in einem natürlichen, gelassenen, selbstlosen Geisteszustand zu ruhen, steht anderen keineswegs desinteressiert gegenüber oder geht auf Abstand zur Welt. Vielmehr kann er sich auf seine inneren Ressourcen verlassen, die ihm immer zur Verfügung stehen.

WS Jetzt verstehe ich. Das, was du einen starken Geist nennst, der mit einem klaren Selbst einhergeht, entspricht vermutlich meinem starken oder gestärkten Selbst, das weder sonderliche Beachtung noch Bestätigung braucht, weil es in sich selbst ruht. Und das selbstbezügliche Selbst, dem du all die negativen Konnotationen zuschreibst, wäre mein schwaches oder unsicheres, egozentrisches, egoistisches oder gar narzisstisches Selbst, das ständig der Bestätigung seiner oberflächlichen Existenz bedarf.

MR Es gibt einen buddhistischen Text, der folgendes Vorgehen empfiehlt: Zunächst solle man das Selbst sich mit ganzer Macht manifestieren lassen und dann beobachten, was es in einem anrichtet, um auf diese Weise die Effekte klar zu sehen, die daher rühren, dass man sich ans eigene Selbst klammert. Danach solle man dieses Selbst genauer erforschen, um es schließlich, nachdem man begriffen hat, dass es begrifflicher Natur ist, zu dekonstruieren. Mit anderen Worten: Man sollte es nicht ignorieren, sondern beobachten, wie es funktioniert, und es dann in einen Zustand der Freiheit verwandeln. So entsteht echtes Selbstvertrauen.

WS Hier bin ich bei dir. Sobald das eigene Selbstvertrauen nicht mehr auf Bestätigung von außen angewiesen ist, besteht keine Gefahr mehr für die Integrität des Selbst oder, besser, des Selbstmodells. Man kann loslassen, ohne sich zu verlieren. Dies scheint ein Weg zu einem gesunden Reifungsprozess zu sein, der zu einer selbständigen, unabhängigen und erwachsenen Persönlichkeit führt. Bei Kindern ist dieses souveräne Selbst noch nicht ausgebildet, und daher sind sie viel stärker auf dessen Verstärkung von außen angewiesen.

MR Stimmt. Man kann es auch so sagen: Frei nennen wir eine Person, die alle Fesseln abgestreift hat – seien es die inneren Ketten des Besitzenwollens oder die äußeren Ketten widriger Umstände. Selbständigkeit geht mit Freiheit einher, nicht mit einem selbstherrlichen Ego.

Ego und Egolosigkeit

MR Es ist viel angenehmer, mit Menschen zu tun zu haben, die ein klares Selbst besitzen. Diese Leute fühlen sich auch deutlich stärker mit anderen verbunden, da viele unserer Probleme daher kommen, dass wir eine künstliche Kluft zwischen uns und anderen schaffen, weil wir sie für von uns unabhängige Entitäten halten. So leugnet das Selbst seine Abhängigkeit von der Welt und will sich in die Blase des Egos zurückziehen. Der Existenzialist Jean-Paul Sartre schrieb: »Die Hölle, das sind die anderen.« Ich

würde hingegen sagen: »Die Hölle, das ist das Selbst.« Nicht das funktionale, konventionelle Selbst, sondern das dysfunktionale, aufgepfropfte Selbst, von dem wir annehmen, es sei echt, und von dem wir uns bestimmen lassen.
Unser Freund Paul Ekman hat gründlich über, wie er sie nennt, »Personen, die mit außergewöhnlichen menschlichen Qualitäten gesegnet sind«, nachgedacht. Zu deren bemerkenswerten Eigenschaften gehören, so sagt er, »die Anmutung von Güte, eine Art zu sein, die andere Menschen spüren und wertschätzen können, sowie, und anders als bei so vielen charismatischen Scharlatanen, eine perfekte Harmonie zwischen ihrem privaten und öffentlichen Leben«. Vor allem aber könne man an ihnen »die Abwesenheit eines Egos« beobachten. »Diese Menschen inspirieren andere, weil sie so wenig auf ihren Status, ihren Ruhm – kurz, ihr Selbst – geben.«[4] Ekman betont außerdem, dass andere »instinktiv deren Nähe suchen und dass sie die Gegenwart dieser Personen als bereichernd empfinden, ohne immer begründen zu können, warum das der Fall ist«. Egolose Menschen wie der Dalai Lama sind unglaublich starke Persönlichkeiten, ihre innere Zuversicht ist unerschütterlich. Bei Menschen, die sich sehr wichtig nehmen, ist das anders. Man darf wohl getrost sagen, dass der Umgang mit ihnen für gewöhnlich nicht sonderlich inspirierend ist.

WS Auf mich wirkt der Dalai Lama wie ein Fels in der Brandung: Er ist sensibel und zugänglich, aber er ist weder von seinem Selbstwertgefühl noch vom Beifall anderer abhängig, und wenn jemand sagen würde: »Ich mag Sie nicht«, würde es ihn nicht verletzen. Dies ist für mich Zeichen einer starken Persönlichkeit, es spricht für ein Selbstbewusstsein im positiven Sinne, für ein stabiles, nichtnarzisstisches Selbst. Der Dalai Lama ist ein Mensch, der offensichtlich keine Ego-Probleme hat, da er vollkommen in sich ruht. Selbstbezogenheit, Abhängigkeit von Lob, Empfindlichkeit gegenüber Kritik etc. – all dies deutet auf ein geringes Selbstvertrauen hin. Ich würde es mit einem schwachen, ungefestigten Ego gleichsetzen, das sein passendes Koordinatensystem noch nicht gefunden hat.

Kannst du mir diese »Ego-Blase« noch einmal genauer erklären? Ist es so etwas wie die Illusion, die Selbsttäuschung, man könne es sich in einem abgeschlossenen Selbst bequem machen?

MR Man kann sich nur in der Freiheit des reinen Gewahrseins heimisch fühlen, aber nicht in dieser Blase, die von Selbstsucht geprägt ist. Die Ego-Blase ist ein enger mentaler Raum, in dem sich alles nur um das »Ich« dreht. Sie bildet sich aufgrund der illusorischen Hoffnung, dass es innerhalb eines eng umgrenzten Bereichs, der als eine Art Zufluchtsstätte für das Ego fungiert, einfacher ist, sich selbst zu schützen. Doch tatsächlich hat man damit ein inneres Gefängnis geschaffen, in dem man den eigenen Gedanken, Hoffnungen und Ängsten, die nicht enden wollen, ausgeliefert ist. Dies wiederum verschärft die Selbstgefälligkeit und befeuert eine Selbstbezogenheit, der es um nichts anderes geht als um die sofortige Befriedigung der eigenen Bedürfnisse, ohne sich dabei groß um andere und die Welt um einen herum zu scheren – es sei denn, sie sind einem diesbezüglich von Nutzen oder kommen einem irgendwie in die Quere.

Das Problem besteht darin, dass innerhalb dieser Blase die Unverhältnismäßigkeit regiert. Die kleinste Unruhe sorgt für riesige Aufregung. Die selbstbezogenen Gedanken prallen von den imaginären Wänden der Blase zurück. Der innere Raum ist zu klein. Wenn du hingegen die Ego-Blase zum Platzen bringst und sich der kleine Raum, in dem der selbstsüchtige Geist gefangen war, in der Weite des reinen Gewahrseins ausdehnt, wirken dieselben Ereignisse, die zuvor noch so verstörend waren, auf einmal ziemlich belanglos.

WS Anscheinend haben wir verschiedene Begriffe, was schwache und starke Egos betrifft. Vielleicht gibt es einen besseren Begriff für die Charaktereigenschaft, die einen in der Ego-Blase gefangen hält?

MR Was hälst du von »Selbstbezogenheit«?

WS Das finde ich gut und deshalb haben wir diesen Begriff, ohne viel zu reflektieren, bereits mehrfach verwendet. Selbstbezogenheit beschreibt die entscheidenden Eigenschaften und hat die richtige Konnotation.

MR Ich möchte noch hinzufügen, dass exzessiv selbstbezügliche Menschen häufig das Bedürfnis haben, dass andere die Welt exakt so wahrnehmen wie sie. Passiert dies nicht, fühlen sie sich zurückgewiesen. Einige Menschen haben beispielsweise eine äußerst pessimistische Weltsicht, was dazu führt, dass sie anderen misstrauen. Um sich wertgeschätzt zu fühlen, möchten sie, dass man sich in ihre Ego-Blase hineinbegibt, ihre Einstellungen teilt und genau wie sie funktioniert. Nun, wir können uns ernstlich mit ihrer Sichtweise auseinandersetzen und ihrer Lebensweise offen gegenüberstehen, aber wir können ihre Denkweise und Weltsicht nicht übernehmen, nur um sie glücklich zu machen.

Die Geißel des Wiederkäuens

WS Du hast eine gute kontemplative Übung vorgeschlagen, um mit einem »aufgeblasenen« Ego umzugehen, dessen Haupteigenschaft im Besitzenwollen besteht: Man muss es dekonstruieren und in ein umfassendes Netzwerk von Beziehungen integrieren. Ich würde vorschlagen, dass wir nun schauen, wie sich diese Idee zu den Zielen der herkömmlichen Erziehung und Psychotherapie verhält. Ich glaube, dass die Psychoanalyse ebenfalls versucht, ein integriertes Selbst zu schaffen, doch nutzt sie dazu ganz andere Verfahren und Strategien als die kontemplativen Wissenschaften. Sie betont die Rolle des Selbst, ermutigt es, die Rolle des Richters zu übernehmen, und ganz im Gegensatz zur Meditation ermuntert die Psychoanalyse zum Ruminieren, das heißt zum Wiederkäuen, und zur intensiven Beschäftigung mit Konflikten.

MR Ich bin nun wirklich kein Experte, aber ich habe einige gute Bekannte, die sich nach Jahren der psychoanalytischen Behandlung der meditativen Praxis des Buddhismus zugewandt haben, um ein Selbstbewusstsein zu erreichen, das auf innerer Freiheit basiert. Sie sagen mir, dass sie einen deutlichen Unterschied zwischen den beiden Ansätzen wahrgenommen haben. Einer von ihnen drückt es so aus: »In der Psychoanalyse geht es immer um mich, mich, mich, meine Träume, meine Gefühle, meine Ängste.« Reichlich werden Dinge aus der Vergangenheit wiedergekäut, ebenso Erwartungen an die Zukunft. Auch der Blick auf andere Menschen geht durch den Filter der Selbstbezogenheit. Obwohl der psychoanalytische Ansatz vielleicht dabei helfen kann, mentale Konstrukte schärfer wahrzunehmen, bleibt er in einem Sumpf aus Grübeleien über die Vergangenheit stecken. Es ist wie der Versuch, ein Stück Normalität innerhalb der Ego-Blase zu finden, anstatt aus ihr auszubrechen. Für einen praktizierenden Buddhisten klingt es nach einer ganz schlechten Idee, das Ego zu stabilisieren und einen Pakt mit ihm einzugehen. Das erinnert fast schon an das Stockholm-Syndrom, also an Geiseln, die zu denen, die sie entführt und misshandelt haben, eine Art Nähe entwickeln, ja sogar Sympathie für sie empfinden.

Im Buddhismus strebt man danach, sich von diesen Fesseln zu befreien und eben nicht nur danach, mit ihnen klarzukommen. Das klare Gewahrsein des gegenwärtigen Augenblicks bedeutet die vollkommene Freiheit von Selbstsucht und Wiederkäuen.

WS Das heißt, Ruminieren und die Analyse von Konflikten sind das genaue Gegenteil dessen, was du in einer Meditation tust?

MR Ganz genau. Das Wiederkäuen ist die Geißel meditativer Übungen und innerer Freiheit. Und es darf nicht mit analytischer Meditation verwechselt werden, in der beispielsweise das Konzept des unabhängigen Selbst dekonstruiert wird. Es besteht auch ein Unterschied zwischen dem Wiederkäuen und dem aufmerksamen Beobachten der eigenen Geisteszustände, durch die man das Aufkommen einer negativen Emotion erkennen und die drohende Kettenreaktion unterbrechen kann. Tatsächlich gibt es einige Ähnlichkeiten zwischen dem buddhistischen Weg und den Methoden der kognitiven Therapie beziehungsweise Verhaltenstherapie. Beide versuchen, Emotionen und mentale Konstrukte aufzuspüren, die unsere negativen mentalen Zustände verursacht haben; und beide wollen uns helfen zu erkennen, wie unrealistisch diese Hirngespinste sind.

Forschungen belegen, dass Menschen, die unter Depressionen leiden, chronisch und übermäßig grübeln. Eines der Ziele der achtsamkeitsbasierten kognitiven Therapie ist es, diese Grübeleien durch Achtsamkeitsmeditationen einzudämmen.

WS Das ist interessant. Scheinbar verfügen wir über zwei Methoden, eine sehr alte und eine recht neue, die beide das Ziel verfolgen, die Conditio humana zu verbessern und das Selbst zu stabilisieren. Allerdings verfolgen sie dabei ganz unterschiedliche Strategien. Auf den ersten Blick scheint auch die Meditation eine selbstbezogene Technik zu sein – man sitzt allein und isoliert von anderen, kommuniziert mit niemandem und beschäftigt sich ausschließlich mit sich. Kann Meditation nicht auch in eigenbrötlerisches, egozentrisches Grübeln abdriften?

MR Ja, möglich ist das, jedoch sprechen wir dann von einer Abschweifung. Wie aber kann man die richtige Meditation für egozentrisch halten, wenn es doch genau darum geht, den eigenen Egoismus loszuwerden? Wiederkäuen ist ein Unruhestifter, weil es die immer gleichen Gedanken am Leben erhält, was dazu führt, dass der Mensch sich ausschließlich mit sich selbst beschäftigt. Das ist das Gegenteil dessen, was das Ziel der Meditation ist: In der Frische des Augenblicks zu verweilen, in dem Gedanken an die Vergangenheit vergangen und Gedanken an die Zukunft noch nicht entstanden sind. Man verharrt einfach in reinem Gewahrsein. Welche Gedanken da auch immer aufsteigen mögen, man lässt sie ziehen, ohne dass sie eine Spur hinterlassen. Das ist Freiheit. Darüber hinaus kultiviert man altruistische Liebe und Mitgefühl. Kehrt man danach wieder in die Alltagswelt zurück, ist man viel besser gerüstet, sich um das Wohlergehen anderer zu kümmern.

WS Es wäre fast zu schön, wenn man mit dieser entspannten Geisteshaltung durchs Leben gehen könnte, wenn es möglich wäre, die Erfahrung der Meditation mit in den Alltag zu nehmen, in Situationen, in denen man Verantwortung übernehmen muss und mit Konflikten konfrontiert wird.

MR Genau das ist ja der Punkt! Es geht darum, die konstruktiven Effekte des Meditationszustandes auch über die Meditation hinaus aufrechtzuerhalten.

WS Es wäre natürlich wunderbar, wenn es durch kontemplative

Techniken gelänge, dem Teufelskreis von Misstrauen, Verletzungen, Enttäuschungen und Rache zu entkommen, der in Gemeinschaften so großen Schaden anrichtet. Sobald man anfängt, dem Prinzip Auge um Auge, Zahn um Zahn das Wort zu reden…

MR … wäre die ganze Welt zahnlos und blind, wie Gandhi sagte. Die kontemplativen Methoden des Buddhismus wurden aus genau diesem Grund entwickelt – um aus dem Teufelskreis negativer Gedanken auszubrechen.

WS Schwache Persönlichkeiten, die du als stark selbstbezogene Charaktere beschrieben hast, suchen ständig die Bestätigung durch andere, um sich ihrer Existenz und ihres Wertes zu versichern, und dieses Bedürfnis nach Anerkennung kann ausgenutzt werden, um Menschen in Abhängigkeit zu halten. Gibt es Beweise, dass Meditation tatsächlich diesen Teufelskreis durchbrechen und die Meditierenden vor den damit verbundenen Gefahren schützen kann?

MR Wir sagen, dass sich eine erfolgreiche Meditation in einem gutgezügelten Geist, dem Verschwinden negativer mentaler Zustände sowie in Verhaltensweisen zeigt, die mit den inneren Qualitäten übereinstimmen, die zu kultivieren man sich vorgenommen hat. Wenn es in der Meditation nur darum ginge, sich eine Weile gut zu fühlen, zu entspannen und den Kopf zu leeren, und das in einer anderen Form der Blase, nämlich in einer Blase künstlicher Ruhe, die geschaffen wird, indem man sich irritierenden Umständen entzieht, dann wäre das ziemlich sinnlos. Denn sobald man es wieder mit widrigen Umständen oder inneren Konflikten zu tun bekommen, würden man ihren Auswirkungen erneut zum Opfer fallen. Daher *muss* sich die Meditationspraxis in einer echten, schrittweisen und nachhaltigen Veränderung der Art und Weise niederschlagen, wie man das eigene Erleben und die Umwelt wahrnimmt. Und ich darf hinzufügen, dass bei vielen erfahrenen Meditierenden, die ich im Laufe meines Lebens getroffen habe, genau dies der Fall ist. Andernfalls wäre das Ganze ja die reinste Zeitverschwendung.

Wer hat hier das Sagen?

MR Du hast einmal erwähnt, dass die Struktur und Funktionsweise des Gehirns eher mit der östlichen Vorstellung vom Selbst – als ein aus vielen interdependenten Faktoren resultierendes Konstrukt beziehungsweise als emergente Eigenschaft eines Netzwerks – übereinstimmt als mit der westlichen, die das Selbst als eine klar definierte Kommandozentrale begreift.

WS In der Tat besteht eine auffällige Diskrepanz zwischen unserer traditionellen westlichen Intuition darüber, wie das Gehirn organisiert ist, und den diesbezüglichen wissenschaftlichen Erkenntnissen. Die meisten abendländischen Philosophien basieren auf der Überzeugung, das Gehirn verfüge über eine zentrale Instanz, ein Zentrum, wo alle neuronalen Funktionen koordiniert werden. Dies wäre nicht nur der Ort, an dem alle sensorischen Signale zusammengeführt werden, damit sie zu kohärenten Wahrnehmungen gebündelt werden können, sondern hier würden zudem Entscheidungen getroffen, Bewertungen vorgenommen, Pläne formuliert und Reaktionen initiiert werden. Und schließlich wäre dieses Zentrum auch der Ort, an dem sich das intentionale, autonome Selbst befindet.

Doch im Gegensatz zu dieser Intuition, die in vielen westlichen Philosophien und Glaubenssystemen vorherrscht und dem Konzept des ontologischen Dualismus Vorschub geleistet hat, deuten die neurobiologischen Indizien auf einen ganz anderen Sachverhalt hin. Es gibt kein singuläres Zentrum im cartesischen Sinn. Wir haben es vielmehr mit einem hochkomplexen, distributiv organisierten System zu tun, das aus zahlreichen miteinander verbundenen Modulen besteht, die parallel arbeiten, wobei jedes für spezielle kognitive oder exekutive Funktionen zuständig ist. Diese Subsysteme arbeiten in sich stets verändernden, für die jeweiligen Aufgaben benötigten Konstellationen zusammen. Die dynamische Koordination dieses Zusammenspiels wird dabei von den Elementen des Netzwerks selbst organisiert und nicht durch ein übergeordnetes Kontrollzentrum vorgenommen. Aus dem Zusammenwirken der vielen gleichzeitig ablaufenden, aber vernetzten Prozesse entstehen hochkomplexe, räumlich und zeitlich strukturierte Aktivitätsmuster, welche die neuronalen Korrelate für Wahrnehmungen, Entscheidungen, Gedanken, Pläne, Gefühle, Überzeugungen, Intentionen etc. darstellen.

MR Wenn es keine solche zentrale Kommandostelle gibt, wie kam es dann zu der Vorstellung, die wir vom Selbst haben? Und was hatte das für einen evolutionären Nutzen?

WS Deine Fragen hängen eng mit einer anderen Frage zusammen, nämlich warum wir den Eindruck haben, unser Wille sei von den Einschränkungen der Natur unabhängig, obgleich wir wissen, dass unsere Entscheidungen das Produkt neuronaler Interaktionen sind, die ihrerseits den Naturgesetzen gehorchen. Natürlich gibt es ein Rauschen in diesem komplexen System, zufällige Fluktuationen, aber in der Regel funktioniert es zuverlässig und folgt dem Prinzip der Kausalität. Zum Glück, denn sonst könnte sich das Gehirn nicht den Umweltbedingungen anpassen, könnte weder »korrekte« Vorhersagen treffen noch angemessen auf die sich ständig verändernden Gegebenheiten reagieren, wie es Lebewesen nun mal tun müssen, um überleben zu können. Das Problem ist folgendes: Wir haben keinen Einblick in die neuronalen Prozesse, die unseren Wahrnehmungen, Entscheidungen und Handlungen zugrunde liegen. Wir nehmen nur die Konsequenzen dieser unserem Bewusstsein unzugänglichen Vorgänge wahr.

Dasselbe Problem haben wir mit dem Konzept des inneren Bewegers, des Beobachters im Gehirn oder des intentionalen Akteurs, mit dem wir unser Ich, unser Ego, in Verbindung bringen. Den jeweils anderen nehmen wir als ganzheitlichen, willentlich Handelnden wahr und schließen daraus auf uns, ohne zu bemerken, dass all diese Leistungen auf nicht wahrnehmbaren neuronalen Prozessen beruhen. Wir verlassen uns auf unsere Intuition, und diese legt nahe, dass unser Selbst, unser intentionales, sich seiner selbst bewusstes Ich irgendwie der Ursprung unserer Gedanken, Pläne und Handlungen ist. Erst durch neurowissenschaftliche Forschung, die sich dem Gehirn aus der Dritte-Person-Perspektive nähert, wurde klar, dass es im Gehirn keinen speziellen Ort gibt, wo dieses intentionale Agens lokalisiert werden könnte.

Wir beobachten lediglich dynamische Zustände eines extrem komplexen Netzwerks von eng miteinander verbundenen Neuronen, die sich in beobachtbarem Verhalten und subjektiven Erfahrungen manifestieren.

MR Das Problem besteht also vielleicht nur darin, dass wir das Gefühl haben, es *sollte* ein solches einzelnes Agens *geben*, um erklären zu können, warum wir so denken und handeln, wie wir es tun. Und dann sind wir überrascht, wenn wir so etwas nicht finden können.

WS Der Grund dafür, dass der ontologische Dualismus, also die strikte ontologische Trennung zwischen Geist und Materie, im Laufe der Geschichte immer wieder postuliert worden ist, besteht in der Schwierigkeit, sich immaterielle Phänomene wie Wahrnehmungen, Vorsätze und Emotionen als Ergebnis materieller Vorgängen vorzustellen. Stellt man sich das Gehirn als simple Maschine vor, die aus materiellen Komponenten besteht, deren Interaktionen den Naturgesetzen folgen müssen, dann muss es zwangsläufig einen immateriellen und von den materiellen Bedingtheiten unabhängigen Beweger geben, der über all die Eigenschaften verfügt, die wir mit dem Selbst verbinden. Nun widerspricht die wissenschaftliche Untersuchung des Gehirns dieser intuitiv durchaus plausiblen und erklärungsmächtigen, aber doch zu simplen Deutung. Das Gehirn ist ein unvorstellbar komplexes, nichtlineares System, das sich selbst organisiert. Es verdankt seine funktionelle Architektur, wie bereits besprochen, evolutionärer Anpassung und weiterer Optimierung durch epigenetische Modifikationen, die durch Erziehung, Erfahrung und Einbettung in ein sozio-kulturelles Umfeld zuwege gebracht werden. Dank der ausgeklügelten Gestaltung dieser funktionellen Architektur können Selbstorganisationsprozesse zum Tragen kommen, die all jene Funktionen erfüllen, die wir dem Konstrukt des Selbst zuschreiben – zumindest ist das die Position, die von der Mehrheit der kognitiven Neurowissenschaftler aktuell vertreten wird. Eine wichtige Qualität solcher nichtlinearer, sich selbst organisierender Systeme ist, dass sie sich auf unvorhersehbare Weise entwickeln können. Obgleich sie den Naturgesetzen gehorchen und sich deshalb ihre Entwicklung im Rückblick erklären lässt – wie es auch bei der Evolution der Fall ist –, kann man nicht vorhersagen, wie sie sich in Zukunft verhalten werden. Folglich erscheinen solche Systeme einem naiven Beobachter als kreativ. Und wenn sie darauf ausgelegt sind, bestimmte Funktionen zu erfüllen, wird man ihr Verhalten auch als intentional, zielgerichtet und vernünftig bezeichnen. Ebendies trifft auf das Gehirn zu. Für gewöhnlich wollen wir nicht wahrhaben, dass solche Eigenschaften aus Dynamiken unseres Gehirns erwachsen können, weil es uns schwerfällt, uns die Komplexität und Nichtlinearität dieses Organs vorzustellen. Wir glauben eher, das Gehirn folge einfachen Regeln, die wir auch den Prozessen in der Natur unterstellen, welche unserer Primärwahrnehmung zugänglich sind. Wir haben ja bereits darüber gesprochen, dass uns die Evolution mit Sinnessystemen ausgestattet hat, die uns nur einen winzigen Ausschnitt der Welt wahrnehmen lassen. Wie bereits erwähnt, gehören die neuronalen Prozesse in unserem eigenen Gehirn paradoxerweise zu jenen Bereichen, die unserer Primärwahrnehmung entzogen sind – vermutlich, weil es keinen Überlebensvorteil gebracht hätte, ein realistisches Modell dieser komplexen inneren Abläufe zu entwickeln. So haben wir uns eben ein Modell zurechtgelegt, das auf unzutreffenden Annahmen über die Organisationsstruktur unseres Gehirns beruht. Es ist wie beim Herzen: Über Jahrhunderte haben wir unzutreffende Hypothesen über die Funktion dieses Organs aufgestellt und es zeitweilig als Sitz der Gefühle betrachtet. Nicht anders verhält es sich mit der Vorstellung, in unserem Kopf regiere ein Homunkulus, dessen Wirken wir all die einzigartigen Funktionen verdanken, die wir dem Selbst zuschreiben.

MR Vielleicht liegt das auch daran, dass wir einen komplexen Vorgang vereinfachen müssen und uns mit der Idee wohler fühlen, dass es eine einzige Entität gibt, die das Sagen hat. Probleme bekommt man erst, wenn man diesen Vorgang als eine tatsächlich existierende, eigenständige Entität konzeptualisiert.[5]

WS Dasselbe Problem besteht mit dem Konzept »Gott«. Man versucht, eine Vielzahl von Phänomenen zu erklären, die sich nicht mit den zur Verfügung stehenden kognitiven Instrumenten erschließen lassen, also wird ein Akteur erfunden, der die Blitze schleudert, den Donner erzeugt und den Sturmwind bläst.

MR Das verdinglichte »Selbst« ist sozusagen unser hausgemachter »Gott«.

WS In gewissem Sinne ja. Man ersinnt einen intentionalen, unabhängigen Akteur, der auf einer anderen ontologischen Ebene existiert, aber die Welt, in der wir leben, beeinflusst. Und in der Tat sind diese Konzepte und Projektionen enorm wirkmächtig, auch wenn sie immaterieller Natur sind. Sie haben den ontologischen Status von sozialen Realitäten, da sie sich sozialer Interaktionen und Verabredungen verdanken. Sie wirken auf uns zurück, prägen unser Selbstbild, bestimmen unsere Handlungen und bringen uns dazu, Kathedralen zu bauen. Sie legen fest, wann wir uns schuldig zu fühlen haben und wann wir unseren Nachbarn helfen müssen. Indem wir ihnen Macht geben – eine Qualität, die wir Göttern verleihen –, delegieren wir Verantwortung. Wir schreiben ihnen die Rolle des guten Hirten, Richters oder Regenten zu und machen sie für unser Glück und Unglück verantwortlich. Der Nutzen solcher Projektionen und Verabredungen liegt auf der Hand. Wir können auf diese Weise Autorität auf immaterielle Konstrukte übertragen und damit sicherstellen, dass Regeln für ein gedeihliches Zusammenleben befolgt werden, die sich, wie etwa die zehn Gebote, durch kollektive Erfahrung bewährt haben. Autorität zu transzendieren immunisiert diese gegen Relativierung und erübrigt jede Diskussion, da es keine Antworten geben wird.

MR Mentale Konstrukte wie das Selbst oder das Ich bieten unter Umständen zwar vereinfachende Erklärungen, aber ab einem gewissen Punkt sind sie nicht mehr hilfreich, weil sie der Wirklichkeit nicht mehr entsprechen. Verstehen wir das Ego hingegen als einen interdependenten dynamischen Fluss von Erfahrungen, nicht als einen inneren Gebieter, mag uns das vielleicht zunächst ein wenig unbequem erscheinen, aber es hilft, uns vom Leid zu befreien, und zwar gerade weil diese Vorstellung uns eine Vision bietet, die eher der Realität entspricht.

WS Welchen Preis muss man für diesen Schritt zahlen?

MR Soweit ich sehe, keinen. Man gewinnt nur: innere Freiheit und ein echtes Gefühl von Zuversicht und Glück, denn das Besitzenwollen des Egos zieht das Leiden geradezu an. Das ist es, was der Buddhismus über das Ego zu sagen hat.

WS Ich glaube, wir sollten nun zum Ende finden für heute, oder?

MR Ja. Es war ein wunderbarer Tag.

5
Freier Wille, Verantwortung und Gerechtigkeit

Gibt es Willensfreiheit? Sind wir überhaupt für unsere Handlungen verantwortlich, wenn alle unsere Entscheidungen durch neuronale Prozesse zustande kommen, deren wir uns nur zum Teil bewusst sind? Inwieweit werden unbewusste Mechanismen durch unsere Erfahrungen beeinflusst? Kann mentales Training den Inhalt und die Wirkungsweise unbewusster Prozesse verändern? Und welche Konsequenzen hat all das für unsere Vorstellungen von persönlicher Verantwortung, von Gut und Böse, von Strafe, Resozialisierung und Vergebung? Schließlich: Kann der freie Wille bewiesen werden?

Der Prozess des Entscheidens

WS Sollen wir jetzt zum Thema freier Wille kommen? Vor einigen Jahren habe ich auf einer internationalen Philosophie-Konferenz einige Thesen präsentiert, die ich dir vielleicht erst einmal vorstellen sollte. Ich hatte das Gefühl, dass unser Rechtssystem den forensischen Psychiatern zu viel Verantwortung aufbürdet. Leider wurde es damals sehr polemisch, weil die Medien die Debatte mit einer falschen Schlussfolgerung anheizten, nämlich: Wo es keinen freien Willen gibt, kann es auch keine Schuld und daher auch keine Rechtfertigung für Strafe geben.

MR Forensische Psychiater – sind das die Leute, welche die Tatumstände klären und versuchen, etwas über die Motive des Angeklagten herauszufinden?

WS Nein, forensische Psychiater sind die Experten, die vom Gericht um ihre Einschätzung darüber gebeten werden, ob der oder die Angeklagte voll schuldfähig ist oder ob es mildernde Umstände gibt, die sich aus besonderen psychischen Verfasstheiten herleiten lassen. Am Ende ist es dieser Fachmann, der entscheidet, ob der Angeklagte ins Gefängnis muss oder als geistig gestört gilt und in eine psychiatrische Anstalt kommt.

Neurobiologen ist klar, dass alles, was eine Person tut, durch die neuronalen Prozesse, die sich in ihrem Gehirn abspielen, vorbereitet wird. Soweit wir wissen, sind diese Abläufe den Naturgesetzen unterworfen, also auch dem Kausalitätsprinzip. Sonst würde es Organismen nicht gelingen, folgerichtig auf Umweltbedingungen zu reagieren und ihre Verhaltensweisen daran anzupassen. Reagierten Lebewesen einfach zufällig auf die Herausforderungen, die ihnen die Umwelt stellt, könnten sie nicht überleben. Ein nichtdeterministisches Gehirn würde bewirken, dass du manchmal vor einem Tiger davonrennst, manchmal aber auch einfach stehenbleibst.

MR Oder versuchst, ihn zu streicheln …

WS Die Wahrscheinlichkeit, zu überleben und sich fortzupflanzen, wäre relativ gering. Es ist unwahrscheinlich, dass Lebewesen mit derart unzuverlässigen mentalen Prozessen unsere Vorfahren waren. Die Neurobiologie postuliert, dass alle geistigen Prozesse, auch jene, die anscheinend nicht viel mit materiellen Abläufen zu tun haben – Wahrnehmen, Entscheiden, Planen, Gefühle entwickeln und sich seiner selbst und der Welt bewusst sein zu können –, die Folge neuronaler Prozesse sind und nicht ihre Ursache. Im Rahmen unseres Verständnisses von Naturgesetzen ist es unvorstellbar, dass ein immaterielles Agens – also etwa der Wille – auf neuronale Netzwerke einwirkt und sie dazu bringt, das auszuführen, was dieses Agens vorhat, um damit eine Handlung auszulösen. Wie ich finde, vertritt die Neurobiologie hier zu Recht die eindeutige Position, dass alle mentalen Funktionen, einschließlich unseres Bewusstseins, das Resultat des Zusammenspiels der neuronalen Aktivitäten in den verschiedenen Bereichen des Gehirns sind. Diese koordinierten Aktivitätsmuster bringen hervor, was wir als Wahrnehmungen, Entscheidungen, Gefühle, Urteile oder den Willen erfahren. Aus dieser Perspektive sind folglich alle mentalen Phänomene die Folge neuronaler Prozesse und *nicht* deren Ursache.

MR Aber trifft es nicht zu, dass man eigentlich nur von Korrelationen zwischen neuronalen Prozessen und geistigen Ereignissen sprechen kann, weil die Frage der Kausalität bisher gar nicht geklärt ist? Ebenso gut könnte ich ja behaupten, dass gezielte kontemplative Übungen die Neuroplastizität des Gehirns beeinflussen. Es scheint also eine wechselseitige Verursachung in beide Richtungen zu geben.

WS Wir haben mehr als nur korrelative Evidenz! Bestimmte Hirnläsionen führen zum Verlust spezifischer Funktionen. Die elektrische oder pharmakologische Stimulierung bestimmter Gehirnareale induziert spezifische mentale Phänomene wie Wohlgefühl oder Angst und verändert Wahrnehmungen und Verhaltensweisen in vorhersehbarer Weise. Wenn man seinen Geist durch Meditation trainiert, muss es dafür eine Motivation geben. Diese erwächst aus bestimmten neuronalen Zuständen, das heißt, spezifische neuronale Aktivitätsmuster erzeugen die Motivation, die einen dazu bringt, sich hinzusetzen und zu meditieren. Diese Muster können durch die Instruktionen eines Lehrers hervorgerufen werden, die über das Gehör in neuronale Aktivität umgesetzt werden. Alternativ können endogen bedingte Zustände des Gehirns den Wunsch zu meditieren auslösen, zum Beispiel Erinnerungen daran, dass man schon einmal die positiven Effekte einer Meditation erlebt hat. Oder man ruft sich Berichte von anderen ins Gedächtnis, die einem geistige Übung empfohlen haben. Der tatsächliche Auslöser mag ein ungelöster Konflikt oder der Wunsch sein, seine Freizeit sinnvoll zu nutzen. Beide kognitiven Zustände werden an spezielle neuronale Aktivitätsmuster geknüpft sein. Sobald die Motivation stark genug ist, setzt man sich hin und meditiert, was wiederum durch bestimmte Aktivitätsmuster gekennzeichnet ist. Werden diese meditationsspezifischen Muster lange genug aufrechterhalten, führen sie wiederum zu Veränderungen bei den Verknüpfungen zwischen Neuronen, die Gehirnfunktionen langfristig verändern. Nach dem gleichen Prinzip wird die Gehirnarchitektur verändert, wenn man eine Bewegung lange genug übt, und diese Veränderungen erfolgen selektiv in den Strukturen, die mit der Übung befasst waren.

Wie aber verhält es sich mit Argumenten, die uns selbst einfallen oder die andere an uns herantragen und die offensichtlich unsere Entscheidungen und unser Handeln beeinflussen? Wie jedes andere mentale Phänomen haben auch Argumente ihre neuronale Entsprechung. Es sind die mit einem Argument verbundenen Aktivitätsmuster, die dann auf weitere neuronale Prozesse einwirken und die auf ihnen beruhenden Entscheidungen und Verhaltensweisen beeinflussen. Im Fall von Argumenten, die sich eigenem Nachdenken verdanken, kommen die notwendigen Informationen aus inneren Quellen: Erinnerungen, Wertvorstellungen, aktuellen Bedürfnissen und emotionalen Neigungen. All diese Informationen sind in neuronalen Erregungsmustern kodiert, die ihre jeweilige Ausprägung den jeweils verfügbaren Sinnessignalen und dem Wissen verdanken, das in der funktionellen Architektur der neuronalen Netzwerke gespeichert liegt.
Das Gleiche gilt für die Argumente von anderen. Auch diese haben ihre neuronale Entsprechungen in Aktivitätsmustern, die im Gehirn des Empfängers entstehen. Ein verbales Argument wird durch das Gehör in neuronale Aktivität umgesetzt, die dann im Sprachzentrum des Gehirns semantisch dekodiert wird. Das Ergebnis sind wiederum neuronale Aktivitätsmuster, die an andere Gehirnregionen weitergeleitet werden und schließlich auch jene Areale erreichen, die Entscheidungen vorbereiten. Bisher stützen alle wissenschaftlichen Erkenntnisse diese Sicht, daher ist es nicht nötig, nach alternativen Erklärungen zu suchen.

MR Wenn ich deiner Argumentation folge, heißt das, dass deine eigene Überzeugung und deine aktuelle geistige Verfassung die Produkte neuronaler Aktivität sind, die wiederum von zahlreichen Faktoren abhängt: der genetisch bestimmten individuellen Architektur des Gehirns, der epigenetischen Veränderung dieser Architektur durch zurückliegende Erfahrungen und dem aktuellen Kontext eines bestimmten Erlebnisses oder eines speziellen Umstands. Der Wissenschaftsphilosoph Michel Bitbol erinnerte mich einmal an die Argumentation des Phänomenologen Edmund Husserl, der zufolge selbst die einfachsten logischen Prinzipien keinen universellen Wert haben könnten, wenn wir die Logik einfach nur als Produkt der evolutionären Entwicklung von Mensch und Gehirn betrachten. Um Logik zu verstehen, muss man sicherlich ein Bewusstsein haben, doch die Aussage »Wenn A größer B und B größer C, dann A größer C« bleibt gültig, egal, um welche Art von Bewusstsein es sich handelt.

WS Ich sehe hier keinen Widerspruch zu dem, was ich vorher gesagt habe, und stimme Husserl zu. Alles deutet darauf hin, dass unsere Kognition von konstruktivistischen Prozessen abhängt. Darüber haben wir ja schon gesprochen. Das A-priori-Wissen und die Algorithmen, die für die Konstruktion von Wahrnehmungen nötig sind, basieren auf der spezifischen Architektur des Gehirns. Diese wiederum ist das Resultat genetischer und epigenetischer Anpassung an den begrenzten Bereich der Umwelt, der für unsere Sinne erfahrbar ist. Es ist deshalb sehr gut möglich, dass sich unsere Wahrnehmungen sowie die Art und Weise, wie wir logische Schlüsse ziehen, nicht verallgemeinern lassen, weil sie das Ergebnis idiosynkratischer Anpassungsprozesse sind. Es stimmt, wir bewegen uns erkenntnistheoretisch im Kreis, wir sind in einem epistemischen Zirkel gefangen. Unsere Gehirne und damit unsere kognitiven Werkzeuge haben sich an die kleine Nische der Welt angepasst, in der sich Leben entwickeln konnte. Und innerhalb dieser winzigen Nische haben nur diejenigen Variablen den Anpassungsprozess unseres kognitiven Systems gesteuert, die von unseren sehr eingeschränkten Sinnen dekodiert werden können. Wir nutzen also ein kognitives Instrumentarium, das nur auf ein kleines Segment der Welt ausgerichtet ist, um die ganze Welt zu »verstehen«. Wir extrapolieren von den Bedingungen, an die wir uns anpassen konnten, auf Dimensionen, für die unsere Kognition nicht optimiert worden sein kann. Wir treffen aus der Vielzahl von Informationen eine Auswahl und interpretieren sie, um unser Überleben und unser Fortbestehen zu sichern. Die dafür nötigen heuristischen Methoden unterscheiden sich vermutlich deutlich von den Strategien, die erforderlich wären, um Informationen über das wahre Wesen der Dinge zu bekommen – falls es überhaupt sinnvoll ist, nach diesem hypothetischen Kern zu suchen.

Aber lass mich nun zu der Frage des freien Willens beziehungsweise zu den neuronalen Gegebenheiten bei der Entscheidungsfindung zurückkehren. Abgesehen von den Belegen dafür, dass unsere Entscheidungen von neuronalen Prozessen, die den Naturgesetzen unterliegen, vorbereitet werden, besteht auch noch das Problem, dass uns normalerweise nur die wenigsten der Ursachen, die zu unseren Entscheidungen führen, bewusst sind. Nichtinvasive Bildgebungsverfahren haben immer wieder belegt, dass sich aus den neuronalen Erregungsmustern, die Entscheidungen vorausgehen, oft schon Sekunden, bevor dem Probanden seine Entscheidung bewusst wird, vorhersagen lässt, wie er sich entscheiden wird. Neuronale Aktivität in den entscheidungsrelevanten Netzwerken kann also schon zu einem bestimmten Ergebnis – zu der Entscheidung – tendieren, bevor den Probanden bewusst wird, dass und wie sie sich entschieden haben.

MR Wie lange dauert dieser Vorgang?

WS Bis zu 15 Sekunden.[1]

MR Woher weiß man, wann der untersuchten Person klar wird, dass sie eine Entscheidung getroffen hat?

WS Die Probanden werden gebeten, zu einem von ihnen gewählten Zeitpunkt entweder mit der rechten oder linken Hand eine Taste zu drücken – und zwar, sofort nachdem sie sich entschieden haben, mit welcher Hand sie drücken wollen. Der Versuchsteilnehmer entscheidet also zu einem bestimmten Zeitpunkt, mit der rechten Hand die Taste zu drücken. Zieht man die Zeit ab, die das motorische System braucht, um den Tastendruck auszuführen, erhält man den Zeitpunkt, an dem der Person bewusst wird, dass sie sich entschieden hat.

MR Aber wie sieht es dann mit der sekundären Entscheidung aus, die Taste zu drücken, um die Absicht, die rechte oder die linke Hand zu benutzen, zu signalisieren? Mir scheint, es gibt hier zwei intentionale Prozesse.

WS Nein. Der Tastendruck ist motorischer Ausdruck der ihm vorausgehenden Entscheidung und gibt an, wann dem Probanden die Entscheidung bewusst wurde. Denn er drückt erst, nachdem er sich entschieden hat – und wofür er sich entschieden hat, ergibt sich aus der gewählten Aktion. Die Aufzeichnung der neuronalen Aktivität zeigt dann, dass die neuronalen Prozesse, die dieser Entscheidung vorausgehen, bereits eine ganze Zeit vorher eingesetzt haben. Diese Befunde werden durch Studien ergänzt, in denen Versuchsteilnehmer eine Antwort auf einen Reiz ausführen, der so maskiert wird, dass ihn die Probanden nicht bewusst wahrnehmen. Mit anderen Worten: Die Probanden reagieren, aber es ist ihnen nicht bewusst, dass sie einer Aufforderung folgen. Diese Versuche lassen sich mit Patienten, bei denen die beiden Gehirnhälften nicht mehr miteinander verbunden sind, ganz leicht durchführen. Die Verbindung zwischen den beiden Hemisphären, der sogenannte Balken, wird manchmal bei Epilepsie-Patienten durchtrennt, um die Ausbreitung von Krampfanfällen von einer Hirnhälfte auf die andere zu verhindern. Wird der nichtdominanten Hemisphäre, die weniger sprachkompetent ist, ein Reiz dargeboten, ist das den Patienten meist nicht bewusst. Nichtsdestotrotz wird der Reiz in der nichtdominanten Hemisphäre verarbeitet und diese löst dann die motorische Reaktion aus. Von dieser bekommt die dominante Hemisphäre dann Kenntnis, und der Proband wird sich bewusst, dass er eine Aktion ausgeführt hat. Auch bei gesunden Personen kann eine ähnliche Dissoziation von bewusster Wahrnehmung und Stimulation erreicht werden. In diesen Fällen werden die Reize so konfiguriert, dass sie unter der Bewusstseinsschwelle bleiben, das heißt, die Reize werden zwar verarbeitet, aber nicht bewusst wahrgenommen. Dies lässt sich durch Maskierung der Reize erreichen, ähnlich wie wir das bereits im Zusammenhang mit dem *attentional blink* besprochen haben. Wenn ein visueller Reiz, beispielsweise eine schriftliche Anweisung, nur kurz präsentiert wird und dann sofort ein kontrastreiches visuelles Muster folgt, geht diese Anweisung »ungesehen« unter. Trotzdem wird sie vom Gehirn verarbeitet und löst die entsprechende Reaktion aus. Eine andere Möglichkeit, die bewusste Wahrnehmung von Reizen zu verhindern, besteht darin, den Probanden abzulenken – ein Trick, dem sich Zauberer gerne bedienen. Sobald die Versuchsperson auf die »nicht wahrgenommenen« Instruktionen reagiert, wird ihr natürlich ihr Handeln bewusst, doch ist sie der Meinung, es sei das Ergebnis ihrer eigenen Initiative. Wenn man sie fragt: »Warum haben Sie das getan?«, antwortet sie: »Weil ich es tun wollte.« Sie gibt dann einen erfundenen Grund an, weil sie überzeugt ist, sie hätte nur ihren eigenen Willen umgesetzt. Dies ist ein hervorragendes Beispiel für die illusionäre Selbstzuschreibung intentionaler Urheberschaft.

Wir haben das Bedürfnis, für alles, was wir tun, einen Grund zu finden. Und wenn wir keinen Zugang zu dem eigentlich Anlass unseres Handelns haben, wenn unsere Motivation im Unbewussten liegt oder wenn wir abgelenkt waren, als sich der Auslöser für eine Handlung ereignete, erfinden wir einen Grund, der die Handlung erklärt, und glauben daran – natürlich, ohne dass wir uns darüber im Klaren sind, dass wir ihn erfunden haben.

MR Aber warum sollte das Gehirn Gründe benötigen? Nur »du«, als ganze Person, brauchst Gründe, die das Narrativ deiner selbst zusammenhalten. Kausalbeziehungen zwischen Gehirnprozessen sind keine Gründe. Ein Motiv für eine Handlung zu haben impliziert ein Ziel, eine Orientierung an einem bestimmten Zweck, doch den findet man nicht in einer bloßen Abfolge kausaler Ereignisse.

WS Dem Menschen wird bewusst, was er tut, es sei denn, er wird abgelenkt; und er hat das Bedürfnis, sein Handeln zu begründen, weil er davon ausgeht, dass alles, was geschieht eine Ursache hat. Bleibt die Ursache im Verborgenen, erfindet er eine, um konsistent zu bleiben. Wird eine Handlung durch einen Anlass ausgelöst, der unter der Bewusstseinsschwelle bleibt, könnte er zwar zugeben, dass er nicht weiß, warum er so gehandelt hat, liefert aber höchst wahrscheinlich eine erfundene Post-hoc-Begründung. Auf neuronaler Ebene beobachten wir dabei natürlich eine nahtlose Sequenz von Aktivitätsmustern, die dem Kausalitätsprinzip unterworfen ist. Angesichts der vielfältigen und robusten Belege für den kausalen Zusammenhang zwischen den Vorgängen im Gehirn und den daraus resultierenden Verhaltensleistungen scheint die Annahme unhaltbar, dass eine Person im Moment ihrer Entscheidung anders hätte entscheiden können. Allerdings nimmt *unsere Rechtsordnung genau das an*: Sie geht davon aus, dass der Mensch in jeder Phase der Entscheidung frei ist, sich auch anders zu entscheiden, als er es getan hat.

Interessanterweise bezieht sich die Diskussion um den freien Willen und um freie Entscheidungen hauptsächlich auf jene Entscheidungen, die sich bewusster Abwägung und logischen Denkens verdanken. Die dabei zur Verhandlung kommenden Variablen können moralische Argumente sein, die aus dem Gedächtnis abgerufen werden, oder Überlegungen, die sich mit den Konsequenzen einer Handlung beschäftigen, seien diese nun gut oder schlecht, oder es können Argumente sein, die man erst kürzlich von anderen gehört hat. Ist ausreichend Zeit, diese Argumente entsprechend den diskursiven Regeln und Wertesystemen der jeweiligen Gesellschaft in Ruhe abzuwägen, und ist die Reflexionsfähigkeit uneingeschränkt, das Bewusstsein also ungetrübt, geht man davon aus, dass der Mensch in seiner Entscheidung absolut frei ist, das heißt, zwischen diversen zukünftigen Handlungen wählen oder sich auch dafür entscheiden kann, sich gar nicht zu entscheiden.

Diese Erwägungen und die daraus folgende Entscheidung beruhen jedoch auf neuronalen Wechselwirkungen, die sich in den Strukturen abspielen, die für bewusste Verarbeitungsprozesse zuständig sind. Das Ergebnis ist somit die notwendige Folge des Stroms einander bedingender neuronaler Prozesse. Und diese hängen in ihrer spezifischen Ausprägung von all jenen Variablen ab, welche die funktionelle Architektur des Gehirns geprägt haben: von genetischer Veranlagung, epigenetischen Auswirkungen früher Prägung und der Gesamtheit der in der Vergangenheit gemachten Erfahrungen. Hinzu kommt dann noch die aktuelle Konstellation der externen Reize, die kurz vor der Entscheidung auf die neuronalen Aktivitätsmuster Einfluss genommen haben. Kurz: Eine anstehende Entscheidung wird von all denjenigen Variablen beeinflusst, die die Programmierung des jeweiligen Gehirns bestimmen, sowie von der Gesamtheit der Einflüsse, die im Moment der Entscheidungsfindung auf das Gehirn einwirken.

MR Aber auch die Gehirnaktivität, die zehn Sekunden vor dem

Handeln einsetzt, wurde zuvor von zahllosen bewussten und unbewussten Ereignissen beeinflusst. Ich denke, diese Daten zeigen einfach, dass einige Vorgänge im Gehirn mit bewussten Gedanken und Absichten zusammenhängen, andere mit unbewussten Prozessen. Beide gehen unseren Handlungen voraus und beeinflussen sie. Die Experimente, von denen du sprichst, ergänzen das Gesamtbild einfach um unbewusste Prozesse. Im Prinzip läuft alles, was du sagst, darauf hinaus, die Gültigkeit der Kausalgesetze anzuerkennen. In das kausale Netz können aber außer den unbewussten Vorgängen noch viele weitere Faktoren einfließen.

Wenn man außerdem behauptet, die entscheidenden Instanzen seien die neuronalen Prozesse, könnte man denken: »Nicht ich war es, der diese Entscheidung getroffen hat, es waren meine Gehirnprozesse.« Damit kann man sich von den eigenen Handlungen distanzieren und ist damit nicht mehr für sie auf der Ebene der ersten Person verantwortlich. (»Ich bin dafür verantwortlich, was ich getan habe.«) Das ist aber keine neutrale Position, denn sie beeinflusst ihrerseits zukünftige Entscheidungen und Verhaltensweisen. Beispielsweise wurde gezeigt, dass sich Personen, die einen Text lesen, der dafür argumentiert, unser Verhalten sei vollkommen von unserem Gehirn bestimmt, ganz anders benehmen als Leute, deren Text die Existenz eines freien Willens behauptet.[2] Interessanterweise verhielten sich diejenigen, die nun eher an den freien Willen glaubten, rechtschaffener als diejenigen, die dazu verleitet worden waren, an einen neuronalen Determinismus zu glauben. Letztere neigten eher zum Schummeln und zum Brechen moralischer Regeln, wahrscheinlich, weil sie meinten, am Ende nicht für ihr Verhalten verantwortlich zu sein.

Noch einmal zurück zu dem Experiment, bei dem die Probanden sich für eine Hand entscheiden sollten, mit der sie eine Taste drücken wollten. Unser Freund Richie Davidson hat die interessante Frage aufgebracht, ob sich erfahrene Meditierer im Zustand der reinen Achtsamkeit ihrer Entscheidung, die rechte Hand zu benutzen, früher bewusst werden könnten als Probanden ohne Meditationserfahrung und ob sie eher dazu in der Lage wären, den Ablauf zu ändern und die linke Hand zu nehmen, auch wenn ihre Gehirnprozesse eindeutig auf die rechte Hand hingedeutet hatten.

Die Neuroethikerin Kathinka Evers betont jedenfalls dies: Selbst wenn unbewusste neurologische Vorbereitungen bewussten Entscheidungen vorausgehen, heißt das nicht, dass das Bewusstsein keine wesentliche Rolle für vorherige bewusste Schritte gespielt hat, die den Inhalt der unbewussten Prozesse beeinflusst haben. Das bedeutet, dass wir doch ein gewisses Maß an Kontrolle über unbewusste Vorgänge haben, nämlich durch den Inhalt der vorhergegangenen bewussten Prozesse. Es impliziert auch, dass wir in gewissem Maße Verantwortung für den Inhalt unseres Unbewussten tragen, da bewusste und unbewusste Phänomene sich in einem komplexen kausalen Zusammenspiel gegenseitig formen.

Springt jemand heldenhaft ins eiskalte Meer, um einen Ertrinkenden zu retten, sagt er häufig hinterher, wenn alles vorüber ist und er für seine Tat gelobt wird: »Was ich getan habe, ist doch ganz normal. Ich musste es einfach tun, ich hatte gar keine andere Wahl, als zu helfen.« Es ist nun aber nicht so, dass diese Person gar keine Wahl gehabt hätte. Sie drückt es nur so aus, weil die Entscheidung für sie derart klar war, dass sie keine Sekunde zögerte. Wenn also etwas sehr schnell passiert, zeigt unser Handeln, wie wir sind: mehr oder weniger altruistisch und mehr oder weniger mutig. Allerdings ist unsere Wesensart das Ergebnis zahlloser bewusster Momente, in denen unser Geist sich zu mehr oder minder altruistischen Taten entschlossen und so mit der Zeit eine altruistische Denk- und Seinsweise entwickelt hat. Obgleich im Gehirn in den wenigen Sekunden, die einer Entscheidung vorausgehen, unbewusste Prozesse ablaufen, *ist am Ende die Entscheidung im Wesentlichen der Kulminationspunkt lebenslanger Erfahrung.*

Das heißt auch, dass wir sowohl unsere bewussten als auch unbewussten Prozesse, unsere Denkweise, Emotionen, Stimmungen und schließlich auch unsere Verhaltensweisen durch mentales Training beeinflussen können. Insbesondere sind wir dafür verantwortlich, diesen Prozess in die richtige Richtung zu lenken und eine moralische und konstruktive Herangehensweise zu kultivieren, statt einen unmoralischen und schädlichen Weg einzuschlagen.

WS Du hast Recht. Natürlich beeinflussen uns bewusste Erinnerungen an Erlebtes die im episodischen Gedächtnis abgelegt wurden ebenso wie bewusste Erwägungen, die gerade im Arbeitsgedächtnis zwischengespeichert sind, und vielleicht können wir am Ende sogar unbewusste Heuristiken durch Achtsamkeitsübungen verändern. Dabei dürfen wir aber nicht vergessen, dass sowohl diese »bewussten« Prozesse als auch die unbewussten Motive allesamt auf neuronaler Aktivität beruhen. Womit wir wieder bei der einfachen und unbestrittenen Erkenntnis wären, dass neuronale Zustände die ihnen nachfolgenden neuronalen Zustände beeinflussen. Es gibt kein »Bewusstsein« ohne eine entsprechende neuronale Basis.

MR Ziehst du hier deine Schlüsse nicht ein wenig zu voreilig? Sicherlich teilen die meisten Neurowissenschaftler diese Meinung, aber es wäre übertrieben zu behaupten, dass es diesbezüglich unwiderlegbare Beweise gibt. Was du beschreibst, ist tatsächlich ein kausaler Vorgang – das ist absolut richtig. Aber können wir immer sicher sein, dass wir alle möglichen Dinge, die unsere Gedanken und Entscheidungen beeinflussen, berücksichtigt haben? Wenn es ein Bewusstsein gäbe, das in der Lage wäre, das Gehirn *top-down*, also sozusagen von oben, zu beeinflussen, wäre dieser Einfluss ebenfalls Teil der Kausalkette, es wäre nichts »Spukhaftes« oder vom Kausalitätsprinzip Ausgenommenes dabei.

WS Wir kommen später noch auf die Frage der mentalen Verursachung zurück, aber lass mich zuerst noch meinen Gedankengang abschließen. Die Art und Weise, wie wir entscheiden, wie sich unsere neuronale Maschinerie einer Entscheidung annähert, hängt von all den Variablen ab, die den dynamischen Zustand des Gehirns zum Zeitpunkt der Entscheidungsfindung beeinflussen. Da gibt es zum einen die Faktoren, welche die funktionelle Architektur des Gehirns geformt haben – Gene, Entwicklungsprozesse, Bildung, Erfahrungen –, und zum anderen die Einflüsse aus der jüngeren Vergangenheit – Auseinandersetzungen, Kontext,

Stimmungslagen und zahllose andere Faktoren. Prinzipiell kann man jede Erfahrung, an die man sich erinnert, in bewusste Überlegungen einbeziehen. Allerdings erreichen viele der gemachten Erfahrungen gar nicht die Ebene der Bewusstheit und können daher gar nicht Bestandteil bewussten Nachdenkens werden. Dennoch beeinflussen sie Entscheidungen als unbewusste Motive und Heuristiken. Unser Bewusstsein hat keinen Zugang zu den genetischen und epigenetischen Faktoren, die für die Ausgestaltung der Architektur unseres Gehirns und damit auch für unsere individuellen Verhaltensdispositionen verantwortlich sind. Dasselbe gilt für die zahlreichen impliziten Motive, die bestimmen, was wir als Nächstes tun.

MR Du denkst, wir können uns kaum an die Faktoren erinnern, die unsere Gehirnarchitektur geformt haben. Ich würde dem hinzufügen, dass sich die meisten Menschen auch ihres Bewusstseins nur in sehr begrenztem Umfang gewahr sind, das heißt der winzigen mentalen Prozesse, die ständig im Geist ablaufen. Auch das reine Gewahrsein, das unter der Oberfläche der mentalen Konstrukte immer präsent ist, wird kaum oder überhaupt nicht wahrgenommen. Indem wir uns auf Neuronen und Gehirnstrukturen konzentrieren, ignorieren wir unser gegenwärtiges Bewusstsein, obwohl es uns doch so wertvolle Erkenntnisse über das Wesen des Bewusstseins an sich liefern könnte.

WS Ich denke nicht, dass die Analyse von Neuronen und Gehirnstrukturen mit der Erfahrung interferiert, bewusst zu sein. Sie hindert uns nur daran, uns vorzustellen, dass ein wie auch immer geartetes immaterielles Bewusstsein auf neuronale Prozesse einwirkt. Worauf du anspielst, ist vielleicht eine Form von Metabewusstheit oder die Fähigkeit, sich dessen bewusst zu sein, dass man bewusst ist. Um diese Metabewusstheit entwickeln zu können, muss man sicherlich Distanz gewinnen, dem Hamsterrad entkommen. Aber warum sollten Reflexionen über zugrunde liegende neuronale Prozesse einen von der Kultivierung einer Metabewusstheit abhalten?

Ich möchte noch einmal zu den Motiven zurückkommen, die unsere Entscheidungen bestimmen. Was mir besonders Sorgen macht, ist die Tatsache, dass wir gelegentlich nicht einmal in der Lage sind, gespeicherte Argumente abzurufen und in den Entscheidungsprozess einzubringen – Argumente, die es verhindern würden, eine Fehlentscheidung zu treffen.

MR Das erinnert an das, was Paul Ekman »Refraktärzeit« nennt. Wenn man beispielsweise sehr wütend ist, fällt einem nichts ein oder auf, was diesen Ärger mindern würde, etwa all die guten Seiten der Person, auf die man gerade einen Brass hat. Ich glaube immer noch, dass wir einen ganzheitlicheren Standpunkt einnehmen und bei der Untersuchung von Entscheidungsfindungsprozessen und freiem Willen die langfristigen Auswirkungen unserer in der Vergangenheit liegenden Bewusstseinsstadien berücksichtigen sollten.

WS Vollkommen richtig. Die Argumente, die dem Bewusstsein zugänglich sind, unterliegen häufig einem Selektionsprozess, der auf unbewussten Motiven basiert und der willentlichen Kontrolle entzogen ist.

MR Das hieße, dass man nicht alle Argumente eingehend berücksichtigen kann.

WS Weil unsere Bewusstseinskapazität begrenzt ist, kann zu jedem Zeitpunkt nur eine begrenzte Zahl von Argumenten bewusst erwogen werden. Und die Art und Weise, wie diese bewertet und kombiniert werden, hängt natürlich wieder von der Architektur des Gehirns und seinem aktuellen dynamischen Zustand ab. Erstere ist von Person zu Person verschieden, Letzterer verändert sich kontextabhängig ständig.

Darüber hinaus ist die Kapazität des Arbeitsgedächtnisses begrenzt und unterliegt interindividuellen Schwankungen. Die Anzahl von Argumenten, die gleichzeitig im Arbeitsgedächtnis gehalten und gegeneinander abgewogen werden können, ist also bei jedem anders. Einige Menschen können bis zu sieben Argumente verarbeiten, während andere nur vier oder fünf schaffen. Unabhängig von diesen variierenden Beschränkungen lautet die für mich unvermeidliche Schlussfolgerung aus diesen Überlegungen, dass das Ergebnis jedes Entscheidungsprozesses *das einzig mögliche Ergebnis* in genau diesem Moment ist. Nur wenn es für einen bestimmten Aktivitätszustand der Netzwerke zwei exakt gleichwahrscheinliche Folgezustände gäbe – was extrem unwahrscheinlich ist –, würden minimale und zufällige Fluktuationen der Systemaktivität Einfluss nehmen und bestimmen können, ob sich der eine oder der andere Folgezustand einstellt.

MR Gut, aber sobald einem die Entscheidung bewusst wird – »Ich möchte das tun, ich möchte stehlen, ich möchte lügen« –, gibt es, auch wenn diese Entscheidung unbewusst im Gehirn entstanden ist und man quasi zu ihr getrieben wird, doch auch einen regulativen Prozess, in dem man sich fragt: »Hey, will ich das wirklich machen? Das fühlt sich nicht richtig an.« Vielleicht spürt man, dass man seinem Drang nicht widerstehen kann, und wehrt sich dennoch dagegen, so dass der Regulierungsprozess übernimmt und die ursprüngliche Entscheidung modifiziert oder verwirft. Solche Prozesse existieren und können von uns auch in Anspruch genommen werden. Sie ermöglichen eine Regulierung, die auf Emotionen basiert. Zudem können sie verstärkt werden, indem man wiederholt versucht, diese Regulierung durchzuführen: Man führt sich die negativen Konsequenzen der eigenen Impulse vor Augen, lässt sich von Vorbildern inspirieren etc. Vielleicht vernimmt man nun eine starke innere Stimme: »Ich sollte das wirklich nicht tun.« Was ich sagen will, ist dies: Auch wenn man zu einem bestimmten Zeitpunkt nicht »verantwortlich« dafür ist, dass man will, was man will, und für die starken Bedürfnisse, die in einem hochkommen, hat man doch immer eine gewisse Verantwortung, diesen regulativen Prozess anzustoßen und zu durchlaufen, anstatt ihn zu vermeiden oder zu unterdrücken. Jeder ist dafür verantwortlich, diejenigen Schritte zu unternehmen, die dazu führen, das man derjenige wird, der man sein in einem Monat, in einem Jahr oder für den Rest seines Lebens sein möchte.

WS Natürlich hat das Resultat einer bewussten Überlegung Auswirkungen auf das zukünftige Verhalten. Eine schlechte Erfahrung mit einer bestimmten Entscheidung könnte die Folgeentscheidung nach sich ziehen, sich nächstes Mal anders zu verhalten. Diese zweite Entscheidung und ihre Effekte werden in das Langzeitgedächtnis eingeschrieben, ebenso wie die negativen Konsequenzen der ersten. Sie treten von nun an entweder als unbewusste Motivationen oder als bewusste Argumente auf und beeinflussen weitere Entschlüsse. Wenn eine Erfahrung zu einer Modifizierung von Prioritäten geführt hat, wird das System sich in seinen zukünftigen Entscheidungen an diesen neuen Prioritäten orientieren. Anscheinend ist unser Gehirn so organisiert, dass Gefühle des Unwohlseins ausgelöst werden, wenn einmal gesetzte Ziele nicht verfolgt werden. Es scheint sich um das dasselbe Unwohlsein zu handeln, das uns auch dazu bringt, Konflikte zu lösen. Somit können wiederholt gemachte Erfahrungen mit bestimmten positiven oder negativen Folgen von Entscheidungen eine langfristige Veränderung der funktionellen Architektur des Gehirns auslösen und damit seine Disposition für bestimmte Verhaltensweisen verändern, was natürlich wiederum zukünftige Entscheidungen beeinflusst.

Dabei darf man allerdings nicht vergessen, dass sowohl die ursprüngliche Entscheidung und die Einschreibung des Ziels im Gedächtnis als auch die negativen Gefühle, die mit der Nichtverfolgung dieses Ziels verbunden sind, das *Ergebnis* neuronaler Prozesse sind und nicht deren Ursache. Es ist der neuronale Vorgang, der das Ergebnis der ersten Entscheidung auswertet und der zur Abspeicherung eines neuen Ziels im Gedächtnis geführt hat. Und dieses neue Engramm, diese neue Gedächtnisspur, verändert dann den Zustand des Gehirns und wirkt sich damit auf zukünftige neuronale Entscheidungsprozesse aus.

Möglicherweise verändert sich auch der Status des Ziels. Ursprünglich mag es den Status eines rationalen Arguments gehabt haben, aber mit der Zeit könnte es sich zu einer Gewohnheit wandeln, die zukünftiges Verhalten und Entscheiden beeinflusst, ohne jedoch ins Bewusstsein vorzudringen. Als wir das Erlernen von motorischen Leistungen behandelten, hatten wir bereits davon gesprochen, dass Prozesse, die zunächst auf der Ebene des Bewusstseins ablaufen mit der Zeit zu unbewussten Routinen werden können. Das Ergebnis wäre, dass man sich zum Beispiel gegen ein weiteres Glas Wein entscheidet, weil es sich einfach nicht richtig anfühlt, noch mehr zu trinken, und nicht, weil man die Folgen einer rationalen Analyse unterzieht.

MR Sicherlich können wir unsere emotionalen Regulierungsmechanismen durch Lernen verändern. Bekanntlich geschieht genau das, wenn Kinder spielen, sogar wenn sie miteinander raufen. Dabei lernen sie – und das gilt übrigens auch für junge Tiere –, wann sie zum Beispiel aufhören müssen, um den anderen nicht zu verletzen. Es gehört genau zu den Leistungen der höheren Funktionen des menschlichen Gehirns, für eine ziemlich komplexe Form der emotionalen Regulierung zu sorgen, die wiederum eine Form der Verantwortung darstellt. Soweit ich weiß – aber ich weiß nicht viel darüber –, gibt es das bei anderen Säugetieren nicht.

Aber mir ging es jetzt nicht nur um die langfristige Verbesserung der emotionalen Regulierung, sondern darum, dass wir auch dann, wenn wir das starke Bedürfnis haben, etwas zu tun, jederzeit über die Fähigkeit verfügen, abzuschätzen, wie angebracht diese Handlung ist. Wir können unsere Bedürfnisse überwinden und durch Willensstärke von einer abträglichen Handlung Abstand nehmen, auch wenn unser Verlangen danach sehr stark ist.

WS Ja, es ist erwiesen, dass höher entwickelte Gehirne über hierarchisch organisierte Kontrollmechanismen verfügen, um Reaktionen stärker von inneren Variablen abhängig zu machen und nicht ausschließlich von externen Reizen bestimmen zu lassen. Dies erhöht die Freiheitsgrade für Reaktionen auf Umweltbedingungen und ermöglicht es dem Gehirn, selbst tätig zu werden, anstatt einfach nur auf Störungen zu reagieren. Je umfassender Verhalten und Entscheidungen diesen inneren Kontrollsystemen unterliegen, desto mehr tendieren wir dazu, dem Akteur Verantwortung für sein Tun zuzuschreiben. Bei Kindern sind einige dieser Kontrollsysteme noch nicht vollständig ausgebildet, daher machen wir sie für ihre Handlungen weniger verantwortlich als Erwachsene. Ebenso spricht man Erwachsenen mehr Verantwortung für Entscheidungen zu, die sie bewusst trafen, als wenn sie dieselbe Handlung unreflektiert, gedankenlos oder als spontane Reaktion auf einen Reiz ausführten. Einem Kind macht man keine

Vorwürfe, wenn es spontan handelt, doch wenn klar wird, dass es die Verhaltensregeln verstanden hat und dennoch gegen sie verstößt, tendiert man zu der Haltung, dass dieses Kind wider besseres Wissen gehandelt hat und deshalb Sanktionen verdient.

MR Wenn man spürt, dass das eigene Verhalten ungesund ist, und wenn man weiß, dass man die eigenen emotionalen Impulse kontrollieren könnte, und doch beides ignoriert, dann trägt man deiner Meinung nach wohl mehr Verantwortung für das eigene Handeln.

WS In diesem Zusammenhang ist es interessant, dass sowohl die meisten Menschen als auch unser Rechtssystem tendenziell davon ausgehen, dass Verantwortung hauptsächlich für diejenigen Taten besteht, die bewusst geplant worden sind. Ein Grund dafür ist vielleicht, dass die gesellschaftlichen Verhaltensnormen durch Sprache ausgedrückt werden, die nur bewusst verarbeitet werden kann. Zugegebenermaßen ist der Großteil der frühkindlichen Erziehung nonverbal und erinnert an die Art und Weise, wie man Haustiere auf ein bestimmtes Verhalten konditioniert. Sobald jedoch das Sprachverständnis einsetzt, werden die meisten Benimmregeln durch verbale Anweisungen und rationale Argumente vermittelt. Es wird von einem erwartet, diese Regeln zu kennen und sie bei den eigenen Überlegungen zu berücksichtigen. Wenn man gegen sie verstößt, macht man sich schuldig, weil von einem erwartet wird, dass man sie bei der Entscheidungsfindung beachtet. Auch hier unterscheiden wir zwischen solchen Handlungen, die auf unbewussten Trieben basieren, und solchen, die wir aufgrund bewussten Abwägens der Vor- und Nachteile ausführen.

Wir hatten ja schon kurz darüber gesprochen, inwiefern die Entscheidungsfindung auf zwei verschiedenen Ebenen erfolgt: Die meisten Entscheidungen, die wir im Alltag treffen, hängen von unbewussten Prozessen ab und folgen bewährten Heuristiken. Auch wenn diese Entscheidungsprozesse nicht unmittelbar zu Handlungen führen, können sie zukünftiges Verhalten beeinflussen, weil sie sich in dem, was wir »Bauchgefühl« nennen, manifestieren. Man kann sich dann nicht bewusst an die Gründe für dieses Gefühl erinnern, nimmt aber sehr deutlich die Reaktionen des autonomen Nervensystems wahr, wenn die Ergebnisse der unbewussten Vorgänge mit den Resultaten der eigenen Überlegungen im Widerspruch stehen. Dann denken wir etwa: »Angesichts aller zur Verfügung stehenden rationalen Argumente habe ich die bestmögliche Entscheidung getroffen, doch irgendwie fühlt es sich immer noch falsch an.« Aber es geht auch genau andersherum: »Ich habe getan, was sich für mich richtig *angefühlt* hat, doch wenn ich jetzt darüber nachdenke, war das völlig verrückt und irrational.« Natürlich fühlt man sich gut, bestätigt und zu einem gewissen Grad »frei«, wenn die beiden Entscheidungssysteme zum gleichen Ergebnis kommen.

MR Durch meditative Übungen ließe sich die Stimmigkeit von Vernunft und tiefen Gefühlen verstärken und bewahren.

WS Kant zufolge bist du mit dir selbst im Reinen, wenn du die Regeln, die von außen auferlegten moralischen Imperative, internalisieren kannst, so dass sie zu *deinen* Imperativen werden. Wenn man, wie du sagst, die Kongruenz zwischen unbewussten und bewussten Abläufen durch mentale Übungen verbessern könnte, würden wir das viel häufiger erleben.

MR Ein ernstes Problem könnte auftreten, wenn die von außen gesetzten sozialen Imperativen nicht wirklich ethisch sind, in dem Sinne, dass sie nicht auf das Wohlbefinden der anderen abzielen, sondern vielmehr dogmatisch und unterdrückerisch sind – wie in totalitären Systemen oder in einigen jener repressiven Traditionen, die beispielsweise zu Sklaverei, Menschenopfern oder der Unterdrückung der Frau geführt haben. In diesen Fällen wäre es eigentlich gut und vernünftig, mit den gesellschaftlichen Imperativen über Kreuz zu liegen und sie nicht blindlings zu akzeptieren.

WS Das ist ein ganz wichtiger Punkt. Was geschieht, wenn subjektive Kohärenz dadurch erreicht wird, dass die *schlechte* Seite unserer Verhaltensdispositionen mit den unethischen gesellschaftlichen Imperativen in Übereinstimmung gebracht wird? Die Geschichte, insbesondere die jüngere deutsche Vergangenheit, der moderne Terrorismus oder zahlreiche andere Verbrechen, bieten eine Fülle beklagenswerter Beispiele. Sobald die Gesellschaft die

Dichotomie von *in-group* und *out-group*, also »wir« und »sie«, bekräftigt und die Mitglieder der *out-group* zu bösartigen Feinden erklärt, appelliert das an alle Instinkte, die ursprünglich dazu dienten, die eigene Sippe zu verteidigen. Sobald diese Manipulation kognitiver Schemata Erfolg hat, verwandeln sich Aggressionen, die gegen die Mitglieder der eigenen Gruppe gerichtet als höchst unmoralisch gelten, in eine moralische Pflicht, die es Mitgliedern der anderen Gruppe gegenüber durchzusetzen gilt. Insofern handeln Stammeskrieger, Kreuzritter, Soldaten, die ihr Land verteidigen, und leider auch Terroristen und Folterer häufig in Übereinstimmung mit äußeren Imperativen und inneren Antrieben. Sie erleben keinen inneren Konflikt und gelten vielleicht innerhalb ihrer Gemeinschaft sogar als Helden, nicht als Mörder.

MR Der Philosoph Charles Taylor schreibt: »Was in dieser Moralphilosophie tendenziell im Mittelpunkt steht, ist nicht die Frage, welches Dasein gut ist, sondern die Frage, welches Tun richtig ist; es geht nicht um die Bestimmung des Wesens des guten Lebens, sondern um die des Inhalts der Pflicht. Diese Philosophie hat keinen begrifflichen Platz übrig für eine Vorstellung, wonach das Gute als Gegenstand unserer Liebe oder Bindung gilt bzw. [...] als bevorzugter Richtpunkt der Aufmerksamkeit oder des Willens.«[3]

Eine wahrhaft tugendhafte Person, so Francisco Varela, »setzt nicht Ethik in Handlungen um, sondern verkörpert sie wie ein Könner, dem sein Können in Fleisch und Blut übergegangen ist; der Weise *ist* ethisch, oder anders und genauer gesagt: Auf der höchsten Ebene entspringen die Handlungen den Neigungen, welche die klugen Dispositionen eines Menschen in Reaktion auf die besondere Situation hervorbringen.«[4] Wenn du plötzlich mit einer bestimmten Situation konfrontiert wirst, die eine Eigendynamik entwickelt und du keine Zeit hast, dir in Ruhe zu überlegen, was als Nächstes zu tun wäre, dann ist dein spontanes Handeln der äußere Ausdruck dessen, was du in diesem Moment deines Lebens im Inneren bist.

Normen, die auf dem spontanen »Bauchgefühl« basieren, entstehen aus unseren tiefsten positiven oder negativen Eigenschaften.

Im positiven Fall können sie nicht ausschließlich auf abstrakten Ideen beruhen, sondern müssen der Ausdruck eines Bewusstseins sein, in das wir Wohlwollen, empathisches Mitgefühl, Mitleid und Weisheit integriert haben. Es sind Fähigkeiten, die sich wie alle anderen trainieren lassen.

WS Träfe das zu, wären wir in der Lage, einige tief in uns verwurzelte Triebe durch Übung zu überwinden. Wir haben diese im Laufe der Evolution entwickelt, um unser Überleben und den Fortbestand der Spezies zu sichern. Diese Verhaltensweisen sind jedoch weitestgehend auf eine vorkulturelle Welt abgestimmt und mögen heutigen Bedingungen nicht mehr angemessen sein. Ich hoffe, dass du Recht hast, weil es für die Zukunft des Menschen absolut unabdingbar ist, den Einfluss dieser negativen Triebe einzudämmen.

Die Verantwortung, sich zu ändern

MR Wir mögen im Augenblick keine Gewalt darüber haben, wer wir sind – sonst würden wir uns mit Sicherheit dafür entscheiden, jemand zu sein, der bewundernswerte Qualitäten besitzt, als jemand, der verachtet wird, ein Krimineller oder ein Sexsüchtiger zum Beispiel. Vielleicht haben wir auch keine Wahl, wie wir uns im Eifer des Gefechts verhalten. Wir sind allerdings dafür verantwortlich, uns zu ändern, wenn dies wünschenswert ist. Und ein Stück weit sind wir auch dafür verantwortlich, uns in der Vergangenheit eben nicht geändert zu haben. Gesteht man sich ein, die eigenen Emotionen nicht unter Kontrolle zu haben und darunter zu leiden, dann liegt es in der eigenen Verantwortung, sich aus dieser Falle zu befreien.

Nehmen wir zum Beispiel einen Menschen, der von dem starken Bedürfnis getrieben ist, etwas zu tun. Wie du sagst, hat diese Person, wenn sie von ihren Trieben überwältigt wird, nicht unbedingt die Wahl oder verfügt nicht über ausreichende Kapazitäten, ihr Verhalten zu kontrollieren. Mit Oscar Wilde gesprochen: »Ich kann allem widerstehen, nur nicht der Versuchung.« Aber wenn diese Person nun weiß, dass sie Persönlichkeitsmerkmale oder Neigungen hat, die anderen und auch ihr selbst schaden, und ihr bewusst ist, dass sie manchmal die Kontrolle verliert, sogar bereits darunter gelitten und anderen dadurch Leid zugefügt hat, dann sollte sie diese Gelegenheit nutzen, sich zu ändern. Gewiss gibt es Zeiten, in denen sich die zwanghaften Tendenzen weniger deutlich zeigen. Wäre das nicht die Gelegenheit, mit angemessenen Methoden etwas gegen diese Neigungen zu unternehmen oder sich von anderen Menschen Hilfe zu holen? Es gehört zu unserer globalen Verantwortung, das Mögliche zu tun und uns angemessene Hilfe zu holen.

Es kann schon sein, dass wir uns im Eifer des Gefechts wie Roboter verhalten, aber das gilt nicht für unser ganzes Leben. Da alles, was geschieht, das Ergebnis von Ursachen und Bedingungen ist, muss ein Ereignis stattfinden, wenn alle Ursachen dazu, sei es im Gehirn oder woanders, beisammen sind. Im Laufe der Zeit können wir aber andere Ursachen und Begleitumstände schaffen, um diesen dynamischen Prozess zu beeinflussen. Das ist der Vorteil geistiger Übung und der Plastizität des Gehirns: Die Einflüsse neuer äußerer Umstände induzieren Veränderungen im Gehirn, und dazu gehören auch die sogenannten unbewussten Prozesse.

Man mag ein Handeln verurteilen, aber der Mensch an sich ist nicht böse, auch wenn seine Handlungen das manchmal sind. Alles Denken und Handeln ist das Resultat eines komplizierten Zusammenspiels von Ursachen und Bedingungen, die sich naturgemäß ständig verändern und ebenso durch bestimmte Interventionen weiter verändert werden können. Jeder ist in seinem Kopf mehr oder weniger verwirrt, »krank« oder macht sich etwas vor – wir sollten jedem als einem menschlichen Wesen begegnen, das zahllose Erfahrungen gemacht hat und ebenso zahllosen inneren und äußeren Einflüssen unterworfen war und ist.

Schuldzuweisungen sind häufig die Folge von Unkenntnis, Geringschätzung und einem Mangel an Einfühlungsvermögen. Ein Arzt beschuldigt seinen Patienten nicht, auch wenn dieser seiner

Gesundheit geschadet hat. Er versucht, Heilmittel zu finden und ihn mit seiner Expertise dabei zu unterstützen, gesünder zu leben. Wenn jemand anderen Schaden zufügt, sollte man ihn adäquat, effizient und maßvoll davon abhalten. Darüber hinaus sollte er allerdings auch Hilfe bekommen, um sein schädliches Verhalten zu verändern.

Anstatt Urteile über andere in Stein zu meißeln, sollten wir unsere Mitmenschen – wie übrigens auch uns selbst – als fließende, dynamische Ströme betrachten, die in sich immer ein genuines Veränderungspotenzial tragen.

Als Nelson Mandela gefragt wurde, wie es ihm gelungen war, sich während seiner 27-jährigen Haftstrafe mit seinen Gefängniswärtern anzufreunden, antwortete er sinngemäß: »Indem ich ihre positiven Eigenschaften ans Licht gebracht habe.« Und als man ihn fragte, ob er glaube, dass alle Menschen tief in ihrem Inneren etwas Gutes bergen, gab er zurück: »Daran besteht überhaupt kein Zweifel, vorausgesetzt, man schafft es, die innewohnende Güte hervorzulocken.«

WS Du hast vollkommen Recht. Der Mensch verfügt über ein weites Spektrum an Verhaltensmöglichkeiten, an dessen einem, extremen Ende kaltblütiger Mord und Genozid stehen und am anderen, ebenso extremen die altruistische Selbstaufopferung. Und es gibt unterschiedliche Wege, Verhalten zu beeinflussen. Beispielsweise lassen sich die äußeren Umstände verändern, indem man Sozial- und Wirtschaftssysteme entwirft, in denen Verhalten belohnt wird, das nicht nur zur Stabilität des Systems beiträgt, sondern auch Ungleichheit und Leiden verringert. Ebenso kann destruktives Verhalten bestraft werden. In gewisser Weise ähnelt dies einem evolutionären Prozess, der letztendlich zur Entstehung von sozialen Netzwerken führt, deren Interaktionsdynamik positives Verhalten bestärkt. Allerdings hat der Mensch der biologischen die kulturelle Evolution hinzugefügt, die anderen Gesetzen folgt. Erwünschtes beziehungsweise angepasstes Verhalten wird nicht mehr nur über die Gene an die nächste Generation weitergegeben, sondern auch über Erziehung und normative Systeme. Der wesentliche Unterschied besteht darin, dass die kulturelle Evolution eine intentionale Komponente in sich trägt, weil wir es sind, die vorsätzlich die sozialen Interaktionsarchitekturen gestalten, welche Adaptation und Selektion bestimmte Beschränkungen auferlegen.

Wir kodifizieren Werte und entwickeln Erziehungssysteme, die dafür sorgen, dass diese Werte vom Einzelnen als Verhaltensmaximen internalisiert und von Generation zu Generation weitergegeben werden. Wenn ich es jedoch richtig verstehe, gibt es noch eine weitere Option, die offensichtlich von den buddhistischen Traditionen geschätzt wird, nämlich der Versuch, Verhaltensdispositionen durch Achtsamkeitsübungen zu verändern. Bei allen Herangehensweisen ist das Ziel das gleiche: So viel Übereinstimmung wie möglich zwischen den äußeren Umständen und den inneren Dispositionen zu erreichen, und zudem darauf zu achten, dass beide Kräfte auf das Gute gerichtet bleiben.

Die funktionelle Architektur unserer Gehirne kann durch Bildung, positive wie negative Erfahrungen, die als Belohnung beziehungsweise Bestrafung fungieren, sowie durch Einsicht, Training und Übung verändert werden. Die Anreize, sich zu verändern, stellt das Belohnungssystem unseres Gehirns zur Verfügung. Es scheint mit Systemen ausgestattet zu sein, die Gehirnzustände als konsistent, kohärent, kongruent und harmonisch oder aber als konflikthaft und ungelöst identifizieren. Zwar kennen wir die neuronalen Signaturen dieser Zustände immer noch nicht, doch wir streben den ersten Zustand an und versuchen den zweiten zu überwinden.

MR Wörter wie »kohärent« und »harmonisch« beziehen sich auf die Kategorien der Erfahrung, nicht auf die neuronalen Prozesse. Das zeigt einmal mehr, dass man sich letztlich den eigenen subjektiven Erfahrungen zuwenden muss, um alldem einen Sinn abzugewinnen.

WS Nicht unbedingt. Das subjektive Gefühl von Harmonie ist mit bestimmten neuronalen Zuständen verknüpft, und es ist möglich, dass kohärente neuronale Aktivitätsmuster positive Gefühle auslösen. Wie gerade schon gesagt, kennen wir die Struktur von Aktivitätsmustern, die Lösungen und konfliktfreien inneren Zuständen entsprechen, noch nicht. Vielleicht zeichnen sich aber solche Zustände wirklich durch einen hohen Grad an Kohärenz aus. Da wir als soziale Wesen in ein dichtes sozio-kulturelles Netzwerk eingebettet und ständig der Beurteilung durch andere ausgesetzt sind, ergeben sich für uns die Kriterien für widerspruchsfreie innere Zustände nicht nur aus dem Erbe der biologischen Evolution, sondern auch durch die Imperative, welche uns die kulturelle Evolution auferlegt hat. Ich meine die moralischen Werte, die wir zusätzlich berücksichtigen müssen und die in der Architektur unseres Gehirns durch Erziehung, Belohnung und Sanktionen verankert wurden. Einmal internalisiert, erlangen diese sozialen Vorgaben den Status eigener Ziele beziehungsweise selbstauferlegter Imperative, die umgesetzt werden müssen, damit ein widerspruchs- und konfliktfreier innerer Zustand erreicht wird. Dieser Vorgang ist vergleichbar mit dem Streben nach der Befriedigung biologischer Bedürfnisse, wie seinen Hunger zu stillen und sich fortzupflanzen. Die Einhaltung der Werte und Normen, die uns unsere Kulturen vorgeben, wird für uns zu einem der Ziele, die erreicht werden müssen, um innere Ruhe zu finden. Werte und Normen, die sehr früh verankert werden, noch bevor sich das episodische Gedächtnis entwickelt, bleiben implizit. Sie sind tief in unser Unbewusstes eingelassen, werden nicht mehr hinterfragt und sind fester Bestandteil unserer Persönlichkeit geworden. Wir erfahren sie als eigene Ziele, Bedürfnisse, Überzeugungen und moralische Werturteile. Regeln, die wir später erlernen, werden meist im episodischen Gedächtnis gespeichert. Wir sind uns ihrer bewusst, wissen woher sie stammen, können sie relativieren und erleben sie gelegentlich als soziale Zwänge, die nicht immer mit unseren persönlichen Überzeugungen übereinstimmen müssen. Nichtsdestoweniger streben wir danach, ihnen zu entsprechen, um konflikthafte Zustände in unserem Gehirn zu minimieren und Stimmigkeit zu erreichen.

MR Allerdings wird uns die uns umgebende Kultur nicht nur einseitig aufgedrängt. Wir beeinflussen sie umgekehrt durch unsere Gedanken, persönliche Entwicklung oder Intelligenz. Individuum und Kultur sind wie zwei Klingen, die einander schärfen. Da sowohl die kontemplative Wissenschaft als auch die Neurowissenschaft gezeigt haben, dass es möglich ist, unseren Geist zu trainieren und unsere Persönlichkeitsmerkmale Schritt für Schritt zu verändern, kann die Gesamtheit aller individuellen Transformationen auch zu einer neuen Kultur führen.

WS Das Besondere an kulturellen Entwicklungen ist ja die Reziprozität der Bedingtheiten. Individuen prägen ihr kulturelles Umfeld und werden von diesem geprägt, und diese Wechselwirkungen erfolgen mit sehr großer Geschwindigkeit. Das ist zugleich eine Chance und eine Gefahr. Ich neige wie du zu der Ansicht, dass es möglich sein müsste, einige der vererbten und früh geprägten Eigenschaften zu überwinden, und zwar nicht nur durch kognitive Kontrolle – diese Strategie verfolgen wir alle als Erwachsene –, sondern auch durch prozedurales Lernen, wodurch wir neue und besser angepasste Gewohnheiten entwickeln könnten. Meiner Meinung nach besteht hier eine Analogie zum Erwerb von motorischen Fertigkeiten. Wir haben schon darüber gesprochen: Nachdem man eine Bewegung ausreichend geübt hat, führt man sie aus, ohne weiter darüber nachzudenken oder sie bewusst zu kontrollieren.

MR Das passt zu dem, was Meditierende berichten. Zunächst ist jede Übung gekünstelt und unnatürlich. Dann gewöhnen wir uns daran, wir werden besser und die Übungen fallen uns leichter, bis sie uns schließlich in Fleisch und Blut übergehen.

WS Daher könnte ich mir vorstellen, dass es auch möglich wäre, bestimmte Eigenschaften durch Übung zu verändern. Versuchungen zu widerstehen oder altruistisch zu handeln – beidem wird soziale Anerkennung gezollt – bedarf zunächst der kognitiven Kontrolle und benötigt daher zusätzliche Aufmerksamkeitsressourcen. Es ist durchaus vorstellbar, dass das Trainieren solcher Verhaltensdispositionen nach einer Weile zu Veränderungen der funktionellen Organisation des Gehirns führt und die entsprechenden Verhaltensweisen schließlich auch ohne kognitive Kontrolle abgerufen werden können. In diesem Fall würde das neue Verhalten immer stärker zu einem Persönlichkeitsmerkmal. Einige Lebensläufe spiegeln solche Einstellungsänderungen wider. Es wäre interessant, experimentell zu untersuchen, in welchem Maße diese Veränderungen bei Erwachsenen durch selbstbestimmtes Training hervorgerufen werden können. Vielleicht sind sie aber auch das Ergebnis eines einzelnen Ereignisses, zum Beispiel eines Traumas oder einer kathartischen Krise. Dass manche von uns im Laufe des Lebens weiser werden, zeigt, dass die Summe von Erfahrungen Persönlichkeitsmerkmale verändern kann. Es gibt also Hoffnung, dass das Üben von Mitgefühl und Großzügigkeit etwas bringt.

MR Wenn sich folglich eine gewisse Zahl von Menschen verändern kann, wird das von selbst schrittweise Veränderungen in deren Kultur bewirken –

WS – was wiederum einen Einfluss auf die Individuen hat. Diese wechselseitige Beeinflussung könnte zumindest prinzipiell zu einer sich selbst verstärkenden Entwicklung der Gesellschaft zum Besseren führen. Genauso löst ja auch das Gegenteil, Aggression und Rache, einen Teufelskreis aus, der sich negativ auf die Gesellschaft auswirkt. Wir sollten uns beide Optionen zur Verhaltensänderung genauer anschauen: Die Veränderbarkeit des Einzelnen wie auch die Entwicklung von Interaktionsarchitekturen für die Gesellschaft, die Anreize für friedliches Verhalten bieten.

Willensfreiheit und Wahlmöglichkeiten

WS Aber lass uns noch einmal zu der Frage zurückkehren, wie die beiden Konzepte des freien Willens und der Schuld zueinander stehen. Wenn jemand mit dem Gesetz in Konflikt gerät, weil er sich in einer Weise verhalten hat, die im jeweiligen gesellschaftlichen Kontext als unangemessen gilt, taucht ziemlich bald die Frage auf, ob diese Person die Kontrolle über ihre kognitive Fähigkeiten hatte und in der Lage war, die Konsequenzen ihrer Handlung zu überblicken. Es wird dann untersucht, ob die Fähigkeit, rationale Entscheidungen zu treffen und alle möglichen Argumente gegeneinander abzuwägen, nicht beeinträchtigt war.

Darüber hinaus wird untersucht, ob der Beschuldigte unter Drogeneinfluss oder extremem Stress stand oder müde war, ob er zu einer Entscheidung gedrängt wurde oder ob seine kognitiven Fähigkeiten durch psychiatrische oder neurologische Erkrankungen eingeschränkt waren. Wenn keiner dieser mildernden Umstände festzustellen ist, wird der Beschuldigte für voll schuldfähig erklärt, denn es lag nichts vor, das seine Fähigkeit hätte einschränken können, bewusst alle Faktoren zu berücksichtigen und die Angemessenheit seines Tuns zu bewerten.

Auch unter diesen optimalen Bedingungen bleibt die getroffene Entscheidung jedoch die einzig mögliche. Hätte der Täter eine andere Entscheidung getroffen, dann wäre eben sie die einzig mögliche gewesen, die das Gehirn in genau diesem Moment unter diesen speziellen Umständen hätte generieren können.

MR Nehmen wir also an, dass wir unsere Fähigkeit, bewusst Kontrolle über unsere Impulse auszuüben, nicht einsetzen. Riskieren wir dann nicht, am Ende mit einer Tautologie dazustehen, nach dem Motto: »In jedem beliebigen Moment kann nur das *sein*, was *ist*«? Sicherlich willst du nicht behaupten, dass das, was in jedem beliebigen Moment passiert, *nicht anders hätte passieren können*. Natürlich ist es sinnlos, das, was geschehen ist, zu bestreiten oder zu verlangen, es möge anders sein. Aber es hätte sich vielleicht verhindern lassen und mit Sicherheit können wir dafür sorgen, dass es nicht noch einmal geschieht – zum Beispiel, indem man neues Wissen darüber erlangt, welches Handeln wünschenswert oder nicht wünschenswert ist, und indem wir unseren Geist trainieren.

WS Wenn sich die Ausgangsbedingungen verändert haben, wenn etwa neue Erfahrungen gemacht wurden, wird auch die Entscheidung anders ausfallen. Doch genau darin besteht das Problem, um das es mir geht: Unser Rechtssystem setzt voraus, dass Menschen im Prinzip frei entscheiden können. Wenn sie sich gegen die Einhaltung verbindlicher Normen, das heißt falsch entscheiden, laden sie Schuld auf sich. Die Schwere der zugeschriebenen Schuld hängt dann davon ab, welche Optionen ihnen im Augenblick der Entscheidung zur Verfügung standen. Anders ausgedrückt: Das Maß der zugeschriebenen Schuld hängt ab vom Maß der zugeschriebenen Freiheit. Jedoch bemisst sich »Freiheit« am Spektrum der möglichen Optionen. Ist die Auswahl an Möglichkeiten begrenzt, weil es zahlreiche identifizierbare innere wie äußere Zwänge gibt, könnte man argumentieren, dass der Betreffende keine große Wahl hatte und jede andere Person in dieser Situation ähnlich entschieden hätte. Ich vermute, dass die praktische Tätigkeit von Richtern nicht darin besteht, die philosophische Frage zu erwägen, ob unser Wollen und Wille frei und unbeschränkt sind. Es geht vielmehr darum herauszufinden, wie sehr Entscheidungen oder aus ihnen abgeleitete Handlungen von der Norm abweichen. Ein Richter untersucht, soweit das möglich ist, welche inneren und äußeren Zwänge im Augenblick der Entscheidung vorlagen, und bewertet die Schwere der Schuld, indem er den Grad der Abweichung von dem Verhalten feststellt, dass von einer verantwortlichen, moralisch gefestigten Person unter den gegebenen Umständen zu erwarten wäre.

Mit anderen Worten: Die Tätigkeit von Richtern besteht vermutlich darin zu bestimmen, wie stark die funktionelle Gehirnarchitektur des Täters von der des – zugegebenermaßen fiktionalen – Durchschnittsbürgers abweicht. Kommt der Richter zu dem Schluss, dass unter den gegebenen Umständen andere vermutlich ähnlich gehandelt hätten, sind mildernde Umstände im Spiel, und das Urteil fällt milder aus.

Interessanterweise basiert diese Argumentation auf der impliziten Annahme, dass Individuen in recht vorhersehbarer Weise den jeweiligen Umständen entsprechend entscheiden. Es wird stillschweigend vorausgesetzt, dass Entscheidungsprozesse Ursachen haben. Mir zeigt das, dass unsere Rechtssysteme in der Tat nicht auf der Fiktion eines ungebundenen freien Willens basieren. Das Konstrukt des freien Willens wäre demnach nur eine Unterstellung, die uns zupasskommt, weil sie mit unserer subjektiven Wahrnehmung übereinstimmt, dass wir zu jeder Zeit auch anders handeln könnten. Selbst wenn wir diese Fiktion beiseiteließen, selbst wenn die neurobiologischen Belege, dass es keinen uneingeschränkten freien Willen gibt, weitreichende Anerkennung fänden, würde das daher keine Gefahr für die Legitimation unseres Rechtssystems bedeuten. Auch in Zukunft werden wir die Verantwortung im Sinne einer Urheberschaft einzelnen Personen zuschreiben und diese bestrafen, wenn sie die Gesetze brechen. Der Ansatz, dass die Entscheidung eines Einzelnen das Ergebnis neuronaler, den Naturgesetzen unterworfener Prozesse ist, und dass es in diesem bestimmten Moment keine Alternative gab, bedeutet nicht, dass diese Person nicht für ihre Handlung verantwortlich wäre. Wen könnte man sonst zur Verantwortung ziehen?

Klar ist, dass es keine strikte Korrelation zwischen der Zuschreibung von Willensfreiheit, Verantwortung, subjektiver Schuld und Strafmaß gibt. Fährt man aufgrund einer kleinen Unaufmerksamkeit, eines *attentional blinks* vielleicht, über eine rote Ampel und nichts geschieht, bekommt man höchstens ein paar Punkte im Verkehrsregister und eine Geldstrafe. Wenn jedoch die Unachtsamkeit, derselbe subjektive Fehler, zu einem Verkehrsunfall mit Schwerverletzten oder gar Todesopfern führt, wird die Strafe viel härter ausfallen. Folglich betrachtet unser Rechtssystem auch das Ausmaß der Folgen einer Handlung, nicht nur die Handlung an sich. Dem liegt unser Konzept von Gerechtigkeit und Fairness zugrunde: Wenn jemand großes Leid verursacht, sind wir der Meinung, dass eine Art von Vergeltung nötig ist, um das Gleichgewicht wiederherzustellen.

MR Genau darum besteht die Gefahr, dass die Justiz zu einem System wird, das Rache legalisiert, statt unvoreingenommen die Motive, Intentionen und wahre Verantwortung abzuwägen. In dem von dir genannten Beispiel hängt die Schwere der Folgen einer Handlung nicht notwendigerweise mit den Absichten des Fahrers zusammen, häufig unterliegt sie nicht unserer Kontrolle und ist unvorhersehbar. Zugleich gibt es das Verantwortungsgefühl, das einfach mit der Tatsache zusammenhängt, dass man derjenige ist, der handelt, ob freiwillig oder nicht. Wenn ich bei einem Freund bin und dort eine wunderschöne Porzellanvase umstoße, die auf den Boden fällt und zerbricht, dann tut mir das sehr leid, ich entschuldige mich und sehe zu, dass ich den Schaden ersetze.

Ich fühle mich verantwortlich, auch wenn ich überhaupt nicht die Absicht hatte, die Vase kaputtzumachen. Es ist einfach passiert, weil ich nicht aufgepasst habe oder weil es unvorhergesehene Umstände gab – ich musste plötzlich der auf dem Boden schlafenden Katze ausweichen, die ich zuvor nicht gesehen hatte, und in diesem unbedachten Moment habe ich die Vase umgestoßen etc. Aber ich hätte auch achtsamer und aufmerksamer sein können, während ich mich in einer unbekannten Umgebung bewegte. Es gibt tollpatschige Menschen, denen so etwas häufiger passiert, aber wenn sie das wissen, liegt es in ihrer Verantwortung, besonders achtzugeben. Nur für den Fall, dass ich nicht involviert bin und keinerlei Zusammenhang zwischen dem Vorfall und mir sehe, wenn etwa das Regal, auf dem die Vase steht, plötzlich umfällt, während ich nur zufällig im Raum bin, empfinde ich keine Verantwortung.

Mildernde Umstände

WS Das sehe ich auch so. Auch wenn wir nicht so frei sind, wie wir meinen, sind wir natürlich für das, was wir tun, verantwortlich, weil *wir* es sind, die handeln. Entscheidungen sind unsere Entscheidungen, und das Handeln ist unser Handeln. Wir sind die Urheber, und genau, wie wir wollen, dass uns unsere Verdienste zugeschrieben und belohnt werden, müssen wir auch die Konsequenzen unseres Fehlverhaltens tragen. Auf keinen Fall wird Zuschreibung von Verantwortung hinfällig, wenn wir die Fiktion des freien Willens aufgeben.

Aber lass mich noch einmal kurz auf das Thema mildernde Umstände zurückkommen. Stellen wir uns vor, es liegt ein Kapitalverbrechen vor und es gibt keinen mildernden Umstände – der Mörder hatte ausreichend Zeit, seine Tat abzuwägen, und stand weder unter besonderen inneren noch äußeren Zwängen. Er hatte verschiedene Handlungsmöglichkeiten, und sein einziges erkennbares Motiv war eine kleinere Auseinandersetzung mit seinem

Opfer. Dementsprechend wird er die Höchststrafe – lebenslange Haft – erhalten und für viele Jahre ins Gefängnis wandern. Einige Monate später erleidet der Täter einen Krampfanfall. Sein Gehirn wird untersucht und die Ärzte entdecken in seinem präfrontalen Kortex einen Tumor. Sofort wird der Fall wiederaufgenommen. Vielleicht hat der Tumor Zentren im präfrontalen Cortex zerstört, wo moralische Werte gespeichert sind und neuronale Mechanismen für die Impulskontrolle ihren Sitz haben. Bei kleinen Kindern sind diese Strukturen noch nicht voll ausgebildet, daher sind sie weniger in der Lage, Impulse zu unterdrücken. Durch die Tumordiagnose wird aus dem Mörder ein Patient, dessen defekte neuronale Maschinerie nicht mehr in der Lage ist, sein Verhalten an moralischen Werten auszurichten und seine Impulse zu kontrollieren. Er wird vom Gefängnis in eine Klinik verlegt. Dieser Perspektivenwechsel verdankt sich einem klinischen Symptom und der Verfügbarkeit hochentwickelter diagnostischer Instrumente.

Aber auch wenn es im Rahmen verfügbarer diagnostischer Möglichkeiten keinen Hinweis auf eine Krankheit gibt, würde ein Neurobiologe immer noch sagen, dass im Gehirn des Täters eine Anomalie vorliegen muss, denn er hat etwas getan, was kein normaler Bürger aus unserem Kulturkreis getan hätte. Es gibt zahlreiche Gründe für Fehlfunktionen des Gehirns, die erwogen werden müssten, sich jedoch mit den verfügbaren Untersuchungsmethoden bislang nicht diagnostizieren lassen. Vielleicht haben sich die Verbindungen zwischen den Gehirnzentren, die für die Speicherung von moralischen Werten und für die Impulskontrolle zuständig sind, nicht normal entwickelt, sei es aus genetischen oder epigenetischen Gründen. Auch könnten die Lernmechanismen fehlerhaft sein, die benötigt werden, um sich soziale Normen anzueignen. Vielleicht hat der Täter aber auch zu wenig Erziehung oder Bildung genossen, so dass die Lernprozesse nicht stattfinden konnten, die nötig sind, um gesellschaftliche Imperative zu speichern, zu internalisieren und zu eigenen Maximen des Handelns zu entwickeln.

MR Auch wenn die Diagnose nicht so etwas Dramatisches wie einen Tumor ergibt, ist das Ergebnis dasselbe: Mit seinem Gehirn stimmt etwas nicht.

WS Das Ergebnis ist dasselbe, aber die Ursachen und damit auch die Konsequenzen für den Täter sind andere. Kann man die neuronalen Ursachen identifizieren, wird aus dem Gesetzesbrecher ein Patient. Wenn sie mit den zur Verfügung stehenden medizinischen Diagnoseinstrumenten nicht erkannt werden, wandert er ins Gefängnis.

MR In beiden Fällen sollten wir davon ausgehen, dass der Täter krank oder zumindest dysfunktional ist. Natürlich müssen wir ihn davon abhalten, zu stehlen oder anderen wehzutun, aber eigentlich sollten wir die Perspektive eines Arztes einnehmen, um ihm mit angemessenen Methoden zu helfen. Dies stimmt exakt mit der Sichtweise des Buddhismus überein, der zufolge wir alle krank sind aufgrund von Ignoranz, Gier, Hass, Gelüsten und anderen Geistesgiften. Daher müssen wir dem Rat eines gelehrten Arztes beziehungsweise eines erfahrenen Lehrers folgen und uns einer inneren Transformation unterziehen, um uns von diesen Giften zu befreien. Man zieht Menschen nicht zur Verantwortung, wenn sie geistig verwirrt sind. Sie brauchen Hilfe von außen, von denjenigen weisen und erfahrenen Personen, die wissen, wie all das zustande kommt und ihnen Mittel und Wege zeigen können, sich zu ändern. Allerdings müssen die Betroffenen ihrerseits die Intelligenz besitzen zu erkennen, dass sie sich ändern müssen, und die Entschlossenheit, die geeigneten Methoden zu nutzen, mit denen sich eine Transformation schrittweise herbeiführen lässt.

WS Um dies zu ermöglichen, muss das Gehirn des Betreffenden neue Werte, Normen und auch neue Ziele verinnerlichen. Diese neuen Orientierungspunkte können auch von selbst entstehen, wenn das Resultat einer Entscheidung für ihn negative Konsequenzen hat und er sie bedauert. Jedoch wird es auch immer die Situation geben, in der neue Vorgaben von außen »installiert« werden müssen, weil sein »krankes« Gehirn nicht in der Lage ist, von allein neue Ziele zu entwickeln. Das Gehirn einer Person, die aus dem Impuls, an Geld zu kommen, tötet, *muss* sich – wie schon gesagt – von dem eines Menschen, der dies nicht tut, unterscheiden. Diejenigen, deren Gehirn am stärksten von der Normalverteilung abweicht, werden am schwersten bestraft, während diejenigen, deren Gehirn für angepasstes Verhalten sorgt, das mit den sozialen Normen meistens konform geht, eine mildere Strafe erhalten, weil sie das Gesetz nur unter Bedingungen brechen, die man als mildernde Umstände erachtet.

In keiner Weise stellt dieser Standpunkt die Verantwortung des Handelnden infrage. Ich kann diesen Punkt gar nicht oft genug betonen! Wer sollte denn sonst verantwortlich sein? Was sich ändern muss, ist *unsere Haltung denjenigen gegenüber, die scheitern.* Ihr Verhalten muss bestraft werden, auch wenn wir erkennen, dass sie unter den gegebenen Umständen nicht anders hätten handeln können. Genau dieser Punkt sorgte für sehr viel Verwirrung, als ich diese Argumente zum ersten Mal vorbrachte. Es wurde folgender falscher Schluss gezogen: »Wenn der Straftäter nicht anders hätte handeln können, ist er weder verantwortlich noch schuldig und darf deswegen nicht bestraft werden. Das führt zur Anarchie: Jeder kann tun und lassen, was er will.« Natürlich ist das Unsinn. In gewisser Hinsicht müssen wir demselben Prozedere folgen, das wir auch bei Kindern anwenden: Sie verfügen noch nicht über die grundlegenden Impulskontrollen, deshalb sind wir zwar nachsichtig, belohnen oder bestrafen sie aber trotzdem, um so ihr Verhalten in unserem Sinne zu beeinflussen. Ziel ist es, in ihren Gehirnen neue Orientierungspunkte und Ziele zu etablieren, an denen sie sich orientieren können.

MR Daher sollten wir den Schwerpunkt auf Bildung und Ausbildung, Persönlichkeitsentwicklung und Resozialisierung legen statt auf Vergeltung. Gleichzeitig müssen Maßnahmen ergriffen werden, um zu verhindern, dass Missetäter weiteren Schaden anrichten.

WS Mir ist häufig vorgeworfen worden, die Menschenwürde anzugreifen, indem ich die Fiktion des freien Willens zur Disposition stelle. Ehrlich gesagt verstehe ich nicht, was daran die Würde des Einzelnen bedrohen soll, wenn man neurobiologische Erkenntnisse vermittelt. Weder die Urheberschaft noch die Verantwortung für das eigene Handeln werden dadurch infrage gestellt. Es verändert sich aber unsere Perspektive, unser Blick auf die Bedingtheiten menschlichen Verhaltens und lässt uns diese besser verstehen. Diese neuen Einsichten sollten ein Ansporn sein, uns eingehender um die Täter zu kümmern und die Motive für die Bestrafung abweichenden Verhaltens differenzierter zu bewerten. Im Prinzip sollte dies zu einem humaneren und reflektierteren Umgang mit jenen unglücklichen Menschen führen, die mit einem Gehirn leben müssen, das Verhalten erzeugt, welches mit sozialen Normen in Konflikt gerät.

MR Ich halte das für eine sehr interessante und tiefschürfende Argumentation, die einige Entsprechungen im Buddhismus hat.

WS Das ist gut zu wissen.

Mit den Augen eines Arztes sehen

MR Wie ich schon angedeutet habe, betrachten wir uns im Buddhismus als kranke Menschen, die im Kreislauf der Existenz, *samsara*, herumirren, im unreinen Zustand des Geistes.

WS Das entspricht ein wenig der Idee der Erbsünde im Christentum, richtig?

MR Nein, da geht es um etwas anderes. Es ist kein wesentliches Merkmal der menschlichen Natur, es geht vielmehr darum, dass man diese aus den Augen verloren hat. Wenn du krank bist, sagst du »Ich habe Grippe«, du sagst nicht »Ich bin die Grippe«. Hass, Gelüste und die anderen Geistesgifte, also die Krankheiten, die Leid verursachen, sind nicht intrinsisch, sondern Ergebnis sich ständig verändernder Ursachen und Umstände. Krankheit ist nicht der Normalzustand eines Lebewesens, sondern eine Anomalie, die unsere Überlebenschancen senkt. Dem Buddhismus zufolge entspricht der gesunde Normalzustand, die basale menschliche Natur, welche auch die grundsätzliche Natur des Geistes ist, wenn dieser nicht durch mentale Wolken getrübt wird, einem Goldnugget, das seine Reinheit behält, selbst wenn es im

Schlamm versinkt. Der Buddhismus neigt eher zu der Haltung, dass Güte der Grundzustand des Menschen ist, nicht die Erbsünde. Was nicht heißen soll, dass Hass oder Besessenheit unnatürlich sind und nicht zu unserem ursprünglichen geistigen Repertoire gehören. Wir wissen alle, dass sie das tun. Ich meine damit, dass diese negativen Geisteszustände mentalen Konstrukten entspringen, die unseren Blick auf den Naturzustands des Geistes, das reine Bewusstsein, trüben – so, wie das Erz das in ihm enthaltene Gold verbirgt. Man muss die eigentliche Natur des Geistes von den unterschiedlichen negativen geistigen Zuständen unterscheiden, die Ursache allen möglichen Leidens sind. Dementsprechend ist niemand auf der Welt von Grund auf schlecht, sondern er ist nur aufgrund der Auswirkungen geistiger Gifte sehr krank. Eine Person lässt sich nicht auf ihre Krankheit reduzieren.

WS Aber wenn du sagst, dass diese Person eine kriminelle Persönlichkeit hat, funktioniert das nicht.

MR Warum nicht?

WS Weil die Persönlichkeit die Person *ist.* Unsere Persönlichkeit, unser Charakter, all unsere Merkmale, die der gesellschaftlichen Beurteilung ausgesetzt sind, werden von unserem Gehirn bestimmt. Daher verschwimmen die Grenzen zwischen einer organischen und einer geistigen Störung. Ein Lebertumor ist eine somatische Erkrankung, die die Persönlichkeit unberührt lässt. Ein erkranktes Gehirn verzerrt die Persönlichkeit – in beiden Fällen ist der Patient aber krank. Nur wenn wir einen dualistischen Standpunkt einnehmen, können wir zwischen einem nichtkontaminierten, reinen Geist – also deinem Goldnugget – und einer unreinen, fehlerhaften neuronalen Maschinerie unterscheiden. Es ist sehr wohl möglich zu behaupten, dass ein Mensch »von Natur aus« schlecht ist, ohne ihm jedoch das Potenzial abzusprechen, er könne sich ändern.

MR Das sehe ich anders. Auch wenn jemand eine genetische Veranlagung für Krebs hat, würde man sagen, dass sein Normalzustand der gesunde ist, während die Erkrankung einen pathologischen Zustand darstellt, der von unterschiedlichen Ursachen und Bedingungen abhängt.

Es gibt hier keinen großen Unterschied zwischen den Zuständen des Gehirns und dem Wesen des Geistes. Die Tatsache, dass der Geist von geistigen Giften, mentalen Konstrukten, heimgesucht werden kann, bedeutet nicht, dass er keinen anderen Zustand einnehmen konnte beziehungsweise kann. Gibt man Zyankali in ein Glas Wasser, entsteht ein tödlicher Gifttrank, das H_2O jedoch wird nicht verändert oder selbst giftig. Man kann das Wasser filtern, herausdestillieren oder das Zyankali neutralisieren – die Molekularstruktur des Wassers verändert sich dabei nicht. Ebenso kann das grundsätzliche Wesen des Geistes durch negative Geisteszustände verdunkelt werden, dennoch ist das reine Gewahrsein hinter der Trennwand aus verblendeten Gedanken immer auszumachen. Im Buddhismus spricht man davon, dass selbst ein Mensch, der zum Sklaven des Hasses geworden ist, nicht völlig eins wird mit dem Hass.

WS Aber wer, wenn nicht das Gehirn, produziert denn den Hass und die Wut? Es ist doch für *alle* Verhaltensweisen verantwortlich, die eine Person ausmachen?

MR Hass entsteht durch mentale Konstrukte und Kettenreaktionen von in die Irre geführten Gedanken sowie durch Unwissenheit. Ein scheinbar harmloser Gedanke der Irritation oder Unmut kommt einem in den Sinn, und wie ein kleiner Zündfunke entstehen daraus der zweite und der dritte Gedanke, und schon bald steht der Geist vor Wut in Flammen.

WS Aber beinhaltet das nicht eine Trennung zwischen der Person, die makellos ist, und den Emotionen, in diesem Fall der Wut, die sie unterjochen? Und woher stammt dann die Wut? Wenn sie vom Gehirn der Person hervorgerufen wird, ist sie dann nicht eine konstitutive Eigenschaft von ihr?

MR An Grippe zu erkranken ist Teil des Lebens und unserer Physiologie. Sie befällt unseren Körper und beeinträchtigt uns stark. Aber sie ist kein Teil von uns. Die Grippe ist ein vorübergehender Zustand. Auch wenn man die Dinge aus evolutionärer Perspektive betrachtet, werden Individuen und Spezies aufgrund von Merkmalen, die zum Überleben beitragen, selektiert. Gebrechen gehören nicht dazu.

Gleichermaßen ist der Naturzustand des Geistes reines Denken oder Gewahrsein. Der Geist kann von allen möglichen Inhalten bevölkert werden, die allesamt unbeständig und wandelbar sind. Das Potenzial für Veränderung ist stets vorhanden.

WS Wenn ein Mensch unter Aggressionen leidet, die schließlich durch eine Therapie geheilt werden und verschwinden, würdest du dann davon sprechen, dass sich seine Persönlichkeit verändert hat?

MR Sicherlich werden sich die Charaktereigenschaften der Person verändert haben, nicht aber das grundlegende Gewahrsein. Man sollte nicht den aktuellen Zustand ihres Geistes oder Gehirns, der zu unkontrollierter Aggression führt, mit ihrem gesamten, lebenslangen Bewusstseinsstrom gleichsetzen. Niemand ist intrinsisch schlecht, denn mentale Konstrukte sind vergänglich. Ein Fluss kann verschmutzt sein, aber er kann auch geklärt werden. Will man die Inhalte des Bewusstseinsstroms verändern, so dauert das vielleicht einige Zeit und kann sich als mehr oder weniger leicht erweisen. Doch die Möglichkeit dazu besteht immer.

Natürlich muss man sich anstrengen. Es reicht nicht, mit den Fingern zu schnippen und zu rufen »Möge das Wasser nun rein sein!«, oder »Wenn es nicht sofort sauber ist, werde ich es wegschütten!« Wenn man eine Person zum Tode verurteilt, schüttet man das Wasser seines Lebens weg und gibt ihr nicht die Chance, sich zu ändern. Vielleicht hatte sie keine Wahl, die zu sein, die sie gerade ist, weil dies das Ergebnis vieler Ereignisse in der Vergangenheit ist. Aber sie hat die Wahl, wer sie in Zukunft sein möchte – und somit die Verantwortung, sich zu ändern.

WS Du würdest also doch die Sichtweise vertreten, dass jemand das getan hat, was er getan hat, weil sein Gehirn ihm keine Wahl ließ?

MR Jemand mit einem ungeübten Geist kann im Eifer des Gefechts möglicherweise seine Wut wirklich nicht im Zaum halten. Aber sobald diese Person das erkennt, kann sie sich und anderen nichts Besseres tun, als damit zu beginnen, ihren Geist zu trainieren.

WS Was ist, wenn diese Person einfach nicht über die kognitiven Fähigkeiten verfügt, zu erkennen, dass etwas mit ihr nicht stimmt, oder nicht die Stärke hat, sich zu ändern?

MR Veränderungen geschehen nicht einfach so und auf einen Schlag. Es geht darum, einen Prozess anzustoßen, um Schritt für Schritt eine Veränderung herbeizuführen. Dazu bedarf es der Geduld und der Beharrlichkeit. Dazu muss die dysfunktionale Person wenigstens ein Minimum an Veränderungswillen mitbringen. Auch hier kann es hilfreich sein, wenn sie begreift, dass sie nicht »grundsätzlich schlecht« ist, sondern dass einfach einige äußerst unglückliche Aspekte ihres Geistes und Verhaltens Leiden über sie und andere bringen und es ihr von daher wirklich bessergehen würde, wenn sie der Idee eines Veränderungsprozesses etwas abgewinnen könnte.

Echte Resozialisierung

WS Soweit sind wir uns einig. Strafe sollte als Anreiz und Instrument der Veränderung dienen, anstatt Rachegelüste zu befriedigen.

MR Genau. Rache ist grundsätzlich falsch. Sie basiert auf Feindseligkeit oder in ihrer extremen Form auf Hass. Als wolle man sich freiwillig bei der Person anstecken, die man krank nennt. »Als Gesellschaft können wir nicht töten, um zu zeigen, dass töten falsch ist«, sagt Arianna Ballotta, die Präsidentin der italienischen Vereinigung zur Abschaffung der Todesstrafe. Wenn Hass auf Hass folgt, wird er nie ein Ende finden.

WS Ist Strafe nicht auch der Versuch, Gerechtigkeit wiederherzustellen, ein Gleichgewicht zu erreichen und zudem zukünftige Straftäter abzuschrecken?

MR Solange man damit ein mitfühlendes, erzieherisches Ziel verfolgt, wie es Eltern bei ihren Kindern tun, ist Strafen nicht dasselbe wie Rächen.

WS Dient also dem Selbstschutz?

MR Das ist ein anderer Aspekt. Während man Missetäter umerzieht, muss man die Gesellschaft vor ihren Missetaten und den Täter vor seiner eigenen Krankheit schützen. Eigentlich sollten Gefängnisse Resozialisierungszentren sein – Orte, die Veränderung ermöglichen. Leider erfüllen sie diesen Zweck nur selten. In der Regel sind sie nicht nur ein Ort der Bestrafung, sondern Brutstätten der Gewalt und des antisozialen Verhaltens. Permanent werden dort die abträglichen Neigungen der Insassen verstärkt und damit wird eine Kultur des Missbrauchs erzeugt. Allenfalls sind die allermeisten Gefängnisse Orte, um gefährliche Personen von der Gesellschaft fernzuhalten, was nicht nichts ist und immerhin besser als Rache und Bestrafung. An der Aufgabe, Veränderung zu ermöglichen, scheitern sie aber in den allermeisten Fällen. Solange jemand nicht geheilt werden kann, ist es richtig, ihn davon abzuhalten, anderen Schaden zuzufügen, aber dies sollte ohne jegliche Hass- oder Rachegefühle geschehen. Man sollte sich an den skandinavischen Gefängnissen, wo die Resozialisierung der Täter im Vordergrund steht, ein Beispiel nehmen. Die Rückfallquote ihrer ehemaligen Insassen ist deutlich geringer als in Ländern, in denen eine Kultur der Bestrafung vorherrscht.

In der BBC habe ich einen erschütternden Bericht darüber gehört, dass bis vor kurzem Jugendliche in einigen Staaten der USA vor Gericht als Erwachsene behandelt wurden – was internationalem Recht widerspricht. In Denver, Colorado, gab es einige solcher Fälle. Ein Sechzehnjähriger, der einem Freund bei der Vertuschung eines Mordes half, wurde wie ein Erwachsener eines Schwerverbrechens angeklagt und bekam lebenslänglich, ohne Hoffnung auf vorzeitige Entlassung. Obgleich der Supreme Court im Mai 2010 die Gesetzgebung geändert hat, ist das neue Gesetz nicht rückwirkend gültig. Das bedeutet, dass dieser Teenager sein ganzes Leben hinter Gittern verbringen wird, weil er dabei geholfen hat, das Verbrechen eines anderen zu verschleiern. Auf Druck der Wähler, die ruhig schlafen wollen, entscheiden US-amerikanische Bezirksstaatsanwälte häufig zwischen Tür und Angel und behandeln junge Menschen wie voll strafmündige Erwachsene. Diese bekommen dann noch nicht einmal die Gelegenheit, sich einem Geschworenengericht zu stellen. Im Fall dieses 16-Jährigen war das Gerichtsurteil über eine lebenslange Haftstrafe eine Frage von wenigen Minuten. Komme, was da wolle, er wird nie aus dem Gefängnis entlassen werden. In einem Interview mit der BBC sagte der junge Mann, er habe dem Druck seiner Freunde nachgegeben, dabei zu helfen, den Mord zu vertuschen, mit dem er selbst nicht das Geringste zu tun hatte. »Es passierte einfach so. Ich war da, er war mein Freund, ich wusste nicht, was ich machen sollte. Wir gerieten in Panik. Ich half ihm, die Sache zu vertuschen, und wir liefen weg.«

WS Und das, obwohl bekannt ist, dass die Entwicklung des Gehirns bis mindestens zum 20. Lebensjahr dauert und Teenager in ganz besonderem Maße emotionalen Belastungen ausgesetzt sind.

MR Diese Art Strafe ist eine tragische Verhöhnung der Gerechtigkeit. Sie verkennt völlig die Möglichkeit, sich zu verändern, insbesondere, wenn man jung ist und noch keine Chance hatte, seine Persönlichkeit und emotionale Kontrolle hinreichend zu entwickeln. Außerdem wird dem Täter auf diese Weise die Gelegenheit genommen, den Schaden, den er angerichtet hat, wenigstens ansatzweise wiedergutzumachen, obwohl das vielleicht der beste Weg wäre, das Gleichgewicht in der Gesellschaft wiederherzustellen.

Dieses populistische Verhalten der Bezirksstaatsanwälte zeichnet sich eindeutig nicht durch einen ausgeprägten Gerechtigkeitssinn aus, sondern durch den Wunsch, dem Dürsten der Öffentlichkeit nach schnellen und spektakulären Strafen zu entsprechen. In der Tat handelt es sich hierbei eigentlich um Rache. Natürlich darf das Schicksal des Opfers und die Trauer seiner Familie nicht ignoriert werden. Aber der Richterspruch missachtet all unser Wissen von der menschlichen Fähigkeit zur Veränderung, die von den Neurowissenschaften bestätigt und aus buddhistischer Perspektive gestützt wird.

Wenn wir eine stärker von Mitgefühl geprägte Gesellschaft anstreben, müssen wir allen – Tätern, Opfern und auch Richtern – die Möglichkeit einräumen, ihre Einstellung ebenso zu verändern wie ihr Verhalten und die Art und Weise, wie sie anderen Menschen begegnen. Dann können wir alle besser schlafen. Sechzehnjährige ihr Leben lang einzusperren ist jedenfalls der falsche Weg. Natürlich gibt es Wiederholungstäter, vor denen die Gesellschaft geschützt werden muss, aber oft geht es um Menschen wie diesen Teenager, der unter extremem Druck handelte und der seinen massiven Fehler sofort und von ganzem Herzen bereute.

WS Vielleicht wäre er nie wieder straffällig geworden. Sein Gehirn weicht vermutlich nicht sehr von der Norm ab und ist dementsprechend für Bildungsmaßnahmen empfänglich.

MR Es ist übrigens erwiesen, dass sich insbesondere die Todesstrafe nicht als Abschreckungsmittel bewährt. Als sie in Europa abgeschafft wurde, folgte kein Anstieg von Straftaten, und ihre Wiedereinführung in einigen US-Staaten bewirkte keinen Rückgang derselben. Da Gefängnisstrafen ausreichen, um einen Mörder davon abzuhalten, weitere Menschen umzubringen, ist die Todesstrafe nichts anderes als legalisierte Rache.

Mitgefühl ist keine Belohnung für angemessenes Verhalten, und sein Fehlen keine Bestrafung für schlechtes. Das Ziel von Mitgefühl ist, jedes denkbare Leiden zu beenden, worin es auch immer bestehen mag. Natürlich kann man moralische Urteile fällen, doch Mitgefühl gehört einer vollkommen anderen Kategorie an. Mitgefühl für die Opfer bedeutet, ihnen maximal behilflich zu sein. Mitgefühl für die Täter bedeutet, ihnen dabei zu helfen, sich vom Hass und anderen dysfunktionalen Geisteshaltungen zu befreien, die dazu geführt haben, dass sie Schaden angerichtet haben. Es geht keinesfalls darum, sein Fehlverhalten kleinzureden, sondern darum, anzuerkennen, dass die Möglichkeit besteht, sich zu verändern, etwas wiedergutzumachen und zu vergeben.

WS Das sind exakt die Schlussfolgerungen, mit denen ich häufig meine Vorträge über den freien Willen beende. Genau dies sind die Konsequenzen, die sich ergeben, wenn man die Fiktion eines freien Willens aufgibt. Meine Kritiker sind jedoch anderer Auffassung und meinen, dadurch würden die fundamentalen Werte unserer Kultur verraten, und die Folge sei Anarchie. Ich denke, das Gegenteil ist der Fall: Wenn wir uns mit der Sichtweise anfreunden, dass auf Gehirnstrukturen basierende Gründe für abweichendes Verhalten bestehen, seien die Ursachen nun genetisch oder epigenetisch, sind wir dazu verpflichtet, Aspekte der Rache und Vergeltung aus unserer Rechtsprechung auszuschließen. Das ist kein Angriff auf die Menschenwürde, so meine ich, sondern dient ihrem Schutz.

MR Aber ich frage mich, ob es ausreicht, sich einfach der Position anzuschließen, dass abweichendes Verhalten neuronale Gründe hat, um echtes Mitgefühl zu entwickeln. Vielleicht würde das zu einer kalten, »objektiven« Haltung führen, die zwar keine Rache sucht, aber ebenso wenig Wohlwollen oder Mitgefühl hervorbringt.

WS Ich bin da anderer Meinung! Sobald wir in Tätern Patienten sehen, sie als Opfer genetischer oder epigenetischer beziehungsweise krankheitsbedingter Veränderungen ihres Gehirns betrachten, fällt es leichter, ihnen mit Wohlwollen und Mitgefühl zu begegnen.

MR Das ist sehr gut! Denn so überwindet man seine instinktive Abneigung gegen Menschen, die bösartiges Verhalten an den Tag legen, und reagiert wie ein Arzt, nicht wie ein Racheengel. Schlägt ein geistig verwirrter Patient während der Untersuchung um sich, wird der Arzt nicht zurückschlagen, sondern versuchen, ihn mit allen ihm zur Verfügung stehenden Mitteln von seiner Erkrankung zu heilen.

Entsetzliches Verhalten

WS Die Einsicht, dass jegliches Verhalten, auch das Fällen moralischer Urteile, auf neuronalen Vorgängen basiert, könnte auch zu mehr Demut und Dankbarkeit führen, nämlich bei all jenen, die gesund sind und das Glück haben, über stabile Verhaltensdispositionen zu verfügen, die es unwahrscheinlich machen, in strafbares Verhalten abzugleiten. Darüber dürfen wir jedoch nicht vergessen, dass auch offenkundig gesunde Gehirne radikal umprogrammiert werden können. Man denke nur an all die braven deutschen Familienväter, die in den Konzentrationslagern zu Aufsehern und kaltblütigen Mördern wurden. Nur wenige Jahre ideologischer Propaganda haben ausgereicht, um diese Gehirnwäsche, diese Umprogrammierung von Hirnfunktionen zu bewerkstelligen. Das macht die Gefahr deutlich, die *auch* in der Plastizität des menschlichen Gehirns liegt, auch bei denjenigen, die sich nicht sonderlich vom Durchschnitt unterscheiden. Ich muss gestehen, dass ich es sehr schwierig, wenn nicht gar unmöglich finde, diese Mörder als Patienten mit abnormalen Gehirnen zu betrachten. Diese unvorstellbar entsetzlichen Verbrechen verdienen die schärfsten Strafen. Es erfüllt mich mit großer Sorge, dass es gerade die adaptiven Eigenschaften und die hochentwickelten kognitiven Funktionen unseres Gehirns sind, die uns so empfänglich für Verführung durch Umprogrammierung machen. Offenbar können Welt- und Selbstbilder in kurzer Zeit so verändert werden, dass sich die Sichtweisen grundlegend verändern; und offenbar sind die kognitiven Kontrollmechanismen hinreichend stark, um aus der je neuen Sicht selbst die abscheulichsten Taten nicht nur zu rechtfertigen, sondern auch ausführen zu können. Hier zeigt sich wirklich das Janusgesicht des Menschseins, die Ambivalenz unserer hochentwickelten Gehirne. Sie sind empfänglich für Argumente, können überzeugt werden und dann auf der Basis der neuen Überzeugungen bis zur Selbstaufopferung wohltätig sein oder aber auch verheerende Taten begehen. Ich vermute, dass in beiden Fällen die natürlichen Verhaltensdispositionen durch die bei Menschen besonders stark ausgebildeten kognitiven Kontrollmechanismen überschrieben werden.

MR Du bist ein guter Mensch, der zu Mitgefühl und Empörung angesichts von Barbarei und Unrecht in der Lage ist. Also reagierst du als Mensch und stellst fest, dass eine ausschließlich neurobiologische Erklärung für menschliches Verhalten und soziale Beziehungen zu kurz greift. Diese Nazis waren normale Menschen mit normalen Gehirnen, aber sie haben sich mit ideologisch begründetem Hass vollstopfen lassen und wurden dazu ermutigt, sich objektiv, kalt und mitleidslos für die Vorherrschaft der Arier einzusetzen. Sie waren von der »Rassenlehre« durchdrungen, was ihnen erlaubte, ein reines Gewissen zu behalten, selbst als sie Menschen töteten. Was ihnen fehlte, war nicht biologisches Wissen, sondern Mitgefühl! Und was sie verdienen, ist nicht Hass, sondern ebenfalls Mitgefühl, und zwar kein schwaches, tolerantes Mitgefühl, sondern ein mutiges, das die Ursachen von Leiden, welche das auch immer sein mögen, entschlossen zu bekämpfen trachtet. Sich derart täuschen zu lassen ist ein Zeichen elementarer Ignoranz, einer extremen Verzerrung der Realität sowie eines Mangels sowohl an Mitgefühl als auch an Einsicht in den Zusammenhang zwischen Ursache und Wirkung. Die Urform des Wahns besteht darin, den Hass zu akzeptieren oder ihn gar als Tugend hinzustellen. Das bedeutet nicht zwangsläufig, dass die Gehirne dieser Menschen anormal sind, aber sie haben gelernt, mitunter sehr schnell, Verirrungen als Normalität zu akzeptieren und den schlimmsten Verbrechen gegenüber gleichgültig zu sein. Es gibt viele Faktoren, die auf dem Weg zu solch einem extremen Verhalten eine Rolle spielen können. Da sind die Ängste der Menschen, die ausgenutzt und durch gezielte Propaganda in Hass verwandelt werden können; da ist die Neigung der Menschen, ihr Verhalten dem der Mehrheit anzupassen, selbst wenn es unmenschlich ist; Menschen können abstumpfen, ihre Fähigkeit zur Empathie verlieren; sie sind imstande, andere zu dämonisieren und damit die Sorge um deren Wohlergehen zu eliminieren, den Respekt vor ihnen zu verlieren; und sie können dem Leben anderer jedweden Wert absprechen, sie wie Tiere behandeln. (Den Tieren selbst ergeht es ähnlich: Sie werden immer weiter entwertet, als konsumierbare Objekte ohne intrinsischen Wert betrachtet, als bloße Mittel zu kommerziellen Zwecken behandelt. Milliarden von ihnen werden Jahr für Jahr getötet.)

WS Bevor diese Nazis sich von der Ideologie vereinnahmen ließen, waren sie normale Bürger. Ich lehne die Interpretation aufs Schärfste ab, dass sie nur schicksalshaft in diesen unnormalen Zustand abgerutscht sind und dadurch mildernde Umstände in Anspruch nehmen können, das sagte ich bereits. Scheinbar ist das ein Widerspruch: Ich bringe diesen Ungeheuern nicht dieselbe Empathie entgegen wie anderen Kriminellen und lasse nicht dieselben entschuldigenden Gründe gelten. Warum? Vielleicht gerade weil es offenbar ganz normale Menschen waren, die sich der Ideologie und Propaganda unterwarfen und daraus Motive und Rechtfertigungen für ihre Gräueltaten ableiteten. Vielleicht ist es gerade der Umstand, dass sie zuvor bewiesen hatten, zu einem anständigen und verantwortungsbewussten Leben in der Lage zu sein. Oder war es so, dass sie in Wirklichkeit schon alle nicht normal waren, es ihnen aber gelang, ihr eigentliches Wesen zu verbergen, bis es ihnen die Umstände erlaubten, ihr wahres Gesicht zu zeigen? Oder könnte es sein, dass das, was wir als Norm bezeichnen, eigentlich ein mühsam aufrechterhaltenes Gleichgewicht zwischen dem Bösen in uns und seiner Einschränkung durch Werte und Normen ist? Falls der Normalzustand das Potenzial sowohl für das Gute als auch das Böse in sich birgt, ist es dann nicht erwartbar, dass das Böse sich durchsetzt, sobald die sozialen Umstände Schlechtigkeit belohnen und das Moralische diffamieren?

Der Versuch, mit dieser menschlichen Katastrophe in unserer jüngeren Vergangenheit umzugehen, wirft auch ein anderes Licht auf die Motive für das Bestrafen. Vielen Personen, die direkt oder indirekt zur Umsetzung dieser Gräueltaten beigetragen haben, gelang es, einer Strafe zu entgehen und fortan wieder ein normales Leben zu führen. In einer gerichtsmedizinischen Untersuchung hätte man sie wohl als nicht länger gefährlich eingestuft. Und doch ist es kaum vorstellbar, ja eigentlich undenkbar, sie für ihre Taten nicht zur Verantwortung zu ziehen. Selbst »Rache« wäre in diesem Zusammenhang kein geeigneter Ausdruck, weil jedes denkbare Urteil angesichts der ungeheuerlichen Dimensionen ihrer Vergehen noch obszön milde wäre. Wir können von den Tätern nichts als Reue und Buße fordern. Vorerst würde ich zu dem Schluss kommen, dass das Verständnis der Prozesse, die zu einem Vergehen führen, einem keinen Grund geben, es auch zu entschuldigen, geschweige denn zu tolerieren.

MR Richtig. Hier geht es nicht mehr darum, die Tat objektiv zu erklären, sondern sich mit einem Menschenleben auseinanderzusetzen. Wir müssen eben auch begreifen, dass menschliche Wesen leicht einer Bösartigkeit anheimfallen können, die rasch an Stärke zunimmt, selbst wenn wir fest davon überzeugt sind, dass ihr Normalzustand Wohlwollen ist. Es ist wie bei einer Bergwanderung. Solange man den Weg achtsam geht, ist alles in Ordnung, aber wenn man einen falschen Schritt macht, strauchelt man und stürzt den Abhang hinunter, bevor man überhaupt begreift, wie einem geschieht.

Weder sollten wir Verbrechen achselzuckend hinnehmen noch beschließen, dass Straftäter auf ewig durch und durch böse Menschen sind. Auch müssen wir verstehen, dass das Verhalten einer Person von vielen komplexen Ursachen und Bedingungen abhängt, die miteinander verflochten sind.

WS Diese differenzierte Sichtweise lässt den Täter gelegentlich als Opfer der Umstände erscheinen. Bist du der Meinung, wir sollten ihm vergeben?

Den Teufelskreis des Hasses durchbrechen

MR Vergebung ist nicht gleichbedeutend mit der Behauptung, anderen Schaden zuzufügen sei nicht schlimm und der Betreffende müsse sich nicht den Konsequenzen seines Handelns stellen. Vergeben bedeutet, den Teufelskreis des Hasses zu durchbrechen. Es hilft gar nichts, selbst in den Strudel ebenjenes Hasses zu geraten, den man ja bestrafen will. Aus buddhistischer Sicht gibt es keine Möglichkeit, den Konsequenzen des eigenen Tuns zu entkommen. Die Idee des Karmas besteht in nichts anderem als der Anwendung der allgemeinen Gesetze von Ursache und Wirkung auf die Konsequenzen menschlicher Motivationen und Handlungen. Jedes Tun hat kurz- und langfristige Auswirkungen. Auch wenn man jemandem vergibt und auf Vergeltung verzichtet, wird der oder die Betreffende noch mit den Konsequenzen seines oder ihres Handelns konfrontiert werden.

WS Aber wie soll man sich gegen genetisch verankerte emotionale Reflexe schützen? Der Trieb nach Vergeltung und Rache ist tief im Menschen verwurzelt, und in vormodernen Zeiten mag er sogar eine wichtige Funktion gehabt haben, weil er die Solidarität unter Gruppenmitgliedern befördert hat. Wenn jemand ein Mitglied meiner Familie vergewaltigen und töten würde, bin ich mir sicher, dass es mir äußerst schwerfiele, meine Hassgefühle und Rachegelüste unter Kontrolle zu halten. Solche Vergehen schreien nach Vergeltung. Da diese Emotionen so fundamental sind, ist ihnen kaum durch kognitive Kontrolle und Erziehung beizukommen. Die entscheidende Frage ist doch, ob mentales Training auch diese tieferen emotionalen Schichten erreicht und unsere Veranlagungen so verändern kann, dass der Wunsch nach Rache gar nicht erst aufkeimt. In diesem Fall wäre geistiges Training in der Tat effektiver als unsere herkömmlichen Erziehungsbemühungen, weil diese offensichtlich mehr auf die Vermittlung von Verhaltensregeln und die Stärkung von kognitiven Kontrollmechanismen vertrauen. Dabei geht es doch eher darum, die Verhaltensdispositionen an sich und deren emotionale Basis zu verändern, als emotionale Reflexe zu unterdrücken.

MR Nach dem Bombenattentat in Oklahoma City, das 1995 Hunderte von Todesopfern forderte, wurde der Vater eines getöteten dreijährigen Mädchens gefragt, ob er die Todesstrafe für den Täter, Timothy McVeigh, befürworte. »Noch ein Toter wird meinen Schmerz nicht lindern«, lautete seine simple Antwort. Diese Haltung hat nichts mit Schwäche, Feigheit oder irgendeiner Kompromissbereitschaft zu tun. Es ist durchaus möglich, unerträgliche Situationen mit größter Sensibilität wahrzunehmen und sich Wiedergutmachung zu wünschen, ohne von Hass geleitet zu sein. Ein gefährlicher Angreifer kann durchaus neutralisiert werden, ohne aus dem Blick zu verlieren, dass er ein Opfer seiner Impulse ist.

Im Gegensatz zum Vater hatte die Menschenmenge eine andere Haltung zu diesem Thema eingenommen, wie der Radiosender VOA News berichtete. Kurz bevor das Urteil über McVeigh verkündet wurde, warteten Leute vor dem Gerichtsgebäude und

hielten sich still bei den Händen. Sobald das Urteil verkündet worden war, brachen sie in Applaus und Jubel aus.
In den USA können Familienangehörige der Opfer der Exekution des Täters beiwohnen. Häufig behaupten sie, es tröste sie zu beobachten, wie der Täter stirbt. Einige beteuern sogar, dass ihnen der Tod des Verurteilten nicht reicht; sie würden ihn gern genauso sehr leiden sehen, wie er seine Opfer leiden ließ.
Im Zweiten Weltkrieg wurde der Britische Offizier Eric Lomax bei der Eroberung Singapurs von den Japanern gefangen genommen. Drei Jahre lang war er in Kriegsgefangenschaft und arbeitete in Thailand beim Bau der Eisenbahnbrücke über den Kwai mit.[5] Als die Wachen entdeckten, dass Lomax eine detaillierte Karte von der Eisenbahnstrecke, die die Gefangenen bauen mussten, erstellt hatte, wurde er verhört und unter anderem durch Waterboarding gefoltert. Nach seiner Befreiung hielten Lomax' Seelenqualen, sein Hass auf die Japaner und sein Wunsch nach Rache fast 50 Jahre unvermindert an.
In einem Zentrum für Folteropfer machte er eine Psychotherapie und stellte danach einige Nachforschungen an. Dabei stieß er auf einen Dolmetscher, der bei seinen Verhören dabei gewesen war. Nagase Takashi, den Lomax ganz besonders hasste, hatte sein Leben lang versucht, für seine Taten im Krieg Wiedergutmachung zu leisten, indem er sich öffentlich gegen den Militarismus wandte und sich gemeinnützig engagierte. Lomax blieb skeptisch, bis er einen weiteren Artikel sowie ein schmales Buch entdeckte, in dem Takashi erläuterte, wie er einen Großteil seines Lebens für die Behandlung der Kriegsgefangenen durch die japanische Armee Sühne leistete. Dabei beschrieb er sogar die schrecklichen Szenen von Lomax' Folter und wie sehr er selbst von sich angewidert war, weil er diesen Verhören beigewohnt hatte. Takashi sprach von schlimmen Albträumen, Flashbacks und einem schmerzhaften Trauma, also all dem, was Lomax jahrzehntelang durchgemacht hatte.
Lomax' Ehefrau schrieb Takashi einen Brief und äußerte die Hoffnung, ein Treffen der beiden Männer könnte ihre Wunden heilen. Takashi erklärte sich umgehend einverstanden, und ein

Jahr später flogen Lomax und seine Frau nach Thailand, um Takashi und dessen Frau kennenzulernen. Vom ersten Moment ihres Treffens an wurde Takashi nicht müde, zu beteuern, »Ich bereue das alles so sehr«, während ihm die Tränen übers Gesicht strömten. Plötzlich fing Lomax paradoxerweise an, seinen ehemaligen Befrager zu trösten, dessen Schmerz offensichtlich größer als sein eigener war. Schließlich lachten die beiden Männer zusammen, tauschten Erinnerungen aus und mussten feststellen, dass sie sich nun sehr gern in der Gesellschaft des anderen aufhielten. Lomax hatte zu keinem Zeitpunkt ihres mehrtägigen Treffens das Gefühl von Wut, das er Takashi gegenüber so lange genährt hatte.

Ein Jahr später flog Lomax mit seiner Frau auf Takashis Einladung nach Japan. Lomax bat Takashi um ein Gespräch unter vier Augen, in welchem er ihm dann versicherte, ihm vollkommen vergeben zu haben. Takashi wurde von seinen Gefühlen überwältigt. Lomax schrieb später: »Ich bekam das Gefühl, mehr erreicht zu haben, als ich je zu träumen gewagt hätte. Durch das Treffen wurde Nagase vom verhassten Feind, mit dem eine Freundschaft undenkbar war, zu meinem Blutsbruder.«[6]

Angesichts solcher dramatischer Fälle habe ich Grund zur Annahme, dass geistiges Training die persönliche Weltsicht und eigene Reaktionen verändern kann. Der einzig wahre Feind ist der Hass an sich, nicht der Mensch, auf den er sich richtet.

Gibt es ein Selbst, das die Verantwortung trägt?

WS Ich höre heraus, dass du davon ausgehst, das Selbst sei makellos – es weiß, was es tun sollte, verfolgt die rechten Ziele und ist nicht von Bedürfnissen und emotionalen Neigungen wie Zorn, Hass, Eifersucht, Gier, Besitzenwollen oder Herrschsucht geplagt, die uns Evolution und Kultur hinterlassen haben. Wenn du das annimmst, spaltest du dieses Selbst von der restlichen Person ab. Das scheint mir problematisch, denn sowohl das bewusste

Selbst als auch die Verhaltensdispositionen entstammen demselben Gehirn. Nehmen wir zum Beispiel die Blutrache zur Rettung der Ehre einer Familie. Diese Praxis beruht mit großer Wahrscheinlichkeit auf kulturellen Verabredungen und nicht auf einem genetisch vererbten Verhaltensprogramm.

MR Lass mich das klarstellen. Wie du ja weißt, ist das Selbst dem Buddhismus zufolge nichts weiter als ein mentales Konstrukt, das wir benutzen, um unserem Bewusstseinsstrom einen Namen zu geben. Es gibt keine separate und autonome Entität, kein »Selbst«, das wir dingfest machen könnten. Daher ist es nicht das Selbst, das makellos ist, es ist das grundsätzliche Wesen unseres Bewusstseins, unsere grundlegende primäre Erkenntnisfähigkeit, die von ihrem Inhalt unbeeinflusst bleibt. Sind wir in der Lage, uns auf diese reine Achtsamkeit zu berufen, können wir mit negativen Emotionen umgehen.

WS Reicht das Trainieren reiner Achtsamkeit wirklich aus, um all die tief in uns verwurzelten Eigenschaften loszuwerden, die du mit Unvollkommenheit gleichsetzt?

MR Man übt, sich immer stärker der Inhalte des Geistes bewusst zu werden, um in dieser Achtsamkeit ruhen und sie permanent aufrechterhalten zu können, ohne sich von mentalen Konstrukten und starken Emotionen ablenken zu lassen und ohne sie aktiv zu unterdrücken.

WS Das hast du gut ausgedrückt! Meines Erachtens ist das ein wirklich wichtiger Punkt, der die Unterschiede zwischen unseren Konzepten über das autonome Selbst deutlich herausbringt.

MR Wenn wir diesen Zustand der Bewusstheit erfahren – und das müssen wir tun –, dann ist die Bewusstheit immer hinter dem Schleier der Gedanken präsent. Immer mal wieder erleben wir friedliche Momente, wenn wir für kurze Zeit von dem mentalen Geplapper verschont werden, das uns normalerweise ständig beschäftigt. Solche Augenblicke gibt es, wenn wir beispielsweise still an einem Berghang sitzen oder wenn wir nach großer körperlicher Anstrengung erschöpft sind. Für kurze Zeit befindet man sich in einem friedlichen Geisteszustand, ohne von zu vielen Gedanken oder inneren Konflikten gestört zu werden. Das gibt einen flüchtigen Eindruck davon, was reines Gewahrsein, unbelastet von Gedanken, sein kann. Erkennst du diesen grundlegenden Aspekt des Gewahrseins, stärkt das vielleicht deine Zuversicht, dass Veränderung wirklich möglich ist.

WS Schlägt sich denn in Ländern wie Tibet, Bhutan oder Myanmar, wo der Buddhismus weit verbreitet ist, dieses Konzept einer A-priori-Reinheit des Bewusstseins, die unabhängig von den sonstigen Charaktermerkmalen einer Person besteht, in den Rechtssystemen nieder?

MR Interessanterweise hat der Präsident des obersten Gerichtshofs von Bhutan verlauten lassen, dass in der neuen Verfassung einige grundlegende ethischen Konzepte des Buddhismus, natürlich in säkularisierter Form, berücksichtigt werden, um für eine Balance zwischen den Rechten des Einzelnen und seinen Pflichten und seiner Verantwortung gegenüber der Gesellschaft zu sorgen.

Wie der Dalai Lama häufig betont, stand im alten Tibet längst nicht alles zum Besten, auch dort gab es Gräueltaten. Doch im Vergleich zu den Massakern, die in den Nachbarländern wie China und der Mongolei über die Jahrhunderte stattfanden, waren diese extrem begrenzt. In Tibet wurde ich selbst Augenzeuge einer alten Tradition: Wenn es zwischen zwei Personen, Familien oder Stämmen zu einer hitzigen Fehde kommt, wendet sich eine der Parteien häufig an einen Lama. Dieser ruft dann beide zu sich, spricht mit ihnen und nimmt ihnen schließlich das Gelöbnis ab, keine weitere Vergeltung zu üben. Um dieses Gelöbnis zu besiegeln, legt er eine goldene Buddhastatue auf die Köpfe der beiden Streitführer. Dann müssen sie einen Eid schwören, dem anderen kein Leid mehr zuzufügen. Ich habe selbst gesehen, wie zwei Leute, die sich nur wenige Momente zuvor gegenseitig umbringen wollten, sich augenblicklich beruhigten und gemeinsam eine Tasse Tee tranken, als sei nichts geschehen. Es hat mich beeindruckt, wie sehr es einen verändert, wenn man den Hass aus seinen Gedanken verbannen kann. Allerdings wüsste ich nicht, dass sich die Gesetze irgendwo auf diese Vision ursprünglicher Güte berufen.

WS Aber dieses Vorgehen der Mediation und Versöhnung scheint in allen Kulturen verbreitet und nicht spezifisch für kontemplative Praktiken zu sein.

MR Mit Blick auf Gerechtigkeit und Strafe hat der Dalai Lama sehr interessante Gedanken darüber entwickelt, wie mit dem Leid umzugehen sei, das aus einem Urteil resultiert. Einmal konfrontierte er ein Gremium aus Anwälten und Richtern in Südamerika mit folgendem Beispiel: »Zwei Personen haben sich desselben Vergehens schuldig gemacht und verdienen nach dem Gesetz 15 Jahre Haft. Doch der eine ist alleinstehender Vater von fünf Kindern, der andere ein Eigenbrötler. Wenn man den Vater 15 Jahre lang einsperrt, werden fünf unschuldige Kinder wahnsinnig leiden. Verurteilen Sie also beide zu derselben Strafe?« Die Anwälte meinten, dass es in der Tat rechtlich schwierig wäre, unterschiedliche Strafmaße anzuwenden, doch dass Richter im Normalfall versuchen würden, alle Auswirkungen ihres Urteil zu berücksichtigen.

WS Was impliziert, dass man nicht nur die individuelle Schuld beurteilt und bestraft, sondern dass man auch den Kontext berücksichtigt, um Leid auf übergeordneter Ebene zu vermindern.

MR Bei der Gerechtigkeit geht es doch darum, das Leid insgesamt zu vermindern, nicht wahr? Nicht nur um legalisierte Rache. Wenn es also um die Prävention und weniger Leid für alle geht, muss man der Tatsache Rechnung tragen, dass man gegebenenfalls noch größeres Leid verursacht, wenn man jemanden aus seinem Alltagsleben herausreißt. Daher sollten Ethik und Justiz weniger dogmatisch sein und sich mehr am konkreten Leben der Menschen orientieren.

WS Allerdings wäre es schwierig, dies in einem klar geregelten System umzusetzen, das auf dem Konzept des freien Willens basiert und direkte Bezüge zwischen subjektiver Schuld und Strafmaß herstellt. Dein Vorschlag setzt ein enorm flexibles Rechtssystem voraus, in dem der Richter die Freiheit hat, nicht nur den Täter, sondern auch die Konsequenzen des Urteils für die Gesellschaft im Allgemeinen zu berücksichtigen. Das gibt Richtern große Freiheiten, setzt aber sehr viel Vertrauen in ihre Integrität und Weisheit voraus – und öffnet natürlich der Korruption Tür und Tor.

Auch wenn man die Bewertung des weiteren Kontextes einer Jury aus zwölf zufällig ausgewählten Menschen überließe, könnten Emotionen das Ergebnis sehr stark verzerren.

MR Das stimmt. Zwar wäre dieses Vorgehen wünschenswert, aber es wäre auch schwierig umzusetzen, weil es sich kaum formalisieren ließe.

WS Ich stimme dir vollkommen zu. Gesetze und Durchsetzung von Normen sollten zu einer humaneren Gesellschaft führen. Zwar finde ich den Ansatz gut, dass Urteile kontextabhängig gefällt werden sollten, doch hätte das auch einen Preis: Es hieße, viel mehr Variablen zu berücksichtigen, damit also die Verfahren zu verlängern, und außerdem wäre es viel stärker als unsere derzeitige Praxis von der persönlichen Einschätzung des Richters, der Geschworenen sowie von denjenigen abhängig, die möglicherweise versuchen, den Richter zu beeinflussen.

Lässt sich der freie Wille beweisen?

MR Lass uns zum Thema des freien Willens zurückkehren mit einem verrückten Gedankenexperiment: Stell dir vor, du machst etwas, das keinen Sinn ergibt, das weder von deinen biologischen Bedürfnissen noch von den Prozessen in deinem Gehirns in irgendeiner Weise nahegelegt wird. Stellen wir uns vor, ich sitze hier und habe großen Durst. Mir ist danach, eine Pause einzulegen, aufzustehen, einen Tee zu kochen und einen Spaziergang zu machen. Wenn dieser Wunsch in meinem Gehirn auftaucht, hat er sich vermutlich dort schon eine ganze Weile zusammengebraut. Aber anstatt nun aufzustehen, um den Tee zuzubereiten, der mein Bedürfnis befriedigen würde, denke ich: »Ich bleibe hier einfach sitzen, um zu beweisen, dass der freie Wille existiert! Auch wenn ich schrecklich durstig und hungrig werde, mir in die Hosen mache oder ohnmächtig werde.« Alle biologischen Funktionen meines Körpers rufen dem Gehirn zu: »Hör auf damit! Steh auf, hol dir was zu trinken, geh zur Toilette und mach ein

Nickerchen!« Gibt es, abgesehen vom freien Willen, irgendeine Art automatischen Rechnens im Gehirn, das mich dazu bringen würde, etwas zu tun, was derart meinen natürlichen Bedürfnissen zuwiderläuft? Ich könnte mir ja alle möglichen irrsinnigen Szenarien ausdenken: mich nackt in einem Komposthaufen zu wälzen oder mir ein Flugticket nach Kasachstan, Paraguay oder irgendwohin zu kaufen, wo ich im Moment nichts verloren habe.

WS Wenn du solche verrückten Dinge tust, dann ist dein Gehirn stärker motiviert zu beweisen, dass es frei ist zu entscheiden, als dazu, dir ein angenehmes Leben zu machen. Wenn deine Entscheidung lautet, es dir auf einer Müllhalde bequem zu machen, dann müssen die Verbindungen in deinem Gehirn so verknüpft sein, dass diese demonstrative Handlung befriedigender ist als alle anderen Dinge, die du tun könntest.

MR Warum sollte das Gehirn auf diese merkwürdige Weise verdrahtet sein? Das ist für mein Überleben doch total kontraproduktiv.

WS Es muss eine treibende Kraft geben, deinen Neigungen zu widerstehen und dir zu beweisen, dass du frei bist. Diese kann nur Ausdruck neuronaler Aktivität sein, und daher muss sie aus dem Gehirn selbst stammen.

MR Weil das Gefühl, die Kontrolle zu haben, sich irgendwie auszahlt?

WS Genau.

MR Das klingt ziemlich seltsam. Warum sollte man sich das so sehr beweisen wollen?

WS Eine Person, die solche von der Norm abweichenden Dinge tut, um sich selbst und anderen zu beweisen, dass sie autonom, ungebunden und frei in ihren Entscheidungen ist, hat vermutlich ein Problem mit Selbstbestimmung oder Autorität.

MR Nicht unbedingt. Unter anderen Umständen würde ich mich niemals so verhalten. Ich würde es nur tun, um jemanden davon zu überzeugen, dass der freie Wille existiert, weil mir diese philosophische Frage am Herzen liegt.

Das erinnert mich an die Geschichte von Barry Marshall, dem Nobelpreisträger. Er hat den Nachweis erbracht, dass Helicobacter-pylori-Bakterien die Ursache für die meisten Magengeschwüre sind, nicht, wie zuvor weithin angenommen wurde, Stress, scharfes Essen oder zu viel Magensäure. Marshall war ein wenig verzweifelt, weil ihm niemand Glauben schenkte. »Jeder war gegen mich, aber ich wusste, dass ich Recht hatte«, sagte er.[7] Schließlich trank er ohne das Wissen seiner Frau eine Lösung mit einer Kultur dieser Bakterien, weil er davon ausging, so vielleicht Jahre später ein Magengeschwür zu entwickeln. Zu seiner Überraschung hatte er schon wenige Tage später eine akute Gastritis und wurde sehr krank. Der BBC gegenüber erklärte Marshall, er habe ein wenig das Gefühl gehabt, einen ekelhaften Cocktail zu trinken, um eine kindische Wette zu gewinnen. Ihm war sein Vorgehen vollkommen klar, er war zu dieser verrückten Tat fest entschlossen und hatte dabei sogar eine Prise Humor – nicht weil er verrückt war, sondern weil ihm das Wohlergehen der Menschheit so sehr am Herzen lag.

Was ich damit sagen will, ist dies: Obgleich ein Beitrag zur Antwort auf die Frage nach der Willensfreiheit vielleicht nicht Millionen Leben rettet, mag sich unkonventionelles Verhalten auch in diesem Fall lohnen. Hier sitze ich also, in einem, wie ich hoffe, nicht ganz verblendeten Zustand, und behaupte, dass ich die nächsten fünf Stunden auf diesem Stuhl sitzen bleiben werde, wenn du mir bestätigst, dass dies ein schlagender Beweis für den freien Willen ist.

WS Aber es muss ein Problem geben, das du versuchst zu lösen, oder einen inneren Drang, wenn du etwas so Verrücktes tust oder wenn du jetzt rausgehst und dich nackt auf der Wiese herumwälzt.

MR Vielleicht aber auch nicht, wenn es diese philosophische Frage beantwortet. Dafür wälze ich mich dann auch wie ein Idiot nackt im Gras. Ich würde das nicht tun, weil ich mein Bedürfnis aufgrund eines unkontrollierbaren Anflugs von Wahnsinn nicht unterdrücken kann, sondern mit einem klaren und besonnenen Geist, um eines Arguments willen, das mir wichtig erscheint.

WS Nehmen wir an, du machst es und wälzt dich tatsächlich im

Gras. Würde das als hinreichender Beweis für den freien Willen gelten?

MR Das frage ich dich.

WS Was geht dieser Entscheidung voraus? Was ist in deinem Gehirn geschehen, bevor dieser Plan heranreifte und es zu dieser Entscheidung kam? Du würdest mir doch zustimmen, dass es in deinem Gehirn zu Planungen und Entscheidungen gekommen sein muss.

In deinem Beispiel geht es um deinen Wunsch, dir oder mir zu beweisen, dass du einen freien Willen hast. Du hast also ein konkretes Motiv, das während unseres Gesprächs entstanden ist, nämlich aus dem Widerspruch zwischen meinen Argumenten und deinem Gefühl. Diesen Konflikt möchtest du lösen, indem du den Beweis erbringst, dass du spontan entscheiden kannst, etwas ganz Ungewöhnliches und auf den ersten Blick Sinnloses zu tun. Allerdings ist es in diesem Fall sehr deutlich, was deiner vermeintlich freien Entscheidung vorausgegangen ist: Argumente, welche die Willensfreiheit infrage stellen, haben deiner Intuition widersprochen, worauf dann schließlich dein Gedanke entstanden ist, wie du diesen Konflikt auflösen kannst.

MR Aber auch jetzt sagst du nur, dass die Natur den Kausalgesetzen folgt. Hier geht es doch aber um die Faktoren, welche die Entscheidungsfindung beeinflussen. Gibt es Raum für eine mentale Verursachung meiner Entscheidung, die dem Bewusstsein entstammt und nicht den neuronalen Vorgängen? Wir kehren immer wieder zu der Tatsache zurück, dass man die Möglichkeit, dass das Bewusstsein etwas anderes als ein Nebenprodukt der Gehirnaktivität ist, nicht kategorisch verwerfen kann.

WS Diesen Punkt werden wir später noch eingehender diskutieren. Aber um bei unserem momentanen Hauptthema zu bleiben: Ich glaube, es ist wichtig, zwischen Kreativität und freiem Willen zu unterscheiden. Bei der Entwicklung des Szenarios, von dem du dir die Lösung des Problems versprichst, bist du kreativ gewesen. Aber die Entscheidung, ob du deinen Plan umsetzt oder hier sitzen bleibst, hängt vom jeweiligen Zustand deines Gehirns ab, der wiederum von zahllosen Variablen beeinflusst wird. Einige davon treten ins Bewusstsein, andere bleiben unbewusst. Was meinst du, was wäre in deinem Gehirn passiert, wenn du diesen Quatsch wirklich gemacht hättest?

MR Quatsch wär's gewesen, wenn ich mich grundlos auf der Wiese hin- und hergewälzt hätte. Aber ich hätte ja einen guten Grund gehabt. Nehmen wir an, jemand sagt zu mir: »Wälz dich nackt im Gras, dann lassen wir dein Kind am Leben.« Man würde es tun, und niemand käme auf die Idee, einen für verrückt zu erklären. Aus meiner Sicht ist es das wert, für verrückt erklärt zu werden, um damit die Frage nach dem freien Willen zu klären – vorausgesetzt, dieses Experiment wäre in logischer Hinsicht überzeugend.

WS Brechen wir das Ganze also auf die zugrunde liegenden neuronalen Mechanismen herunter: Es muss einen neuronalen Aktivitätszustand gegeben haben, der deiner seltsamen Entscheidung entspricht, andernfalls wäre nichts geschehen. Dieser Aktivitätszustand muss seinerseits von einem vorangehenden verursacht worden sein. Diese vorangehende Aktivität entspricht dem, was dir durch den Kopf gegangen ist, bevor du dich entschieden hast. Was ging dir durch den Kopf? Was, meinst du, war der Anreiz, das *res movens*, die Ursache für die Entscheidung?

MR Ich habe das Gefühl, dass es hier ein Element des Bewusstseins gibt, das mich vorantreibt, und dass in diesem Fall mein Respekt vor der Vernunft und Weisheit mich dazu bringt, die Frage nach dem freien Willen zu klären.

WS Diese Intuition ist eng mit der faszinierenden Frage der mentalen Verursachung verknüpft. Es geht darum, ob bloße Gedanken oder Einsichten, die im Bewusstsein auftreten ausreichen, um zukünftige neuronale Prozesse zu beeinflussen. Diese Frage ist untrennbar mit den Theorien über das Bewusstsein und seine neuronalen Korrelate verbunden. Da es sich dabei um ein außerordentlich schwieriges Problem handelt, schlage ich vor, dass wir darüber in einer anderen Sitzung sprechen – am besten gut ausgeruht und nach einem starken Kaffee. Denn diese Diskussion wird uns an die Grenzen dessen führen, was wir wissen und uns vorstellen können.

MR Die Frage der Willensfreiheit ist auf philosophischer und logischer Ebene mit der nach dem Determinismus verbunden. Solange man nicht auf die Ebene der Quantenphysik geht, scheint es offensichtlich, dass allen Ereignissen diverse Ursachen vorausgehen. Würden Dinge in unserer Alltagswelt einfach passieren, ohne dass es dafür einen Grund gäbe, existierten keine Kausalgesetze, und alles könnte aus allem entstehen: Blumen könnten am Himmel sprießen und Dunkelheit aus Helligkeit entstehen. Ohne Kausalprozesse würden wir uns willkürlich und chaotisch verhalten, da keine ursächliche Beziehung zwischen unseren Absichten und Handlungen bestünde. Für erratisches oder abweichendes Verhalten könnten wir sicherlich nicht zur Verantwortung gezogen werden. Außerdem würde es keinen Sinn ergeben, den Geist trainieren zu wollen, um ein besserer Mensch zu werden, weil alles immer nur zufällig geschehen würde. Das alles ist in der Tat reichlich absurd.

Demgegenüber argumentieren die Befürworter eines strikten Determinismus folgendermaßen: Wenn wir den gesamten Zustand des Universums zu einem bestimmten Zeitpunkt kennen würden, dann wüssten wir auch, was zuvor geschehen ist und was in Zukunft geschehen wird. Fühlende Lebewesen würden funktionieren wie Maschinen, und wir hätten nie eine Wahl. Von der Geburt bis zum Tod würden unser Leben und unser Selbst ausschließlich von dem zuvor existierenden Zustand des Universums vorherbestimmt. Gilt dieser absolute Determinismus, sind alle Versuche, sich persönlich zu entwickeln, vergeblich und illusorisch. Wir sind dann einfach nur Roboter, die sich vormachen, sie könnten denken und Entscheidungen fällen, obgleich sie in Wirklichkeit überhaupt keine Wahl haben.

Pierre-Simon Laplace zum Beispiel war davon überzeugt, dass eine Intelligenz, die alle Ursachen, Umstände und Einflüsse, die zu einem bestimmten Zeitpunkt im Universum auftreten, kennt und darüber hinaus die Fähigkeit besitzt, all diese Informationen zu analysieren, alles wüsste: »[N]ichts würde für sie ungewiss sein und Zukunft und Vergangenheit ihr offen vor Augen liegen.« Modernen Physikern zufolge ist dies allerdings unmöglich. Wie mir mein Freund Trịnh Xuân Thuận, der Astrophysiker ist, versichert: »Die Unschärferelation besagt, dass jede Messung einen Austausch von Energie bedeutet. Je kürzer die Zeit für die Messung ist, desto mehr Energie wird benötigt. Eine instantane Messung bedürfte danach unbegrenzter Energie – was unmöglich ist. Daher ist der Traum, alle Anfangsbedingungen mit perfekter Genauigkeit zu kennen, nichts weiter als eine Täuschung.«[8]

Darüber hinaus wäre ein strikter Determinismus nur dann möglich, wenn der Zustand des Universums durch eine endliche Anzahl von Faktoren bestimmt würde. Spielt allerdings eine unbegrenzte Anzahl von Faktoren eine Rolle, von denen einige Wahrscheinlichkeitsfunktionen sind und das Bewusstsein betreffen und die alle in einem offenen System miteinander interagieren, entzieht sich solch ein System einem absoluten Determinismus.

Mit Interdependenz – einem zentralen Konzept im Buddhismus – ist gewissermaßen eine Koproduktion unbeständiger Phänomene gemeint, die sich in einem unendlichen Netzwerk dynamischer Kausalität gegenseitig bedingen. Dieses Netzwerk kann innovativ sein, ohne willkürlich zu sein, und transzendiert die beiden Extreme Zufall und Determinismus. Folglich scheint der freie Wille innerhalb dieses unbegrenzten Geflechts von Ursachen und Bedingungen existieren zu können, das auch das Bewusstsein selbst umfasst. Das erinnert an das logische Argument Karl Poppers, nach dem man sein eigenes Handeln nicht voraussagen kann, weil die Voraussage selbst einer der bestimmenden Faktoren für ebendieses Handeln ist. Wenn ich vorhersehe, dass ich in zehn Minuten an einem bestimmten Ort gegen einen Baum rennen werde, dann werde ich den fraglichen Ort meiden und damit dafür sorgen, dass das Vorhergesagte nicht eintritt.

WS Im Grunde stimme ich dir vollkommen zu, würde allerdings gerne noch einen weiteren Grund für die Nichtvorhersagbarkeit der Zukunft vorschlagen. Er ist mit dem Determinismus und zugleich mit der Idee vereinbar, dass selbst dann, wenn wir alle ursprünglichen Bedingungen und Regeln, die die Dynamik des Systems bestimmen, kennen würden, es dennoch unmöglich wäre, seine zukünftige Entwicklung vorherbestimmen zu können. Diese scheinbar widersprüchlichen Aussagen treffen auf komplexe Systeme mit nichtlinearen Dynamiken zu, und das Gehirn ist ein solches extrem komplexes System mit ausgeprägter nichtlinearer Dynamik. Der Grund für die Nichtvorhersagbarkeit solcher Systeme liegt darin, dass schon geringste Schwankungen ihrer Dynamik dazu führen können, dass die zukünftige Entwicklung ganz verschiedene Richtungen einschlagen kann. Selbst wenn es also möglich wäre, den Zustand des Gehirns zu einem bestimmten Zeitpunkt genauestens zu beschreiben und alle Prozesse, die von einem Zustand zum nächsten führen, dem Kausalprinzip unterliegen würden – also deterministisch wären –, wovon wir ja ausgehen, und wir dazu noch die vollständige Kontrolle über alle externen Einflüsse hätten, selbst dann könnten wir nicht vorhersagen, in welchem Zustand sich das Gehirn einige Monate später befinden würde. Die Nichtvorhersagbarkeit ist prinzipieller Natur und keine Folge unvollständigen Wissens. Sie ist eine konstitutive Eigenschaft komplexer Systeme mit nichtlinearer Dynamik. Diese Erkenntnis widerspricht unserer Intuition, weil unsere kognitiven Systeme, wie schon gesagt, gemeinhin von Linearität ausgehen. Die meisten dynamischen Prozesse, mit denen wir es im Alltag zu tun haben, können mittels linearer Modelle hinreichend genau abgebildet werden, um daraus nützliche Schlüsse zu ziehen, und adäquat zu reagieren. Daher ist es sinnvoll, zunächst von Linearität auszugehen, weil diese heuristische Herangehensweise in vielen Fällen einigermaßen zutreffende Voraussagen erlaubt. Man denke etwa nur an die Kinetik von Objekten, die sich im Gravitationsfeld der Erde bewegen– beispielsweise die eines Pendels. Sobald es in Bewegung gesetzt wird, lassen sich seine Bahnen gut vorausberechnen, was auch für die Flugbahnen von Speeren oder Bällen gilt. Bindet man jedoch drei Pendel mit Gummibändern aneinander und setzt sie in Bewegung, lässt sich ihre Bewegung kaum noch vorhersagen, weil die Interaktionen der drei Pendel zu komplex sind und auch noch die

Dehnung und Beugung des Gummibands hinzukommt. Ähnliche nichtlineare Dynamiken bestimmen unsere Finanzmärkte sowie andere ökonomische und soziale Systeme, weil wir es auch hier mit komplexen Netzwerken zu tun haben, in denen viele Akteure miteinander interagieren. Hinzu kommt, dass in diesem Fall die Akteure keine Neuronen oder Pendel sind, sondern Menschen, also selbst bereits hochkomplexe Systeme. Vor den aus diesen Systemen entstehenden Dynamiken kapituliert unser Vorstellungsvermögen. Hier versagen selbst unsere heuristischen Methoden, was mitunter zu fatalen Fehlauffassungen und falschen Entscheidungen führt. Das Problem besteht nicht nur darin, dass es unmöglich ist, zukünftige Entwicklungen vorherzusagen, sondern dass es außerdem prinzipiell unmöglich ist, die zukünftige Entwicklung des Systems durch gezielte Eingriffe in eine gewünschte Richtung zu lenken. Die jüngeren Finanzmarktkrisen sind dafür ein gutes Beispiel.

MR Geht es um innere Phänomene oder mentale Ereignisse, wird die Unmöglichkeit, alle ursprünglichen Bedingungen zu berücksichtigen, um eine Vorhersage über zukünftige geistige Zustände zu treffen, noch deutlicher. Nimm beispielsweise das Wissen um den »jetzigen Moment«. Sobald man sich seiner gewahr wird, ist er schon vorüber und nicht mehr aktuell, sondern vergangen.

Der buddhistischen Lehre zufolge werden unsere Gedanken und Handlungen von unserem derzeitigen Zustand des Nichtwissens geprägt sowie auch von den Angewohnheiten, die wir uns im Laufe der Zeit zugelegt haben. Doch dieses Nichtwissen kann durch Weisheit und Wissen ersetzt werden, Angewohnheiten kann man sich durch geistiges Training abgewöhnen. Daher kann letztlich nur derjenige einen wirklich freien Willen haben, der vollkommene innere Freiheit und die völlige Erleuchtung erreicht hat. Man sagt, Buddha sei frei von früheren karmischen Einflüssen. Er hat die Einflüsse des vergangenen negativen Handelns vollkommen ausgeschöpft, daher ist das, was er tut, der reine Ausdruck seiner Weisheit und seines Mitgefühls. Ein Buddha ist sich der geringsten Aspekte von Ursache und Wirkung vollkommen bewusst. Es gibt diesen berühmten Spruch von Guru Padmasambhava: »Selbst wenn meine Sicht höher reicht als der Himmel, ist die Aufmerksamkeit, die ich auf meine Taten und ihre Wirkungen richte, feiner als Mehl.« Je besser dein Verständnis von Leere ist, desto besser ist offensichtlich dein Verständnis der Kausalgesetze.

Von Bedingungen unbeeinflusst zu sein, darin könnte gerade die Essenz des freien Willens bestehen. Ein erleuchtetes Wesen verhält sich den Ursachen und den Bedürfnissen aller Menschen gegenüber angemessen und wird nicht von seinen früheren Neigungen beeinflusst. Scheinbar ist es dem Ausdruck des freien Willens auch zuträglich, wenn man es schafft, (noch bevor man das höchste Ziel, die Erleuchtung, erreicht hat) einige Augenblicke lang in der klaren Frische des gegenwärtigen Moments, einem Zustand reinen Gewahrseins, zu verweilen, in dem das Wiederkäuen der Vergangenheit und der Gedanke an die Zukunft bedeutungslos sind.

Wer immer noch unter dem Joch des Irrglaubens steht, handelt unter dem machtvollen Einfluss vergangener Angewohnheiten. Dem buddhistischen Glauben zufolge haben Menschen, die einen Impuls verspüren, zu töten oder zu hassen, diese Neigung nicht nur in ihrem eigenen, sondern auch in früheren Leben angesammelt. Doch obwohl wir die Produkte der Vergangenheit sind, sind wir auch die Architekten unserer Zukunft.

WS An diesem Punkt betreten wir offensichtlich den Bereich von Glauben und Metaphysik, und da diese Dimensionen orthogonal zu derjenigen der wissenschaftlichen Methode liegen, kann weder die Neurobiologie noch eine andere Wissenschaft herangezogen werden, um diese Behauptungen zu stützen oder zu falsifizieren.

6
Das Wesen des Bewusstseins

Bewusstsein ist im Grunde eine Erfahrungstatsache. Aber woher kommt es? Lässt es sich auf Gehirnaktivitäten reduzieren, oder sollte Bewusstsein als eine »erste Tatsache« angesehen werden, die allen Erfahrungen und allem Wissen vorausgeht und nur über direkte Erfahrung verstanden werden kann? Wie unterscheidet sich der von Meditierenden und Phänomenologen favorisierte »Erste-Person«-Ansatz von der Auffassung, beim Bewusstsein handele es sich um ein Phänomen, das aus neuronaler Interaktion hervorgeht? Ist eine Zwischenposition denkbar, die das Gehirn als Teil des Körpers zu verstehen vermag und zugleich berücksichtigt, dass Körper Teil einer Gesellschaft und Kultur sind? Was ist von parapsychologischen Phänomenen zu halten?

MR Für uns Buddhisten ist das Bewusstsein ein primäres Phänomen. Lass mich erklären, was wir damit meinen. Wenn du die materielle Welt untersuchst und dabei immer mehr ins Detail gehst, landest du irgendwann bei den Atomen, dann bei den Elementarteilchen, Quarks oder Superstrings und schließlich beim Quantenvakuum – also beim elementarsten Aspekt von Materie. Ist man dort angelangt, drängt sich Leibniz' Frage auf: »Warum ist überhaupt etwas und nicht vielmehr nichts?« Nun könntest du an dieser Stelle eine vollkommen andere Art von Erklärung ins Spiel bringen, etwa einen Schöpfer. Tust du das nicht, lässt sich diese Frage nicht mehr beantworten. Du musst das Vorhandensein von Phänomenen einfach hinnehmen. Das wiederum legt nahe, dass die Materie oder die nichtbelebte phänomenale Welt ein primäres Phänomen ist. Ausgehend von dieser Annahme können wir die Erscheinungsformen dieser Welt beschreiben und versuchen, das Wesen ihrer elementarsten Bestandteile mittels klassischer Physik und Quantenphysik zu verstehen sowie die Art und Weise erforschen, wie sich aus ihnen die sichtbare Welt zusammensetzt. Aber wir können die Frage nicht beantworten, warum etwas ist und nicht nichts. Es ist eben einfach etwas da – und nicht nicht da. Das Wesen dieser phänomenalen Welt können wir jedoch weiter untersuchen. Verfügt sie über eine intrinsische, stabile Seinsart, wie die Realisten glauben, oder zeigt sie sich einfach, ohne eine solche Seinsart zu besitzen, wie es in der buddhistischen Philosophie und in der Quantenphysik heißt?

Das Wesen des Bewusstseins lässt sich auf ähnliche Art und Weise untersuchen. Jedoch müssen wir schlüssig vorgehen und am Ball bleiben, bis wir beim elementarsten Aspekt angelangt sind. Was meine ich mit »schlüssig«? Für die Untersuchung des Bewusstseins gibt es zwei Hauptmethoden: Man kann es von außen betrachten (die Dritte-Person-Perspektive) oder von innen (die Erste-Person-Perspektive). Mit »von außen« und »Dritte-Person-Perspektive« meine ich das Studium des neuronalen Korrelats von bewussten Phänomenen und unserem Verhalten, wie es sich aus der Position einer dritten Person heraus beobachten lässt, die das Beobachtete nicht selbst erlebt. Mit »von innen« meine ich die Erfahrung, wie sie tatsächlich erlebt wird.

Natürlich können wir beschreiben und erklären, wie Bewusstsein entsteht und diesbezüglich auf die Komplexität der menschlichen Lebensform, die Beschaffenheit unseres Nervensystems und unser hochentwickeltes Gehirn verweisen. Wir können Gedanken, Emotionen und andere mentale Ereignisse mit verschiedenen Arten von Gehirnaktivität korrelieren und erlangen immer mehr Wissen über die Verknüpfungen zwischen kognitiven beziehungsweise emotionalen Prozessen und den dazugehörigen Gehirnarealen. Darum geht es bei der Analyse aus der Dritte-Person-Perspektive. Ein weiteres Vorgehen besteht darin, dass mich jemand anders sehr detailliert über meine Eindrücke und Gefühle befragt. Es wird auch die »Zweite-Person-Perspektive« genannt, weil es auf der Interaktion mit einer Person basiert, die einem hilft, die eigenen Erfahrungen im Detail zu beschreiben.

Klar ist jedoch: Ohne subjektive Erfahrung, die wir introspektiv erfassen können, wären wir nicht in der Lage, über Bewusstsein auch nur zu sprechen, ja, wir könnten eigentlich über gar nichts sprechen. Diese Erfahrung wird sich niemals getreu und umfassend aus der Dritte-Person-Perspektive beschreiben lassen. Wie fühlt sich Liebe an? Wie ist es, die Farbe Rot zu sehen? Du kannst auf Tausenden von Seiten beschreiben, was im Gehirn einer Person vorgeht, was sich physiologisch bei ihr abspielt und warum sie sich so verhält, wie sie es tut. Und obgleich das durchaus lehrreich sein kann, wirst du nie erfahren, was es für sie heißt, zu lieben oder die Farbe Rot zu sehen – außer du hast selbst eine ähnliche Erfahrung gemacht. Keine noch so detaillierte Beschreibung kann dir die Erfahrung der Süße von wildem Honig vermitteln. Du musst ihn schon selber kosten. Die buddhistischen Schriften erzählen die Geschichte von zwei Blinden, die verstehen wollten, was Farben sind. Dem einen wurde gesagt, Weiß sei die Farbe des Schnees. Also nahm er eine Handvoll Schnee und schloss daraus, dass Weiß kalt sei. Dem anderen Blinden wurde Weiß als die Farbe der Schwäne beschrieben. Als er über sich einen Schwan hinwegfliegen hörte, nahm er an, Weiß mache *sch, sch*.

Noch einmal: »Bewusstsein« ohne subjektive Erfahrung bedeutet eigentlich überhaupt nichts. Wollen wir schlüssig vorgehen, müssen wir die Analyse unbedingt aus dieser Perspektive vornehmen, ohne ständig von außen nach innen und von innen nach außen zu springen, wie es uns beliebt. Diese stringente Linie müssen wir bis zum Endpunkt durchhalten.

Was geschieht, wenn man tiefer und tiefer in die Erfahrung einsteigt? Wo endet das? Aus der Perspektive der ersten Person wird man nie zu den Neuronen gelangen. Wie du weißt, habe ich ja an neurowissenschaftlichen Studien teilgenommen, die die Effekte von Meditation auf Gehirnfunktionen untersuchten. Auf einem Bildschirm konnte ich verfolgen, wie eine Mitgefühlsmeditation die vordere Inselrinde aktiviert. Aber subjektiv gesehen, kann man die Lokalisation von Gehirnregionen glatt vergessen. Solange ich keine starken Kopfschmerzen habe, fühle oder erfahre ich nicht einmal, dass ich überhaupt ein Gehirn habe.

WS Das stimmt. Wir können die Vorgänge in unserem Gehirn nicht erfassen. Sie sind transparent. Bei Kopfschmerzen stammen die Signale, die den Schmerz auslösen, aus der Hirnhaut, das Gehirn selbst ist schmerzunempfindlich.

MR Man könnte meinen, dass die nackte Erfahrung des Gewahrseins, die ohne mentale Konstrukte auskommt, für uns transparent wird, wenn wir uns in Gedanken und Wahrnehmungen verlieren. An diesen Punkt – des reinen Gewahrseins, der elementaren Bewusstheit, der fundamentalsten Aspekte der Kognition – komme ich jedoch genau dann, wenn ich immer präziser meine subjektive Erfahrung erforsche. Diese elementare Bewusstheit hat nicht unbedingt einen Inhalt, etwa mentale Konstrukte, abschweifende Gedanken oder Emotionen. Es handelt sich einfach um reines Gewahrsein. Wie ich schon sagte, wird dieser Zustand häufig der »leuchtende« Aspekt des Geistes genannt, weil er mir erlaubt, sowohl die äußere als auch meine innere Welt wahrzunehmen. Ich kann mir dann Vergangenes ins Gedächtnis rufen, mir die Zukunft vorstellen und den derzeitigen Augenblick bewusst wahrnehmen.

Hat man allerdings den Zustand der höchsten Bewusstheit erreicht, dessen einziger Inhalt seine eigene Klarheit und Reinheit ist, und fragt sich dann erneut: »Warum ist er da und nicht nicht da?«, muss man wieder einräumen: »Er ist eben einfach da, und mir bleibt nichts anderes übrig, als dieses Faktum zu akzeptieren.« Erneut liegt die Vermutung nahe, dass wir es mit einem primären Phänomen zu tun haben. Aus empirischer, phänomenologischer Perspektive geht reines Gewahrsein allem voraus – dem Wissen, dass ich am Leben bin, ebenso wie der Formulierung einer Theorie über das Bewusstsein. Und allem anderen auch.

Ich möchte noch einmal betonen, wie wichtig es ist, dass wir bei unserer Analyse eine Linie konsequent bis zu ihrem Ende verfolgen. Untersucht man in der Physik Phänomene aus der quantenmechanischen Perspektive, verliert die Idee einer stofflichen Realität, die aus unabhängigen Teilchen besteht, schnell ihre Bedeutung. Um zu diesem Schluss zu kommen, muss man durchweg an dieser Art der Analyse festhalten. Man kann nicht ständig zwischen Quantenmechanik und Newtonscher Mechanik hin und her springen, wie es einem in den Kram passt, nur weil man um jeden Preis bei einer realistischen Erklärung der phänomenalen Welt bleiben möchte.

Noch eine kurze Bemerkung zum Thema Bewusstsein als bloßes Phänomen: Phänomenologen würden sagen, dass das Bewusstsein aus subjektiver Perspektive nichts anderes als die Erscheinung der Phänomene ist – die generelle Zurkenntnisnahme, dass es da draußen eine Welt gibt, sowie die spezielle Bewusstheit, dass eine Vielzahl verschiedener Phänomene existiert. Für sie ist das Bewusstsein nicht einfach nur ein Phänomen unter vielen, das man wie ein beliebiges Forschungsobjekt untersuchen kann, denn ganz gleich, um welche Frage es gerade geht und was auch immer man tut: Man kann nie aus ihm heraustreten.

WS In der Tat handelt es sich hier um ein gewaltiges erkenntnistheoretisches Problem. Anscheinend haben wir es mit einem Phänomen zu tun, das keine schlüssige, einheitliche Interpretation zulässt. Du sagtest es schon: Wenn wir das Problem aus der Dritte-Person-Perspektive angehen und die materiellen Grundlagen untersuchen, wird uns das Bewusstsein niemals begegnen. Wir werden es auch nicht finden, wenn wir das Gehirn untersuchen. Wir können räumlich und zeitlich strukturierte Muster neuronaler Aktivität sehen, wir beobachten bestimmte Aktivierungszustände, und wenn wir unsere Analysen verfeinern, landen wir schließlich bei den elektrochemischen Prozessen, bis hinunter zu den molekularen Wechselwirkungen. Aber auf dem gesamten Weg werden wir nie auf etwas treffen, das unserer Erfahrung, bewusst zu sein, ähnelt. Dasselbe gilt natürlich auch für alle anderen Verhaltensmanifestationen. Folgen wir den neuronalen Signalen, wie sie von den Sinnesorganen entlang der sensorischen Bahnen ins Gehirn laufen, bis sie es schließlich über die motorischen Systeme wieder verlassen, werden wir nie den Wahrnehmungen begegnen, die von ebendieser Aktivität ausgelöst wurden. Wir haben Aktivitätsmuster gesehen, wir haben verfolgt, wie sie sich im Zusammenhang mit sensorischen Reizen und motorischen Reaktionen verändern, aber wir sind dem nicht begegnet, was das jeweilige Gehirn aus der subjektiven Perspektive erfährt.

MR Nun, so kannst du das nicht sagen. Du kannst lediglich sagen, dass wir, *als Subjekt in der ersten Person*, alles Mögliche erleben. Unter anderem machen wir auch die Entdeckung, dass da ein Gehirn ist, wenn wir einen Schädel öffnen. Du kannst dem Gehirn als einem Objekt von Wissen nicht das Erkenntnisvermögen eines Subjekts zuschreiben, ohne die sich einander ausschließenden Perspektiven der ersten und der dritten Person zu vermengen. Alles, was du sagen kannst, ist, dass *du* etwas erlebst. Du kannst gar nicht wissen, welche Erfahrungen ich mache, und genauso wenig kannst du mit Sicherheit wissen, ob ein Objekt wie das Gehirn jemals eine Erfahrung machen könnte, indem du es untersuchst.

WS Dennoch lassen sich Verbindungen zwischen den Phänomenen, die in der Erste-Person-Perspektive erlebt werden, und den Prozessen, die man in der Dritte-Person-Perspektive beobachten kann, herstellen. Schmerz ist ein gutes Beispiel. Ein Subjekt – eine Person – hat Schmerzen, und ein Beobachter kann mit ihm übereinkommen, wie es sich anfühlt, Schmerzen zu haben. Folglich können die beiden Perspektiven zueinander in Beziehung gesetzt werden. Zudem lässt sich die Schmerzempfindung operationalisieren, indem sie auf standardisierten Skalen bezüglich der Kriterien Intensität und Qualität bewertet wird. Diese parametrisierten Daten können wiederum direkt mit Aktivitäten in bestimmten Hirnarealen korreliert werden. Umgekehrt können Läsionen in den für die Weiterleitung der schmerzauslösenden Signale zuständigen Nervenbahnen oder eine pharmakologische Unterdrückung der Signalübertragung das Schmerzempfinden unterbinden. Angesichts dieser engen Korrelationen zwischen subjektiver Wahrnehmung und den zugrunde liegenden Prozessen im Gehirn frage ich mich, ob die epistemische Kluft zwischen beiden Perspektiven wirklich ein derart unüberwindliches Hindernis darstellt, wie wir dachten. Die Tatsache, dass jeder Einzelne den Inhalten seines Bewusstseins ganz spezifische Konnotationen beimisst, seien es Gefühle, Absichten oder Überzeugungen, ist doch fast trivial, bedenkt man die Einzigartigkeit der Kontexte, in denen diese Erfahrungen gemacht und konzeptualisiert wurden. Innerhalb der genetischen Variabilität haben wir alle mehr oder weniger dieselben Rezeptoren, die beispielsweise die Empfindung von Kälte vermitteln. Jedoch hat jeder von uns gelernt, ein ganz spezielles Gefühl mit dem Begriff *Kälte* zu verbinden. Daher unterscheiden sich die Assoziationsfelder, in die das Wort »Kälte« eingebettet ist, und ebendies gilt auch für das Gefühl, das mit dem Wort »Kälte« beschrieben wird. Und dies trifft zu für alle Konnotationen bewusster Erfahrung und in ganz besonderem Maße für abstrakte Begriffe wie Intentionalität und Verantwortlichkeit, da diese viel stärker von kulturellen Konventionen geprägt sind als Konzepte wie Kälte. All das widerspricht nicht der Annahme, dass sämtliche Erfahrungen durch Prozesse im Gehirn vermittelt werden, ob sie nun durch einen physikalischen Reiz oder eine soziale Interaktion ausgelöst worden sind. Kommen verschiedene Menschen überein, dass ein bestimmter Umstand die immer gleiche Erfahrung hervorruft, prägen sie in der Regel einen Begriff, um sie zu beschreiben. Hierdurch erhält diese Erfahrung den Status einer sozialen Realität, eines immateriellen Objekts, eines Konzepts, auf das verschiedene Subjekte ihre jetzt geteilte Aufmerksamkeit lenken können.

Es ist genau, wie du sagst: Wenn wir die Erste-Person-Perspektive als Erkenntnisquelle hinsichtlich der Vorgänge im Gehirn genutzen, sind wir uns unserer Vorstellungen, Entscheidungen, Gedanken, Pläne, Intentionen und Handlungen gewahr und erfahren sie als die unseren. Wir können uns sogar bewusst darüber werden, dass wir bewusst sind, und diese Tatsache kommunizieren. Du hast auch erwähnt, dass erfahrene Meditierende diese Metabewusstheit scheinbar so weit kultivieren können, dass sie sich bewusst sind, dass sie sich bewusst sind, ohne dass es eines konkreten Inhalts dieser Bewusstheit bedarf. Vielleicht sollten wir später noch einmal darauf zurückkommen und uns die neuronalen Prozesse, die diesem bestimmten Zustand zugrunde liegen, genauer anschauen. Doch zunächst möchte ich betonen, dass keine dieser Erfahrungen aus der Perspektive der ersten Person uns Hinweise auf diejenigen neuronalen Prozesse gibt, aus denen sie hervorgehen. Wir nehmen weder unsere Neuronen noch deren elektrische Impulse oder die freigesetzten chemischen Transmitterstoffe wahr. Entsprechend hat man den Sitz des bewussten Geistes überall im Körper verortet, bevor wissenschaftliche Untersuchungen darauf hindeuteten, dass man ihn im Gehirn suchen sollte.

MR Manche sind der Meinung, der Geist befände sich im Herzen.

WS Ja, in manchen Situationen führen starke Emotionen dazu, dass unser Herz schneller schlägt oder wir einen Druck auf der Brust spüren. Dann fühlen wir die somatischen Manifestationen eines Konflikts, doch sowohl der mentale Konflikt als auch die Wahrnehmung seiner körperlichen Auswirkungen basieren auf Vorgängen im Gehirn.

MR Du stimmst mir also zu, dass man nie auf das Bewusstsein stoßen wird, solange man sich nicht von der Dritte-Person-Perspektive löst? Um dies zu erreichen, musst du zur Perspektive der ersten Person überwechseln. Wie kannst du also versuchen zu beweisen, dass sich das Bewusstsein auf Gehirnaktivitäten reduzieren lässt, wenn du auf der anderen Seite die Idee akzeptierst, dass es der physikalischen Analyse unzugänglich ist und du deine subjektive Erfahrung brauchst, um deine Theorie überhaupt artikulieren zu können? Du kommst zu dem Ergebnis, dass das Bewusstsein ein Nebenprodukt des Gehirns ist, aber der Denkprozess, der dich zu diesem Ergebnis führte, ist seinerseits auf deine subjektiven Erfahrungen angewiesen. Daher behandelst du deine eigene Erfahrung stillschweigend als eine primäre Tatsache.

WS Wie ich vorhin zu zeigen versucht habe, können die Neurowissenschaften die Mechanismen erforschen, die für die Emergenz von Bewusstsein nötig sind. Das sind die Mechanismen, die sich im Laufe der biologischen Evolution entwickelt haben und durch epigenetische Prägung verfeinert worden sind. Da Tiere über Bewusstsein verfügen, Erfahrungen machen und Gefühle haben, die sich operationalisieren lassen, kann ein Großteil der relevanten Forschung an ihnen durchgeführt werden. Problematisch wird es erst, wenn wir versuchen, die besonderen Konnotationen zu erfassen, die der Mensch dem Bewusstsein und seinen Erfahrungen zuschreibt. Diese Konnotationen sind Produkte der kulturellen Evolution und als Konzepte in unseren symbolischen Sprachsystemen niedergelegt. Menschen sind in eine Dimension sozialer Realitäten eingebettet, die sie selbst hervorgebracht haben – indem sie miteinander agieren, sich wechselseitig beobachten und ihre Beobachtungen und Erfahrungen miteinander teilen. Über solche Kommunikationsprozesse tauschen sich Menschen über ihre Erste-Person-Erfahrungen aus, erzielen Übereinkünfte über das Erfahrene, indem sie es benennen oder in symbolischen Handlungen und Objekten erfassen. Auf diese Weise versichern sie sich gegenseitig, dass sie diese Erfahrungen mit allen Menschen teilen. Durch diesen Prozess erhalten immaterielle Phänomene, die sich allein aus der Erste-Person-Perspektive erschließen lassen, im Laufe der Zeit den Status von Realitäten, über die man sprechen, die man anderen zuschreiben und in das eigene Selbstmodell integrieren kann. Folglich sind viele Qualitäten, die wir mit Erste-Person-Phänomenen assoziieren, im Grunde Selbstzuschreibungen, die sich aus kollektiver Erfahrung speisen. Sie manifestieren sich in Konzepten, für die sprachliche Ausdrücke geprägt wurden. Weil diese zugeschriebenen Konnotationen unseres Bewusstseins aus kulturellen Interaktionen hervorgingen, trotzen sie neurobiologischen Erklärungen, die auf die Analyse einzelner Gehirne beschränkt sind. Dennoch sehe ich eine deutliche Verbindung zwischen den Phänomenen, die sich nur aus der Erste-Person-Perspektive fassen lassen, und neurowissenschaftlichen Erklärungsansätzen. Erste-Person-Phänomene verdanken ihren besonderen Status den Interaktionen zwischen kognitiven Akteuren, also Menschen, die mit ganz bestimmten kognitiven Fähigkeiten ausgestattet sind – und die neuronalen Grundlagen dieser Fähigkeiten *lassen sich* mit neurowissenschaftlichen Methoden untersuchen.

Die Emergenz neuer Qualitäten aus dem Zusammenspiel der Komponenten komplexer Systeme ist aus naturwissenschaftlicher Sicht etwas Alltägliches, ebenso wie das Bemühen, Brücken zu bauen zwischen den verschiedenen Beschreibungsebenen, den Beschreibungen der Komponenten und den Beschreibungen der aus ihrem Zusammenwirken hervorgehenden neuen Qualitäten. Das wird an folgendem Beispiel aus der Neurowissenschaft deutlich: Das Verhalten von Organismen basiert auf dem komplexen Zusammenspiel von Sensoren, neuronalen Netzwerken und Effektororganen. Um Verhalten untersuchen und beschreiben zu können, muss man auf die Methoden und Erklärungsansätze der Verhaltenswissenschaften und der Psychologie zurückgreifen, während für die Erforschung der neuronalen Grundlagen ganz andere Instrumente und Analysemethoden nötig sind. Dennoch lassen sich Korrelationen und in einigen glücklichen Fällen sogar Kausalbeziehungen zwischen Phänomenen finden, die auf den unterschiedlichen Beschreibungsebenen entdeckt wurden. Wenn es also zutreffen sollte – wovon ich überzeugt bin –, dass die kulturellen Realitäten, die unsere geistige und spirituelle Dimension definieren, emergente Qualitäten der komplexen sozialen Interaktionen von Menschen sind, dann sollten sich Brücken zwischen den Beschreibungssystemen für kognitive Leistungen und soziokulturelle Phänomene schlagen lassen. Stark verkürzt könnte man sagen: Interaktionen von Neuronen in neuronalen Netzwerken bringen Verhalten und kognitive Leistungen hervor, während Interaktionen von kognitiven Akteuren in sozialen Netzwerken soziale Realitäten in die Welt bringen, die dann ihrerseits wieder über Selbstzuschreibung in die Selbstmodelle der kognitiven Akteure integriert werden. Die Domäne der Neurobiologie ist es, die neuronalen Mechanismen zu erforschen, die den kognitiven Leistungen der Akteure zugrunde liegen. Die sozialen Realitäten, die aus den Interaktionen der Akteure hervorgegangen sind, fallen nicht in ihren Bereich.

Lass uns noch kurz zu dem seltsamen Faktum zurückkehren, dass wir nicht in der Lage sind, die Vorgänge in unserem Gehirn bewusst wahrzunehmen, die unsere kognitiven Fähigkeiten hervorbringen. Wir haben kein Gespür für den neuronalen Apparat, der unsere Erfahrungen vorbereitet, die Signale unserer Sinnesorgane interpretiert und unserem Bewusstsein die entsprechenden Rekonstruktionen präsentiert. Die Frage ist: Wer ist dieses »wir«? Wer ist der Beobachter in diesem Spiel? Und wieder gilt, dass Introspektion und wissenschaftliche Erklärungen zu radikal verschiedenen Antworten kommen, was wahrscheinlich daran liegt, dass wir uns lediglich der Ergebnisse der neuronalen Prozesse bewusst sind, nicht aber dieser Prozesse selbst.

MR Dem könnte man entgegnen, dass der Neurowissenschaftler sich nicht darüber im Klaren ist, dass seine Wahrnehmung und seine Experimente mit dem Gehirn ebenso wie seine Interpretation der Beobachtungen ein Bewusstsein voraussetzen.

WS Dasselbe Problem hatten wir, als wir über das Selbst sprachen und uns mit dem Widerspruch beschäftigten, dass es der Intuition zufolge an einem privilegierten, genau bestimmbaren Ort im Gehirn lokalisiert sein sollte, den es der Neurowissenschaft zufolge aber gar nicht gibt. Offenbar kommen also die beiden Wissensquellen, die Introspektion und die Wissenschaft, zu verschiedenen Antworten. Lange Zeit schienen diese beiden Systeme so wenig miteinander zu tun zu haben, dass es für unmöglich gehalten wurde, ihre Theorien miteinander zu verknüpfen.

MR Dennoch könnte es zwischen den Perspektiven eine Verbindung geben, wenn wir dem Ansatz von Francisco Varela folgen, dem zufolge selbst die Erkenntnis, die man aus der Dritte-Person-Perspektive gewinnt, eigentlich ein Nebenprodukt der Arbeit an einer Heerschar von Erste-Person-Erfahrungen ist. Beispielsweise kannst du Erste-Person-Erfahrungen, die von einer Gruppe von Personen geteilt werden, gewisse Invarianzen oder Strukturen entnehmen, etwa die Mathematik oder die Gesetze der Physik, welche die Phänomene regieren.

WS Vermutlich kann die Neurobiologie zurzeit nur die neuronalen Prozesse aufzeigen, die ablaufen müssen, um zu dem zu kommen, was wir subjektiv als Bewusstsein erleben, wobei sich die Definition von Bewusstsein auf *operationalisierbare* Aspekte beschränken muss. Wir operationalisieren zum Beispiel Bewusstsein als einen Zustand, der sich von Bewusstlosigkeit unterscheidet, also von komatösen Zuständen oder dem traumlosen Tiefschlaf. Es lassen sich zahlreiche Mechanismen angeben, die funktionieren müssen, um einen Gehirnzustand aufrechtzuerhalten, der Bewusstsein ermöglicht. Narkotika beeinträchtigen diese Mechanismen, was dann zu Bewusstlosigkeit führt. Außerdem ist Bewusstsein kein Alles-oder-Nichts-Phänomen: Man kann hellwach und extrem aufmerksam sein, man kann aber auch vor sich hindämmern, abgelenkt oder auf eine andere Weise nicht präsent sein.

MR Im Buddhismus spricht man von sechs, sieben, manchmal auch acht Aspekten des Bewusstseins. Da ist zunächst einmal das *Grund-* oder *Basisbewusstsein*, das über das generelle Wissen verfügt, dass es eine Welt gibt und dass ich existiere. Darüber hinaus gibt es fünf Aspekte, die den fünf Sinneswahrnehmungen entsprechen: Sehen, Hören, Riechen, Schmecken und Fühlen. Der siebte Aspekt ist das *Geistbewusstsein*, das den ersten sechs Aspekten abstrakte Konzepte zuordnet. In bestimmten Schulen wird noch ein achter Aspekt angeführt, das *verschleierte Bewusstsein*, das mit negativen geistigen Zuständen (Hass, Gier etc.) zusammenhängt, welche die Realität verzerren. Doch noch viel fundamentaler als all diese Zustände und Aspekte ist das primäre Bewusstsein: *das Kontinuum des leuchtenden fundamentalen Bewusstseins.*

Dem Buddhismus zufolge ist die Dualität von Materie und Bewusstsein, das sogenannte Leib-Seele-Problem, ein Scheinproblem, denn keiner der beiden Aspekte verfügt über eine intrinsische, unabhängige Existenz. Nach einigen buddhistischen Lehren, die Phänomene auf einer stärker kontemplativen Ebene untersuchen, transzendiert das ursprüngliche Wesen der Phänomene die Ideen von Subjekt und Objekt oder Zeit und Raum. Doch sobald die Welt der Phänomene sich aus ihrem Urzustand löst, verlieren wir diese Einheit aus den Augen und unterscheiden fälschlicherweise zwischen Bewusstsein und Welt. Diese Trennung von Selbst und Nicht-Selbst verfestigt sich und gebiert die Welt der Ignoranz, *samsara*. Die Entstehung von *samsara* ist nicht an einen bestimmten Zeitpunkt gebunden, sie führt uns einfach in jedem

Augenblick und für jeden unserer Gedanken vor Augen, wie Ignoranz die Welt verdinglicht.

Folglich unterscheidet sich der Buddhismus vollkommen vom cartesianischen Dualismus, der auf der einen Seite eine wirklich existierende materielle Realität postuliert und auf der anderen ein vollkommen immaterielles Bewusstsein, das jeglicher Verbindung zur Materie entbehrt. In der buddhistischen Analyse wird *allen Phänomenen* eine intrinsische Realität abgesprochen. Ob belebt oder unbelebt, keines hat einen autonomen, letztendlichen Existenzkern. Zwischen Materie und Bewusstsein zu unterscheiden ist daher nur Konvention.

Da der Buddhismus die ultimative Realität aller Phänomene bestreitet, weist er auch die Vorstellung zurück, dass sowohl die Materie als auch das Bewusstsein jeweils als unabhängige Entitäten aus sich heraus existieren. Die elementare Ebene des Bewusstseins und die Welt der Phänomene sind dadurch, dass sie wechselseitig voneinander abhängig sind, miteinander verbunden und formen gemeinsam die Welt, die wir wahrnehmen und erleben. Dem Dualismus fehlt das Konzept der Interdependenz, er postuliert eine strikte Trennung von Geist und Materie. Dem Buddhismus zufolge ist Leere Form und Form Leere, daher ergibt die Dichotomie von »materiell« und »immateriell« keinen Sinn.

Anders gesagt: Dem Buddhismus zufolge ist die Unterscheidung von innerer Gedankenwelt und äußerer physikalischer Realität nichts weiter als eine Illusion. Es gibt nur eine Realität, besser gesagt: Es gibt nur ein *Fehlen* intrinsischer Realität! Dabei nimmt der Buddhismus weder einen rein idealistischen Standpunkt ein, noch behauptet er, die äußere Welt sei eine Konstruktion des Bewusstseins. Er weist lediglich darauf hin, dass man ohne Bewusstsein nicht behaupten kann, dass die Welt existiere, weil diese Aussage bereits die Existenz eines Bewusstseins impliziert.

Das mag vielleicht kryptisch klingen, aber es ähnelt der Antwort einiger Kosmologen auf die Frage, was es eigentlich *vor* dem Urknall gab. Sie behaupten, diese Frage sei sinnlos, denn Zeit und Raum hätten erst *mit* dem Urknall begonnen. Ebenso beginnt alles, was wir möglicherweise über die Welt, das Gehirn oder sogar das Bewusstsein selbst sagen können, mit dem Bewusstsein. Schon die Frage »Könnte nicht auch eine Welt, in der es weder Leben noch Empfindung gibt, aus sich heraus existieren?« setzt ein Bewusstsein voraus und das gilt erst recht für jedwede Antwort, die du darauf zu geben geneigt bist. Natürlich wäre es töricht, die Existenz von Welten ohne Leben zu leugnen, schließlich sind die meisten Planeten tatsächlich öd und leer, aber in gewisser Weise gibt es ohne Bewusstsein weder Frage noch Antwort, noch Konzepte, noch die »Welt« als ein Objekt der Wahrnehmung.

Es sieht also danach aus, dass wir uns nie »außerhalb« des Bewusstseins befinden, selbst dann nicht, wenn wir versuchen, sein Wesen und seinen Ursprung zu ergründen. Das erinnert an den zweiten Gödelschen Unvollständigkeitssatz, der besagt, dass mathematische Systeme ihre eigene Widerspruchsfreiheit nicht beweisen können. Doch man kann diesen Satz auch allgemeiner fassen: Wenn wir selbst Teil eines Systems sind, ist unser Wissen von diesem System immer begrenzt.

WS Bei diesem erkenntnistheoretischen Zirkelschluss fällt mir ein Gedankenexperiment ein: Stellen wir uns vor, der Homo sapiens hätte sich nicht entwickelt, was angesichts des unvorhersehbaren Verlaufs der Evolution durchaus möglich gewesen wäre. Es gäbe weder Kultur noch Sprache oder einen konzeptuellen Rahmen für beobachtbare Phänomene. Wenn wir einmal von der radikalen Position absehen, der zufolge es nichts gäbe – kein Universum, keine Erde und keine Lebewesen –, wenn es nichtmenschliche Wesen gäbe, die all dies wahrnehmen und beschreiben, dann müssen wir davon ausgehen, dass nichtsdestotrotz unzählige Organismen und vielleicht auch nichtmenschliche Primaten existieren würden. Sie hätten Gefühle und würden Erfahrungen machen, an die sie sich erinnern; und sie wären zwei Drittel des Tages wach und bei Bewusstsein. Der einzige wesentliche Unterschied bestünde dann darin, dass keines dieser Lebewesen in der Lage wäre, sich des Umstandes gewahr zu werden, an einer immateriellen Dimension der Welt teilzuhaben, die von mentalen Konstrukten und Zuschreibungen bevölkert wird. Denn diese

Dimension würde überhaupt nicht existieren, sie wäre nicht in die Welt gekommen, weil sie sich der von Menschen initiierten kulturellen Evolution verdankt. Sogar in den von uns Menschen erschaffenen Kulturen partizipieren Tiere nur marginal an dieser Welt der mentalen Konstrukte, weil ihnen die kognitiven Fähigkeiten fehlen, sie zu erfahren. Ich sage bewusst »marginal«, weil Haustiere wie zum Beispiel Hunde zu einem gewissen Grad fähig sind, an einigen Aspekten der von Menschen geschaffenen sozialen Realität teilzuhaben. Beispielsweise können sie Gesten verstehen, die ihnen vermitteln, dass sie ihre Aufmerksamkeit auf bestimmte Gegenstände lenken sollen. Hunde verfügen über die Fähigkeit, gerichtete Aufmerksamkeit zu teilen.

Lass uns nun aber zu dem Phänomen zurückkehren, das wir Bewusstsein nennen: die Fähigkeit, nicht nur Erfahrungen zu machen und Gefühle zu haben, sondern uns dieser Tatsache auch bewusst zu sein. Wahrscheinlich müssen wir zwischen dem Bewusstsein an sich und dem Zustand unterscheiden, der es uns erlaubt, bewusst zu sein. Letzterer kann verschiedenartig sein, weil die Zustände des Gehirns abgestuft vorkommen. Zudem gibt es viele Gehirnprozesse, die dem Bewusstsein entgehen und Handlungen auslösen, deren Ursachen uns dann nicht bewusst sind. Wie ich bereits erwähnte, als wir über die Unterschiede zwischen bewusster und unbewusster Verarbeitung sprachen, gibt es viele unterbewusste oder unbewusste Vorgänge, die ablaufen, während der Betreffende bei vollem Bewusstsein ist. Wahrnehmungsexperimente zeigen, dass man sich einer Sache nur dann bewusst oder gewahr sein kann, wenn man seine Aufmerksamkeit darauf lenkt und sich auf diesen einen Inhalt konzentriert. Die Inhalte können sensorische Signale aus der Umgebung sein oder aus dem Körper stammen, aber auch Vorgänge, die im Gehirn selbst ihren Ursprung haben, etwa Emotionen, Gemütszustände und Gefühle. Der Fokus der Aufmerksamkeit kann entweder intentional oder durch externe Reize gelenkt werden, zum Beispiel durch unerwartete Ereignisse, die automatisch die Aufmerksamkeit auf sich ziehen. Aufmerksamkeit ist eine notwendige Bedingung, um dem Bewusstsein einen Inhalt zugänglich zu machen, was darauf verweist, dass es eine Schwelle für den Zugang zum Bewusstsein gibt. Zudem ist, wie bereits erwähnt, der Arbeitsspeicher des Bewusstseins begrenzt. Und schließlich setzen wir bewusstes Verarbeiten mit der Möglichkeit gleich, über Erlebtes zu sprechen. Ist eine Person nicht in der Lage, sich explizit an ein Ereignis zu erinnern und darüber zu berichten, gehen wir davon aus, die entsprechende Information sei entweder gar nicht oder lediglich unbewusst verarbeitet worden. Aber inwiefern helfen diese Einsichten dabei, das Wesen des Bewusstseins zu definieren?

MR Ist es nicht einfach die elementare Fähigkeit, bewusst zu sein? Der Inhalt ändert sich ständig. Klar, es sind zahllose Studien möglich, die sich mit dem Inhalt von Erfahrung beschäftigen, mit der Frage, wie viele Informationen wir verarbeiten können, mit den Mechanismen der sinnlichen Wahrnehmung und mit der Art und Weise, wie unser Gedächtnis das zu beeinflussen vermag, was wir sehen und hören. Aber die eigentlich spannende Frage lautet doch: »Was ist das Wesen dieser elementarsten aller Fähigkeiten, nämlich überhaupt erkennen und wissen zu können?«

WS Ja, was könnte uns zum Gewahrsein unserer selbst befähigen? Lass uns zunächst über die verschiedenen Ebenen der Bewusstheit sprechen. Ich denke, die unterste Ebene ist das, was wir phänomenales Bewusstsein nennen, das heißt die Fähigkeit, einer Sache einfach gewahr zu sein, etwas wahrzunehmen oder zu spüren. Danach kommt die Fähigkeit, sich dessen gewahr zu sein, dass einem etwas gewahr ist. Zuletzt kommen die selbstbezüglichen, die reflexiven Aspekte des Bewusstseins: Man ist sich dessen bewusst, ein autonomes, von anderen Menschen verschiedenes Individuum zu sein, das imstande ist, intentional zu handeln. Man ist sich seines eigenen bewussten Selbst bewusst, und diese Ebene des Metabewusstseins ist vermutlich die höchste Bewusstseinsebene. Meiner Meinung nach fehlen diese höheren Formen des Bewusstseins im Tierreich, da sie das Ergebnis von Erfahrungen und Selbstzuschreibungen von Phänomenen sind, die sich der kulturellen Evolution verdanken und deren Dimensionen nur von einem kognitiven Systemen erfasst werden können, das so hochdifferenziert ist wie das menschliche Gehirn.

MR Ich würde das stattdessen *selbsterleuchtende Bewusstheit* nennen. Der Ausdruck »bewusstes Selbst« lässt sich leicht missverstehen, nämlich so, als gäbe es in unserem innersten Wesen ein autonomes Selbst. Auch darüber sprachen wir ja bereits ausführlich. Was die Tiere angeht: Gar nicht so wenige Arten – Menschenaffen, Elefanten, Delfine und Elstern zum Beispiel – haben den sogenannten Spiegeltest bestanden, der zeigt, dass sie über eine Art Selbst verfügen, weil sie sich in einem Spiegel erkennen können. Menschenkinder gelingt das ab einem Alter von durchschnittlich 20 Monaten.

WS Ich möchte darauf hinaus, dass das Bewusstsein – oder der Aspekt des Bewusstseins, der die erkenntnistheoretischen Probleme aufwirft – ein diskursiv erzeugtes Konstrukt ist. Es ist eine soziale Realität, ganz ähnlich wie das Konstrukt des freien Willens, und hat deshalb einen besonderen ontologischen Status. Vielleicht kommen wir der Sache näher, wenn wir das Bewusstsein des Menschen mit dem von Tieren vergleichen. Meine Hypothese ist, dass die erkenntnistheoretischen Probleme daher rühren, dass wir die Einbettung unserer Gehirne in ihr Umfeld zu wenig berücksichtigen. Unser Gehirn, unser kognitives Organ, existiert in einem Körper, und dieses Ensemble, die Person oder das Individuum, ist wiederum nur ein Knoten in einem komplexen Netzwerk interagierender Personen. Wir berücksichtigen zu wenig, dass unser Selbstmodell nur so ist, wie es ist, weil wir in ein Netzwerk ähnlicher kognitiver Akteure eingebunden sind, die sich gegenseitig beeinflussen und spiegeln. Durch solch einen Austausch entstehen neue Phänomene, die nicht existieren würden, wenn es nur ein Individuum, ein Gehirn gäbe.

MR Entspricht das Francisco Varelas These des *embodied mind*, des verkörperten Geistes, also dem von ihm behaupteten Sachverhalt, dass das Bewusstsein ein Gehirn in einem Körper in einer Umwelt ist?

WS Die sozialen Realitäten, auf die ich mich beziehe, sind abstrakte Konzepte, die entstanden, weil Menschen miteinander in Dialog traten und einander allerlei Dinge wissen ließen: dass sie sich vorstellen können, wie es ist, der jeweils andere zu sein, dass sie von denselben Gefühlen und Hoffnungen bewegt werden, dass sie auf ähnliche Weise logische Schlussfolgerungen ziehen und ihre Aufmerksamkeit auf ein gemeinsames Ziel richten können, etwa indem sie dasselbe Objekt betrachten. Durch diesen wechselseitigen Austausch sind Phänomene wie Bewusstsein und freier Wille konzeptualisiert worden. Diese Begriffe kämen einem Individuum gar nicht in den Sinn, wenn es allein aufwachsen würde. Meiner Hypothese zufolge schufen diese sozialen Interaktionen neue Realitäten, die nun als konkrete Wirklichkeiten erfahrbar sind, aber diejenige Realität transzendieren, die vor der kulturellen Evolution existierte. Diese neuen Wirklichkeiten existieren im »Dazwischen«, ihre »Objekte« sind relationale Konstrukte – die immateriell, nicht greifbar, unsichtbar und unseren Sinnen nicht unmittelbar zugänglich sind. Dazu gehören Werte und Überzeugungen, Vertrauen und Gerechtigkeit, Intentionalität und Verantwortung und auch die unterschiedlichen Eigenschaften des Bewusstseins. All diese sozialen Realitäten haben einen spezifischen ontologischen Status, der sich sowohl von dem der materiellen Welt als auch von dem der vorkulturellen Biosphäre unterscheidet.

Das Phänomen, das wir mit dem Begriff *Bewusstsein* bezeichnen, würde ohne den Dialog zwischen Menschen, ohne Erziehung, ohne die Einbettung in ein reiches soziales und kulturelles Umfeld, ohne die gegenseitige Zuschreibung von mentalen Konstrukten nicht existieren. Diese Konstrukte werden internalisiert und damit zu impliziten Eigenschaften unseres Selbst. Wir nehmen sie als Teil unserer Realität wahr und belegen sie mit Begriffen, um sie zu benennen und zu beschreiben. Da sie soziale Konstrukte sind, sind sie zum Beispiel mit Werten vergleichbar, die sich ebenfalls nicht im Gehirn auffinden lassen. Die einzige Möglichkeit für Hirnforscher besteht darin, neuronale Systeme zu identifizieren, die bestimmte Zustände im Gehirn bewerten und diese mit Emotionen verknüpfen. Wir sprachen bereits darüber, als wir uns fragten, warum Meditation positive Empfindungen auslöst. Das trifft übrigens für alle Merkmale zu, die wir mit dem Bewusstsein in Zusammenhang bringen. Bewusstsein lässt sich nicht im Gehirn finden, aber wir können versuchen, die Strukturen zu bestimmen, die für seine Manifestation nötig sind.

MR Alles, was du da beschreibst – die verschiedenen Bewusstseinsebenen –, entspricht recht gut dem »groben« Aspekt des Bewusstseins im Buddhismus, der sich auf die komplexe Welt der Informationen, Wahrnehmungen und ihrer Deutung bezieht und für die Verknüpfung von Dingen untereinander und die emotionale Reaktion auf äußere Ereignisse oder Erinnerungen sorgt. Nichts davon würde jemals ohne den permanenten Austausch mit der Umwelt und anderen empfindungsfähigen Lebewesen geschehen. Der Körper ist in das Universum eingebettet und hat sich entwickelt, um diese Verkörperung in der Welt optimal umsetzen zu können, um alle Reize effizient zu interpretieren und sich selbst mit der Welt und anderen in Beziehung zu setzen. Diese unglaublich effiziente Methode, sich in die Welt zu integrieren, wurde durch den Evolutionsprozess ermöglicht.

Dennoch müssen wir immer noch den wesentlichsten Aspekt des »reinen Gewahrseins« verstehen, den der Buddhismus den »subtilen« Aspekt des Bewusstseins nennt. Erinnere dich vielleicht an das Beispiel mit dem Lichtstrahl, das ich angeführt habe. Er enthüllt, was da ist, ohne selbst davon verändert zu werden. Genauso wird den kontemplativen Wissenschaften zufolge auch das reine Gewahrsein vom Gedankeninhalt weder verschleiert noch verändert, sondern es bleibt unverändert und unverfälscht.

Kultivierung von Zuständen subtilen Bewusstseins beziehungsweise reinen Gewahrseins

WS Vielleicht entspricht das, was du *reines Gewahrsein* nennst, dem Zustand der »Stimmigkeit«, wie ich ihn nannte, in dem das Gehirn keine Konflikte zu bearbeiten, Antworten auf Fragen zu suchen oder die Lösung eines Problems anzustreben hat. Sobald sich das Gehirn in einem solchen »Heureka«-Zustand befindet, werden besondere Subsysteme aktiv und erledigen drei Aufgaben: Erstens vermitteln sie ein Gefühl von Befriedigung, das sich mit diesem konfliktfreien mentalen Zustand einstellt. Zweitens ermöglichen sie Lernen, da stimmige Zustände eine geringe Ambiguität aufweisen und deshalb für das Abspeichern neuer Inhalte geeignet sind. Drittens beenden sie diesen »angenehmen« Zustand, um das Gehirn darauf vorzubereiten, neue Informationen zu verarbeiten und nach der nächsten Lösung zu suchen. Nachdem wir nun so viel über die Bedingungen des Bewusstseins gesprochen haben, hier noch einmal meine Frage, für die es jetzt vielleicht anschaulichere Antworten gibt: Kann es sein, dass Meditierende einen Zustand hoher Wachsamkeit bei sich hervorrufen, um dann alle Aufmerksamkeitsressourcen darauf auszurichten, diesen Zustand zu erhalten, ohne einen besonderen Inhalt für Gedanken auszuwählen? Das Schwierige daran ist scheinbar, den *workspace*, die Plattform für bewusste Verarbeitung vorzubereiten, ohne sie mit konkreten Inhalten zu füllen. Ein typisches Merkmal bewusster Verarbeitung besteht darin, verschiedene Inhalte gleichzeitig zu repräsentieren und semantisch miteinander zu verbinden. Darum sprechen wir von der Einheit des Bewusstseins. Vermutlich, zumindest legt dies meine eigene Forschung nahe, werden diese Bindungen durch die weiträumige Synchronisation hochfrequenter Oszillationen etabliert. Aber müssen nicht zwei Aufgaben zugleich erledigt werden, um einen anhaltenden Zustand der Klarheit zu erreichen, der außerdem frei von Inhalt ist? Ja, würde ich sagen, denn zum einen muss die Plattform für bewusstes Verarbeiten eingerichtet werden, was Aufmerksamkeitsressourcen beansprucht, und zum anderen und gleichzeitig muss die Plattform von umherschweifenden Gedanken frei gehalten werden, was ebenfalls Aufmerksamkeit erfordert.

MR Sobald du dich mit diesem Prozess vertraut gemacht hast, geschieht dies ganz mühelos und wie selbstverständlich. Du versuchst nicht, irgendeine Idee daran zu hindern, in dein Bewusstsein aufzusteigen, du lässt sie einfach kommen und wieder gehen, ohne dass sie Wellen schlägt.

WS Du achtest also nicht sonderlich darauf, wie die Gedanken kommen und gehen, du lässt sie einfach geschehen –

MR – du versuchst nicht, diesen Prozess aufzuhalten, aber du förderst ihn auch nicht.

WS Aber wie kann man dieses innere Geplapper verhindern, wenn man es nicht aktiv unterdrückt?

MR Nun, das innere Geplapper ensteht ja normalerweise dann, wenn sich einfache Gedanken breitmachen. Man muss sie nicht unterdrücken, man kann sie einfach wieder verschwinden lassen, sobald sie aufkommen. Der Versuch, die äußere Welt, das Singen der Vögel, die jetzt gerade vor unserem Fenster zwitschern, nicht mehr wahrzunehmen, ergibt keinen Sinn. Man lässt die Gedanken und Eindrücke einfach aufsteigen und sich auflösen. Ein Beispiel aus den buddhistischen Schriften vergleicht das damit, mit dem Finger einen Buchstaben auf die Oberfläche eines Sees zu schreiben. Während du ein A malst, verschwindet es auch schon wieder. Es ist nicht dasselbe, wie etwas in Stein zu meißeln. Ein anderes Beispiel wäre ein Vogel, der durch die Lüfte fliegt, ohne eine Spur zu hinterlassen. Gedanken, die schon da sind, kann man nicht verhindern. Allerdings kann man sehr wohl verhindern, dass sie den Geist belagern.

WS Könnte man sagen, dass man die eigenen Aufmerksamkeitsressourcen darauf ausrichtet, die Plattform für bewusstes Verarbeiten zu säubern und es gleichzeitig diesen äußeren oder inneren Einflüssen, etwa sensorischen Signalen, Gedanken oder Emotionen, ermöglicht, einzudringen, sich aber dort nicht festzusetzen?

MR Richtig. Wenn man sich nicht mit ihnen beschäftigt, setzen sie sich nicht im System fest.

WS Man schenkt diesen Störungen minimale Aufmerksamkeit und lässt sie kommen und gehen. Dennoch bemühst du dich aber in bestimmten Phasen der Meditation, ausgewählte Inhalte im Bewusstsein zu halten, Empathie oder Mitgefühl zum Beispiel. Ist es das, was während der Meditation geschieht?

MR Genau das ist die Essenz des Meditierens. Wie wir bereits besprachen, bedeutet Meditation, sich mit etwas vertraut zu machen und methodisch und systematisch eine Fertigkeit zu erlangen. Das ist nicht das übliche, halb passive Lernen. Es wird vollkommen engagiert und schlüssig praktiziert.

WS Mit anderen Worten: Es gelingt dir, auf einer Metaebene des Bewusstseins einen Raum für kohärente Zustände zu generieren und diesen über selektive Aufmerksamkeit mit einer Auswahl von Inhalten zu füllen. Durch die Wiederholung dieses Prozesses kommt es zu einer Konsolidierung des gewünschten Zustands. Das erinnert mich an die Stadien, die einen typischen Lernprozess kennzeichnen: aufmerksam sein, darauf vorbereitet sein, Informationen zu verarbeiten, die einzelnen Arbeitsstufen richtig vorbereiten, indem man ruhig ist und sich nicht ablenken lässt, sich auf den betreffenden Inhalt konzentrieren und ihn einüben. Sobald der Inhalt sicher im Gedächtnis gespeichert ist und sich wieder abrufen lässt, ist der Lernende zum Experten geworden.

MR Die Essenz der Kultivierung des Geistes besteht in der Tat in einem Gewöhnungsprozess und immer wiederkehrendem Üben. Ist man nicht übermäßig von Erinnerungen oder Gedanken an die Zukunft abgelenkt, bleibt man im Zustand reinen Gewahrseins, in der Frische des gegenwärtigen Moments. Dadurch ist es einem möglich, grundlegende menschliche Qualitäten wie Altruismus und Mitgefühl wann immer man will zu kultivieren. Gleichzeitig kann man aber auch die Vergangenheit und die Zukunft – wenn gewünscht – mit großer Klarheit betrachten. Das bedeutet natürlich nicht, dass man in dem gegenwärtigen Augenblick »steckenbleibt« und handlungsunfähig ist, wie man meinen könnte.

WS Aktuelle Experimente deuten darauf hin, dass sich Zustände, die mit bewusster Verarbeitung einhergehen, durch eine weiträumige zeitliche Koordination neuronaler Aktivität über zahlreiche Areale der Hirnrinde hinweg auszeichnen. Der Vorteil solcher kohärenten Zustände besteht darin, dass Signale zwischen den beteiligten Modulen besonders effektiv und schnell ausgetauscht werden können. Dies wäre dann die Basis, um verstreute Ergebnisse zu einem einheitlichen Konzept zusammenzubinden. Die Tatsache, dass beim Prozess des Bewusstwerdens die Aufmerksamkeit eine entscheidende Rolle spielt, passt zu unseren Belegen, dass Aufmerksamkeit Zustände gesteigerter Kohärenz hervorruft. Wählt das Gehirn visuelle Signale für eine weitere Verarbeitung aus, werden die visuellen Zentren zu kohärenter oszillatorischer Aktivität angeregt. Dies führt dazu, dass die Signale synchroner und damit besser weitergeleitet werden, was wiederum die Chancen erhöht, dass sie in das Bewusstsein gelangen. Daher lässt sich ein bewusster Zustand mit einem dynamischen Zustand gleichsetzen, in dem umfassende Netzwerke verarbeitender Areale kohärent aktiv sind und gut zusammenarbeiten können.

Diese Kohärenz könnte wiederum den zeitlichen Rahmen für die Integration und einheitliche Repräsentation der Ergebnisse bilden, die in verschiedenen Hirnregionen erarbeitet werden. Die Vorbereitung der Plattform für bewusstes Verarbeiten könnte also in der kohärenten Aktivierung weitverzweigter Netzwerke bestehen. Zu Beginn einer Meditationsübung würdest du die Plattform vorbereiten, ohne sie bereits mit Inhalten zu füllen. Inhalte kommen und gehen, lose miteinander verbunden wie im Traum, doch du erlaubst ihnen nicht, sich festzusetzen. Anscheinend ist es dann möglich, bewusst Inhalte auszuwählen und es ihnen innerhalb dieses leeren Arbeitsspeichers zu erlauben, sich ohne weitere Störung von außen zu entwickeln und zu entfalten. Handelte es sich hierbei um einen Zustand extrem kohärenter Aktivität, wäre er hervorragend dazu geeignet, sich durch Lernen zu stabilisieren. Studien zur Plastizität des Gehirns belegen eindeutig, dass eine kohärente oder synchronisierte Aktivität, die über einen ausreichend langen Zeitraum hinweg aufrechterhalten wird, Veränderungen der synaptischen Verbindungen bewirkt, so dass dieser kohärente Zustand gefestigt wird und später leichter reproduzierbar ist.

MR Wir verwenden ein ähnliches Bild: Lass Mitgefühl den gesamten Raum deiner geistigen Landschaft ausfüllen!

WS Genau! Ein einziger Inhalt erfüllt den gesamten Verarbeitungsraum und wird aktiv gestärkt, bis er schließlich durch einen Lernprozess eingeprägt wird und sich zu einer automatisierten, perfekt beherrschten Fertigkeit entwickelt…

MR Wir würden es vielleicht eher »natürlich« oder »ungekünstelt« nennen, denn hat man sich mit dem reinen Gewahrsein vertraut gemacht, führt das dazu, frei von automatischen Gedanken und Angewohnheiten zu sein.

Auf diese Weise kann beispielsweise Mitgefühl zur »zweiten Natur« werden. Du verkörperst dann Mitgefühl, was bedeutet, dass es sich nicht bloß um eine Augenblickserfahrung handelt, ein Aufblitzen von Mitgefühl, das nicht von Dauer ist, sondern um eine echte und langfristige Transformation. Das ist das Herzstück des spirituellen Pfads.

WS In diesem Beispiel werden sehr schön die extrem wichtigen Funktionen des Zusammenspiels zwischen Aufmerksamkeit und Bewusstsein deutlich. Aufmerksam zu sein erlaubt es einem, auszuwählen, welche der zahllosen Inhalte zu einem kohärenten Ganzen, also zu vereinheitlichten Konstrukten, die eine bewusste Erfahrung ausmachen, zusammengefasst werden sollen. Du hast schon darauf hingewiesen, dass man in diesem aufmerksamkeitsabhängigen Prozess der Bewusstmachung nicht nur Erfahrungen bearbeiten kann, die durch sensorische Systeme vermittelt werden, sondern auch selbsterzeugte, innere emotionale Zustände oder Neigungen, die durch eingehende Übung zu selbstverständlichen Verhaltensweisen und kognitiven Dispositionen werden.

MR Ich würde es eher so formulieren, dass eine solche Fertigkeit perfektioniert werden kann und damit mühelos vonstattengeht. Eine gute Skifahrerin gleitet die Piste unverkrampft und ohne Angst vor einem Sturz hinunter.

WS Entscheidend ist, dass es mühelos geht, wie du sagst. Genau durch diese Mühelosigkeit zeichnen sich automatische, also in der Regel unbewusste Prozesse aus. Für diese sind weder große Aufmerksamkeit noch das bewusste Erinnern an Anweisungen oder Strategien nötig.

MR Mit »automatischen« geistigen Prozessen sollte man vorsichtig sein, denn häufig beinhalten sie Denk- und Wahrnehmungsweisen, die uns in die Irre führen. Sagen wir besser, dass für diese Prozesse keine starke Aufmerksamkeit nötig ist. Man ist nicht angestrengt aufmerksam, aber auch nicht abgelenkt.

WS Ich würde gern noch einmal auf die verschiedenen Bewusstseinsebenen zurückkommen, insbesondere auf die Frage, wie wir uns inhaltsfreie oder leere Zustände des Bewusstseins vorstellen können.

MR Leer bezogen auf Inhalte, nicht auf vollkommene Klarheit. Es ist ein Zustand, der sich seiner eigenen Klarheit aufs Äußerste gewahr ist. Ein Licht kann an einem rabenschwarzen Himmel erstrahlen und doch nichts Bestimmtes erhellen.

WS Man kann sich also der Tatsache gewahr sein, über eine Plattform zu verfügen, die es einem ermöglicht, sich eines Inhalts bewusst zu werden, ohne dass er da ist.

MR Wir nennen das *nichtduales Bewusstsein*, weil Subjekt und Objekt nicht getrennt sind.

WS Ich verstehe. Ich würde diesen Zustand vielleicht *Metagewahrsein* nennen – das Gewahrsein, bewusst zu sein. Wenn dann ein Inhalt auftaucht, wird man sich dessen gewahr, allerdings aus der Perspektive eines Beobachters, der sein eigenes Bewusstsein betrachtet.

MR Es gibt reines Gewahrsein. Es besteht allerdings keine Kluft zwischen einem wahrnehmenden Subjekt und einem wahrgenommenen Objekt.

WS Damit diese Fusion möglich wird, muss sich der »Beobachter« wieder auf die Bewusstseinsebene begeben, auf der die Inhalte repräsentiert sind. Vielleicht ist das ein zweiter Schritt.

MR Diesen Zustand nennen wir *Verweilen im nichtdualen Gewahrsein*, und es ist die fundamentalste Form von Erfahrung. Aber was ist das Wesen dieses ursprünglichsten Gewahrseins? Das ist die Frage.

WS In der Tat! Welcher Evolutionsprozess, welcher Selektionsdruck mag es gewesen sein, der Gehirne hervorgebracht hat, die in der Lage sind, einer vereinheitlichten, bewussten Repräsentation von Inhalten Raum zu geben und sich dessen zudem bewusst zu sein? Vielleicht ist es in diesem Zusammenhang sinnvoll, zu rekapitulieren, was wir über die Evolution von Gehirnen wissen. Bei niederen Wirbeltieren ist die Verbindung zwischen den sensorischen Hirnrindenarealen, in denen die Signale aus den Sinnesorganen verarbeitet werden, und den exekutiven Arealen, die für die Umsetzung einer Reaktion sorgen, recht direkt. Diese relativ kurzen senso-motorischen Schleifen sind natürlich dennoch viel komplexer als einfache Reflexbögen, weil die Signale intensiv verarbeitet werden und ihre Übertragung von früheren Erfahrungen und von Informationen aus anderen Systemen abhängt.

Höherentwickelte Gehirne verfügen über zusätzliche Hirnrindenareale. Diese haben zwar die gleiche interne Organisationsstruktur, unterscheiden sich aber in der Art, wie sie in die bereits vorhandenen Netzwerke eingebettet sind. Die Areale, die im Laufe der Evolution neu hinzugekommen sind, stehen vorwiegend mit den älteren Arealen in Verbindung. Sie kommunizieren nicht mit der Peripherie, das heißt, sie bekommen ihre Eingangssignale weder direkt von den Sinnesorganen, noch haben sie eine direkte Verbindung zu den Effektororganen oder Muskeln.

Dieses Prinzip zieht sich durch den gesamten Evolutionsprozess. Immer mehr Hirnrindenareale entstehen und kommunizieren untereinander sowie mit den bereits früher angelegten. Wir gehen davon aus, dass verschiedene Rindenareale vergleichbare Verarbeitungsprozesse durchführen, weil sich ihre interne Verschaltung ähnelt. Wie ich ja schon sagte, bestimmt die Verschaltung der Neuronen die Funktion, also kann man davon ausgehen, dass verwandte Architekturen vergleichbare Funktionen unterstützen. Aufgrund dieser rein anatomischen Überlegungen liegt es auch nahe anzunehmen, dass die evolutionär jüngeren Bereiche die Ergebnisse aus den älteren Arealen auf ähnliche Weise verarbeiten, wie letztere die Signale der Sinnesorgane. Durch diese Wiederholung ähnlicher Verarbeitungsschritte über mehrere Hierarchieebenen hinweg könnten daher Repräsentationen von Repräsentationen entwickelt werden, also Metarepräsentationen. Eine bereits verarbeitete Information wird so zum Objekt einer weiteren Verarbeitung in der Hirnrinde, einer kognitiven Operation zweiter Ordnung. Diese sich wiederholenden Prozesse können sogar zirkulär ablaufen, da die meisten der betroffenen Bereiche wechselseitig miteinander verbunden sind. Im Prinzip werden so Metarepräsentationen immer höherer Ordnung möglich. Anders ausgedrückt: Hochentwickelte Gehirne sind nicht nur fähig, ihre kognitiven Funktionen auf die äußere Umwelt zu richten, sondern auch auf Prozesse, die sich in ihnen selbst abspielen. Dies könnte die Basis des phänomenalen Bewusstsein sein, für das Gewahrsein, etwas wahrzunehmen, für die Fähigkeit, über Wahrnehmungen Protokoll zu führen und, im Falle von Menschen, darüber zu sprechen. Sehr wahrscheinlich verfügen auch Tiere über einige dieser Fähigkeiten, weil ihre Gehirne im Prinzip ähnlich strukturiert sind.

Kurioserweise gibt dieses Gewahrsein innerer Abläufe keinerlei Hinweise darauf, welche neuronalen Prozesse diesen kognitiven Funktionen zugrunde liegen. Wir nehmen nur die Ergebnisse wahr, ganz so, wie wir unsere Handlungen wahrnehmen, ohne bestimmen zu können, welche neuronalen Prozesse diese verursacht haben.

Eine weitere faszinierende Frage in der Bewusstseinsforschung lautet, ob eine neuronale Plattform für die bewusste Verarbeitung von Informationen irgendeinen evolutionären Vorteil bot. Was wäre, wenn das menschliche Gehirn funktionieren würde, ohne sich dessen bewusst zu sein? Würde es einen Unterschied machen? Dem Philosophen David Chalmers zufolge nicht. Er führt an, dass das Bewusstsein lediglich eine Begleiterscheinung, ein Epiphänomen, sei und dass wir genauso gut ohne es zurechtkommen würden, weil die zugrunde liegenden Prozesse im Gehirn dieselben blieben. Wir würden unser Leben leben, auch ohne uns der kognitiven Vorgänge gewahr zu sein. Allerdings bezweifele ich das. Ich glaube, dass sich seiner Kognition gewahr zu sein und dies anderen mittels eines symbolischen Sprachsystems mitteilen zu können dazu beiträgt, andere besser zu verstehen, soziale Systeme zu entwickeln und schließlich differenzierte Kulturen aufzubauen. Diese Kompetenzen fördern die Überlebensfähigkeit, weil sie es dem Einzelnen ermöglichen, mit anderen zu kooperieren, durch den Austausch von Erfahrungen das jeweilige Weltmodell zu verfeinern und bessere Problemlösungen zu entwickeln.

MR Der Gedanke, dass wir die elementarste Qualität des Bewusstseins erübrigen könnten, ist ziemlich seltsam. Aus buddhistischer Perspektive ist die Fähigkeit des Geistes, aus sich selbst heraus zu handeln, sich zu transformieren, seinen eigenen Naturzustand zu erkennen und sich von negativen mentalen Zuständen befreien zu können, absolut entscheidend und zentrales Element des spirituellen Weges. Es ist schwer vorstellbar, dass jemand diese Freiheit erlangen könnte – die gleichbedeutend damit ist, Herr über den eigenen Geist zu sein, anstatt jedem aufsteigenden Gedanken und jeder Emotion hilflos ausgeliefert zu sein –, wenn das Bewusstsein nur eine unbedeutende Begleiterscheinung wäre. Aber auch für unser Leben jenseits spiritueller Praktiken ist das Bewusstsein alles andere als eine verzichtbare Nebensache, im Gegenteil.

Wie dem auch sei: Es ist schlicht eine Tatsache, dass es existiert. Wäre das nicht der Fall, würde unsere ganze subjektive Welt einfach verschwinden.

WS Ja, aber Chalmers' Argument ist dennoch schwer zu begegnen. Sollte die Fähigkeit, sich seiner selbst gewahr zu sein, die Konsequenz neuronaler Prozesse sein, die über hirninterne Prozesse Protokoll führen, dann ist das Gewahrsein oder Bewusstsein von etwas das Resultat und nicht die Ursache neuronaler Prozesse. Diese würden ihre Aufgabe erfüllen, selbst wenn man sich ihrer nicht bewusst wäre. Das Bewusstsein per se wäre nicht in der Lage, diese Prozesse zu beeinflussen, sondern könnte sie nur widerspiegeln. Ich nehme an, dass du der Auffassung bist, das Bewusstsein könne neuronale Prozesse tatsächlich beeinflussen.

MR Ja, um sich zu verändern. Roger Penrose hat das Bewusstsein den »Herrscher des Geistes« genannt, oder? Wäre das Bewusstsein nichts weiter als ein Epiphänomen, wäre der Geist tatsächlich ein machtloser Sklave – nicht mehr als ein rotes Lämpchen, das im Gehirn aufleuchtet, sobald neuronale Prozesse abgeschlossen sind, um zu signalisieren: »Okay, ich bin eingeschaltet.« Was würde das bringen?

David Chalmers weist zu Recht auf etwas hin, das wir nicht vergessen dürfen: Alle biologischen Funktionen, auch die Verwendung von Sprache zu Kommunikationszwecken sowie die Metarepräsentationen, können ohne den Rückgriff auf subjektive Erfahrung formuliert werden. Das zeigt, dass Erfahrung nichts mit objektiv beobachtbaren biologischen Funktionen zu tun hat, sondern etwas ist, dessen wir gewahr werden, noch bevor wir uns diesen Funktionen zuwenden. Daher ist es sehr schwierig, zwischen neuronalen Vorgängen und dem Bewusstsein eine Kausalbeziehung herzustellen.

Hätte das Bewusstsein nicht die Fähigkeit, sich selbst zu transformieren, sich zu kennen und daran zu arbeiten, seine Inhalte grundlegend zu verändern, wäre es wirklich wertlos. Der Buddhismus beginnt am anderen Ende des Spektrums, nämlich beim reinen Gewahrsein. Dann geht es darum, zu untersuchen, wie aus diesem reinen Gewahrsein Gedanken, Emotionen, Glück und Leid entstehen. Der Buddhismus möchte jene Prozesse der Weisheit und des Irrglaubens verstehen, die damit zusammenhängen, dieses reine Gewahrsein zu erkennen oder aus den Augen zu verlieren.

So wird einem klar, dass alle mentalen Ereignisse aufgrund von zahlreichen Ursachen und Umständen ins Bewusstsein treten, die nichts mit dem reinen Gewahrsein zu tun haben. Das reine Gewahrsein selbst ist bedingungslos. Der Himmel bleibt unverändert, ob sich nun Wolken an ihm zeigen oder nicht. Ich sagte es ja schon: Reines Gewahrsein ist ein primäres Phänomen. Es ist nicht möglich, via Erfahrung einen Bewusstseinszustand zu erreichen, der noch fundamentaler ist. Im Zustand des reinen Gewahrseins gibt es nicht auch nur den geringsten Hinweis auf eine Verbindung zum Gehirn oder zu irgendeinem anderen biologischen Prozess.

Reines Gewahrsein lässt alle mentalen Konstrukte und abschweifenden Gedanken zu, ist jedoch selbst kein Konstrukt. Es lässt dich erkennen, dass du aufgrund dieser Tatsache immer die Möglichkeit hast, den Inhalt deines Geistes zu verändern, da mentale Zustände nicht an sich ins reine Gewahrsein eingebunden sind. Folglich kann man sich durch Training und Achtsamkeit von Hass, Besitzenwollen und anderen negativen Emotionen befreien.

WS Wie ist es möglich, dass ein Phänomen, welches auf neuronalen Prozessen beruht und das wir bewusst erleben, über mentale Verursachung genau auf diese neuronalen Vorgänge zurückwirkt, mit dem Ziel, sie zu verändern? Ich möchte behaupten: Es ist die neuronale Aktivität selbst, welche dem bewusstem Erleben zugrunde liegt, die zusammen mit den von ihr hinterlassenen Gedächtnisengrammen die weiteren neuronalen Prozesse anstößt. Du gehst aber wohl davon aus, dass das Bewusstsein selbst auf die weiteren neuronalen Vorgänge einwirkt, oder?

MR So ist es. Kann die elementare Qualität reinen Gewahrseins weitere geistige Prozesse direkt verursachen? Können wir diese Qualität dazu nutzen, unsere geistige Landschaft zu verändern? Das sind die Fragen, um die es hier geht. Und meine Antwort lautet: Betrachten wir reines Gewahrsein als eine primäre Tatsache, und nichts spricht dagegen, dann gibt es keinen Grund abzustreiten, dass innerhalb des Bewusstseins entstandene mentale Konstrukte imstande sind, via Neuroplastizität Wirkungen zu zeitigen. Die interdependenten, wechselseitigen Kausalitäten, die hier am Werk sind, sorgen somit dafür, dass drei Wege der Verursachung möglich sind: abwärts, aufwärts und sozusagen seitwärts, das heißt auf derselben Ebene.[1]

WS Ich glaube, darüber muss ich heute Nacht noch einmal intensiv nachdenken. Ich neige zu der Auffassung, dass bewusst oder gewahr zu sein einen besonderen Zustand des Gehirns voraussetzt, der bestimmte Verarbeitungsmodi ermöglicht, die sich grundsätzlich von denen unterscheiden, die Bewusstsein nicht unterstützen. Bewusste Verarbeitung erlaubt es, Informationen in ausgesprochen hohem Maße zu integrieren. Signale aus verschiedenen sensorischen Bereichen können auf der Plattform des Bewusstseins miteinander verglichen und verbunden werden. Dies ist Voraussetzung für die Bildung abstrakter symbolischer Repräsentationen und vermutlich der Grund für die enge Beziehung zwischen bewusster Verarbeitung und der sprachlichen Vermittelbarkeit bewusst verarbeiteter Inhalte.

MR Du redest von symbolischen Repräsentationen und dergleichen, also von komplexen Funktionen, die die Erfahrung reinen Gewahrseins jedoch überhaupt nicht erklären können. Das reine Gewahrsein ist der lebendigste Zustand des Bewusstseins und zugleich bar jeder Komplexität. Aber lassen wir es für heute gut sein.

***

MR Es ist ein wunderschöner Morgen. Wir konnten gerade beobachten, wie die Gipfel des Himalaya aus den Wolken hervorbrachen.

WS Ja, im Moment wäre es mir lieber, einfach in diesem Zustand des Gewahrseins zu verweilen, anstatt über seine Funktion nachzugrübeln.

Gestern vertrat ich die Position, dass das Bewusstsein ein emergentes Phänomen von kognitiven Prozessen ist, die zu Metarepräsentationen führen, welche durch die erneute Anwendung kognitiver Operationen entstehen, und zwar auf die Ergebnisse kognitiver Operationen erster Ordnung, die unseren Primärwahrnehmungen zugrunde liegen. Diese Art der Iteration und Wiederanwendung ermöglicht es dem Gehirn vielleicht, sich der Resultate seiner eigenen kognitiven Prozesse gewahr zu werden, ohne in Mechanismen Einblick zu erhalten, die hierbei am Werk sind. Wir haben keine Vorstellung von diesen Mechanismen, aber wir können anscheinend die Ergebnisse der kognitiven Operationen, die auf niedrigeren Verarbeitungsstufen ablaufen, erneut ähnlichen Prozessen unterwerfen, bis wir uns schließlich der Tatsache gewahr werden, dass wir ein kognitives System sind, das Wahrnehmungen, Gefühle und andere mentale Zustände hat. Ich bezweifle, ob dieses Gewahrsein sich auch entwickeln könnte, wenn Menschen in vollständiger Isolation aufwachsen würden, ohne Einbettung in ein differenziertes soziales und kulturelles Umfeld, ohne die Möglichkeit, die Auswirkungen eigenen Handelns auf andere zu erfahren, ohne die Möglichkeit, eigene Erfahrungen mithilfe von Sprache zu konzeptualisieren, ohne die Möglichkeit, durch Interaktion mit Bezugspersonen, die selbst bereits kulturspezifische Konzepte in ihr Selbstmodell integriert haben, ein eigenes Selbstmodell zu entwickeln. Ich glaube nicht, dass sich Metabewusstsein, also die Fähigkeit, sich dessen gewahr zu sein, dass einem etwas bewusst ist, ohne diese Einbettung in ein vielfältiges sozio-kulturelles Umfeld entwickeln kann. Ich bin vielmehr der Überzeugung, dass das Metabewusstsein eine kulturelle Errungenschaft ist und dass die Fähigkeit, sich als kognitiven Akteur zu erfahren, durch epigenetische Ausformung unserer kognitiven Systeme während unserer Individualentwicklung erworben wurde. Wie bereits erwähnt, werden die neuronalen Systeme, auf denen unsere elementaren kognitiven Leistungen beruhen, durch Erfahrung und Interaktion mit der Umwelt an die vorgefundenen Bedingungen angepasst. Dasselbe trifft vermutlich auch für die neuronalen Netzwerke zu, auf denen die höheren kognitiven Funktionen beruhen, die für die Entwicklung von Metabewusstsein nötig sind – nur dass in diesem Fall die kulturelle Welt mit ihren sozialen Realitäten, Traditionen, Konzepten und Zuschreibungen die gestaltende »Umwelt« wäre. Genauso, wie die Gestaltregeln für die Interpretation sensorischer Reize in Verschaltungen niedergelegt werden und dann bestimmen, wie wir die Welt wahrnehmen, könnten die kulturellen Erfahrungen in neuronal verankerte kognitive Schemata umgewandelt werden, die dann bestimmen, wie wir soziale Realitäten und schließlich uns selbst wahrnehmen.

Aber selbst wenn das alles stimmt, ändert das nichts daran, dass die mentalen Phänomene, welche auf diesen kognitiven Fähigkeiten beruhen, die Folge von Gehirnprozessen sind – zumindest legen neurobiologische Forschungsergebnisse dies nahe. Zurzeit gibt es keinen Grund für die Annahme, es gebe irgendwelche immateriellen oder substratunabhängigen Zustände oder Kräfte, die auf materielle neuronale Prozesse einwirken. Gäbe es sie, wäre das mit den bekannten Naturgesetzen völlig unvereinbar. Daher rührt der Widerstand der Neurobiologen gegen die Vorstellung einer mentalen Verursachung, einer sogenannten *top-down causation*, also einer Beeinflussung materieller, neuronaler Prozesse durch ein wie auch immer geartetes immaterielles »Bewusstsein«.

Wie ich versucht habe zu zeigen, gibt es jedoch hocheffiziente Mechanismen, über welche »immaterielle« soziale Realitäten, kollektiv entwickelte Konzepte und Zuschreibungen sozusagen *top-down* auf Gehirnfunktionen und damit die Kognition einwirken können – Mechanismen, die nicht im Konflikt mit den Naturgesetzen stehen. Die Überzeugungen, Normen und Werte, die eine Gesellschaft ausmachen, beeinflussen das Selbstverständnis und die Handlungsweisen ihrer Mitglieder. Über soziale Signale wirken sie direkt auf die Gehirne der Menschen. Zudem prägen sie über Erziehung und epigenetische Prozesse die Gehirne der folgenden Generation und wirken sich damit auch langfristig auf Gehirnfunktionen aus.

MR Mentale Verursachung ist nur im Kontext einer dualistischen Sichtweise problematisch, der zufolge es zwei »Substanzen« gibt: die Materie, die angeblich von stabiler Existenz ist (was sowohl der Buddhismus als auch die Quantentheorie infrage stellen), und ein vorgeblich »immaterielles« Bewusstsein – ein sonderbares, undefinierbares Phänomen mit ungeklärtem Status. Im Buddhismus hingegen gehört beides, Materie und Bewusstsein, zur Welt der Formen. Beide existieren insofern, als sie sich manifestieren, zugleich mangelt es ihnen aber an einer intrinsischen, soliden Realität. Daher wieder der Satz: »Leere ist Form, Form ist Leere.« Das Bewusstsein lässt sich nicht auf rohe Materie reduzieren, da es die Grundvoraussetzung für deren Idee und Beschreibung ist.

Michel Bitbol hat es mir vor geraumer Zeit so erklärt: Die Herausforderung, vor die David Chalmers uns stellt, besteht darin, dass man eine objektivistische, neurobiologische Erklärung *aller* Prozesse der Kognition, der Wahrnehmung und des Verhaltens geben könnte, ohne auf die Tatsache Bezug zu nehmen, dass sie von Bewusstsein begleitet sind und als gelebte Erfahrung betrachtet werden können. Da Chalmers damit Recht hat, darf man nicht davon ausgehen, das Bewusstsein sei nichts weiter als ein Gehirnzustand unter vielen. Die dem Gehirn zugehörigen und durch die Neurowissenschaft entdeckbaren Aspekte sind die kognitiven *Funktionen*, die das Bewusstsein ausführen kann, also etwa Erinnern, Konzeptualisieren und Verbalisieren der eigenen Erfahrungen.

WS Beim Zustand des Bewusst-Seins handelt es sich eindeutig um einen besonderen Zustand des Gehirns, der sich von den Zuständen unterscheidet, welche die Vorbedingung für Wahrnehmen und Handeln sind, Prozesse, die nicht von Bewusstsein begleitet sein müssen. Die zentrale Frage lautet doch, ob bewusste neuronale Prozesse aufgrund ihrer besonderen Eigenschaften, wie zum Beispiel besonders hoher Kohärenz, auf zukünftige neuronale Zustände anders wirken als unbewusste neuronale Prozesse.

MR Du meinst: Kann es mentale Verursachung geben, also die Beeinflussung neuronaler Vorgänge durch immaterielle, mentale Prozesse?

WS Ich habe versucht, eine Erklärung für die mentale Verursachung, anzubieten, die soziale Realitäten als Ursachen mit einschließt. Betrachtet man nur das einzelne Gehirn, stellt sich lediglich die Frage, ob bewusste Gehirnprozesse Möglichkeiten für die Informationsverarbeitung eröffnen, die nichtbewussten Prozessen fehlen. Wir wissen, dass unbewusst verarbeitete Informationen auf zukünftiges Geschehen im Gehirn Einfluss nehmen. Übt man eine Tätigkeit aus, die einem in Fleisch und Blut übergegangen ist, wie etwa Skilaufen oder Tennisspielen, unterlaufen einem immer wieder kleine Fehler, die man korrigiert, ohne sich des Fehlers und seiner Korrektur bewusst zu werden. Dennoch verändert diese Korrektur das motorische Programm, sie hinterlässt im prozeduralen Gedächtnis eine Spur. Diese sorgt dafür, dass man zukünftig in vergleichbaren Situationen besser reagiert. Ich glaube, dass ebendiese Erklärung auch begründen kann, dass ein bewusster Zustand zukünftige Prozesse im Gehirn zu beeinflussen vermag. Allerdings muss es mit dem bewussten Zustand etwas Besonderes auf sich haben, und zwar hinsichtlich der Qualität oder Art der kodierten Information, die auf zukünftige Hirnzustände einwirkt. Wir sollten wirklich genauer erforschen, welche spezifischen Funktionen dies sind und welchen Anpassungsvorteil sie bieten. Mein Vorschlag war, dass die bewusste Verarbeitung Informationen aus unterschiedlichen Quellen besser integriert, als unbewusste Prozesse dies zu tun vermögen.

MR Du hast viele interessante Prozesse beschrieben, die dafür sorgen könnten, dass der Geist sich seiner selbst bewusst ist. Aber können diese Erklärungsversuche dem Argument des Dalai Lama standhalten, das auch von Husserl und Phänomenologen wie unserem gemeinsamen Freund Michel Bitbol vorgebracht wird und besagt, dass das Bewusstsein allem vorausgeht, was wir überhaupt darüber sagen könnten, und auch jeglicher denkbaren Wahrnehmung oder Interpretation der phänomenalen Welt? Wir können nicht aus unserem Bewusstsein heraustreten, um es wie einen beliebigen Aspekt unserer Realität zu betrachten. Selbst wenn das riesige Unterfangen, jedes einzelne Neuron zu identifizieren und jede Verbindung im Gehirn zu kartografieren, gelingen sollte, kommen wir damit der Beschreibung der reinen Erfahrung nicht viel näher.

Die große Mehrheit der Neurowissenschaftler ist der Überzeugung, dass es eines Tages möglich sein wird, alle Aspekte des Bewusstseins aus neurologischer Sicht zu erklären. Allerdings basiert diese Ansicht auf der Tatsache, dass es ihnen nur darum geht, das von Chalmers und anderen so genannte »leichte Problem« zu lösen, nämlich die dem Bewusstsein zugeschriebenen Funktionen mittels neurophysikalischer Prozesse zu erklären. Am »schwierigen Problem« – zu erklären, wie es ist, die Farbe Blau zu sehen, zu lieben oder zu hassen – haben sie damit noch nicht einmal gekratzt. Kurz: Sie erklären die Modalitäten des Bewusstseins, jedoch nicht das Bewusstsein an sich. Das hatte auch der Dalai Lama im Sinn, als er sagte: »Es besteht nämlich die Gefahr, dabei etwas zu objektivieren, was im Grunde genommen ein inneres Erleben ist, und darüber die Präsenz des erlebenden Subjekts zu vergessen. Wir können uns aus der ›Gleichung‹ nicht herausnehmen. Keine wissenschaftliche Beschreibung des neuronalen Prozesses der Farbwahrnehmung kann das ersetzen, was wir erleben, wenn wir etwa die Farbe Rot sehen.«[2]

Der Buddhismus hat mehrere Argumente im Angebot, warum sich die Inhalte des Bewusstseins nicht auf reine Gehirnfunktionen reduzieren lassen. Mit diesen Argumenten sollte man sich eingehender beschäftigen. Sie lassen sich nicht, wie ich bereits sagte, als bloßer cartesianischer Dualismus abtun.

WS Ich habe ein Problem mit diesen radikalen phänomenologischen Standpunkten. Natürlich steht es jedem frei, die von dir genannte Position zu vertreten, aber man sollte sich auch klarmachen, dass sie unbeweisbar ist. Sie basiert auf Argumenten, die aus der unbeweisbaren Prämisse abgeleitet werden, dass das Bewusstsein allem anderen vorausgeht. Ich hoffe, dass es mir gelungen ist zu zeigen, wie das »schwierige Problem« des Bewusstseins – *the hard problem of consciousness* – im Rahmen eines naturalistischen Beschreibungssystems etwas »aufgeweicht« werden kann, wenn wir anerkennen, dass mentale Phänomene ihre Existenz der Koevolution von kognitiven Akteuren und Kultur verdanken. Die Neurowissenschaft kann uns über die Mechanismen aufklären, die den kognitiven Funktionen zugrunde liegen, welche es dem Menschen erlaubten, die kulturelle Evolution zu initiieren. Die Geisteswissenschaften untersuchen die Dynamiken kultureller Systeme und, wie neue Konzepte, Normen und Selbstmodelle entstehen. Und die sozialen Neurowissenschaften, ein noch junger Forschungszweig, versuchen zu klären, wie sich die Einbettung menschlicher Gehirne in einen soziokulturellen Kontext auf deren Entwicklung und funktionale Differenzierung auswirkt.

Aber lass mich noch einmal zu der Frage zurückkommen, ob bewusste Verarbeitung, also die Fähigkeit, sich gegenwärtigen oder zurückliegenden Erlebens, Handelns und Fühlens bewusst zu sein, etwas hinzuzufügen vermag, das der nichtbewussten Verarbeitung fehlt. Meiner Meinung nach bietet die Entstehung des Bewusstseins einen Vorteil bezüglich bestimmter kognitiver Fähigkeiten. Ich meine damit die Fähigkeit zur Abstraktion und symbolischen Kodierung. Beides sind Kompetenzen, die für die Bildung komplexer Gesellschaften besonders wichtig sind. Dies deutet darauf hin, dass es möglicherweise eine Koevolution von Mechanismen gegeben hat, welche die Entwicklung von bewusstem Verhalten auf der einen und die Bildung von Gesellschaften

auf der anderen Seite förderte – wobei sich beide Entwicklungen gegenseitig unterstützt haben.
Die meisten Neurobiologen gehen davon aus, dass ein bewusster Zustand ein vereinheitlichender ist, der dazu dient, eine bestimmte Anzahl von Inhalten zu einer einheitlichen Erfahrung zu verbinden. Was immer im Bewusstsein aufscheint, ist kohärent. Das korreliert auf interessante Weise mit neuronalen Zuständen, denn soweit wir wissen, gehen bewusste Zustände mit einem hohen Maß an Koordination räumlich getrennter Verarbeitungsprozesse einher. Elektrografische Aufzeichnungen belegen, dass ein bewusster Zustand in der Tat mit einem hohen Maß an Kohärenz und Synchronizität verbunden ist. Lass uns also die Hypothese weiter verfolgen, dass die Inhalte, die ins Bewusstsein gelangen, auf ganz besondere und einzigartige Weise miteinander verbunden werden, was womöglich für unbewusste Inhalte nicht gilt.

MR Aber so definierst du das Bewusstsein einfach als diejenige Funktion, die verschiedene Kognitionsprozesse synthetisiert. Das reine, inhaltsleere Bewusstsein kommt überhaupt nicht mehr vor. Dann behauptest du, dass die Inhalte, die ins Bewusstsein vordringen, verbunden werden. Also, du sagst auf der einen Seite, dass das Bewusstsein das Ergebnis einer Synthese verschiedener Kognitionsprozesse ist, und auf der anderen, dass unterschiedliche Inhalte, also Kognitionsprozesse, ins Bewusstsein »gelangen«.

WS Mir ist schon klar, dass auch experimentelle Forschungsansätze letztlich auf Prämissen basieren, die sich nicht beweisen lassen. Dennoch sind sie erkenntnisträchtig. Die Ergebnisse experimenteller Forschung gehen über Erkenntnisse hinaus, die man allein durch Überlegung oder Kontemplation erlangen kann. Solange wir uns immer wieder klarmachen, dass *wir* es sind, die beobachten, interpretieren, Instrumente bauen, Hypothesen aufstellen und Gesetze formulieren, und solange wir bereit sind einzuräumen, dass unsere Schlussfolgerungen nur im Rahmen ganz bestimmter Grenzen gültig sind und nur tragen, wenn keine empirischen Belege oder logischen Argumente dagegen sprechen, ist alles in Ordnung. Wir sprachen ja bereits darüber, dass der kognitive Apparat, den wir für unsere wissenschaftlichen Nachforschungen einsetzen, das Produkt eines Evolutionsprozesses ist, der diesen Apparat nicht daraufhin optimiert hat, objektive Wahrheiten – wenn es denn so etwas gibt – zu erkennen. Wir müsssen deshalb davon ausgehen, dass unsere kognitiven Fähigkeiten begrenzt und in hohem Masse idiosynkratisch sind. Wenn wir dennoch durch wissenschaftliche Bemühungen bestimmte Regelmäßigkeiten der Natur aufdecken, diese in Gesetze fassen und die daraus abgeleiteten Voraussagen empirisch bestätigen können, wenn die Maschinen, die wir aufgrund der aufgedeckten Gesetzmäßigkeiten bauen, schließlich auch noch in der erwarteten Weise funktionieren, dann haben wir zumindest einige irgendwie zutreffende Einsichten gewonnen. Und wir sollten uns damit bescheiden und einfach schauen, wie weit wir damit auf dem eingeschlagenen Weg von Empirie und Verifikation kommen – im vollen Bewusstsein, dass unserer Erkenntnisfähigkeit Grenzen gesetzt sind und dass wir nicht wissen können, wo die Grenzen liegen, jenseits deren sich das Reich der Metaphysik und des Glaubens entfaltet.

Ich hoffe, mir ist es gelungen, meine Position deutlich zu machen und zu erläutern, was ich meine, wenn ich von Beweisen, Schlussfolgerungen, Belegen und dergleichen spreche. Nach diesem wohl fälligen erkenntnistheoretischen Exkurs möchte ich jetzt gern noch einmal auf die Dichotomie zwischen bewusster und nichtbewusster Verarbeitung zurückkommen. Auch im unbewussten Verarbeitungsmodus können wir uns Reizen gleich welcher Modalität – visuell, auditorisch, taktil – zuwenden und ihre Verhaltensrelevanz problemlos bewerten. Aber es werden kaum Verbindungen zwischen diesen Reizen hergestellt. Sie werden weit weniger im Kontext bewertet als bei der bewussten Verarbeitung, wodurch mögliche semantische Bezüge verloren gehen. Wären sie bewusst verarbeitet worden, hätten sie sich zu einem kohärenten Gesamteindruck verbunden.

Um diese Integration zu ermöglichen, müssen die verschiedenen sensorischen Inhalte hinreichend abstrakt kodiert sein und in einem einheitlichen Format vorliegen. Die im Laufe der Evolution neu hinzugekommenen Hirnrindenareale sind vermutlich das Substrat für die Integration der Signale aus verschiedenen Sinnessystemen. Durch Integration und Vergleich verschiedener Sinnessignale wird es möglich, zu abstrakten, symbolischen Beschreibungen von Objekten und ihren Eigenschaften zu gelangen. Es lässt sich dann erkennen, dass Objekte invariante Eigenschaften aufweisen, auch wenn sich ihre Erscheinungen in den verschiedenen Sinnesmodalitäten unterscheiden. Man könnte also das Bewusstsein beziehungsweise den Prozess bewusster Informationsverarbeitung als einen Zustand betrachten, der es erlaubt, vielfältige Bezüge zwischen den Merkmalen kognitiver Objekte herzustellen. Diese hochentwickelte Verarbeitungsstrategie ist schon für sich genommen ein Fitnessvorteil.

Kann darüber hinaus diese verdichtete und abstrakte Information in ein differenziertes Kommunikationssystem eingespeist werden, begünstigt das natürlich die Evolution kooperativer Gesellschaften. Anders als die unbewusst verarbeiteten Inhalte haben die bewusst verarbeiteten Zugang zum Sprachsystem. Sind die zahlreichen Signale aus den unterschiedlichen Sinnessystemen bereits zu kohärenten Einheiten gebunden, die in symbolischen Begriffen gefasst werden können, kann man nicht nur leichter das kommunizieren, was man wahrgenommen hat, sondern auch das, was in einem selbst vorgeht, da bewusste Verarbeitung es wie gesagt erlaubt, auch über innere Vorgänge Protokoll zu führen. »Bewusstsein« ist also die Plattform, auf der in einheitlichem Format vorliegende Verarbeitungsergebnisse zu einem kohärenten Ganzen gebündelt und sehr effizient kommuniziert werden können. Die Kapazität dieser Plattform ist natürlich wie bei jedem Informationsverarbeitungssystem begrenzt. Nicht alle Ergebnisse aus den unterschiedlichen Gehirnzentren können gleichzeitig im Bewusstsein repräsentiert und miteinander verbunden werden. Deshalb bedarf es der Aufmerksamkeit, um diejenigen Inhalte auszuwählen, die auf der Plattform des Bewusstseins gebunden und verhandelt werden sollen. Was dort aufscheint, kann dann sprachlich gefasst und kommuniziert sowie als explizites »Wissen« im episodischen beziehungsweise biografischen Gedächtnis abgespeichert werden. Von dort sind die gespeicherten Inhalte später abrufbar und können in bewusste Überlegungen einbezogen werden.

Wenn du mir erzählst, was gerade in deinem Bewusstsein vorgeht, kann ich diesem Strom von Symbolen Aufmerksamkeit schenken, sie entschlüsseln, ihren semantischen Inhalt auf meine Plattform des Bewusstseins übertragen und wenn nötig in meinem deklarativen Gedächtnis speichern. In gewisser Weise kopiere ich also eine verdichtete und hochsymbolische Beschreibung deines inneren Zustands in mein Gehirn hinein und speichere diese Kopie dort. Von diesem Moment an kann dein innerer Zustand Einfluss auf die zukünftigen Prozesse in meinem Gehirn ausüben. Dasselbe trifft natürlich für die hochgradig verarbeiteten und abstrakten Inhalte zu, die in meinem eigenen Bewusstsein verarbeitet und in meinem deklarativen Gedächtnis gespeichert wurden. Jeder einzelne dieser Inhalte verändert mein Gehirn für immer und beeinflusst damit zukünftige Prozesse. Auf diese Art und Weise wirken die besonderen Verarbeitungsstrategien, die nur auf der Plattform des Bewusstseins umgesetzt werden können, auf Gehirnprozesse »niederer Ordnung ein. Nur so tritt mentale Verursachung in Erscheinung; sie beruht auf konventionellen Mechanismen der Signalübertragung und Speicherung.

MR Dem Buddhismus zufolge lässt sich das ultimative Wesen des Bewusstseins nicht in Worte, Symbole, Konzepte oder Beschreibungen fassen. Du kannst von reinem Gewahrsein bar mentaler Konstrukte sprechen, doch das ist, als ob man mit dem Finger auf den Mond zeigt und diesen dann für jenen hält. Solange man die Erfahrung des reinen Gewahrseins nicht gemacht hat, sind das alles nur leere Gesten und Worte. Alles schön und gut, was du über die Erforschung der Bildung, Verarbeitung und Integration geistiger Inhalte und ihrer Beziehung zur Umwelt gesagt hast. Dennoch trifft es meiner Meinung nach die wirklich elementaren Aspekte des Bewusstseins immer noch nicht. Sowohl die kontemplativen Forscher als auch die Neurowissenschaftler können auf unterschiedliche Weise untersuchen, wie aus Erfahrungen Konzepte werden, wie sich Erinnerungen aufbauen und wie wir kommunizieren. Da gibt es unglaublich komplexe und faszinierende Erkenntnisse zu gewinnen. Dennoch muss man tiefer in die elementarsten Phänomene des Bewusstseins einsteigen.

WS Aber ist das alles wirklich so rätselhaft? Stell dir eine Ebene im Gehirn vor, auf der visuelle Inhalte repräsentiert werden. Schließt man die Augen, gibt es keinen weiteren Input für diese Plattform, dennoch bleibt sie für die Verarbeitung visueller Signale verfügbar. Könnte dasselbe nicht auch für die Ebene des Bewusstseins oder gar des Metabewusstseins gelten? Hochentwickelte Gehirne wie die unseren verfügen über eine Plattform zur bewussten Verarbeitung, über entsprechende Speicher und Dynamiken, die es erlauben, abstrakte Inhalte miteinander zu verbinden. Du weißt, dass du über diese Fähigkeit verfügst, denn du hast bereits bewusste Erfahrungen gemacht. Gelingt es dir nun, zu verhindern, dass Inhalte auf diese Ebene gelangen, bist du dir dennoch der Tatsache gewahr, dass du über eine Plattform verfügst, die du intentional mit Inhalten beladen kannst.

MR Doch wenn man sich dieser Plattform bewusst ist, dann bedeutet das doch, dass sich dieses Bewusstsein nicht selbst »darin« befindet, sondern grundlegender ist. Einmal mehr lässt sich so die elementare Erfahrungsqualität reinen Gewahrseins, das frei von jeglichem begrifflichen Inhalt ist, nicht erklären. Die kontemplativen Wissenschaftler, denen es gelungen ist, dieses reine Gewahrsein oder diese inhaltsfreie Basis zu erleben, beschreiben diesen Zustand als sehr lebendig, vollkommen bewusst und friedlich. Sie sehen Gedanken aus dem Raum des Gewahrseins aufsteigen und wieder in ihm verschwinden, wie Wellen, die sich plötzlich auftürmen und sich dann wieder im Meer auflösen. Menschen, die diesen Prozess meistern, sind emotional extrem ausgeglichen, verfügen über große innere Stärke, inneren Frieden und Freiheit. Also muss es etwas sehr Besonderes sein, Zugang zu solchen tiefen Ebenen mentaler Prozesse zu haben.

WS Ich habe Schwierigkeiten, das Problem zu erkennen. Im wachen Zustand sind wir uns unserer mentalen Zustände gewahr. Wir sind uns gewahr, dass wir wach sind, bei Bewusstsein und in der Lage, all die Prozesse durchzuführen, die ein Gehirn im Wachzustand durchführen kann; wir sind bereit, unsere Aufmerksamkeit auf innere Zustände oder Reize von außen zu richten. Warum sollte es dann so schwierig sein, seine Aufmerksamkeit ausschließlich auf diesen Zustand des Gewahrseins zu konzentrieren? Ich kann deine Ansicht nicht teilen, dass dieser Zustand vollkommen frei von Inhalt sein soll. Wie du sagst, zeichnet er sich durch starke Glücksgefühle aus, die von Meditierenden mit Worten wie »Frieden«, »Zeitlosigkeit«, »Einssein« oder »Unendlichkeit« umschrieben werden. Es handelt sich einfach nur um einen speziellen Bewusstseinszustand, in dem die alltäglichen Inhalte zugunsten anderer unterdrückt werden und den man durch Training stabilisieren kann. Ich glaube, ich habe diese Erfahrung während einer zweiwöchigen, sehr strengen Zen-Meditation gemach. Ich kam zu dem Schluss, dass diese besonderen Zustände von denselben neuronalen Mechanismen abhängen, die auch für andere, ungewöhnliche Bewusstseinszustände verantwortlich sind. Beispielweise lassen sich besondere Bewusstseinszustände durch Hypnose, Autosuggestion oder Rituale induzieren. All diese Praktiken beeinflussen ganz gezielt die Weiterleitung sensorischer Signale und die Auswahl der Inhalte, die dem Bewusstsein zugänglich sind, indem sie die Aufmerksamkeit in eine bestimmte Richtung lenken. Ich habe gelernt, wie man Menschen in Hypnose versetzt und auch selbst erfahren, wie sich solche Zustände anfühlen. Sensorische Deprivation und Fokussieren der Aufmerksamkeit sind einfach ein sehr wirksames Verfahren, um Bewusstseinszustände zu verändern.

Lass es mich nochmal anders erklären. Offensichtlich erfüllt Aufmerksamkeit zwei Funktionen: Auf der einen Seite erlaubt sie die Selektion von Signalen aus der Umwelt, auf der anderen wählt sie die Inhalte aus, die in einem weiteren Schritt im Bewusstsein miteinander verbunden werden sollen. Es besteht kein Zweifel, dass man seine Aufmerksamkeit trainieren kann, um die eigene Interaktion mit der Umwelt zu stabilisieren. Und es gibt Erkrankungen, bei denen die Aufmerksamkeitsmechanismen gestört sind, so dass es den davon Betroffenen schwerfällt, sich auf Inhalte zu konzentrieren und sich nicht ablenken zu lassen. In der Schule lernen Kinder unter anderem, sich zu konzentrieren, sensorische Signale zu filtern und sich auf die vor ihnen liegende Aufgabe zu konzentrieren.

Auf ganz ähnliche Weise sollte es möglich sein, die Mechanismen der Aufmerksamkeit so zu trainieren, dass man die Inhalte, die zur Bearbeitung ins Bewusstsein gelangen sollen, auswählt, unerwünschte Inhalte dagegen außen vor lässt. Vielleicht geht es bei den Praktiken, die du empfiehlst, weniger darum, jene Aufmerksamkeitsmechanismen, die Reize aus der Umwelt selektieren, zu trainieren, sondern vielmehr jene Vorgänge, die den Zugang zum Bewusstsein regulieren. Momentan ist das alles Spekulation, denn über die Organisation der genannten Aufmerksamkeitsmechanismen ist zu wenig bekannt. Meines Wissens geht auch niemand der Frage nach, ob es überhaupt zwei verschiedene Systeme sind, die zum einen sensorische Signale auswählen und zum anderen deren Zugang zum Bewusstsein regeln. Normalerweise sind die beiden Vorgänge eng miteinander verknüpft. Das, worauf man seine Aufmerksamkeit lenkt, wird bewusst verarbeitet, hat Zugang zum Arbeitsgedächtnis und episodischen Gedächtnis und kann in Worte gefasst werden. Auch beim Konzept einer Plattform des Bewusstseins ist Vorsicht geboten. Wenn ich von *Plattform* oder *workspace* spreche, ist damit nicht eine lokalisierbare anatomische Region gemeint. Vielmehr soll damit ein bestimmter dynamischer Zustand bezeichnet werden, in dem Verknüpfungen stattfinden können, die für bewusste Verarbeitung typisch sind. Demnach wäre es eine Funktion der Aufmerksamkeit, diesen dynamischen Zustand vorzubereiten. Ergibt das irgendeinen Sinn?

MR Ja, tut es. Aber bitte sieh es mir nach, wenn ich hartnäckig bleibe: Wir haben immer noch nicht geklärt, was das Wesen des elementaren Gewahrseins ist.

WS Es könnte einfach die aufmerksamkeitsabhängige Vorbereitung der Plattform sein, die Schaffung eines Rahmens.

MR Wir würden nicht behaupten, dass reines Gewahrsein eine Form von Aufmerksamkeit ist, denn aufmerksam zu sein impliziert, dass man seine Konzentration auf etwas richtet. Das setzt einen Dualismus von Subjekt und Objekt voraus. Richtiger wäre zu sagen, dass sich innerhalb des reinen Gewahrseins verschiedene mentale Funktionen entfalten können, darunter die Aufmerksamkeit, die sich auf die Wahrnehmung oder irgendein anderes mentales Phänomen richtet. Was du gesagt hast, könnte eine gute Erklärung für den Trainingsaspekt von Aufmerksamkeit sein, doch das reicht vielleicht nicht, um die ganze Bandbreite von Erfahrungen zu erklären, insbesondere nicht die Tatsache, dass die Erfahrung immer zuerst da ist. Um diese Tatsache kommen wir nicht herum.

Rätselhafte Erfahrungen

MR Es wäre interessant, sich mit Phänomenen zu beschäftigen, die – falls wirklich etwas dahintersteckt – zu einer Neubewertung unserer Ansicht führen müssten, dass das Bewusstsein allein vom Gehirn abhängt. Ganz spontan fallen mir drei solche Phänomene ein, wobei man da sicherlich Schein von Sein und Tatsachen von Gerüchten unterscheiden muss. Es geht um die folgenden: Personen, die Zugang zu den Gedanken anderer haben; Menschen, die sich an ein früheres Leben erinnern; und Leute, die Nahtoderfahrungen gemacht haben und/oder von Geschehnissen berichteten, die sich zutrugen, während sie offenkundig bewusstlos waren, das heißt, bei denen das EEG keine Gehirntätigkeit anzeigte. (Steven Laureys hat in seinen Untersuchungen allerdings gezeigt, dass es viele unterschiedliche komatöse Zustände gibt. In einigen von ihnen kann der Betroffene tatsächlich Dinge aus seiner Umgebung wahrnehmen.[3]) Weil diese Phänomene häufig als Beweis für die Sichtweise angeführt werden, dass unser Bewusstsein nicht auf unseren Körper beschränkt ist, sollten wir zumindest klären, welche Validierungskriterien hier anzulegen wären.

WS Das ist in der Tat eine wichtige erkenntnistheoretische Fragestellung. Wären diese Berichte von parapsychologischen Phänomenen stichhaltig, ließen sie sich also nicht durch so triviale Dinge wie Sinnestäuschungen, fälschliche Erinnerungen oder Zufall erklären, hätten wir wirklich ein großes Problem, denn sie lassen sich nicht nur nicht mit den bekannten neuronalen Abläufen vereinbaren, sondern sie würden, schlimmer noch, gegen einige der Grundgesetze verstoßen, auf denen unsere Naturwissenschaften basieren. Ein gemeinsames Problem all dieser rätselhaften Phänomene besteht aber darin, dass sie sich nicht reproduzieren lassen. Man kann sie nicht vorsätzlich herbeiführen und damit ist ihre experimentelle Überprüfung unmöglich. Natürlich könnte man dagegenhalten, dass sie zu einer Klasse von Phänomenen gehören, die sich genau dadurch auszeichnen, nicht reproduzierbar zu sein, dass sie Singularitäten einer Dynamik sind, die sich nie wiederholt.

Lass mich dir eine Geschichte aus meinem Leben erzählen, die mich immer noch fasziniert. Als meine Kinder ungefähr acht Jahre alt waren, wurden sie zu einer Faschingsparty am anderen Ende der Stadt eingeladen, wo ich noch nie war. Die beiden wurden von den Eltern eines Klassenkameraden mitgenommen, und ich sollte sie abends wieder abholen. Ich verließ also das Labor und setzte mich in den Wagen, um zur angegebenen Adresse zu fahren. Aufgrund eines Schneesturms dauerte die Fahrt rund eine Stunde.

Als ich ankam, war das Haus dunkel und leer. Vielleicht dämmerte mir, dass die Gastgeber ja vor einer Weile umgezogen waren, aber auch daran konnte ich mich nicht genau erinnern. Es war also eine höchst unerfreuliche Situation. Ich hatte die falsche Adresse, meine Frau war nicht zu Hause, und damals gab es noch keine Handys. Ich hätte also wieder zurück zum Institut oder nach Hause fahren und darauf warten müssen, dass meine Kinder mich dort anriefen, um mir die neue Adresse zu geben. Das bedeutete eine Stunde Fahrt zurück, wieder eine Stunde Fahrt zu der neuen Adresse und dann noch mal eine Stunde für die Heimfahrt. Ich war frustriert und wütend. Was tat ich also? Ich fuhr einfach weiter aus der Stadt heraus, bog mal rechts, mal links ab, hielt an roten Ampeln, fuhr irgendwohin, alles in einem veränderten Bewusstseinszustand. Schließlich landete ich in einer Sackgasse und musste umkehren. Ich fuhr einige hundert Meter und hatte das plötzliche Bedürfnis, auf der rechten Seite zu parken, was aufgrund des Schnees mühsam war. Gegenüber stand ein vielstöckiges Wohnhaus. Ich ging über die Straße, um die Namen auf den Klingelschildern zu lesen – frag mich nicht, warum ich ausgerechnet zu diesem Haus gegangen bin. Und während ich die Schilder studierte, sah ich aus dem Augenwinkel eine Bewegung. Ich wandte mich zur Haustür und sah durch die Tür – sie war aus Glas – eine meiner Töchter aus dem Untergeschoss kommen. Dort hatte das Fest stattgefunden, und sie musste mit dem Aufzug noch mal hoch in die Wohnung fahren, um ihre Jacke zu holen. Als ich sie sah, klopfte ich gegen die Scheibe und sie öffnete. »Du kommst gerade rechtzeitig, wir sind gleich fertig. Tania kommt auch bald hoch.« Als ich den beiden danach meine Geschichte erzählte, waren sie überhaupt nicht überrascht! Sie sagten: »Du bist unser Vater, natürlich weißt du, wo wir sind!«

War hier unbewusstes Wissen im Spiel? Hatte ich zuvor einmal einen Blick auf den Stadtplan geworfen und ihn gespeichert? Hatte ich tatsächlich gehört, dass die Familie umgezogen war und unbewusst den neuen Straßennamen registriert? Verfügte ich unbewusst über die Information, dass die Familie nun in einem Hochhaus wohnte und nicht mehr in einer Villa? Ist es möglich, dass ich all diese Informationen unbewusst gespeichert hatte? Verließ sich mein Unterbewusstsein auf die Heuristik, lieber ein wenig in der Gegend herumzufahren, anstatt das dreistündige Hin- und Herfahren auf mich zu nehmen, weil die Chancen gar nicht so schlecht standen, meine Töchter in diesem Stadtteil wiederzufinden? Ich hatte allerdings den Eindruck, dass ich ganz zufällig herumgefahren war, ohne zu wissen, warum ich diese aussichtslose Suche überhaupt begonnen hatte.

MR Und du hast noch nicht einmal auf die Straßenschilder geschaut?

WS Nein. Ich war so wütend, dass ich einfach drauflos gefahren bin. Und ich kannte die neue Adresse ja nicht, jedenfalls konnte ich mich nicht explizit an sie erinnern. Meine Interpretation, dass ich in diesem veränderten Bewusstseinszustand eine Menge Informationen aus dem Unterbewusstsein für meine Suche abrufen konnte, stimmt mit dem überein, was wir über die Abläufe im Gehirn wissen. Das gilt nicht für die Erklärung meiner Töchter. Stimmte ihre Interpretation, müssten wir an unserer derzeitigen Sicht auf das Gehirn, ja auf die Natur im Allgemeinen, zweifeln. Wir müssten nämlich einräumen, dass wir offenbar etwas ganz Wesentliches übersehen haben. Trotz solcher Erfahrungen und Berichte gibt es jedoch vorläufig kein stichhaltiges Argument dafür, unsere Forschungsrichtung zu ändern, und zwar einfach deshalb, weil wir nicht wüssten, wonach wir suchen sollten.

MR Das hat sich sicherlich seltsam angefühlt, oder?

WS Ja, ganz komisch.

MR Aber wenn du, als angesehener Wissenschaftler, dieses Erlebnis zu sehr an die große Glocke hängst, dann werden die Leute vielleicht denken: »He, dieser Wolf Singer ist auch einer von diesen Verrückten, die an übersinnliche Phänomene glauben.«

WS Mit Sicherheit – und spätestens dann, wenn ich ein Forschungsprogramm zu diesem Thema initiiere. Aber um es noch einmal zu wiederholen: Vielleicht gibt es ja auch dafür eine ganz simple Erklärung. Die Speicherkapazität unserer Gehirne ist immens und ständig greifen wir in unserem alltäglichen Leben auf Informationen zurück, deren wir uns nicht bewusst sind. Wir stützen uns auf heuristische Herangehensweisen, die zwar hocheffizient sind, aber nichts mit den Strategien gemein haben, die wir für rational halten. Wenn diese Heuristiken scheitern, zucken wir mit den Schultern. Wenn sie jedoch plötzlich funktionieren, kommt es uns vor wie ein Wunder.

MR Jetzt erzähle ich dir eine Geschichte. Ich habe sie schon öfter erzählt, denn sie ist ein perfektes Beispiel dafür, was alles möglich ist. Als ich in einer kleinen Klause in der Nähe meines ersten Lehrers, Kangyur Rinpoche, in Darjeeling lebte, erinnerte ich mich eines Tages daran, wie ich als Jugendlicher einige Tiere getötet hatte. Früher ging ich angeln, doch dann kam der Tag, ich war 13, an dem ich begriff, dass ich den Fischen schreckliches Leid antat und sie um ihr Leben brachte. Ich bin nie ein Jäger gewesen und fand die Jagd immer furchtbar, aber mein Onkel hatte viele Gewehre, und irgendwann dachte ich mir, es wäre spaßig, auf eine der Wasserratten zu schießen, die damals seinen Teich in der Bretagne verwüsteten. Die Ratte erschrak und ging unter – ich weiß nicht, ob ich sie getroffen habe, ich hoffe nicht, aber möglicherweise habe ich sie getötet.

Damals dachte ich sofort: »Wie konntest du nur so etwas tun?« Es war so eine sinnlose Tat, ich hatte mir überhaupt keine Gedanken darüber gemacht, dass es um das Leben eines anderen empfindungsfähigen Wesens ging. Vielleicht hatte die Ratte Junge … Ich bereute es sehr, dass ich möglicherweise ein Leben beendet hatte, und das nur, weil die Ratte im Garten meines Onkels ihr Unwesen trieb.

Als mir das alles wieder einfiel, verspürte ich das dringende Bedürfnis, dieses Erlebnis meinem Lehrer zu beichten. Also verließ ich meine Klause und stieg zu dem Kloster hinunter, in dem Kangyur Rinpoche lebte. Mein Tibetisch war damals noch sehr dürftig, doch sein älterer Sohn, der ebenfalls einer meiner Lehrer war und ist, sprach fließend Englisch. Als ich mich zur Begrüßung drei Mal vor Kangyur Rinpoche auf den Boden warf, hörte ich ihn lachen und etwas zu seinem Sohn sagen. Als ich mich ihm näherte, um seinen Segen zu empfangen und ihm die Geschichte zu erzählen, meinte sein Sohn, noch bevor ich den Mund aufmachen konnte: »Rinpoche möchte wissen, wie viele Tiere du in deinem Leben getötet hast.«

Aber das Seltsamste war, dass es überhaupt nicht seltsam war. Es schien ganz natürlich. Dann berichtete ich Kangyur Rinpoche, dass ich tatsächlich eine Ratte und viele Fische getötet hatte. Er lachte einfach wieder, als sei es ein guter Witz. Es bedurfte keiner weiteren Erklärung.

Irgendwann erzählte ich meinem Freund Jonathan Cohen, der ein Neurowissenschaftler ist, diese Geschichte. Er antwortete etwa so: »Ständig passieren Millionen von Dingen in deinem Leben; jeden Moment geschieht irgendwas. Unter diesen Millionen von Ereignissen passen ab und zu einmal zwei anscheinend zusammenhangslose Dinge perfekt zusammen. Es ist wie ein Hauptgewinn im Lotto. Das hinterlässt einen starken Eindruck bei dir – in deinem Geist –, und daher kommst du zu dem Schluss, dass diese beiden Ereignisse auf geheimnisvolle Weise miteinander verbunden sind. Das ist aber nur eine Ad-hoc-Erklärung vollkommen zufälliger Begebenheiten.«

WS Auch das äußerst Unwahrscheinliche ist immer noch möglich, und wenn es eintrifft, messen wir ihm häufig sehr große Bedeutung bei.

MR Ich muss sagen, solche Vorkommnisse geschahen häufiger, als ich noch in der Nähe meiner Lehrer wohnte. Ich gewann quasi einmal im Monat im Lotto!

WS In Kriegszeiten berichten Mütter häufig: »Ich habe geträumt, dass mein Sohn gefallen ist, und zwei Tage später kam dann die Nachricht.« Mütter von Soldaten haben immer Angst. Wahrscheinlich träumen sie diesen Traum jede Nacht, und wenn nichts passiert, vergessen sie es einfach. Die übliche Erklärung lautet, dass solche »Visionen« nachträgliche Interpretationen reiner Zufälle sind.

MR Natürlich ließe sich argumentieren, dass sich jeden Tag viele scheinbar merkwürdige Dinge zutragen und sie dennoch reiner Zufall sind. Jede einzelne Begegnung, die wir Tag für Tag auf der Straße, im Zug oder sonstwo haben, findet mit einer Wahrscheinlichkeit von eins zu vielen Millionen statt, allerdings schenken wir dem keine große Aufmerksamkeit, weil es uns unwichtig erscheint. Doch wenn wir zufällig jemanden im Zug treffen, den wir kennen und der normalerweise nie diese Strecke fährt, dann sind wir ob dieses Zufalls bass erstaunt. Dabei unterscheidet sich diese Begegnung unter Wahrscheinlichkeitsgesichtspunkten keinen Deut von all den anderen. Der einzige Unterschied besteht darin, dass die Begegnung im Zug eine Bedeutung für uns hat und wir ihr deshalb besondere Aufmerksamkeit schenken.

Dazu kann ich dir zwei verblüffende Bespiele aus persönlicher Erfahrung geben: Ich war in Paris, um mich mit meinem Verleger zu treffen und dann mein gerade erschienenes Buch in einer Literatursendung vorzustellen. Plötzlich hielt ein Taxi neben mir und ein Mann stieg mit einem Brief in der Hand aus. Er sagte: »Ich kenne Sie zwar nicht, aber ich habe Ihr Buch gelesen und war gerade dabei, diesen Brief an Sie einzuwerfen. Hier ist er.« Okay, gut, das war einfach ein Zufall, dem wir beide eine gewisse Bedeutung beigemessen haben. Am selben Abend gingen wir nach der Fernsehsendung alle noch gemeinsam essen. Auf dem Heimweg teilte ich mir dann ein Taxi mit einem Freund, der in dieselbe Richtung musste. Während wir gerade noch einmal über die Sendung sprachen, drehte sich der Fahrer zu uns um und sagte: »Vor zwei Stunden hatte ich einen Fahrgast, den ich vom Sender abholte. Die Frau saß bei Ihnen im Publikum.« Als wir ihn fragten, wohin er sie gefahren habe, nannte der Fahrer die Adresse meiner Schwester. Ihm zufolge gab es in Paris damals 14000 Taxis.

Innerhalb weniger Stunden war ich Zeuge von zwei wirklich frappierenden Zufällen geworden. Aber ehrlich gesagt: Nichts daran finde ich rätselhaft. Es ist dasselbe, wie zwei Mal an einem Tag im Lotto zu gewinnen. Es geschieht nicht häufig, aber alles ist nur eine Frage der Wahrscheinlichkeit. Es ist zwar amüsant, hat aber doch eine völlig logische Erklärung. Dieser Mann hatte viele gute Gründe, mir einen Brief zu schreiben und ihn abzuschicken, ich hatte einen guten Grund, diese Straße entlangzugehen, genau wie meine Schwester Grund hatte, sich ein Taxi zu rufen, und ich ebenso, nur eben zwei Stunden später.

Bei der Frage meines Lehrers liegt die Sache anders, glaube ich. Er hatte nicht den geringsten Grund, mir die Frage zu stellen, ob ich jemals ein Tier getötet hätte. Sie kam völlig aus dem Blauen heraus. Niemals hatte mich Kangyur Rinpoche nach Details meiner Kindheit oder meines Lebens in Frankreich gefragt. Er wusste nur, dass ich Naturwissenschaften im Westen studiert hatte, dass meine beiden Eltern noch lebten und dass ich auch sehr an einem Onkel und einer Schwester hing. Und das erzählte ich ihm gleich, als wir uns kennenlernten – mehr aber nicht.

Jahrelang sprach er mit mir über nichts anderes als über Meditation oder er erzählte mir die Lebensgeschichten der großen alten Meister. Manchmal redeten wir über unseren Alltag und das, was gerade anfiel. Warum um alles in der Welt sollte er mich zum ersten und letzten Mal in sieben Jahren zu einem Ereignis aus meiner Jugend befragen, das dazu noch relativ abseitig ist? Und nicht nur das. Er stellte mir diese Frage ausgerechnet in dem Moment, als ich kurz davor war, ihm von diesem Ereignis zu berichten, das mir selbst nur Augenblicke zuvor überhaupt erst in den Sinn gekommen war. Eine einfache Interpretation, die auf Wahrscheinlichkeiten beruht und die für die Zufälle in Paris zutrifft, kommt für mich da nicht infrage. Die einfachste und offensichtlichste Erklärung ist, dass er meine Gedanken gelesen hat. Für mich war das ganz klar.

Das war kein Einzelfall. Ich könnte dir noch vier oder fünf ganz ähnliche Geschichten erzählen, die ich mit meinem zweiten geistigen Meister, Dilgo Khyentse Rinpoche, und einigen seiner Schüler erlebt habe. In der tibetischen Tradition betrachtet man diese Dinge als Nebeneffekt einer sehr hohen Meditationsstufe. Über solche Fähigkeiten verfügen normale, untrainierte Menschen nicht, und geistige Lehrer würden sich niemals mit ihnen brüsten oder sie überhaupt offen zugeben, wie es einige sogenannte Medien oder Hellseher täten. Es geschieht einfach hin und wieder, vielleicht, wenn der Augenblick der richtige ist, um das Vertrauen des Schülers in die geistige Praxis zu stärken. Und dann ist es immer ein subtiler Hinweis, niemals stellt der Meister sein Wissen zur Schau.

WS Während des Kalten Krieges wurden an der Stanford University Experimente durchgeführt. Man wollte herausfinden, wie man mit getauchten Unterseebooten kommunizieren kann, und die Idee war, es mit Telepathie zu versuchen. An diesen Experimenten waren seriöse Physiklabore beteiligt. Ein Teilnehmer, die Zielperson, wurde an einen von fünf vorher ausgewählten Orten geschickt, während ein Medium in einem abgeschirmten Raum saß. Das Medium hatte die Aufgabe, mit Worten und Zeichnungen zu beschreiben, was die Zielperson in diesem Moment gerade sah. Die Beschreibungen wurden dann einer Gruppe von Leuten vorgelegt, die zwar die fünf Orte kannten, aber nichts über den Zweck des Experiments wussten. Sie wurden gebeten anzugeben, mit welchem der Orte die verbalen Beschreibungen und die Zeichnungen am meisten übereinstimmten. Die statistischen Methoden waren allem Anschein nach makellos und die Trefferquote war sensationell. Die Korrelation zwischen dem von den unbeteiligten Beobachtern identifizierten Ort und demjenigen, an dem sich der Proband tatsächlich aufgehalten hatte, war hochsignifikant. Zwei dieser Untersuchungen wurden in *Nature* und eine oder zwei in *IEEE*, einem angesehenen Technikfachblatt, veröffentlicht. Offenbar gab es keine weiteren Versuche zu diesem Thema, zumindest habe ich seitdem nichts mehr darüber gehört.

MR Wann war das?

WS Es muss in den 1960er-Jahren gewesen sein. Diese Physiker haben wohl sorgfältig nach guter wissenschaftlicher Praxis gearbeitet. Auch in Deutschland, in Freiburg, wurde in einem Institut unter der Leitung von Professor Bender versucht, diese seltsamen Phänomene experimentell zu bestätigen. Aber in diesem Fall scheiterten alle Versuche und die Ergebnisse erwiesen sich nie als signifikant.

MR Die Frage ist doch, was fängt man damit an? Solche Vorfälle widersprechen den in der westlichen Kultur verankerten Überzeugungen, zumindest denen der etablierten Wissenschaft. Die Leute tendieren dazu, solche Dinge einfach zu ignorieren, obgleich sie bislang nicht widerlegt worden sind.

WS Vor 20 Jahren galt es als unseriös, die neuronale Basis des Bewusstseins zu erforschen. Mittlerweile ist dieses Forschungsgebiet ganz und gar etabliert. Allerdings glaube ich nicht, dass du von irgendeiner Institution für die Untersuchung parapsychologischer Phänomene auch nur einen Cent Forschungsgeld bekommen würdest. Der Artikel in *Nature* von den Physikern aus Stanford ist wahrscheinlich komplett in Vergessenheit geraten. Bei einem Glas Wein sprach ich mit einem Kollegen darüber, der diese Publikationen kannte. Er zeigte mir die Forschungsberichte, die allesamt in angesehenen Wissenschaftsjournalen publiziert worden waren, weil ich meine Zweifel hatte. Diese Artikel wirkten seriös, aber das Problem besteht darin, dass sich die meisten Untersuchungen parapsychologischer Phänomene schließlich als fehlerhaft erwiesen haben. Das Schicksal der Stanford-Studie habe ich nicht weiterverfolgt.

Erinnerungen an ein früheres Leben?

MR Ein mittlerweile verstorbener Professor an der University of Virginia, Ian Stevenson, hat Aussagen von Hunderten von Menschen erforscht, die behaupten, sich an frühere Leben zu erinnern. Die meisten verwarf er als nicht beweiskräftig oder als Schwindel. Nach einer sorgfältigen Überprüfung aller Details und Fakten blieben jedoch 20 Fälle übrig, auf die die herkömmlichen Erklärungen scheinbar nicht zutrafen. Die betreffenden Berichte, sie stammten allesamt von ganz normalen Kindern, waren so detailreich und präzise, dass es sich offenbar wirklich um irgendeine Form von Erinnerung zu handeln schien.[4] Stevenson hatte auch keine religiöse Agenda oder so etwas, er war Anthropologe.

Ein berühmter historischer Fall ist der von Shanti Devi. Auch davon erzähle ich nicht zum ersten Mal, aber die Geschichte ist einfach so bemerkenswert. Sie kam 1926 in Delhi zur Welt. Mit vier Jahren begann sie, ihren Eltern seltsame Dinge zu erzählen. Sie behauptete, eigentlich aus Mathura zu stammen, wo ihr Ehemann lebe. Shanti Devi war ein intelligentes und liebes Mädchen, daher hörten die Leute ihren Geschichten zunächst amüsiert zu, aber schon bald zweifelten sie an ihrer geistigen Gesundheit. In der Schule wurde sie von allen ausgelacht.

Schließlich erregte das fleißige und ernsthafte Kind jedoch das Interesse ihrer Lehrer und des Schuldirektors, also besuchten sie seine Eltern, um herauszufinden, was dahintersteckte. Shanti Devi wurde eingehend befragt. In diesem Gespräch verwendete sie ständig Begriffe aus dem Dialekt aus Mathura, der weder bei ihr zu Hause noch in der Schule gesprochen wurde. Unter anderem berichtete sie von vielen Details, auch dass der Name ihres

Ehemanns Kedar Nath lautete. Fasziniert stellte der Schulleiter Nachforschungen in Mathura an und fand heraus, dass dort tatsächlich ein Kaufmann namens Kedar Nath lebte, dem er einen Brief schrieb.

Erstaunt meldete sich der Händler und bestätigte, dass seine Frau vor neun Jahren, zehn Tage nach der Geburt ihres Sohnes, gestorben war. Er schickte einen seiner Cousins nach Delhi. Sofort erkannte das kleine Mädchen diesen Mann, den es noch nie zuvor gesehen hatte. Shanti Devi begrüßte ihn herzlich, meinte, er habe ganz schön zugenommen, bedauerte, dass er immer noch unverheiratet sei, und stellte ihm alle möglichen Fragen. Dieser Cousin, der aufgebrochen war, um eine Betrügerin auffliegen zu lassen, war entgeistert. Schließlich fragte sie ihn über ihren eigenen Sohn aus.

Als ihm all das zu Ohren kam, beschloss Kedar Nath, umgehend selbst mit seinem Sohn nach Delhi zu fahren. Er wollte sich als sein Bruder ausgeben. Aber sobald er sich mit falschem Namen vorgestellt hatte, rief Shanti Devi: »Du bist nicht mein *jeth* (Schwager im Dialekt von Mathura), du bist mein Mann, Kedar Nath!« Sie warf sich ihm weinend in die Arme. Als der Sohn, der nur wenig älter als sie selbst war, den Raum betrat, küsste sie ihn wie eine Mutter. Shanti Devi fragte Kedar Nath, ob er das ihr auf dem Sterbebett gegebene Versprechen gehalten habe, nie mehr zu heiraten. Als er zugab, eine neue Ehefrau zu haben, verzieh sie ihm. Kedar Nath stellte ihr zahllose Fragen, die sie mit beunruhigender Präzision beantwortete.

Gandhi selbst besuchte das kleine Mädchen und schlug vor, sie mit ihren Eltern nach Mathura fahren zu lassen. Die Reisegruppe bestand außerdem aus drei angesehenen Bürgern der Stadt, einigen Rechtsanwälten, Journalisten und Geschäftsleuten, alles gebildete und intelligente Leute. Als sie am Bahnhof von Mathura eintrafen, wurden sie von einer Menschenmenge erwartet. Sofort verblüffte das Mädchen alle, weil sie unverzüglich andere »ehemalige Familienmitglieder« erkannte. Sie lief zu einem alten Mann und rief »Großvater!«

Das Kind führte die Menge direkt zu ihrem Haus. In den nächsten Tagen erkannte sie zahlreiche Menschen und Orte wieder. Sie traf ihre früheren Eltern wieder, die überwältigt waren. Ihre leiblichen Eltern waren extrem besorgt, sie würde vielleicht dort bleiben wollen. Doch Shanti Devi entschied sich schweren Herzens, wieder mit zurück nach Delhi zu kommen. In den Gesprächen mit ihrem Mann hatte sie herausgefunden, dass er kein einziges seiner ihr kurz vor ihrem Tod gegebenen Versprechen gehalten hatte. Nicht einmal ihre angesparten und unter den Dielen versteckten 150 Rupien hatte er Krishna für die Rettung ihrer Seele geopfert. Nur Lugdi Devi und ihr Mann hatten von diesem Versteck gewusst. Shanti Devi vergab ihrem Mann all seine Fehler, was dazu führte, dass sie von allen Anwesenden nur noch mehr bewundert wurde. Eine örtliche Kommission führte eine eingehende Untersuchung durch, überprüfte anhand unterschiedlicher Quellen die vorhandenen Informationen und sammelte weitere. Sie kam zu dem Ergebnis, dass es sich bei Shanti Devi um die Reinkarnation von Lugdi Devi handelte.

Shanti Devi lebte ihr weiteres Lebens bescheiden und widmete sich nach ihrem Literatur- und Philosophiestudium dem Gebet und der Meditation.[5]

Ich finde schon, dass wir auch solchen verrückten Begebenheiten gegenüber aufgeschlossen sein sollten, ohne gleich übermäßig fasziniert oder gar besessen von ihnen sein – wie die Leute, die ihr Leben lang nach Ufos suchen. Alles andere wäre meiner Meinung nach dogmatisch.

WS Ja, wir sollten offen sein und nichts von vornherein ausschließen. In der Wissenschaftsgeschichte gibt es zahllose Beispiele für Beobachtungen, die als unvereinbar mit den etablierten Theorien galten. Diese Konflikte motivierten dann zu weiteren Nachforschungen, die entweder eine Modifizierung der alten Theorien erzwangen oder zur Entdeckung völlig neuer Prinzipien führten. Die eben diskutierten Beobachtungen lassen sich nicht im Rahmen moderner wissenschaftlicher Theorien erklären. Wollte man sie zum Gegenstand wissenschaftlicher Untersuchungen machen, müsste man sie unter kontrollierten Bedingungen reproduzieren können oder zumindest einen Nachweis dafür finden, dass sich

Informationen über Zeit und Raum hinweg auf andere Weise übermitteln lassen als nach den uns bekannten Prinzipien. Falls diese mysteriösen Phänomene sozusagen Singularitäten sind, wie sie in komplexen, nichtlinearen Systemen vorkommen, und sie sich deshalb grundsätzlich nicht reproduzieren lassen, versagen unsere konventionellen wissenschaftlichen Ansätze. Man könnte nun natürlich einwenden, dass andere nichtreproduzierbare Prozesse, etwa die Evolution oder die Entstehung des Universums, dennoch wissenschaftlicher Untersuchung und Erklärung zugänglich sind. Warum sollte dies also nicht auch für parapsychologische Phänomene gelten, die von so vielen beobachtet werden? Die Antwort darauf lautet, dass sowohl die Evolution des Universums als auch die biologische Evolution im Rahmen bekannter Naturgesetze erklärt werden können, während die bekannten Prinzipien der Informationsübertragung über Zeit und Raum bei keinem der mysteriösen parapsychologischen Phänomene greifen. Auch wissen wir derzeit einfach nicht, wo und wie wir diesbezüglich mit den uns zur Verfügung stehenden wissenschaftlichen Instrumenten überhaupt ansetzen sollten. Die Geschichte wissenschaftlicher Durchbrüche lehrt uns, dass es meist vergeblich ist, ein Problem direkt lösen zu wollen, wenn man gar nicht weiß, wo man anfangen soll. Vielversprechender ist hingegen die Strategie, einfach dort weiterzumachen, wo Licht ist und man nicht im Dunkeln tappt, das heißt in dem Bereich, in dem sich überprüfbare Hypothesen formulieren lassen. Sollten auf diesem Weg neue Prinzipien entdeckt werden, die einen Hinweis auf Prozesse geben, die den parapsychologischen Phänomenen zugrunde liegen, wäre es an der Zeit, sie wissenschaftlich zu erforschen. Doch im Moment haben wir diesen Punkt noch nicht erreicht.

MR Nahtoderfahrungen (NTE) sind die dritte Art von Ereignissen, die es sich zu untersuchen lohnt. Offensichtlich lassen sich viele Erfahrungen von Menschen, die eine NTE hinter sich haben (etwa ein überwältigendes Glücksgefühl, Lichter am Ende von Tunneln, über dem eigenen Körper schweben), einfach durch die Überflutung des Gehirns mit Neurotransmittern erklären, die an der Schwelle zum Tod auftritt. Darüber hinaus existieren allerdings auch einige Berichte von Menschen, die anscheinend die Vorgänge in ihrem Krankenzimmer erinnern, während sie im Koma lagen und ein Null-Linien-EEG aufwiesen. Eine Überblicksstudie zu einigen dieser Berichte wurde in der angesehenen medizinischen Fachzeitschrift *The Lancet* veröffentlicht. Pim van Lommel, der Autor dieser Studie[6] mit 354 Patienten, die einen Herzstillstand hatten, berichtet von einem Patienten, der sich deutlich daran erinnert, wie eine Schwester ihm das künstliche Gebiss herausnahm und auf einem Tablett davontrug, während sein Gehirn scheinbar inaktiv war. Als er aus dem Koma erwachte, hatte die Schwester gerade keinen Dienst, doch als sie einige Tage später wieder auf der Station war, fragte der Patient: »He, wo haben Sie mein Gebiss gelassen?« Sie war ganz schön erschrocken.

WS Es gibt viele Berichte dazu, die in seriösen Fachzeitschriften nach strengem Begutachtungsverfahren veröffentlicht wurden, und von Patienten handeln, die nach einem Herzstillstand oder anderen Zwischenfällen zeitweise keine messbare Gehirnaktivität aufwiesen und nach der Reanimation von ähnlichen Erlebnissen berichten. In den meisten Fällen lassen sich diese Erlebnisse auf massive Störungen der Gehirnfunktion, die dem komatösen Zustand vorausgehen und auf ihn folgen, zurückführen. Im Allgemeinen ist es unmöglich zu sagen, wann genau diese NTE auftreten – ob es in der Phase geschieht, in welcher der Patient ins Koma fällt, oder in der Aufwachphase. Die diesbezüglichen Aussagen der Patienten sind nicht zuverlässig. Fällt ein Gehirn in einen komatösen Zustand beziehungsweise erwacht es wieder daraus, folgt das An- und Ausschalten der unterschiedlichen Subsysteme im Gehirn nicht der typischen Sequenz, die für das normale Einschlafen und Aufwachen charakteristisch ist, und das führt dann zu unzusammenhängenden Erfahrungen und dem erlebten Durcheinander von Zeit und Raum. Was den Artikel von van Lommel angeht, nun, dafür habe ich keine Erklärung. Es ist natürlich möglich, dass der Patient die Schwester gesehen hat, bevor er ins Koma fiel, und dass er sich irgendwie unbewusst daran erinnerte, dass ihm jemand das Gebiss aus dem Mund genommen hat – was eine recht invasive Prozedur sein kann, insbesondere wenn die primitiven oralen Reflexe noch funktionieren. Unbewusste Verarbeitungsprozesse könnten dann eine Verbindung zwischen den zeitnahen Ereignissen hergestellt haben. Von sorgfältig kontrollierten Experimenten unter Narkose ist auch bekannt, dass Patienten sich an Ereignisse erinnern, die während der Operation stattfanden, obwohl das Elektroenzephalogramm ganz eindeutig eine tiefe Anästhesie dokumentierte, die dem Zustand eines Komas sehr ähnlich ist. Dasselbe trifft übrigens auch auf den Tiefschlaf zu. Obgleich der Schlafende ohne Bewusstsein ist, kann das Gehirn Signale der Sinnesorgane analysieren und, wenn diese als ungewöhnlich oder gefährlich erkannt werden, das Aufwachen einleiten. Steven Laureys und andere haben das belegt, das hast du ja bereits erwähnt.

Wenn es jedoch überzeugende Beweise dafür gibt, dass Probanden Dinge erlebten und erinnerten, die sich *tatsächlich* ereignet haben, während ihr Gehirn vollkommen inaktiv war – was sich durch elektroenzephalografische Aufzeichnungen allein jedoch nur schwer belegen lässt –, dann haben wir dasselbe Problem wie mit den parapsychologischen Phänomenen. In diesem Zusammenhang ist auch die Beobachtung relevant, dass die abnormale Gehirnaktivität, die während der Aura eines epileptischen Anfalls auftritt, bei den Betroffenen Erfahrungen auslöst, die den NTE sehr ähneln. Eine eloquente literarische Beschreibung solcher Erfahrungen findet sich in Dostojewskis Roman *Der Idiot*. Dort schildert er sehr präzise die veränderten Bewusstseinszustände, die den Krämpfen des Protagonisten vorausgehen. Dieser erlebt diese Zustände als extrem angenehm, glücklich und als von großer Klarheit geprägt. Alle Konflikte scheinen gelöst, Myschkin fühlt sich mit sich und der Welt vollkommen im Reinen, ist gelöst, von größter Einsicht und lebt im Hier und Jetzt. So beschreiben es tatsächlich auch Patienten, die unter fokaler Epilepsie in der vorderen Inselrinde leiden, einem Bereich des Neokortex, der eng mit den Arealen des präfrontalen Kortex, dem vorderen Cingulum und dem Belohnungssystem verknüpft ist.[7] Eine der zahlreichen Funktionen dieses Zentrums ist es, Diskrepanzen zu entdecken zwischen Voraussagen und tatsächlich Eingetretenem. Da die betroffenen Regionen durch die epileptischen Anfälle in ihrer Funktion gestört werden, lassen sich die ekstatischen und glücklichen Gefühlszustände, die mit den Anfällen in Verbindung gebracht werden, auf das vorübergehende Ausbleiben von Fehlersignalen zurückführen. Das könnte der Grund sein für das Glücksgefühl der Klarheit und für den Eindruck, alle Konflikte gelöst zu haben und mit sich und der Umwelt im Reinen zu sein. Ein Patient beschrieb diesen Zustand als eine ununterbrochene Sequenz von Heureka-Erlebnissen, den beglückenden Augenblicken, die man erlebt, wenn man die Lösung eines Problems gefunden hat oder zu einer plötzlichen Einsicht gelangt ist. Auch darüber haben wir schon geredet.

Könnte das Bewusstsein aus etwas anderem als Materie bestehen?

WS Diese Berichte epileptischer Patienten deuten übrigens auch darauf hin, dass neuronale Prozesse subjektiven Erfahrungen vorausgehen und Bewusstseinszustände verändern – nicht umgekehrt. Wäre mentale Verursachung möglich, müssten wir dagegen von einem Prozess ausgehen, der uns bisher gänzlich unbekannt ist. Dieses unbekannte Etwas müsste die Kontrolle über unsere neuronalen Vorgänge ausüben und diese so steuern, dass sie sich auf unsere Gedanken, Wünsche, Emotionen sowie alle unsere Charaktereigenschaften auswirken. In diesem Fall wäre dieser

Prozess wohl nicht an den Körper beziehungsweise das Gehirn gebunden und hätte über unseren Tod hinaus Bestand.

MR Es wäre der Vektor der Fortdauer des Bewusstseins.

WS Dann stellt sich die Frage: Wie interagiert dieser Prozess mit den differenzierten neuronalen Netzwerken in meinem Gehirn, damit diese das umsetzen, was die übergeordnete Instanz »vorhat«? Hinzu kommt etwas, das auch die Erklärung der Telepathie noch komplizierter machen würde: Die Netzwerke verschiedener Gehirnen differieren erheblich, nicht nur wegen genetischer Diversität, sondern auch, weil sie verschiedenen epigenetischen Prägungsprozessen ausgesetzt waren. Wie also sollten die wie auch immer gearteten Wellen oder Kraftfelder einzelne Gehirne so beeinflussen, dass in diesen spezifische, hochgeordnete Erregungsmuster entstehen, die dann zu Wahrnehmungen und Gefühlen führen? Keine dieser Fragen lässt sich innerhalb eines mir bekannten wissenschaftlichen Theorierahmens klären.

Es gibt starke Indizien dafür, dass die sehr schwachen elektrischen Felder, die durch synchronisierte neuronale Aktivitäten hervorgerufen werden, gleichwohl stark genug sind, die Aktivitäten benachbarter Neuronen zu beeinflussen. Bisher ist immer noch ungeklärt, ob diese nichtsynaptischen, sogenannten ephaptischen Wechselwirkungen zwischen Neuronen eine Funktion haben. Während eines epileptischen Anfalls entstehen solche Felder durch die extrem synchronen Entladungen einer großen Anzahl von Neuronen. Sie sind stark genug, um angrenzende Neuronen direkt zu erregen, auch wenn diese nicht mit ihnen durch Synapsen verbunden sind. Es besteht also die Möglichkeit, dass die elektrischen Felder, die durch neuronale Gruppen entstehen, auf die Aktivität dieser Gruppen zurückwirken. Jedoch sind diese Effekte räumlich auf Entfernungen von unter einem Millimeter beschränkt. Bislang sind keine von Neuronen erzeugten Felder bekannt, die über größere Entfernungen wirken könnten. Man kann die neuronale Aktivität von außerhalb des Schädels beeinflussen, doch dazu ist es nötig, über Elektroden auf der Kopfhaut oder sehr starke magnetische Impulse in Kopfnähe in dem darunter liegenden Hirngewebe elektrische Ströme zu erzeugen. Allerdings handelt es sich hierbei um sehr grobe Methoden, die nur eine globale Veränderung der Erregbarkeit hervorrufen können.

MR Das ist wirklich interessant! Doch aus buddhistischer Perspektive gehört dies zum »groben« Aspekt des Bewusstseins, nicht zu seinem grundsätzlichen Wesen.

WS Und dennoch sprechen diese Fakten gegen die Möglichkeit geistiger Phänomene, die vom materiellen Substrat des Gehirns losgelöst und unabhängig sind. Dies ist eine Herausforderung für die Kernaussagen all jener Religionen, die von der Existenz einer immateriellen Seele ausgehen, die sich in ihrem eigenen spirituellen immateriellen Reich aufhält, jedoch mit dem Gehirn interagiert.

Natürlich lässt sich die Vorstellung, dass es eine weitere Dimension gibt, in der unser »Geist« oder unsere »Seele« unsere physische Existenz überdauern und Einfluss auf Gehirnfunktionen ausüben, auch anders konzeptualisieren. Wie ich schon mehrfach sagte, hat der Mensch durch seine sozialen und wissenschaftlichen Aktivitäten der vorgefundenen Welt eine Fülle neuer Realitäten hinzugefügt. Viele dieser Realitäten sind immateriell: unsere Glaubensinhalte, Konzepte, Übereinkünfte, Symbole, Zuschreibungen, Werte und vieles mehr, was uns als Teilhaber an einer geistigen Dimension ausmacht. Jeder von uns trägt als kulturelles Wesen zu diesen immateriellen Realitäten bei, und diese überdauern unsere individuelle Existenz. »Kein Wort geht je verloren«, wie der Dichter sagt. Obgleich immateriell, entfalten diese Realitäten nachhaltige Wirkungen auf die Hirnfunktionen anderer. Sie setzen Grenzen, diktieren moralische Imperative und definieren gemeinsam vereinbarte soziale Ziele. Durch epigenetische Prägung nehmen sie sogar Einfluss auf die Entwicklung der Gehirne von Kindern der nächsten Generation. Wir sprachen bereits ausführlich über die Mechanismen, über welche die immateriellen sozialen Realitäten die Entwicklung von Hirnarchitekturen beeinflussen können. Hinsichtlich des genetischen Erbes unterscheiden sich unsere Gehirne nicht sonderlich von denen unserer Höhlen bewohnenden Vorfahren, doch aufgrund unserer Einbettung in ein viel reicheres und komplexeres soziokulturelles

Umfeld und einer Vielzahl effektiver Erziehungsmethoden ist die funktionelle Architektur unserer heutigen Gehirne höchstwahrscheinlich sehr viel differenzierter. Vielleicht ist es die implizite, die unbewusste Wahrnehmung dieses Prozesses, die zum Glauben an eine ewige, immaterielle Dimension unserer Existenz führte, die uns an eine unvergängliche, vom Körper unabhängige Seele glauben lässt, an die Möglichkeit mentaler Verursachung und an die Reinkarnation.

MR Zwischen den neuronalen Mechanismen des Gehirns und dem, was die Buddhisten den »groben Aspekt« des Bewusstseins nennen, besteht ohne Zweifel eine enge Verwandtschaft. Deswegen beeinflusst der physische Zustand des Gehirns diese Art von Bewusstsein in solch einem Maße.

Nichtsdestotrotz werden wissenschaftliche Theorien zwangsläufig von den metaphysischen Standpunkten beeinflusst, die in der jeweiligen Kultur primär vertreten werden. Die meisten westlichen Wissenschaftler und Philosophen neigen dazu, hinter dem Schleier der Erscheinungen eine unabhängige, unveränderliche Realität zu vermuten. Aus diesem Grund verwirrt die Quantenphysik jeden, der an eine »solide« Welt glaubt, denn ihr zufolge sind Teilchen keine Dinge, sondern Ereignisse, die sich entweder wie nichtlokalisierbare Wellen oder wie lokalisierbare Teilchen verhalten. In der Physik existieren verschiedene Weltsichten nebeneinander, unter denen der Realismus nur eine von vielen ist. Den östlichen Kulturen fällt es leichter, die stoffliche Realität der phänomenalen Welt infrage zu stellen. Auch können sie sich die Existenz fundamentaler primärer Bewusstseinsebenen wie reines Gewahrsein oder reine Erfahrung leichter vorstellen, da dort jahrtausendealte Traditionen existieren, die den Geist mittels direkter Introspektion erforschen.

Zu diesem Thema schrieb unser gemeinsamer Freund Francisco Varela:

> In westlichen Augen erscheinen sie [die subtilen Bewusstseinsebenen] deshalb als eine Form von Dualismus und werden vorschnell abgelehnt. […] Ebenso wichtig ist es zu bemerken, daß die subtilen Geistesebenen

nicht theoretisch sind; vielmehr sind sie Schilderungen auf der Grundlage der tatsächlichen Erfahrung und verdienen die respektvolle Beachtung von jedem, der behauptet, sich auf empirische Fakten zu stützen.[8]

Im Hinblick auf das letzte Wesen des Bewusstseins sagte Francisco mir einmal, es sei weise, sich eine gewisse Offenheit zu bewahren, um nicht Gefahr zu laufen, all die verschiedenen Modi und Erklärungen zu übersehen, mit deren Hilfe wir es besser verstehen.

Im Geiste dieser Offenheit, die wir im Laufe unserer Freundschaft und in diesen höchst angenehmen Gesprächen gepflegt haben, ist es also nur passend, diese wichtige Frage offenzulassen – offen für neue Entdeckungen sowohl aus der Perspektive der dritten als auch der ersten Person.

Schlussbemerkung und Dank

Dieses Buch kommt nun zum Ende. Es ist das Ergebnis acht Jahre währender Gespräche, die wir nun zu unserer großen Freude mit unseren Leserinnen und Lesern teilen dürfen. Von Neugier und Freundschaft motiviert, sind wir einigen grundlegenden Fragen zur Natur des menschlichen Geistes und seiner spirituellen Dimension nachgegangen. Es war unsere Absicht, unsere diesbezüglichen Kompetenzen zu vereinen und zwei komplementäre Quellen der Erkenntnis zu nutzen: die Erste-Person-Perspektive, die sich durch Introspektion und kontemplative Techniken erschließt, und die Dritte-Person-Perspektive, die von den Neurowissenschaften eingenommen wird. Uns war natürlich von Anfang an klar, dass wir keine abschließenden Antworten auf die grundlegenden Fragen finden würden, welche die Menschheit seit Tausenden von Jahren beschäftigen. Wir hoffen jedoch, dass es uns wenigstens gelungen ist, Übereinstimmungen und Unterschiede zwischen unseren Sichtweisen deutlich zu machen und die großen Lücken in unserem Wissen zu benennen. Wir danken unseren Leserinnen und Lesern, dass sie uns bis hierhin gefolgt sind.

Wir möchten uns aber auch bei all denjenigen bedanken, die uns auf unserer Reise begleitet haben, an erster Stelle bei unseren Verlegern: Ulla Unseld-Berkéwicz, Nicole Lattès und Guillaume Allary haben uns die Freiheit eingeräumt, unsere Gespräche in unserem eigenen Rhythmus zu führen, uns nur ab und an zu begegnen und unsere Gedanken acht Jahre reifen zu lassen. Dies ist sehr ungewöhnlich in der Verlagswelt, wo häufig die Idee zu einem Buch, die gestern noch gar nicht existierte, sich heute plötzlich in etwas verwandelt, dessen Vollendung keinen Aufschub duldet. Für ihre Geduld und Unterstützung sind wir unseren Verlegern ungemein dankbar.

Unser Dank gilt zudem all jenen, deren Gastfreundschaft wir während unserer Treffen genießen durften: Dem Suhrkamp Verlag, in dessen Verlagshaus in der Frankfurter Lindenstraße unsere formalen Diskussionen ihren Anfang nahmen; den Menschen von Shechen Pema Ösel Ling, einer Einsiedelei mit einem unvergleichlichen Blick auf die majestätische Gebirgskette des nepalesischen Himalaya, wo wir uns zweimal trafen; und Klaus Hebben, der uns in dem abgelegenen, aber sehr komfortablen Dschungelresort Thanyamundra im Khao Sok Nationalpark in Thailand willkommen hieß.

Wir danken dem Suhrkamp Verlag für die Transkription unserer Gespräche, die auf Englisch stattfanden, das nicht unsere Muttersprache ist. Insbesondere sind wir Janna White zu Dank verpflichtet, die das englische Manuskript umsichtig und weise redigierte und in seine endgültige Form brachte, sowie den Übersetzerinnen, die neben Wolf Singer für diese deutsche Fassung verantwortlich sind. Eva Gilmer und Jan-Erik Strasser danken wir für das kompetente Lektorat.

Viele Freunde und Verwandte haben uns über die Jahre begleitet. Wir danken ihnen allen von ganzem Herzen. Besonderer Dank gilt Francine Singer, die die mit diesem Projekt verbundenen physischen und psychischen Abwesenheiten großzügig abgefedert hat. Die Autorenhonorare aus diesem Buch kommen der Karuna Foundation zu Gute, die in Nepal und Tibet Schulen und Krankenhäuser betreibt.

Matthieu Ricard und Wolf Singer

Anmerkungen

Prolog

1 The Mind and Life Institute entstand 1987 aus einem Treffen dreier Visionäre: Tenzin Gyatso, dem 14. Dalai Lama, Adam Engle, einem Anwalt und Unternehmer, und Francisco Varela, einem renommierten Neurowissenschaftler. Das Ziel von Mind and Life besteht in der Förderung des interdisziplinären Dialogs zwischen westlicher Wissenschaft, Philosophie, den Geisteswissenschaften und den kontemplativen Traditionen, um die Integration der Forschungen aus der Erste-Person-Perspektive, die auf Meditation und anderen kontemplativen Techniken beruhen, in die traditionelle wissenschaftliche Methodologie zu unterstützen. Die Ergebnisse dieser Arbeit sind in zahlreichen Beststellern dokumentiert, darunter *Train Your Mind, Change Your Brain* von Sharon Begley (dt.: *Neue Gedanken – Neues Gehirn*), *Destructive Emotions* von Daniel Goleman (dt.: *Dialog mit dem Dalai Lama. Wie wir destruktive Emotionen überwinden können*) und *The Dalai Lama at MIT* von Anne Harrington und Arthur Zajonc.

2 Diese Gespräche fanden im September 2007 in Frankfurt, im Dezember 2007 und im Februar 2014 in Nepal, im November 2010 in Thailand sowie bei anderen Gelegenheiten in Hamburg und Paris statt.

I
Meditation und Gehirn

1 Dieses Kapitel ist in weiten Teilen eine überarbeitete Fassung unseres Buches *Hirnforschung und Meditation. Ein Dialog* (Frankfurt/M. 2008), das von Susanne Warmuth und Wolf Singer übersetzt wurde.

2 Van den Hurk, P.A. u.a., »Mindfulness meditation associated with alterations in bottom-up processing: psychophysiological evidence for reduced reactivity«, in: *Int. J. Psychophysiol* 78, 2 (2010), S. 151-157.

3 Röder, B. u.a., »Improved auditory spatial tuning in blind humans«, in: *Nature* 40 (1999), S. 162-166.

4 Kempermann, G., Kuhn, H. G., Gage, F. H., »More hippocampal neurons in adult mice living in an enriched environment«, in: *Nature* 386 (1997), S. 493-495.

5 Eriksson, P. S. u. a., »Neurogenesis in the adult human hippocampus«, in: *Nature Medicine* 4, 11 (1998), S. 1313-1317.

6 Eichenbaum, H., Stewart, C., Morris, R. G. M., »Hippocampal representation in place learning«, in: *Journal of Neuroscience* 10 (1990), S. 3531-3542.

7 Espinosa, J. S., Styker, M. P., »Development and plasticity of the primary visual cortex«, in: *Neuron* 75 (2012), S. 230-249; Singer, W., »Development and plasticity of cortical processing architectures« in: *Science* 270 (1995), S. 758-764.

8 Van Praag, H. u. a., »Functional neurogenesis in the adult hippocampus«, in: *Nature* 41 (2002), S. 1030-1034.

9 Luders, E. u. a., »Enhanced brain connectivity in long-term meditation practitioners«, in: *NeuroImage* 57, 4 (2011), S. 1308-1316.

10 Lazar, S. W. u. a., »Meditation experience is associated with increased cortical thickness«, in: *NeuroReport* 16, 17 (2005), S. 1893; Hölzel, B. K. u. a., »Mindfulness practice leads to increases in regional brain gray matter density«, in: *Psychiatry Research: Neuroimaging* 191, 1 (2011), S. 36-43.

11 Fries, P., »A mechanism for cognitive dynamics: neuronal communication through neuronal coherence«, in: *Trends Cogn Sci* 9, 10 (2005), S. 474-480.

12 Lutz, A. u. a., »Mental training enhances attentional stability: neural and behavioral evidence«, in: *J Neurosci* 29, 42 (2009), S. 13 418-13 427; MacLean, K. A. u. a., »Intensive meditation training improves perceptual discrimination and sustained attention«, in: *Psychol Sci* 21, 6 (2010), S. 829-839.

13 Brefczynski-Lewis, J. A. u. a., »Neural correlates of attentional expertise in long-term meditation practitioners«, in: *Proceedings of the National Academy of Sciences* 104, 27(2007), S. 11 483-11 488.

14 Ricard, M., *Happiness: A Guide to Developing Life's Most Important Skill*, New York: Little, Brown and Company 2006 (dt.: *Glück*, München: Knaur 2009).

15 Rinpoche, M., *The Joy of Living: Unlocking the Secret and Science of Happiness*, New York: Three Rivers Press 2007 (dt.: *Buddha und die Wissenschaft vom Glück*, München: Goldmann 2007).

16 Jha, A. P., Krompinger, J., Baime, M. J., »Mindfulness training modifies subsystems of attention«, in: *Cognitive, Affective, & Behavioral Neuroscience* 7, 2 (2007), S. 109-119.

17 Lutz, A. u. a., »Long-term meditators self-induce high-amplitude gamma synchrony during mental practice«, in: *Proc Natl Acad Sci USA* 101, 46 (2004), S. 16369-16373.

18 Fries, P., »Neuronal gamma-band synchronization as a fundamental process in cortical computation«, in: *Annual Review of Neuroscience* 32 (2009), S. 209-224; Lutz, A. u. a., »Attention regulation and monitoring in meditation«, in: *Trends Cogn Sci* 12 (2008), S. 163-169.

19 Roelfsema, P.R. u.a., »Visuomotor integration is associated with zero time-lag synchronization among cortical areas«, in: *Nature* 385 (1997), S. 157-161.

20 Fries, P., »A mechanism for cognitive dynamics: neuronal communication through neuronal coherence«, in: *Trends in Cognitive Sciences* 9, 10 (2005), S. 474-480; Singer, W., »Neuronal synchrony: a versatile code for the definition of relations?«, in: *Neuron* 24 (1999), S. 49-65; Fries, P. u.a., »Modulation of oscillatory neuronal synchronization by selective visual attention«, in: *Science* 291 (2001), S. 1560-1563; Lima, B., Singer, W., Neuenschwander, S., »Gamma responses correlate with temporal expectation in monkey primary visual cortex«, in: *J Neurosci* 31, 44 (2011), S. 15919-15931.

21 Fries, P. u. a., »Synchronization of oscillatory responses in visual cortex correlates with perception in interocular rivalry«, in: *Proc Natl Acad Sci USA* 94 (1997), S. 12699-12704; Fries, P. u. a., »Oscillatory neuronal synchronization in primary visual cortex as a correlate of stimulus selection«, in: *J Neurosci* 22, 9 (2002), S. 3739-3754.

22 Carter, O. L. u. a., »Meditation alters perceptual rivalry in Tibetan Buddhist monks«, in: *Curr Biol* 15, 11 (2005), S. R412-R413.

23 Melloni, L. u. a., »Synchronization of neural activity across cortical areas correlates with conscious perception«, in: *J Neurosci* 27, 11 (2007), S. 2858-2865.

24 Varela, F. u. a., »The brainweb: phase synchronization and large-scale integration«, in: *Nature Rev Neurosci* 2 (2001), S. 229-239.

25 Lazar, S.W. u. a., »Meditation experience is associated with increased cortical thickness«, in: *NeuroReport* 16, 17 (2005), S. 1893-1897; Hölzel, B.K. u. a., »Mindfulness practice leads to increases in regional brain gray matter density«, in: *Psychiatry Research Neuroimaging* 191, 1 (2011), S. 36-43.

26 Boyke, J. u. a., »Training-induced brain structure changes in the elderly«, in: *J Neurosci* 28 (2008), S. 7031-7035; Karni, A. u. a., »Functional MRI evidence for adult motor cortex plasticity during motor skill learning«, in: *Nature* 377 (1995), S. 155-158.

27 Dux, P.E., Marois, R., »The attentional blink: A review of data and theory«, in: *Atten Percept Psychophys* 71 (2009), S. 1683-1700; Georgiou-Karistianis, N. u. a., »Progressive age-related changes in the attentional blink paradigm«, in: *Aging Neuropsychol Cogn* 14, 3 (2007), S. 213-226; Slagter, H.A. u. a., »Mental training affects distribution of limited brain re-

sources«, in: *PLoS Biology* 5, 6, e138 (2007), S. 131-138; Van Leeuwen, S., Müller, N. G., Melloni, L., »Age effects of attentional blink performance in meditation«, in: *Consciousness and Cognition* 18 (2009), S. 593-599. Die (unveröffentlichte) Studie, an der Matthieu teilnahm, wurde an der Princeton University im Labor von Anne Treisman von Karla Evans durchgeführt.

28 Slagter, H. A. u. a., »Mental training affects distribution of limited brain resources«, in: *PLoS Biology*, 5, 6 (2007), S. 138.

29 Van Leeuwen, S., Müller, N. G., Melloni, L., »Age effects of attentional blink performance in meditation« in: *Consciousness and Cognition* 18 (2009), S. 593-599.

30 Brefczynski-Lewis et al. (2008), »Neural correlates of attentional expertise«; Lutz et al. (2008), »Attention regulation«.

31 Eine ausführliche Beschreibung dieser Geschichte findet sich im ersten Kapitel von Daniel Goleman, *Dialog mit dem Dalai Lama: Wie wir destruktive Emotionen überwinden können*, München und Wien: Hanser 2003.

32 Levenson, R. W., Ekman, P., Ricard, M., »Meditation and the startle response: A case study«, in: *Emotion* 12, 3 (2012), S. 650-658, doi:10.1037/a0027472.

33 Wang, G. u. a., »Synaptic plasticity in sleep: Learning, homeostasis and disease«, in: *Trends Neurosci* 34, 9 (2011), S. 452-463.

34 Skaggs, W. E., McNaughton, B. L. (1996), »Replay of neuronal firing sequences in rat hippocampus during sleep following spatial experience«, in: *Science* 271 (1996), S. 1870-1873.

35 Das heißt in der Tiefschlafphase, nicht in der REM-Phase, in der Träume auftreten. Ferrarelli, F. u. a., »Experienced mindfulness meditators exhibit higher parietal-occipital EEG gamma activity during NREM Sleep«, in: *PloS One* 8, 8 (2013), e73417.

36 Lutz, A. u. a., »Mental training enhances attentional stability: neural and behavioral evidence«, in: *J Neurosci* 29, 42 (2009), S. 13418-13427.

37 Lutz, A. u. a., »BOLD signal in insula is differentially related to cardiac function during compassion meditation in experts vs. novices«, in: *Neuroimage* 47, 3 (2009), S. 1038-1046; Lutz, A. u. a., »Regulation of the neural circuitry of emotion by compassion meditation: effects of meditative expertise«, in: *PLoS One* 3, 3 (2008) e1897.

38 Andere Studien legen nahe, dass Läsionen in der Amygdala eine Störung des emotionalen Aspekts der Empathie hervorrufen, ohne den kognitiven Aspekt in Mitleidenschaft zu ziehen. Vgl. Hurlemann, R. u. a., »Human amygdala reactivity is diminished by the β-noradrenergic antagonist propranolol«, in: *Psychol Med* 40 (2010), S. 1839-1848.

39 Klimecki, O. M. u. a., »Differential pattern of functional brain plasticity

after compassion and empathy training«, in: *Social cognitive and affective neuroscience* (2014), S. 873-879.

40 Fredrickson, B. L. u. a., »Open hearts build lives: Positive emotions, induced through loving-kindness meditation, build consequential personal resources«, in: *Journal of Personality and Social Psychology* 95, 5 (2008), S. 1045.

41 Botvinick, M. u. a., »Conflict monitoring versus selection-for-action in anterior cingulate cortex«, in: *Nature* 402 (1999), S. 179-181.

42 Tania Singer ist Direktorin der Abteilung für Soziale Neurowissenschaft am Max-Planck-Institut für Kognitions- und Neurowissenschaften in Leipzig. Sie ist für ihre Forschungen zu Empathie und Mitgefühl bekannt. Matthieu arbeitet seit vielen Jahren eng mit ihr zusammen.

43 Rainer Goebel ist Professor für Kognitive Neurowissenschaft an der Universität Maastricht, wo er auch das Brain Imaging Center leitet.

44 Kaufman, S. B., Gregoire, C., *Wired to Create: Unraveling the Mysteries of the Creative Mind.* New York, NY: Tarcher Perigee 2015.

45 Tammet, D., *Born on A Blue Day: Inside the Extraordinary Mind of an Autistic Savant,* New York, NY: Free Press 2007.

46 Biederlack, J. u. a., »Brightness induction: Rate enhancement and neuronal synchronization as complementary codes«, in: *Neuron* 52 (2006), S. 1073-1083.

47 Condon, P. u. a., »Meditation increases compassionate responses to suffering«, in: *Psychological Science* 24, 10 (2013), S. 2125-2127, doi:10.1177/0956797613485603.

2
Unbewusste Prozesse und Emotionen

1 Kahneman, D., *Thinking, Fast and Slow,* New York: Farrar, Strauss and Giroux 2011 (dt.: *Schnelles Denken, langsames Denken,* München: Siedler 2012). Siehe auch: Kahneman, D., Slovic, P., Tversky, A. (Hg.), *Judgment under Uncertainty: Heuristics and Biases,* Cambridge, UK: Cambridge University Press, 1982; Kahneman, D., Tversky, A., »Prospect theory: An analysis of decision under risk«, in: *Econometrica* 47, 2 (1979), S. 263-291.

2 Fredrickson, B., *Love 2.0: How Our Supreme Emotion Affects Everything We Feel, Think, Do, and Become,* New York: Hudson Street Press 2013.

3 Siehe auch Becks Aufsatz »Buddhism and cognitive therapy«, ⟨www.beckinstitute.org⟩, letzter Zugriff am 28.3.2008.

3
Woher wissen wir, was wir wissen, und welche Realität nehmen wir wahr?

1 Zitiert in: Pettit, J. W., *Mipham's Beacon of Certainty*, Boston: Wisdom Publications 1999, S. 365.

2 Kaliman, P. u. a., »Rapid changes in histone deacetylases and inflammatory gene expression in expert meditators«, in: *Psychoneuroendocrinology* 40 (2014), S. 96-107, online unter: ⟨doi:http://dx.doi.org/10.1016/j.psyneuen⟩, letzter Zugriff November 2013.

3 Boyd, R., Richerson, P. J., »A simple dual inheritance model of the conflict between social and biological evolution«, in: *Zygon* 11, 3 (1976), S. 254-262. Siehe auch ihr wegweisendes Werk *Not by Genes Alone: How culture transformed human evolution*, Chicago: University of Chicago Press 2004.

4 Ebd., S. 5.

5 Ebd., S. x.

6 Nagel, T., »What is it like to be a bat?«, in: *The Philosophical Review* 83, 4 (1974), S. 435-450
(dt.: *What is it like to be a bat?/Wie ist es, eine Fledermaus zu sein?*, Stuttgart: Reclam 2016).

7 Poincaré, H., *Der Wert der Wissenschaft*, Leipzig: Teubner 1906, S. 7. »Une réalité complètement indépendante de l'esprit qui la conçoit, la voit ou la sent c'est une impossibilité. Même s'il existait, un monde aussi extérieur nous serait à jamais inaccessible.« Poincaré, H., *La Valeur de la science*, Paris: Flammarion 1990.

8 Bei einer Doppelblindstudie erhält die eine Hälfte der Probanden ein Medikament, die andere Hälfte ein Placebo. Weder Geber noch Empfänger wissen dabei, ob sie Medikament oder Placebo verabreichen bzw. bekommen.

9 Vgl. Wallace, B. A., *The Taboo of Subjectivity: Toward a New Science of Consciousness*, Cambridge: Oxford University Press 2004.

10 Ricard, M., *L'art de la méditation*, Paris: Nil Éditions 2008 (dt.: *Meditation*, München: Nymphenburger 2011).

11 Ricard, M., *Plaidoyer pour l'altruisme. La Force de la bienveillance*, Paris: Nil Éditions 2008 (dt.: *Allumfassende Nächstenliebe. Altruismus – die Antwort auf die Herausforderungen unserer Zeit*, Hamburg: Edition Blumenau 2016).

12 Tagore, R., *Stray Birds*, New York: The Macmillan Company 1916, S. LXXV (dt.: *Verirrte Vögel*, Freiburg im Breisgau: Hyperion Verlag 2011, S. 25).

4
Das Selbst erforschen

1 Metzinger, T., *Being No One: The Self-Model Theory of Subjectivity*, Cambridge: MIT Press 2004. Vgl. auch ders., *The Ego Tunnel: The Science of the Mind and the Myth of the Self*, New York: Basic Books 2009 (dt.: *Der Ego-Tunnel*, Berlin: Berlin Verlag 2009).

2 Gilbert P., Irons, C., »Focused therapies and compassionate mind training for shame and self-attacking« in: Gilbert, P. (Hg.), *Compassion: Conceptualisations, Research and Use in Psychotherapy*, New York: Routledge 2005, S. 263-325; Neff, K., *Self-compassion: Stop Beating Yourself Up and Leave Insecurity Behind*, New York: William Morrow 2011.

3 Campbell, W.K. u.a., »Do narcissists dislike themselves ›deep down inside‹?«, in: *Psychological Science* 18, 3 (2007), S. 227-229.

4 Paul Ekman in einem persönlichen Gespräch mit Matthieu Ricard im Jahr 2003.

5 Wie der Neuropsychiater David Galin klarstellt, ist der Begriff »Person« umfassender. Es handelt sich um ein dynamisches Kontinuum über die Zeit hinweg, das verschiedene Aspekte unserer körperlichen, mentalen und sozialen Existenz umfasst. Seine Grenzen sind fließender. Der Begriff der Person kann sich auf den Körper (»persönliche Fitness«), Gedanken (»ein ganz persönliches Gefühl«), Charakter (»eine nette Person«), soziale Beziehungen (»Trennung von Berufs- und Privatleben«) und den Menschen im Allgemeinen (»Respekt für die eigene Person«) beziehen. Seine zeitliche Kontinuität erlaubt es uns, die Repräsentationen von uns selbst aus der Vergangenheit in die Zukunft zu projizieren. Er kennzeichnet unsere individuellen Unterschiede und spiegelt unsere einzigartigen Eigenschaften wider. Galin, D., »The concepts of ›self‹, ›person‹, and ›I‹, in western psychology and in buddhism«, in: Wallace, B.A. (Hg.), *Buddhism & Science: Breaking New Ground*, New York: Columbia University Press 2003.

5
Freier Wille und Gerechtigkeit

1 Haynes, J.D., Rees, G., »Predicting the orientation of invisible stimuli from activity in human primary visual cortex«, in: *Nature Neuroscience* 8, 5 (2005), S. 686-691; dies., »Predicting the stream of consciousness from activity in human visual cortex«, in: *Current Biology* 15, 14 (2005), S. 1301-

1307; Haynes, J. D. u. a., »Reading hidden intentions in the human brain«, in: *Current Biology* 17, 4 (2007), S. 323-328; Singer, W., »The ongoing search for the neuronal correlate of consciousness«, in: Metzinger, T., Windt, J.M. (Hg.), *Open Mind* 36(T) (2015). MIND Group, Frankfurt/M., S. 1-30; Singer, W., »Large scale temporal coordination of cortical activity as a prerequisite for conscious experience«, in: *Blackwell Companion to Consciousness.* 2. Aufl., im Druck.

2 Vohs, K. D., Schooler, J. W., »The value of believing in free will: Encouraging a belief in determinism increases cheating«, in: *Psychological Science* 19 (2008), S. 49-54.

3 Taylor, Charles, *Sources of the Self: The Making of Modern Identity*, Cambridge: Harvard University Press 1989 (dt.: Quellen des Selbst. Die Entstehung der neuzeitlichen Identität. Frankfurt/M.: Suhrkamp 1994, S. 15).

4 Varela, F., *Ethical Know-how: Action, Wisdom, and Cognition,* Stanford: Stanford University Press 1999 (dt.: *Ethisches Können*, Frankfurt/M.: Campus 1992, S. 36).

5 Vgl. Lomax' Autobiografie: Lomax, E., *The Railway Man*, New York: Vintage 1996.

6 Ebd., S. 276.

7 Siehe das Interview mit Marshall unter ⟨http://www.achievement.org/autodoc/page/mar1int-5⟩, letzter Zugriff am 8.11.2016.

8 Vgl. Ricard, M., Thuận, T.X., *The Quantum and the Lotus: A Journey to the Frontiers where Science and Buddhism Meet,* New York: Broadway Books 2001 (dt.: *Quantum und Lotus. Vom Urknall zur Erleuchtung*, München: Goldmann 2001).

6
Das Wesen des Bewusstseins

1 Zu einer eingehenden Erläuterung dieser Möglichkeiten vgl. Bitbol, M., »Downward causation without foundations«, in: *Synthese* 185 (2012), S. 233-255.

2 Dalai Lama, *The Universe in a Single Atom*, New York: Morgan Road Books 2005, S. 122 (dt.: *Die Welt in einem einzigen Atom.* Freiburg im Breisgau: Herder 2011, S. 142f.).

3 Schnakers, C., Laureys, S. (Hg.), *Coma and Disorders of Consciousness*, London: Springer 2012; Laureys, S., *Un si brillant cerveau*, Paris: Odile Jacob 2015; Laureys, S., Owen, A. M., Schiff, N. D., »Brain function in coma,

vegetative state, and related disorders«, in: *The Lancet Neurology* 3, 9 (2004), S. 537-546; Owen, A. M. u. a., »Detecting awareness in the vegetative state«, in: *Science* 313, 5792 (2006), S. 1402.

4 Stevenson, I., *Twenty Cases Suggestive of Reincarnation*, 2. Aufl., Charlottesville, VA: University of Virginia Press 1988.

5 Vgl. den Artikel der drei Männer, die das Mädchen auf Gandhis Vorschlag hin begleiteten: Gupta, L. D., Sharma, N. R., Mathur, T. C., *An Inquiry into the Case of Shanti Devi*, Delhi: International Aryan League 1936, sowie Patrice Van Eersels Artikel in *Clés* 22 von 1999, den wir hier zusammengefasst haben.

6 Van Lommel, P. u. a., »Near-death experience in survivors of cardiac arrest: A prospective study in the Netherlands«, in: *The Lancet* 358, 9298 (2001), S. 2039-2045.

7 Picard, F., Craig, A. D., »Ecstatic epileptic seizures: A potential window on the neural basis for human self-awareness«, in: *Epilepsy & Behavior* 16, 3 (2009), S. 539-546; Picard, F., »State of belief, subjective certainty and bliss as a product of cortical dysfunction«, in: *Cortex* 49, 9 (2013), S. 2494-2500.

8 Varela, F. (Hg.), *Sleeping, Dreaming, and Dying: An Exploration of Consciousness with the Dalai Lama*, Boston: Wisdom Publications 1997, S. 216f. (dt.: *Traum, Schlaf und Tod. Grenzbereiche des Bewußtseins*, München: Piper 2001, S. 267f.).